汉代外交体制研究

（下册）

黎虎 著

商务印书馆
创于1897 The Commercial Press

2014年·北京

下册目录

第五章　外交通意工具

外交双方的联系，离不开彼此意旨的沟通，沟通的手段和工具不外口头的、文字的两个方面，但是由于外交工作的特殊性，其语言和文字的沟通均离不开“译”，此为其与一般社会人群之间的沟通有所不同之处。又由于外交对象的特殊性，故其文书与一般社会文书相较亦自有其特点。“译”与“文书”为外交通意[1]之主要工具。

第一节　译

译是外交关系发展中首要之通意工具和手段之一。外交之对象为四方国、族，而四方国、族语言各异，文化有别，故需通过“译”以进行沟通。“译，传四夷之语者。”[2]古人对“译”之所起及其功用早有认

---

① “通意”一词古已有之，战国时期已行用，《墨子》：“通意后对”，张云：“先通彼意，后乃对之。”（《墨子间诂》卷十《经下第四十一》）《淮南子》卷六《览冥训》：“昔雍门子以哭见于孟尝君，已而陈辞通意，抚心发声，孟尝君为之增欷歍唈，流涕狼戾不可止。”汉初，吴楚七国谋反，“及发，齐、济北两国城守不行。汉既破吴，齐王自杀，不得立嗣。济北王亦欲自杀，幸全其妻子。齐人公孙獲谓济北王曰：‘臣请试为大王明说梁王，通意天子，说而不用，死未晚也。’公孙獲遂见梁王……”（《汉书》卷五十一《贾邹枚路传》）东汉末年，曹操“北拒袁绍，时远近无不私遗笺记，通意于（袁）绍者。”（《三国志》卷二十三《魏书》二十三《和常杨杜赵裴传第二十三》注引《魏略》）举凡以语言或文字陈述彼此意旨，以达到沟通目的均属“通意”。

② 《说文解字注》，第101页。

识,《礼记·王制》曰:“中国、戎夷,五方之民,皆有性也,不可推移。东方曰夷,被发文身,有不火食者矣;南方曰蛮,雕题交趾,有不火食者矣;西方曰戎,被发衣皮,有不粒食者矣;北方曰狄,衣羽毛穴居,有不粒食者矣。”四方国、族不仅生活条件和习性有所差异,语言亦各不相同,“五方之民,言语不通,嗜欲不同。达其志,通其欲,东方曰寄、南方曰象、西方曰狄鞮、北方曰译。”认为古代以“寄”、“象”、“狄鞮”、“译”等不同方式以沟通四夷语言,郑玄说这些名称“皆俗间之名,依其事类耳。”孔颖达分别解释其义,“寄,言传寄外内言语。”“象者,言放象外内之言。”“狄鞮者,鞮,知也,谓通传夷狄之语,与中国相知。”“译,陈也,谓陈说外内之言。”①可见在古代“传四夷之语者”有多种多样称呼,及至汉代已基本上统一谓之“译”②。

一、译在外交中的作用

四方国、族外交关系之进行和发展,端赖于言语与文字以进行沟通,而两者均离不开“译”。汉王朝统一帝国的建立,推动了外交关系之空前发展,“译”在其中发挥了重要作用。太史公曰:“汉兴以来,至明天子,获符瑞,封禅,改正朔,易服色,受命于穆清,泽流罔极,海外殊俗,重译款塞,请来献见者,不可胜道。”③汉武帝即位后,更大大向前推进,“康居西域,重译请朝,稽首来享。”④“百蛮之君,靡不乡风,

① 《礼记正义》卷十二《王制》,第1338页。

② “译”的内涵有二,一为语言与文字之翻译,二为掌握翻译技能的译者。前者为通意工具,后者如参与外交工作,则为外交人员或官员。为了叙述的方便,我们在这里将两者置于一节之中;译者之外交人员或官员的作用,我们在以上各章节涉及之处已经随时作了论述。

③ 《史记》卷一百三十《太史公自序》,第3299页。

④ 《史记》卷一百一十七《司马相如列传》,第3044页。

承流称意。远方殊俗，重译而朝，泽及方外。"[①]东汉中兴之后，承其余绪，"若夫文身鼻饮缓耳之主，椎结左衽鐻鍝之君，东南殊俗不羁之国，西北绝域难制之邻，靡不重译纳贡，请为藩臣。"[②]"其条支、安息诸国至于海濒四万里外，皆重译贡献。"[③]这些记载反映了两汉时期外交关系之空前发展，四方国、族纷至沓来，或来朝或来献，但是这些外交活动均离不开"译"，而且有的需要经过"重译"方才得以进行。"重译，更译其言也。"[④]即由甲语译为乙语，再由乙语译为丙语……经多重翻译方能相通。故"重译"又谓之"累译"[⑤]或"九译"[⑥]，均言其多也，表明四方国、族所来之遥远。相传"交阯之南有越裳国。周公居摄六年，制礼作乐，天下和平，越裳以三象重译而献白雉，曰：'道路悠远，山川岨深，音使不通，故重译而朝。'"[⑦]汉代人视越裳重译来朝为国家强盛之重要标志，故常以之比附汉代外交关系之盛况。

"译"被运用于外交关系之各个方面和场合，约而言之，其功用大略为二：一为口译，一为笔译。

（一）口译

口译是外交场合中运用最为广泛和普遍的一种方式。四方国、族来朝时，汉方需配备译者以承担宾主之间交谈之中介。西汉哀帝元寿二年（前1），"匈奴单于来朝，宴见，群臣在前。"当时哀帝的宠臣董贤也参加了这次非正式的会见，"单于怪（董）贤年少，以问译。上令

---

① 《史记》卷六十《三王世家》，第2109页。
② 《后汉书》卷八十上《文苑传上》，第2607页。
③ 《后汉书》卷八十八《西域传》，第2910页。
④ 《史记》卷一百三十《太史公自序》，第3300页。
⑤ 《后汉书》卷八十六《南蛮西南夷传》论，第2860页。
⑥ 《后汉书》卷六十上《马融传上》，第1967页。
⑦ 《后汉书》卷八十六《南蛮西南夷传》，第2835页。

译报曰:‘大司马年少,以大贤居位。’单于乃起拜,贺汉得贤臣。”①这里的译者即为汉方为接待匈奴单于来朝而配备的。单于先向译者发问,由译者转告皇帝,皇帝再让译者转告单于。译者是皇帝和匈奴单于交谈的中介——口译人员。

汉方使者出使四方国、族时,所在国、族亦配备译者以承担口译任务。汉昭帝元凤四年(前77)傅介子出使西域楼兰,其目的是刺杀楼兰王,因楼兰王亲匈奴,经常勾结匈奴杀害汉使。傅介子“与士卒俱赍金币,扬言以赐外国为名。至楼兰,楼兰王意不亲介子,介子阳引去,至其西界,使译谓曰:‘汉使者持黄金锦绣行赐诸国,王不来受,我去之西国矣。’即出金币以示译。译还报王,王贪汉物,来见使者。”②于是楼兰王中计被杀。这里的“译”,为楼兰国之译者,乃楼兰国为汉使所配置之译员。傅介子已经离开楼兰都城而至其西界,何以还有楼兰国译者跟随汉使呢?原来当时制度,来使离开时,一般均派遣引路者和译者护送,武帝元朔三年(前126)张骞出使至大宛时,大宛“遣(张)骞,为发译道,抵康居。”③这里的“道”即“导”,“导者,引路之人;译者,传言之人也。”④故楼兰国亦有译者参与护送汉使。则此译者不仅汉使在都城时担任口译,同时亦参与护送来使之责。

汉使亦可能自带译者。王莽始建国元年(9)派遣王骏等六人出使匈奴,更换汉朝所授印绶以新莽印绶。“单于再拜受诏。译前,欲解取故印绂,单于举掖授之。”⑤此即王莽使团中之译者。东汉建武二十六年(50),“遣中郎将段郴、副校尉王郁使南单于,立其庭,去五原

① 《汉书》卷九十三《佞幸·董贤传》,第3737页。

② 《汉书》卷七十《傅介子传》,第3002页。

③ 《汉书》卷六十一《张骞传》,第2688页。

④ 《资治通鉴》卷十八《汉纪十》武帝元朔三年(前126)胡注,第611页。

⑤ 《汉书》卷九十四下《匈奴传下》,第3820—3821页。

西部塞八十里。单于乃延迎使者。使者曰：'单于当伏拜受诏。'单于顾望有顷，乃伏称臣。拜讫，令译晓使者曰：'单于新立，诚惭于左右，愿使者众中无相屈折也。'骨都侯等见，皆泣下。"①这位译者亦当为汉使所带而担任口译之成员。

(二)笔译

笔译亦为外交中经常运用之一方式，各种外交文书均需通过翻译方能达意。

文书往还是外交关系中一个重要的方式。汉匈之间的外交文书不仅终两汉而不绝，为汉代四方国、族中与汉方文书往还最多、最为频密者，这些文书无疑都是需要通过笔译的。而且从现在仍然保存下来的匈奴方面致汉方的文书观之，其文笔完全属于规范的汉文，则其译者必为精通汉语文者。

西汉宣帝时，匈奴遣使来汉，涉及匈奴单于是否来朝的问题，"中书谒者令宣持单于使者语，视诸将军、中朝二千石。(杨)恽曰：'冒顿单于得汉美食好物，谓之殠恶，单于不来明甚。'"②朝廷在讨论这个问题时，一位叫宣的中书谒者令，将"单于使者语"拿到会场给内朝决策核心的诸将军和中朝二千石们观看。颜师古注"单于使者语"说："谓译者所录也"。可知中书谒者令所持的是经翻译成汉语的匈奴使者的口述记录。这个记载透露了一个外交制度方面的信息：汉方接待来使，有关官员在听取来使的陈述时，需由译者做笔录，并将此谈话记录保存于有关部门或官员手中，以为决策及回应对方之依据。参

---

① 《后汉书》卷八十九《南匈奴传》，第2943页。

② 《汉书》卷六十六《杨敞传》附《杨恽传》，第2891页。

加此次会议的"诸吏光禄勋"[1]杨恽亦属内朝官员,他根据以往冒顿单于把汉王朝赐给的美食好物称为"殠恶",判断单于不会来朝。这个资料表明,中央政府中有匈奴语译员,负责将匈奴语翻译并书写为汉文。

东汉时,益州西部"自汶山以西,前世所不至,正朔所未加。白狼、槃木、唐菆等百余国,户百三十余万,口六百万以上,举种奉贡,称为臣仆。"明帝永平年间,益州刺史梁国朱辅,"好立功名,慷慨有大略。在州数岁,宣示汉德,威怀远夷。"当时"白狼王唐菆等慕化归义,作诗三章"来献。由于"远夷之语,辞意难正。草木异种,鸟兽殊类。"以该族词语所作这种诗歌,不经过翻译不可能理解,于是朱辅组织相关人员对该诗进行翻译,"有犍为郡掾田恭与之习狎,颇晓其言",益州所辖犍为郡郡掾田恭与该族人多有交往并相熟悉,通晓其语言,朱辅遂令田恭"讯其风俗,译其辞语。"将其翻译为汉文,然后"遣从事史李陵与(田)恭护送诣阙,并上其乐诗。"明帝"嘉之,事下史官,录其歌焉。"[2]此即著名之《白狼王歌》。《东观汉纪》录载了此三诗的夷、汉文对照全文,分别题为《远夷乐德歌诗》、《远夷慕德歌诗》、《远夷怀德歌诗》[3]。这个记载表明,周边地方政府也可能将异国、族之来书文字或来使所述翻译并书写为汉文,以上报朝廷。此虽非外交文书,但从中可见边郡处理外交文书翻译做法。

值得注意的是,与汉王朝发生外交关系、并有文书往来的四方国、族,大多数是没有自己的文字的,而他们致汉方的文书却都是以汉文书写的。那么他们致汉的文书是由什么人将其翻译成汉文?汉方致

① 《汉书》卷六十六《杨敞传》附《杨恽传》,第2890页。

② 《后汉书》卷八十六《南蛮西南夷传》,第2854—2855页。

③ 《东观汉纪校注》卷二十《筰都夷》,第855—856页。《东观汉纪》"朱辅"作"朱酺"。

他们的文书又是由什么人翻译成该族语言的？上面我们谈到益州西部的白狼王曾经以本族语言所作诗歌奉献汉王朝，白狼属于羌族的一支，而羌族是没有文字的，显然这是以其本族语言而作成的诗歌，它是由益州犍为郡吏田恭翻译成汉语并以汉文书写而成的。

在四方国、族中与汉王朝文书往还最为频繁的首推匈奴，而匈奴恰恰也是没有本民族文字的，史称其"毋文书，以言语为约束。"[①]故匈奴的行政不以文书为用，而以口语进行，例如其司法即以其贵族呼衍氏、兰氏、须卜氏负责，"呼衍氏为左，兰氏、须卜氏为右，主断狱听讼。"他们司法的方式是："当决轻重，口白单于，无文书簿领焉。"[②]采取口头方式进行判决和上呈下达。这应当就是匈奴内部行政运作的基本程序。

那么，匈奴致汉之文书是由什么人所写并翻译成汉文？汉方致匈奴文书又是由什么人翻译成匈奴语？匈奴致汉之文书当基本上是由汉族人所翻译和书写的。其中，投奔匈奴之汉人应当是重要成分。匈奴老上稽粥单于初立，汉文帝复遣宗室女公主为单于阏氏，"使宦者燕人中行说傅公主。（中行）说不欲行，汉强使之。（中行）说曰：'必我行也，为汉患者。'中行说既至，因降单于，单于甚亲幸之。"中行说投降匈奴后，"教单于左右疏记，以计课其人众畜物。"这种"疏记"是登记人口、牲畜和其他物资的账簿，其中除了数字之外，还应当有一些必要的汉字。他不仅将汉文输入匈奴，而且直接参与外交文书撰写："汉遗单于书，以尺一牍，辞曰'皇帝敬问匈奴大单于无恙'，所以遗物及言语云云。中行说令单于以尺二寸牍，及印封皆令广长大，倨骜其辞曰'天地所生日月所置匈奴大单于敬问汉皇帝无恙'，所以

① 《史记》卷一百十《匈奴列传》，第2879页。

② 《后汉书》卷八十九《南匈奴传》，第2945页。

遗物言语亦云云。"[1]他将汉王朝的文书制度带到匈奴，并据此而教唆匈奴如何在文书方面凌铄汉方，这种"倨骜其辞"的致汉方文书应当就是出自中行说之类人员之手。

汉匈之间长期的、激烈的斗争中，各自向对方投奔之人员数量不少而且相继不绝。汉文帝后二年（前162）致匈奴老上单于书中提出，双方"俱去前事：朕释逃虏民，单于毋言章尼等。"[2]颜师古注前者曰："谓汉人逃入匈奴者，令不追。"注后者曰："背单于降汉者。"意即双方均不再追究逃亡对方之人员，由此可见双方互相逃亡对方的人员是不少的。前者将汉文化带入匈奴自不待言，后者来到汉地之后，学习汉的语言文字，接受了汉文化，也是很自然的事情。前者如逃亡匈奴的卫律，其父亲是长水胡人，他本人生长汉地。他可能是一位既通汉语又通匈奴语的人。他与协律都尉李延年相友善，经李延年推荐而出使匈奴。当他从匈奴出使回来，恰好李延年犯事被抄家，卫律"惧并诛，亡还降匈奴。"他投降匈奴后，"匈奴爱之，常在单于左右。"[3]成为匈奴统治核心成员，为其出谋划策，甚得信任。卫律这类逃亡者有可能参与文书的翻译，同时对于传播汉语言文字亦有一定作用。后者如先投降汉方，后又返回匈奴的赵信。赵信原为"胡小王"，汉武帝元光四年（前131）"以匈奴相国降"[4]汉，"汉封为翕侯"，元朔六年（前123）为大将军卫青所指挥的六将军之一前将军，出定襄数百里击匈奴，"前将军翕侯赵信兵不利，降匈奴。"赵信投降匈奴后，得到匈奴单于的信任和重用，"单于既得翕侯，以为自次王，用其姊妻之，与谋

① 《史记》卷一百十《匈奴列传》，第2898、2899页。
② 《汉书》卷九十四上《匈奴传上》，第3763页。
③ 《汉书》卷五十四《李广苏建传》，第2457页。
④ 《汉书》卷十七《景武昭宣元成功臣表》，第642页。

汉。”[①]颜师古注曰:“自次者,尊重次于单于。”可见匈奴单于对他的重视,他也尽力为单于出谋划策。赵信在汉八年,对于汉语当有一定了解。

因此,服务于匈奴政权中的汉人不在少数。东汉建武二十三年(47)匈奴右薁鞬日逐王比因不得立为单于而怀恨,乃“密遣汉人郭衡奉匈奴地图”[②]诣西河太守求内附。安帝永初三年(109)夏,“汉人韩琮随南单于入朝,既还,说南单于云:‘关东水潦,人民饥饿死尽,可击也。’单于信其言,遂起兵反畔,攻中郎将耿种于美稷。”[③]郭衡担任匈奴方面的密使,而且带着匈奴地图,这种地图应当有文字以标注地名;韩琮则为匈奴单于入朝使团之成员,不仅参与机密,而且同时担任单于译者的角色也是可能的。

除此之外,汉方公主和亲匈奴,也带去庞大的随侍使团,于汉语言文字之输入亦有一定作用。匈奴侍子长期生活于汉廷,也应当掌握一定的汉语言文字,必有助于汉语言文字在匈奴地区的传播和运用。

到了东汉时期,随着匈奴与汉关系的更为密切,匈奴直接掌握汉语言文字的人亦有所增加。东汉建立后,儒学和学校教育有了较大发展,汉明帝时“复为功臣子孙、四姓末属别立校舍,搜选高能以受其业,自期门羽林之士,悉令通孝经章句,匈奴亦遣子入学。济济乎,洋洋乎,盛于永平矣!”[④]匈奴方面也派遣贵族子弟来汉留学,直接学习汉文化。例如南匈奴湖邪尸逐侯鞮单于就曾“遣伊秩訾王大车且渠来入就学。”[⑤]这个时期匈奴方面有了通晓汉语文的本族人员,则这个

① 《史记》卷一百十《匈奴列传》,第2907—2908页。

② 《后汉书》卷八十九《南匈奴传》,第2942页。

③ 《后汉书》卷八十九《南匈奴传》,第2957页。

④ 《后汉书》卷七十九上《儒林传上》,第2546页。

⑤ 《后汉书》卷三十二《樊准传》,第1126页。

时期的致汉文书，由匈奴本族人员撰写、翻译的条件应当已经具备。

综上所述，我们大致可以作出如下一些体认：①匈奴方面致汉方的文书，是由单于等人口授、以汉文书写的。因为匈奴没有本族的文字，只能以汉文书写。也就是说这些文书在送出之前已经从口语翻译成汉文书了。②匈奴方面致汉方的文书，是在送达汉方之前已经书写完毕的规范形制。因为匈奴致汉方文书大多是通过使者递交的，如汉文帝前六年（前174）匈奴冒顿单于致汉文帝书是匈奴方面“使郎中系雩浅奉书”[①]，汉文帝复匈奴老上单于书中亦谓其“使郎中系雩浅遗朕书”[②]云云。可见这种文书不是由匈奴郎中系雩浅到达汉方之后口述而由汉方翻译的，而是事先已经制作完毕的，而与上述未带文书而由使者口述的翻译程序不同。③西汉时期匈奴方面致汉文书，基本上是在匈奴的汉人所书写、翻译的；到了东汉时期匈奴培养了自己的通晓汉语文的人才之后，由其本族人撰写的可能性是存在的。

由此可见，外交文书的往还及其翻译过程，就是与四方国、族进行文化交流的过程，而汉文化处于这种交流的主导地位，因此这一过程可以视为是汉文化的传播、扩展过程。

二、译事机构与官员

汉代由于外交关系的空前发展以及译在其中具有特殊的作用而且运用频繁，因此译事机构与官员亦随之应运而发展，以满足译事管理和翻译工作的需求。这是汉代外交关系发展的需要，也是外交关

① 《史记》卷一百十《匈奴列传》，第2896页。

② 《史记》卷一百十《匈奴列传》，第2897页。

系发展的一个反映。

（一）译事机构的设置

译事机构的设置是汉代译事发展的集中体现。

据说周代已经有了译事机构与官员的设置，秋官司寇属官有“象胥”，其职“掌蛮、夷、闽、貉、戎、狄之国使，掌传王之言而谕说焉，以和亲之。”①负责接待四方国、族来使，其核心职务为“传王之言”，即担任翻译工作。故郑司农云：“象胥，译官也。”②当时对于翻译四方国、族语言一事有多种称谓，“达其志，通其欲：东方曰寄、南方曰象、西方曰狄鞮、北方曰译。”③分别以这些不同名称来指称负责接待不同方面来聘国、族之译事官员，而将他们以“象胥”总称之，何以然？因为“周之德先致南方也”④，具体来说就是“周始有越重译而来献，是因通言语之官为象胥云。”⑤周代首先与南方的越裳氏发生外交关系，而以“象”负责接待他们，故将译者统称为“象胥”。

春秋时期“象胥”又被称为“舌人”。周定王在向晋使随会介绍周王室之礼时，谈到接待戎狄时“故坐诸门外，而使舌人体委与之。”⑥韦昭注曰：“舌人，能达异方之志，象胥之官。”

到了汉代，译事机构在秦制基础上得到发展，主要有如下：

1. 中央外交管理部门中的译事机构

这种译事机构在中央政府两个负责外交管理的部门均有设置：一

---

① 《周礼注疏》卷三十八《秋官司寇·象胥》，第899页。
② 《周礼注疏》卷三十七《秋官司寇·大行人》郑玄注引，第892页。
③ 《礼记正义》卷十二《王制》，第1338页。
④ 《周礼注疏》卷三十四《秋官司寇》郑注，第869页。
⑤ 《周礼注疏》卷三十七《秋官司寇·大行人》郑注，第892页。
⑥ 《国语集解》，《周语中》，第58页。

为典客—鸿胪所置“译官令”。汉初的外交事宜由典客主管，故译事亦归其负责，其属官有“译官令”，专掌译事之管理。汉宣帝时齐人周堪曾任“译官令”[①]。另有“译官丞”为其副。“译官令”之秩级不见明确记载，但是从“九卿”属官之诸“令”级官员秩级推之，大体为六百石或比六百石左右。二为典属国所置“九译令”。典属国主管内附少数民族事务，故亦需要译事机构以掌四方民族之翻译事宜，具体即由其属官“九译令”专掌其事。“九译令”之秩级亦无明确记载，从典客为中二千石，典属国为二千石推之[②]，“九译令”秩级可能略低于“译官令”。

典客存在于汉初（前206）至景帝中元六年（前144），中元六年至武帝太初元年（前104）改称为大行令，太初元年至王莽始建国元年（9）改称为大鸿胪，“译官令”亦相应为它们之属官。汉成帝河平元年（前28）典属国“省并大鸿胪”[③]，“九译令”亦随之撤销，译事统归于“译官令”。

由于与四方国、族的外交关系均离不开译事官员，故有“今乌桓就阙，稽首译官”[④]的说法，四方国、族来朝首先是同“译官”打交道，故以“译官”作为汉王朝的象征，以形容汉代外交关系的发展，从中可以窥知译官在外交事务中的重要性。

东汉省大鸿胪之译官。也就是说，译事机构只存在于西汉时期，东汉时期则没有专门的译事管理机构了。这是东汉时期外交关系不及西汉兴盛的反映，这个时期的南匈奴已经形同汉王朝之边地政权；

① 《汉书》卷八十八《儒林·周堪传》，第3604页。

② 《汉书》卷十九上《百官公卿表上》，第733、737页。

③ 《汉书》卷十九上《百官公卿表上》，第735页。

④ 《后汉书》卷四十下《班彪传下》，第1374页。

而西域诸国，史称“自建武至于延光，西域三绝三通。”[①]这些情况表明东汉时期的外交关系与西汉相比已不可同日而语，外交频度与西汉相较亦必然相应降低，译事虽然仍旧需要，但是常设机构的必要性有所降低，故其撤销亦属必然。上文所述东汉益州刺史令其所辖犍为郡郡掾田恭翻译白狼王诗歌一事，当与中央政府中已无专门的译事机构有关。

2. 皇室事务部门中的译事机构

汉代皇室事务管理部门中亦有译事机构设置。少府为汉代皇室物资供应部门，“少府，秦官，掌山海池泽之税，以给共养。”[②]颜师古注曰：“大司农供军国之用，少府以养天子也。”它与大司农之管理国家物资供应不同，为专门供应皇室物资之部门。皇室物资之征集、采购，除了国内之外，还需要从国外进行，故其亦有译事机构以满足需要。《汉书·地理志》载：“自日南障塞、徐闻、合浦船行可五月，有都元国；又船行可四月，有邑卢没国；又船行可二十余日，有谌离国；步行可十余日，有夫甘都卢国。自夫甘都卢国船行可二月余，有黄支国，民俗略与珠厓相类。其州广大，户口多，多异物，自武帝以来皆献见。有译长，属黄门，与应募者俱入海市明珠、璧流离、奇石异物，赍黄金杂缯而往。所至国皆禀食为耦，蛮夷贾船，转送致之。亦利交易，剽杀人。又苦逢风波溺死，不者数年来还。大珠至围二寸以下。平帝元始中，王莽辅政，欲燿威德，厚遗黄支王，令遣使献生犀牛。自黄支船行可八月，到皮宗；船行可二月，到日南、象林界云。黄支之南，有已程不国，汉之译使自此还矣。”[③]这里提到黄门所辖有“译长”

---

① 《后汉书》卷八十八《西域传》，第2912页。

② 《汉书》卷十九上《百官公卿表上》，第731页。

③ 《汉书》卷二十八下《地理志下》，第1671页。

一职。黄门为少府属官[①]。《汉旧仪》曰:“殿外门署属卫尉,殿内郎署属光禄勋,黄门、钩盾署属少府。”[②]谓少府属官有黄门署。汉元帝初元二年(前47)“诏罢黄门乘舆狗马”[③],颜师古注曰:“黄门,近署也,故亲幸之物属焉。”汉武帝征和二年(前91),“上乃使黄门画者画周公负成王朝诸侯以赐(霍)光。”[④]颜师古注云:“黄门之署,职任亲近,以供天子,百物在焉,故亦有画工。”由此可知黄门为供应皇室物资之部门,各种珍异物资亦集中于其手中,故史称西汉外交关系发展之后,“明珠、文甲、通犀、翠羽之珍盈于后宫,蒲梢、龙文、鱼目、汗血之马充于黄门。”[⑤]黄门既然为聚集“百物”,“以供天子”的专门机构,则向域外罗致、采购珍异以供应皇帝的需要,亦为其重要职责,故其下需设置“译长”以主其事。这个记载表明,“译长”不仅负责翻译事宜,而且还是出使海外使团之负责人,故这种使团被称为“译使”。黄门署专设“译长”一职,表明向域外罗致、采购珍异非偶尔为之,乃一经常性活动。

“译长”一职可能仿自西域,西域地区“最凡国五十。自译长、城长、君、监、吏、大禄、百长、千长、都尉、且渠、当户、将、相至侯、王,皆佩汉印绶,凡三百七十六人。”[⑥]这些官职中有“译长”一职,“译长之官,西域诸国皆有之,所以通其国之语言于中国。”[⑦]西域诸国大多设有此职,每国一至四人不等,为佩汉印绶官员之最低一级。这些佩汉印绶官名,尤其是中下级官名基本上为西域地区官名。曹魏时期有

① 《汉书》卷十九上《百官公卿表上》,第731页。

② 《汉官六种·汉旧仪卷上》,第61页。

③ 《汉书》卷九《元帝纪》,第281页。

④ 《汉书》卷六十八《霍光传》,第2932页。

⑤ 《汉书》卷九十六下《西域传下》,第3928页。

⑥ 《汉书》卷九十六下《西域传下》,第3928页。

⑦ 《资治通鉴》卷三十五《汉纪二十七》哀帝元寿二年(前1),第1123页。

“西域戎部译长”为第八品[①],此“译长”亦与西域有关。

3. 边地政府中的译员

边地政府中虽然不见译事机构设置之记载,但是其有译员则约略可见。东汉元和元年(84),武威太守孟云“上言北单于复愿与吏人合市,诏书听(孟)云遣驿使迎呼慰纳之。”[②]此“驿使”即“译使”。北匈奴通过武威太守提出与汉进行互市的请求,汉章帝诏令武威太守派遣“译使”前往接洽。这里的“译使”是由武威太守派遣的,应当就是其郡府成员。和帝永元四年(92),护羌校尉聂尚见羌豪迷唐“累征不克,欲以文德服之,乃遣驿使招呼迷唐,使还居大、小榆谷。迷唐既还,遣祖母卑缺诣(聂)尚,尚自送至塞下,为设祖道,令译田汜等五人护送至庐落。”[③]这里的“驿使”也是“译使”。护羌校尉先派遣译者与迷唐联络,再派遣译者护送迷唐之祖母回归。这里的译者田汜等人当为护羌校尉之属员。由此可见边地政府中有负责翻译工作的吏员。但是有的未必为专职译员,如明帝永平年间,白狼王唐菆等作歌颂汉德之诗三章来献,益州刺史朱辅组织相关人员对该诗进行翻译,“有犍为郡掾田恭与之习狎,颇晓其言”[④],于是被责成其事。这是从郡吏中临时物色翻译人员。

(二)译官之奉命出使

汉代由于外交关系的发展,译官及译吏之运用亦相当广泛。译官及其所辖译吏除了承担上述对于四方来使之口译和来文之笔译之外,还常奉命出使。

---

① 《通典》卷三十六《职官十八·秩品》,第206页。

② 《后汉书》卷八十九《南匈奴传》,第2950页。

③ 《后汉书》卷八十七《西羌传》,第2883页。

④ 《后汉书》卷八十六《南蛮西南夷传》,第2855页。

1. 使团译员

外交使团面对的是四方国、族，故需要配备译者以担任译员。王莽始建国元年(9)派遣“五威将王骏率甄阜、王飒、陈饶、帛敞、丁业六人”出使匈奴，“谕晓以受命代汉状，因易单于故印。”使团到达匈奴后，“授单于印绂，诏令上故印绂。单于再拜受诏。”使者宣读诏令之后，“译前，欲解取故印绂，单于举掖授之。”这里的“译”即随从使团之译者，他欲向前接受匈奴单于之旧印，单于亦准备解下交给译者；这时匈方有人提出应当先看见新印之后再交回旧印，双方经过交涉，单于还是同意交还，于是“复举掖授译”①，将旧印交到译者手中。这位译者即王莽所遣使团中配置之翻译人员。

由于外交使团中必须配备译者，故汉代常以“使译”作为使团之称谓，这是将译者与使者相提并论，组成“使译”一词。这个词汇的出现，表明译者在外交使团中的不可或缺及其重要性。对方来使亦然。东汉和帝永元六年(94)“春正月，永昌徼外夷遣使译献犀牛、大象。”②《后汉书·南蛮西南夷传》记此事作：“郡徼外敦忍乙王莫延慕义，遣使译献犀牛、大象。”③这里的“使译”即永昌徼外夷所遣使团，其中包括使者与译者之意。

应当提出的是，史籍中往往将“译”作“驿”，但其实是“译”而非“驿”④。《后汉书·东夷传》：“自中兴之后，四夷来宾，虽时有乖畔，而使驿不绝，故国俗风土，可得略记。”⑤这里的“使驿”应为“使译”。“校勘记”曰“刊误谓‘驿’当作‘译’。邮驿中国可有之，不可通于四

① 《汉书》卷九十四下《匈奴传下》，第3820—3821页。

② 《后汉书》卷四《和帝纪》，第177页。

③ 《后汉书》卷八十六《南蛮西南夷传》，第2851页。

④ 或以为“译”“驿”互通，此说法似牵强。

⑤ 《后汉书》卷八十五《东夷传》，第2810页。

夷，自《前书》皆言'使译'，使即使者，译则译人。"[①]《后汉书·东夷传》在论述汉与倭国的外交关系时说："倭在韩东南大海中，依山岛为居，凡百余国。自武帝灭朝鲜，使驿通于汉者三十许国。"倭国方面的情况是："自女王国东度海千余里至拘奴国……自朱儒东南行船一年，至裸国、黑齿国，使驿所传，极于此矣。"[②]这两处的"使驿"均为"使译"。光武帝建武九年（33），司徒掾班彪上书建议处理周边民族问题时说："旧制益州部置蛮夷骑都尉，幽州部置领乌桓校尉，凉州部置护羌校尉，皆持节领护，理其怨结，岁时循行，问所疾苦。又数遣使驿通动静，使塞外羌夷为吏耳目，州郡因此可得儆备。今宜复如旧，以明威防。"[③]光武从之。这里的"使驿"也是"使译"。

2．译使

译者不仅被配备为使团之随行人员，而且经常担任使者或使团负责人，被称为"译使"。这种情况古已有之，译者实为使者之先驱。古代国、族之间的交往，必待译而通，故译者乃最早之使者。周初南方越裳氏来朝，即以译者为使。"交趾之南有越裳国，周公居摄六年，制礼作乐，天下和平；越裳以三象重译而献白雉，曰：'道路悠远，山川阻深，音使不通，故重译而朝。'成王以归周公，公曰：'德不加焉，则君子不飨其质；政不施焉，则君子不臣其人；吾何以获此赐也？'其使请曰：'吾受命吾国之黄耈曰：久矣，天之无烈风注雨，意者，中国有圣人乎？有则盍往朝之。'周公乃归之于王，称先王之神致，以荐于宗庙。"[④]这里强调双方距离遥远，言语不通，故需重译而来。这位回答周公问题

① 《后汉书》卷八十五《东夷传》，第2824页。

② 《后汉书》卷八十五《东夷传》，第2820、2822页。

③ 《后汉书》卷八十七《西羌传》，第2878页。

④ 《太平御览》卷七百八十五《四夷部六·南蛮一·越裳国》引《尚书大传》，第3475页。

的使者,《韩诗外传》作“译者”,《汉书》颜师古注亦引作“译”①。

汉代亦然。由于译者通晓对方语言,沟通方便,故经常即以译者为使而被派遣完成一定使命。“至王莽辅政,欲耀威德,以怀远为名,乃令译讽旨诸羌,使共献西海之地,初开以为郡,筑五县,边海亭燧相望焉。”②这里是以译者为使,示意西羌向汉献地。王莽大分匈奴为十五单于,始建国三年(11)“遣中郎将蔺苞、副校尉戴级将兵万骑,多赍珍宝至云中塞下,招诱呼韩邪单于诸子,欲以次拜之。使译出塞诱呼右犁汗王咸、咸子登、助三人,至则胁拜咸为孝单于,赐安车鼓车各一,黄金千斤,杂缯千匹,戏戟十;拜助为顺单于,赐黄金五百斤;传送助、登长安。”③这里也是以译者为使,出塞诱呼匈奴右犁汗王父子入汉。和帝永元四年(92),羌豪迷唐按照护羌校尉聂尚的意愿,从颇岩谷还居大、小榆谷后,“遣祖母卑缺诣(聂)尚,(聂)尚自送至塞下,为设祖道,令译田汜等五人护送至庐落。”④这里以译者田汜等人为使,护送迷唐之祖母回其居所。

这种担任使者或使团负责人的译者被称为“译使”。上文已经提到的黄门译长即担任使团之负责人以出使海外采购珍异,这种使团亦被称为“译使”。东汉章帝章和元年(87),羌豪迷吾进犯金城塞,护羌校尉张纡遣兵与其会战,“迷吾兵败走,因译使欲降,(张)纡纳之。”⑤迷吾通过“译使”表示愿意投降。《通鉴》胡注曰:“译,通夷言,使之将命,因谓之‘译使’。”⑥所谓“译使”即以译者为使。和帝永元

---

① 《汉书》卷九十六下《西域传下》,第3930页。
② 《后汉书》卷八十七《西羌传》,第2878页。
③ 《汉书》卷九十四下《匈奴传下》,第3823页。
④ 《后汉书》卷八十七《西羌传》,第2883页。
⑤ 《后汉书》卷八十七《西羌传》,第2882页。
⑥ 《资治通鉴》卷四十七《汉纪三十九》章帝章和元年(87),第1509页。

四年(92),蜀郡太守聂尚代为护羌校尉,聂尚“见前人累征不克,欲以文德服之,乃遣驿使招呼迷唐,使还居大、小榆谷。”这里的“驿使”即“译使”,护羌校尉派遣译者为使,前往劝说羌豪迷唐从其徙居地颇岩谷还居大、小榆谷。永元五年(93),居延都尉贯友代为护羌校尉,贯友“以迷唐难用德怀,终于叛乱,乃遣驿使搆离诸种,诱以财货,由是解散。”①这里的“驿使”也是“译使”,被护羌校尉贯友派遣去离间羌族诸种。章帝元和元年(84),武威太守孟云上书报告北单于复愿与吏人合市,于是“诏书听云遣驿使迎呼慰纳之。”②这里的“驿使”亦为“译使”,由武威太守派遣其接待前来互市的北匈奴。

对方来使亦然,亦常以译者为使,而谓之“译使”。东汉建武二十五年(49),“鲜卑始通驿使”③。标点本《后汉书》“校勘记”:“按:刊误谓‘驿’当作‘译’。”④这里的“驿”即“译”,亦以译者为使。

第二节 文书

文书是外交关系中被经常运用的重要工具和手段之一,因而成为外交体制中的必要组成部分。虽然关于一般的社会公、私文书已不乏论著,但是关于汉代外交文书却未见措意者。

自从人类社会产生文字之后,人际交往除了语言之外,还需要借助文字以进行;国家产生之后,其政治运行、行政管理以及各种公众事务亦无不需要借助文字以进行。于是形成了各种各样的文书形态

① 《后汉书》卷八十七《西羌传》,第2883页。
② 《后汉书》卷八十九《南匈奴传》,第2950页。
③ 《后汉书》卷九十《乌桓鲜卑传》,第2985页。
④ 《后汉书》卷九十《乌桓鲜卑传》,第2996页。

以满足这些公、私社会需要。国家政治生态中的外交关系亦然，同样离不开文书这一手段和工具。外交文书作为国家官文书的组成部分，既与一般的官文书有其共通之处，即均为国家公共事务文书，两者又有所不同。外交文书的对象不是国家内部的君与臣、上级与下级或同级之间的关系，也不是统治者与被统治者之间的关系，而是国家或其他政治实体之间的关系；外交文书所要陈述或解决的问题，不是国家内政中的命令、指示和通告等事项，而是国家或其他政治实体之间的双边事务之交涉、谈判、沟通、致意、磋商、争执、抗议等事项。

汉代由于外交关系的发展，其外交文书亦得到广泛的运用。

一、外交文书类别

汉代外交文书从外交双方关系性质而言，可以大别为对等性文书和非对等性文书两类。外交文书的这种类别，决定于外交双方关系的性质，亦即双方是一种对等性关系还是非对等性关系。而这种关系性质的差异，又决定于各自的国力强弱和在国际、族际关系中的地位和作用大小等方面条件。

（一）对等性文书

对等性文书是对等性主体之间在外交关系中的运用。由于古代的外交权力多集中于君主之手，因此外交文书以君主之间的互通文书为其典型和最高形式。汉王朝是以皇帝为首的中央集权专制政治体制，外交权力集中于皇帝手中，因此外交文书亦主要为汉皇帝与对方君主之间的往还，这种君主之间的文书往还是外交文书究竟属于何种类别之集中体现，最具代表性。在汉代，对等性文书以西汉时期汉与匈奴之间的文书往还最为典型和突出。

汉代的外交文书留下有全文者不多，汉文帝与匈奴单于之间的三封文书相对完整一些，实为弥足珍贵的三件外交文书。这三件文书即属于对等性文书。现将这三件文书逐录如下：

汉文帝前六年（前174），匈奴冒顿单于致汉文帝书曰：

天所立匈奴大单于敬问皇帝无恙。前时皇帝言和亲事，称书意，合欢。汉边吏侵侮右贤王，右贤王不请，听后义卢侯难氏等计，与汉吏相距，绝二主之约，离兄弟之亲。皇帝让书再至，发使以书报，不来，汉使不至，汉以其故不和，邻国不附。今以小吏之败约故，罚右贤王，使之西求月氏击之。以天之福，吏卒良，马强力，以夷灭月氏，尽斩杀降下之。定楼兰、乌孙、呼揭及其旁二十六国，皆以为匈奴。诸引弓之民，并为一家。北州已定，愿寝兵休士卒养马，除前事，复故约，以安边民，以应始古，使少者得成其长，老者安其处，世世平乐。未得皇帝之志也，故使郎中系雩浅奉书请，献橐他一匹，骑马二匹，驾二驷。皇帝即不欲匈奴近塞，则且诏吏民远舍。使者至，即遣之。①

汉文帝前六年（前174）复匈奴冒顿单于书曰：

皇帝敬问匈奴大单于无恙。使郎中系雩浅遗朕书曰："右贤王不请，听后义卢侯难氏等计，绝二主之约，离兄弟之亲，汉以故不和，邻国不附。今以小吏败约，故罚右贤王使西击月氏，尽定之。愿寝兵休士卒养马，除前事，复故约，以安边民，使少者得成其长，老者安其处，世世平乐。"朕甚嘉之，此古圣主之意也。汉

① 《史记》卷一百十《匈奴列传》，第2896页。

与匈奴约为兄弟，所以遗单于甚厚。倍约离兄弟之亲者，常在匈奴。然右贤王事已在赦前，单于勿深诛。单于若称书意，明告诸吏，使无负约，有信，敬如单于书。使者言单于自将伐国有功，甚苦兵事。服绣袷绮衣、绣袷长襦、锦袷袍各一，比余一，黄金饰具带一，黄金胥纰一，绣十匹，锦三十匹，赤绨、绿缯各四十匹，使中大夫意、谒者令肩遗单于。①

汉文帝后二年(前162)致匈奴老上单于书曰：

皇帝敬问匈奴大单于无恙。使当户且居雕渠难、郎中韩辽遗朕马二匹，已至，敬受。先帝制：长城以北，引弓之国，受命单于；长城以内，冠带之室，朕亦制之。使万民耕织射猎衣食，父子无离，臣主相安，俱无暴逆。今闻渫恶民贪降其进取之利，倍义绝约，忘万民之命，离两主之欢，然其事已在前矣。书曰："二国已和亲，两主欢说，寝兵休卒养马，世世昌乐，阖然更始。"朕甚嘉之。圣人者日新，改作更始，使老者得息，幼者得长，各保其首领而终其天年。朕与单于俱由此道，顺天恤民，世世相传，施之无穷，天下莫不咸便。汉与匈奴邻国之敌，匈奴处北地，寒，杀气早降，故诏吏遗单于秫糵金帛丝絮佗物岁有数。今天下大安，万民熙熙，朕与单于为之父母。朕追念前事，薄物细故，谋臣计失，皆不足以离兄弟之欢。朕闻天不颇覆，地不偏载。朕与单于皆捐往细故，俱蹈大道，堕坏前恶，以图长久，使两国之民若一家子。元元万民，下及鱼鳖，上及飞鸟，跂行喙息蠕动之类，莫不就安利而辟危殆。故来者不止，天之道也。俱去前事：朕释逃虏民，单于无

① 《史记》卷一百十《匈奴列传》，第2897页。

> 言章尼等。朕闻古之帝王，约分明而无食言。单于留志，天下大安，和亲之后，汉过不先。单于其察之。①

这三件文书可以说是汉代对等性外交文书的典型。

其对等性特征体现于如下：

1. 称谓。书信之首必有称谓，称谓确定，双方关系定位于是而明确。在这三封书信中，汉方称对方为“匈奴大单于”，匈奴方称汉方为“皇帝”。也就是说双方均以对方国内对其元首之尊称相称呼。秦始皇确定国家元首称皇帝，汉承秦制，“天子称尊号曰皇帝”②。匈奴则以“单于”尊称其元首，“单于者，广大之貌，言其象天单于然”。③ 这种称谓表明各自尊重并承认对方的元首地位，是为双方对等关系之体现。

在行文中，双方亦以这种尊称称呼对方，汉文帝前六年（前174）匈奴冒顿单于致汉文帝书，在行文中四次以“皇帝”称呼汉文帝；在汉文帝前六年（前174）和后二年（前162）致匈奴老上单于书，在行文中先后各有五处、八处以“单于”称呼对方。这些都体现了外交文书所具有的以礼相待精神和对等关系的性质。

但是，在西汉前期，匈奴对于汉来说处于主动地位，亦即其在军事上握有主动权，汉方处于被动挨打的地位，所谓“匈奴寇盗不为衰止，而单于反以加骄倨”。④ 就是这种状况的反映。因此，在双方外交文书的往还中，匈奴方面常在称谓问题上搞一些小动作，如汉文帝前六年（前174）匈奴冒顿单于致汉文帝文书中，在“匈奴大单于”之前加

① 《史记》卷一百十《匈奴列传》，第2902—2903页。
② 《汉官仪》引《汉礼仪》，见《汉官六种 · 汉官仪卷上》，第124页。
③ 《史记》卷一百十《匈奴列传》《集解》引《汉书音义》曰，第2888页。
④ 《汉书》卷九十四下《匈奴传下》，第3831页。

上"天所立";在中行说投奔匈奴后,更进一步倨傲其辞,在"匈奴大单于"之前加上"天地所生日月所置"之词。这是匈奴方面企图从文书称谓中凌轹汉方的一个表现。但是汉方对此并不承认,因此汉文帝在复函中仍然只是以"匈奴大单于"称呼之,虽然不见直接的反击,但是还是通过这种间接的方式表达了自己的态度。这是外交文书在表面客气后面进行角力的特征的体现。

2. **启事敬辞**。文书起首汉匈双方君主均以"敬问……无恙"为启事敬辞。以"敬问"为启事敬辞,乃汉代对等关系文书之通则,如汉景帝三年(前154)正月甲子,吴王刘濞起兵反汉,发使遗诸侯书曰:"吴王刘濞敬问胶西王、胶东王、菑川王、济南王、赵王、楚王、淮南王、衡山王、庐江王、故长沙王子"云云[①]。这里即以"敬问"为启事敬辞,因为吴王刘濞与其他诸侯王是对等的。汉匈君主之间互通文书时,亦以"敬问"为启事敬辞,实为以汉文化之文书礼仪运用于对等性外交文书之中。至于"无恙"这种问候语,在汉王朝内部的官文书中并非必须,偶亦见之。东汉和帝时,因下邳王刘衍内部发生争嗣,于是派遣彭城王刘恭为其调解并物色合适人选为太子。刘恭受命时所得和帝文书,开首称:"皇帝问彭城王始夏无恙"[②]云云。

3. **内容**。上述汉匈外交文书的内容中,更是处处显示双方地位之平等和均衡。首先是对于双方关系和地位有着十分明确的定位,将双方关系定位为"兄弟"关系,所谓"兄弟"关系就是一种平等的关系。这种"兄弟"关系的具体化就是,"长城以北,引弓之国,受命单于;长城以内,冠带之室,朕亦制之。"以及"今天下大安,万民熙熙,朕与单于为之父母。朕追念前事,薄物细故,谋臣计失,皆不足以离兄

① 《史记》卷一百六《吴王濞传》,第2828页。

② 《后汉书》卷五十《孝明八王传》,第1675页。

弟之欢。”两位君主各自统治自己的领土和人民，是一种对等的关系。故“汉与匈奴邻国之敌”，所谓“敌”即是平等、均衡。其次，根据这种平等的“兄弟”关系而要求双方权利、义务之均衡。汉方谓“汉与匈奴约为兄弟，所以遗单于甚厚。倍约离兄弟之亲者，常在匈奴。”指出这种给予和回报的不平衡，违反了对等性原则，有损于双方的“兄弟”关系。双方应当同时致力于给予和回报的平衡性，“俱去前事：朕释逃虏民，单于无言章尼等。”“和亲之后，汉过不先。”“朕与单于皆捐往细故，俱蹈大道，堕坏前恶，以图长久，使两国之民若一家子。”只有双方权利和义务、给予和回报的平衡，才能够真正体现“兄弟”关系。

司马迁在总结这种对等性文书的特征时说：“汉遗单于书，牍以尺一寸，辞曰‘皇帝敬问匈奴大单于无恙’，所遗物及言语云云。”[①]这里包括文书形制之大小以及称谓、启事敬辞和内容等基本要素，对等性文书就是这些基本要素的对称、平衡。

（二）非对等性文书

非对等性文书为非对等性主体之间在外交关系中的运用。这方面的外交文书全文留存者更少，所幸汉与南越王之间有一来一往两件文书尚在，我们得赖以窥知非对等性文书之情形。现将这两件文书迻录如下：

汉文帝元年（前179）陆贾出使南越，赐赵佗书曰：

> 皇帝谨问南粤王，甚苦心劳意。朕，高皇帝侧室之子，弃外奉北藩于代，道里辽远，壅蔽朴愚，未尝致书。高皇帝弃群臣，孝惠皇帝即世，高后自临事，不幸有疾，日进不衰，以故誖暴乎治。诸

① 《史记》卷一百十《匈奴列传》，第2899页。

吕为变故乱法，不能独制，乃取它姓子为孝惠皇帝嗣。赖宗庙之灵，功臣之力，诛之已毕。朕以王侯吏不释之故，不得不立，今即位。乃者闻王遗将军隆虑侯书，求亲昆弟，请罢长沙两将军。朕以王书罢将军博阳侯，亲昆弟在真定者，已遣人存问，修治先人冢。前日闻王发兵于边，为寇灾不止。当其时长沙苦之，南郡尤甚，虽王之国，庸独利乎！必多杀士卒，伤良将吏，寡人之妻，孤人之子，独人父母，得一亡十，朕不忍为也。朕欲定地犬牙相入者，以问吏，吏曰"高皇帝所以介长沙土也"，朕不得擅变焉。吏曰："得王之地不足以为大，得王之财不足以为富，服领以南，王自治之。"虽然，王之号为帝。两帝并立，亡一乘之使以通其道，是争也；争而不让，仁者不为也。愿与王分弃前患，终今以来，通使如故。故使贾驰谕告王朕意，王亦受之，毋为寇灾矣。上褚五十衣，中褚三十衣，下褚二十衣，遗王。愿王听乐娱忧，存问邻国。①

赵佗因陆贾而复书汉文帝曰：

蛮夷大长老夫臣佗昧死再拜上书皇帝陛下：老夫故粤吏也，高皇帝幸赐臣佗玺，以为南粤王，使为外臣，时内贡职。孝惠皇帝即位，义不忍绝，所以赐老夫者厚甚。高后自临用事，近细士，信谗臣，别异蛮夷，出令曰："毋予蛮夷外粤金铁田器；马牛羊即予，予牡，毋与牝。"老夫处辟，马牛羊齿已长，自以祭祀不修，有死罪，使内史藩、中尉高、御史平凡三辈上书谢过，皆不反。又风闻老夫父母坟墓已坏削，兄弟宗族已诛论。吏相与议曰："今内不得振于汉，外亡以自高异。"故更号为帝，自帝其国，非敢有害于

① 《汉书》卷九十五《西南夷两粤朝鲜传》，第3849—3850页。

> 天下也。高皇后闻之大怒,削去南粤之籍,使使不通。老夫窃疑长沙王谗臣,故敢发兵以伐其边。且南方卑湿,蛮夷中西有西瓯,其众半羸,南面称王;东有闽粤,其众数千人,亦称王;西北有长沙,其半蛮夷,亦称王。老夫故敢妄窃帝号,聊以自娱。老夫身定百邑之地,东西南北数千万里,带甲百万有余,然北面而臣事汉,何也?不敢背先人之故。老夫处粤四十九年,于今抱孙焉。然夙兴夜寐,寝不安席,食不甘味,目不视靡曼之色,耳不听钟鼓之音者,以不得事汉也。今陛下幸哀怜,复故号,通使汉如故,老夫死骨不腐,改号不敢为帝矣!谨北面因使者献白璧一双,翠鸟千,犀角十,紫贝五百,桂蠹一器,生翠四十双,孔雀二双。昧死再拜,以闻皇帝陛下。①

其非对等性体现于如下几个方面:

1. **称谓**。外交文书之是否对等性首先体现于称谓方面。在非对等性外交文书中,其在称谓方面与上述对等性文书有很大不同,汉方不论在自称还是被对方称呼时,均谓为"皇帝";而汉方称呼对方则谓之"南越王"或"王"。"南越王"这个称谓是在汉高帝十一年(前196)册封赵佗时确定的,但是在高后时,赵佗自称为"武帝"。这种称谓是与其"乘黄屋左纛,称制,与中国侔"②的政治行为相一致的,颜师古注曰:"侔,等也。"亦即与汉王朝分庭抗礼的体现。汉文帝即位后派遣陆贾出使南越,并携带这封致赵佗文书。汉文帝没有使用南越在其境内的称呼——"帝",而是使用从高帝以来汉对于赵佗的称呼——"王"。这实际上表明汉方不承认赵佗自称的南越"武帝"称

① 《汉书》卷九十五《西南夷两粤朝鲜传》,第3851—3852页。

② 《汉书》卷九十五《西南夷两粤朝鲜传》,第3848页。

号，而只承认汉王朝所封他的“南越王”称号。在行文中，汉方也是称其为“王”而不称其为“帝”。也就是说汉王朝并不承认与其为对等性关系，而是一种臣属关系，即非对等性关系。

汉文帝元年（前179）陆贾出使南越，责让赵佗“自立为帝”，赵佗“乃顿首谢，愿长为藩臣”①，放弃帝号。因此，赵佗在复书汉文帝时不仅没有自称“帝”，而且是以“蛮夷大长老夫臣佗”自称。在这个自称里，赵佗给自己加上了“蛮夷”、“大长”、“老夫”、“臣”等称谓②。赵佗曾经抗议高后“别异蛮夷”③，并以此作为其自立为帝的理由之一，但是这里他却自称“蛮夷”，亦即为汉王朝周边四夷之一。这里的“大长”当为大首领、方伯之意④，“蛮夷大长”即蛮夷中的大首领、方伯。后面所称“老夫”，为老者自称，在报书中赵佗亦多次自称“老夫”，知赵佗主要强调自己是个年长之人。称“臣”，则表明他仍然承认自己为汉王朝之“外臣”、藩王。总之，赵佗的自称，均为贬抑自己，尊奉汉皇帝之意。而对于汉方的称谓，则不仅以“皇帝”为称，而且加上“陛下”这样的尊称。蔡邕曰：“陛，阶也，所由升堂也。天子必有近臣立于陛侧，以戒不虞。谓之‘陛下’者，群臣与天子言，不敢指斥，故呼在陛下者与之言，因卑达尊之意也。上书亦如之。”⑤可知“陛下”为臣对君、卑对尊之称谓。

从上述称谓观之，双方之关系及地位，为君与臣、尊与卑之性质，

① 《史记》卷一百一十三《南越列传》，第2970页。

② 关于“蛮夷大长老夫臣佗”，历来解读颇有歧义，胡守为《岭南古史》中有详细介绍和阐述，见氏著：《岭南古史》，广东人民出版社1999年版，第38—40页。

③ 《史记》卷一百一十三《南越列传》，第2969页。

④ 《尚书·益稷》：“外薄四海，咸建五长。”孔氏传：“薄，迫也。言至海。诸侯五国立贤者一人为方伯，谓之五长，以相统治，以奖帝室。”《尚书正义》卷五《夏书·益稷》，第143页。

⑤ 《史记》卷六《秦始皇本纪》《集解》引，第237页。

两者之非对等性是显然的。

2. 启事敬辞。文书之启事敬辞亦为体现双方之关系是否属于对等性的重要标志。汉方致南越方以"谨问"为启事敬辞,"谨"虽然也含有尊敬对方之意,但是与对等性文书之以"敬问"为启事敬辞不同,其尊敬程度稍逊一筹。这个文书的时代背景,是在汉文帝即位后"初镇抚天下",而当时南越已摆脱汉王朝臣属关系而自立为帝的时候,为此汉方事先采取了一系列安抚赵佗的措施,"乃为(赵)佗亲冢在真定,置守邑,岁时奉祀。召其从昆弟,尊官厚赐宠之。"[①]然后遣使陆贾致书赵佗,争取他回归为汉王朝之"外臣"。因此,这个文书虽然是以君主对待臣属的定位而为文,但是还是尽可能以谦和的态度待之,故以"谨问"这样的敬语为启事敬辞,是不难理解的。

南越方致汉方文书的启事敬辞则并没有以"谨问"报之,而是以"昧死再拜上书"为启事敬辞。虽然说"谨问"之尊敬程度低于"敬问",但是如果南越方之复函亦以"谨问"报之,则双方具有对等性关系意味,因为对等性关系就是双方的平等、均衡。在这里南越方是以"昧死再拜上书"报之,就属于非对等性关系了。"昧死"即冒死,是为秦汉时期臣下上书皇帝时的通用语,意即冒昧而犯死罪。南越王的报书也使用"昧死",表明是以臣属地位上书君主之意。"再拜上书"亦为汉代臣下上书皇帝之常用语,蔡邕戍边上章曰:"朔方髡钳徒臣邕稽首再拜上书皇帝陛下"[②]。这里即以"再拜上书"为言。不过,与南越王赵佗之文书相较,在"再拜上书"之前为"稽首"而非"昧死",这是臣下上书在两汉时期的一个变化,蔡邕《独断》谓:"汉承秦法,群臣上书皆言昧死言。王莽盗位,慕古法,去'昧死'曰'稽首'。光武因

---

① 《史记》卷一百一十三《南越列传》,第 2970 页。

② 《续汉书·律历志》注引,见点校本《后汉书》,第 3082 页。

而不改。”[①]可知东汉时期已以“稽首”取代“昧死”，故蔡邕之上书以如是为启事敬辞。

3. 内容。在文书的内容里面，更是将这种非对等性关系作了明确的表述。赵佗在报书中云：“今陛下幸哀怜，复故号，通使汉如故，老夫死骨不腐，改号不敢为帝矣！”所谓“复故号”，即恢复“南越王”之称号而放弃“南越武帝”之称号，也就是说他已经接受了汉文帝在来书中称其为“南越王”的旨意。赵佗在报书中进而明确宣布“改号不敢为帝”，将帝号改为王号。在文书的后面，赵佗曰：“谨北面因使者献”某某物云云，这里的“北面”亦为臣属之意。古代君臣会面场合，“君南面，臣北面”[②]，故以“北面”表示以臣事君，以卑事尊。总之，我们可以看到，在南越王的报书中，通篇加上了诸多尊君抑臣的卑谦词语，其非对等性昭然可见。

外交文书究竟属于对等性还是非对等性，其根本原因在于双方力量对比以及由此而决定的地位高下。匈奴从西汉前期到西汉后期就经历了两种不同性质文书的巨大变化。匈奴与汉的文书，到了西汉后期，随着其国力之大为削弱，故其与汉王朝之文书亦由西汉前期之对等性文书而改变为非对等性文书。西汉后期匈奴与汉的文书没有全文保留下来，但是从现存片言只语中仍然可以窥知其与汉王朝之文书为非对等性文书。汉元帝建昭三年（前36）汉斩匈奴郅支单于，次年呼韩邪单于“且喜且惧，上书言曰：‘常愿谒见天子，诚以郅支在西方，恐其与乌孙俱来击臣，以故未得至汉。今郅支已伏诛，愿入朝见。’”[③]在这里呼韩邪单于以“臣”自称，表明匈奴于汉为臣属关系，

① 《独断》，见［明］陶宗仪编：《说郛》卷七十六《独断（蔡邕撰）》，北京市中国书店〔1986年据涵芬楼1927年11月版影印〕，第4—5页。

② 《白虎通疏证》卷八《三正》，第365页。

③ 《汉书》卷九十四下《匈奴传下》，第3803页。

显然属于非对等性文书。东汉时期匈奴分裂为南北匈奴，南匈奴成为汉的臣属，故其对汉文书亦以“臣”自称，东汉章帝章和二年（88）南匈奴单于“上言：‘臣累世蒙恩’”云云，文书之末以“唯陛下裁哀省察”[①]为结束。此为汉代臣下致皇帝上书中的常用格式，西汉哀帝元寿元年（前2）丞相王嘉“奏封事谏上及太后”其开首曰：“臣闻爵禄土地，天之有也”云云，书末以“唯陛下省察”[②]结束。由此可见汉代非对等性外交文书完全是以汉王朝内部君臣之间的文书格式为依据而行用的。

二、外交文书与内部文书关系及其特点

外交文书为社会文书体系中的独特分支，与其他内部公、私文书相较而自有其特点，但又有一定的共性。以外交文书与汉王朝内部文书相较而言，两者即既有相同之处，亦有相异之处。两者之异同与上述外交文书之对等性与非对等性两大类别之区分是相联系的。约而言之，对等性外交文书，亦即汉皇帝与对等国、族之间的文书，在汉王朝内部的官文书中是不可能存在的，因为在汉王朝内部没有任何个人或实体可与皇帝分庭抗礼；但是这种文书又与汉王朝内部的公、私文书有诸多相同之处，可以说不论对等性外交文书还是非对等性外交文书均有与汉王朝内部公、私文书相同之处，也可以说均由后者而运用于前者之中。

外交文书之对等性或非对等性的不同，于史籍的表述中有明显的反映。在西汉前期汉匈之间的对等性文书往还，史籍一般以中性词

① 《后汉书》卷八十九《南匈奴传》，第2952页。
② 《汉书》卷八十六《王嘉传》，第3498页。

语表述,高后时"冒顿乃为书遗高后"①,高后则"令大谒者张泽报书"②匈奴,汉文帝前六年(前174)匈奴"单于遗汉书"③,"汉遗匈奴书"④,汉文帝后二年(前162)"使使遗单于书"⑤等均属于此类。这里将汉皇帝与匈奴单于之间的文书均称之为"书",即书信、文书之意;将文书的往还以"遗"表述之,即交付、致送之意,均无上下、尊卑之意在其中。

但是,对于非对等性外交文书其表述则有所不同,一般均将对方来书称为"上书",如:"元帝初即位,呼韩邪单于复上书,言民众困乏。汉诏云中、五原郡转谷二万斛以给焉。"⑥将呼韩邪单于的来书称之为"上书"。这是汉代臣下对皇帝、下对上的文书的通称。这种非对等性外交文书,同时又被称之为"章",西汉哀帝建平四年(前3)息夫躬献计离间匈奴与乌孙卑爰疐的关系:"可令降胡诈为卑爰疐使者来上书曰:'所以遣子侍单于者,非亲信之也,实畏之耳。唯天子哀,告单于归臣侍子。愿助戊己校尉保恶都奴之界。'因下其章诸将军,令匈奴客闻焉。"⑦当时乌孙卑爰疐势力强大,纳质于匈奴,相互勾结,故息夫躬献计令降胡假扮乌孙使者来上书,声言纳质于匈奴乃迫不得已,请汉哀帝告单于归还其侍子。然后将乌孙这个上书的内容下达诸将军,使匈奴使者也能够听到,以达到离间他们之间关系的目的。这里将乌孙使者之"上书",称之为"章"。东汉和帝永元六年(94),"时单于与中郎将杜崇不相平,迺上书告崇,崇讽西河太守令断单于

① 《史记》卷一百十《匈奴列传》,第2895页。
② 《汉书》卷九十四上《匈奴传上》,第3755页。
③ 《史记》卷一百十《匈奴列传》,第2896页。
④ 《史记》卷一百十《匈奴列传》,第2897页。
⑤ 《史记》卷一百十《匈奴列传》,第2902页。
⑥ 《汉书》卷九十四下《匈奴传下》,第3800页。
⑦ 《汉书》卷四十五《息夫躬传》,第2183页。

章，无由自闻。”[①]这里也将匈奴单于的“上书”称之为“章”。夫余至灵帝熹平三年（174），“复奉章贡献”[②]，将其上书径称为“章”。可见“上书”亦即“章”。何以然？蔡邕《独断》曰：“凡群臣上书于天子者有四名：一曰章，二曰奏，三曰表，四曰驳议。”[③]“章”的主要特征和功能是“谢恩陈事”[④]。据此，“上书”为臣下致皇帝文书之总称，而这种文书可分别为“章”、“奏”、“表”、“驳议”等四种类型。则上述非对等性外交文书被视为与汉王朝内部臣下致皇帝的文书是同一等级和类型的。

上述情况表明，非对等性外交文书与汉王朝内部臣下对皇帝的上书基本上相同，与汉王朝内部臣下对于皇帝的章奏文书属于同一层级范围之内。也就是说对于非对等性外交实体来说，他们处于与汉王朝内部臣下相等的地位，汉王朝亦以臣属而视之。而对等性外交文书则与此不同，它是与汉王朝内部文书体制不同的特殊文书体制，其特殊性在于汉皇帝是以平等、对等的主体与对方君主交换文书，是两个对等、平等的主体之间互通文书。这种与汉皇帝平等、对等的文书在汉王朝统治范围内是不可能出现和存在的，因为在汉王朝统治范围内没有任何一个主体能够与皇帝处于平等、对等的地位，只有与对等性主体交往时才可能出现和存在的，而这只有在汉王朝与外部对等性主体发生外交关系时才可能出现和存在。

虽然如此，但是我们还必须指出，外交文书的基本格式乃出自汉王朝内部之官文书，两者之共性也是明显的。

在汉王朝内部的官文书体制中，有皇帝与臣下互通文书这一大类

---

① 《后汉书》卷八十九《南匈奴传》，第2955页。

② 《后汉书》卷八十五《东夷传》，第2812页。

③ 《独断》，见：《说郛》卷七十六《独断（蔡邕撰）》，第4页。

④ 《资治通鉴》卷五十一《汉纪四十三》顺帝阳嘉元年（132），第1659页。

别。此即外交文书基本格式之所自。现将皇帝与臣下之间文书往还之具体情况略举于后：

①**皇帝与诸侯王通文书**。武帝建元六年（前135）闽越兴兵击南越，汉“大为发兴，遣两将军将兵诛闽越”，于是淮南王刘安上书谏。事平，武帝以书谕淮南王刘安曰：“皇帝问淮南王”[①]云云。元帝建昭二年（前37）因中书令石显告淮阳王刘钦舅张博及京房“诽谤政治，狡猾不道，皆下狱。”于是“有司奏请逮捕（刘）钦”，元帝“不忍致法，遣谏大夫王骏赐（刘）钦玺书”，其书之首亦曰：“皇帝问淮阳王”[②]。东汉和帝时，因下邳王刘衍“病荒忽，而太子卬有罪废，诸姬争欲立子为嗣，连上书相告言。”和帝怜之，于是派遣彭城王刘恭“至下邳正其嫡庶”，为之物色合适人选为太子。刘恭受命时所得和帝文书，开首称：“皇帝问彭城王始夏无恙”[③]云云。

②**皇帝与皇后通文书**。汉成帝许皇后受宠而无嗣，皇太后及帝舅王凤“忧上无继嗣，时又数有灾异，刘向、谷永等皆陈其咎在于后宫。上然其言。于是省减椒房掖廷用度。”许皇后乃上疏谏。成帝于是采刘向、谷永之言以报曰：“皇帝问皇后，所言事闻之”[④]云云。

③**皇帝与丞相通文书**。汉成帝绥和二年（前7）因灾异频繁，星象家“言大臣宜当之”，成帝于是召见丞相翟方进，翟方进还归，还没有来得及自尽，成帝“遂赐册曰：‘皇帝问丞相’”[⑤]云云，于是翟方进即日自杀。

④**皇帝与诸将军通文书**。汉元帝永光二年（前42）右将军冯奉世

① 《汉书》卷六十四上《严助传》，第2777、2786页。
② 《汉书》卷八十《宣元六王传》，第3316页。
③ 《后汉书》卷五十《孝明八王传》，第1675页。
④ 《汉书》卷九十七下《外戚传下》，第3974、3977页。
⑤ 《汉书》卷八十四《翟方进传》，第3422页。

率部讨羌，初战不利，遂上书要求增加军队，"书奏，天子大为发兵六万余人，拜太常弋阳侯任千秋为奋武将军以助焉。"冯奉世又上言："愿得其众，不须烦大将。"于是元帝"以玺书劳奉世，且让之，曰：'皇帝问将兵右将军'"[①]云云。颜师古注曰：冯奉世"官为右将军而将兵在外，故谓之将兵右将军也。"宣帝神爵元年（前61）派遣后将军赵充国击羌，在究竟先击先零羌还是先击罕、开羌问题上与朝廷有分歧，于是宣帝"以书敕让充国曰：皇帝问后将军"[②]云云。后朝廷接受赵充国意见，大败先零羌，而罕羌竟不烦兵而下。在此基础上，赵充国上屯田奏，建议实行屯田，宣帝"报曰：'皇帝问后将军'"[③]云云。赵充国又提出"不出兵留田便宜十二事"上奏，宣帝"复赐报曰：'皇帝问后将军'"[④]云云。赵充国"奏每上，辄下公卿议臣。"得到大多数人的同意，"于是报充国曰：'皇帝问后将军'"[⑤]云云，批准了他提出的十二条意见。

⑤皇帝与侍中通文书。昭帝死，昌邑王继位后，"为书曰'皇帝问侍中君卿'"[⑥]云云。君卿为昌邑王之侍中名字。此虽属昌邑王之胡作非为，但其文书格式并不错。

⑥皇帝与太子家令通文书。晁错上书言兵体三章，文帝嘉之，"乃赐（晁）错玺书宠答焉，曰：'皇帝问太子家令'"[⑦]云云。时晁错为太子家令，注引臣瓒曰："《茂陵中书》太子家令秩八百石。"

上述皇帝与诸侯王、皇后、丞相、诸将军、侍中、太子家令等文书

① 《汉书》卷七十九《冯奉世传》，第3298页。
② 《汉书》卷六十九《赵充国传》，第2979页。
③ 《汉书》卷六十九《赵充国传》，第2986页。
④ 《汉书》卷六十九《赵充国传》，第2989页。
⑤ 《汉书》卷六十九《赵充国传》，第2991—2992页。
⑥ 《汉书》卷六十八《霍光传》，第2940页。
⑦ 《汉书》卷四十九《晁错传》，第2283页。

往还，均以“皇帝问”为启事敬辞，可知皇帝“问”某某官为当时皇帝与臣僚通文书之惯例，亦即汉王朝内部非对等关系之间通文书之惯例。将这种文书运用于外交文书，于对等性外交文书，则在“问”前加敬语“敬”，成为“敬问”这样的启事敬辞，体现对于对方的尊重和敬意，从而与对于汉王朝内部臣属有所区别。我们在上文已经谈及，在汉王朝内部的对等性文书中也是以“敬问”为启事敬辞的，如“吴王刘濞敬问胶西王”①为然。因此也可以说汉代的外交文书，是将汉王朝内部对等性文书运用于外交关系中的对等性文书之中。而将这一格式运用于非对等性外交文书时，如上述致南越王书，则在“问”前去“敬”而加“谨”字，成为“谨问”这样的启事敬辞，其恭敬程度略逊于“敬问”。现存非对等性外交文书不多，估计只以“问”为启事敬辞的情况，如上述皇帝与臣下通文书时那样，也可能是存在的。

上述皇帝与臣下之间的来往文书，与一般的皇帝诏策之类的文书有所不同。关于后者，刘勰有一概括叙述：“秦并天下，改命曰制。汉初定仪则，则命有四品：一曰策书，二曰制书，三曰诏书，四曰戒敕。”②我们以《汉书·赵充国传》所载文书观之，上述汉宣帝致赵充国四封文书均以“皇帝问后将军”开首，而“其秋，充国病，上赐书曰：‘制诏后将军’”③云云，令其进军。这个文书的开首与上述四封文书不同，而以“制诏后将军”开首，此即属于上述皇帝诏策文书中的“制书”，蔡邕曰：“制书，帝者制度之命也。其文曰‘制诏三公’。赦令、赎令之属是也。”④汉宣帝致赵充国之制书是命令其进军事宜，故对于蔡邕于“制

① 《史记》卷一百六《吴王濞传》，第2828页。

② ［梁］刘勰著，范文澜注：《文心雕龙》卷四《诏策》，人民文学出版社1958年版，第358页。

③ 《汉书》卷六十九《赵充国传》，第2984页。

④ 《独断》，见《说郛》卷七十六《独断(蔡邕撰)》，第4页。

书”为“赦令、赎令之属是也”的说法不可拘泥视之。

到了魏晋时期，在特定情况下则皇帝对臣下通文书时亦有以“敬问”为启事敬辞。曹魏景元元年（260）十一月魏元帝曹奂之父燕王曹宇“上表贺冬至，称臣。”曹奂认为应依“不臣”之义为礼，有司经过讨论认为“燕王章表，可听如旧式。中诏所施，或存好问，准之义类，则‘燕觌之敬’也，可少顺圣敬，加崇仪称，示不敢斥，宜曰‘皇帝敬问大王侍御’。”①皇帝于其父则行不臣之礼，文书以“敬问”为启事敬辞。东晋时王导以三朝元老辅幼主成帝，成帝与王导“书手诏，则云‘惶恐言’，中书作诏，则曰‘敬问’，于是以为定制。”②这是对于元老重臣的特殊待遇。东晋孝武帝与朗法师书以“皇帝敬问太山朗和尚”③开首，这是出于对高僧的尊重。上述情况表明，能够在文书中得到皇帝“敬问”的，在帝国的治下，只有少数特殊人物才有可能，此外则为对等关系之四方国、族君主。

外交文书的主要作用是解决外交双方之交涉、谈判、致意、沟通、磋商、争执、抗议等双边事务，但是其意义要超越这些具体的外交事务本身，而具有重要的历史意义。外交文书之基本格式乃由汉王朝内部公、私文书而运用之，只此即可见外交文书的往还实际上就是汉文化的传播、扩散及其被四方国族认可、接受的过程。

三、其他外交文书

以上所述为外交双方君主之间的互致文书，这是汉代外交文书中

① 《三国志》卷四《三少帝纪》，第148页。

② 《晋书》卷六十五《王导传》，第1751页。

③ ［晋］司马曜：《与郎法师书》，文载：《全上古三代秦汉三国六朝文》卷十一，第1526页。

的主要形式。除此之外还有一些其他形式的外交文书，主要有“檄书”、“簿责”等文书。

(一)檄书

檄书在外交关系中亦见使用。西汉末年因王莽之乱，匈奴趁机“略有西域”，而在西域诸国中，唯莎车最为强大，不肯附属于匈奴。这是因为莎车王延在“元帝时，尝为侍子，长于京师，慕乐中国，亦复参其典法。常敕诸子，当世奉汉家，不可负也。”其国对汉怀有深厚感情。王莽天凤五年(18)，莎车王延死，其子康代立。这个时期西域与汉的联系中断。东汉建立后，“光武初，康率傍国拒匈奴，拥卫故都护吏士妻子千余口，檄书河西，问中国动静，自陈思慕汉家。”①莎车王康一方面率领西域诸国抗拒匈奴，一方面向河西地区发出“檄书”，打探汉王朝的动静，表达其“思慕汉家”之意。

东汉建武二十一年(45)冬，西域车师前王、鄯善、焉耆等十八国俱遣子入侍，献其珍宝。“及得见，皆流涕稽首，愿得都护。天子以中国初定，北边未服，皆还其侍子，厚赏赐之。”当时莎车王贤“自负兵强，欲并兼西域，攻击益甚。诸国闻都护不出，而侍子皆还，大忧恐，乃与敦煌太守檄，愿留侍子以示莎车，言侍子见留，都护寻出，冀且息其兵。裴遵以状闻，天子许之。”②这是西域十八国等在请求汉派都护不得，而莎车对他们紧逼的情况下，联名以“檄书”致敦煌太守裴遵，希望能够将他们所派遣的侍子留在敦煌，以警示莎车，使它不敢侵逼这些小国。这里也是以“檄书”与敦煌太守沟通。

以上为西域诸国以“檄书”与汉进行沟通。汉方也有时以“檄书”

① 《后汉书》卷八十八《西域传》，第2923页。
② 《后汉书》卷八十八《西域传》，第2924页。

与西域国家进行沟通。东汉明帝永平十七年(74),“始置西域都护、戊己校尉,乃以(耿)恭为戊己校尉,屯后王部金蒲城,谒者关宠为戊己校尉,屯前王柳中城,屯各置数百人。(耿)恭至部,移檄乌孙,示汉威德,大昆弥已下皆欢喜,遣使献名马,及奉宣帝时所赐公主博具,愿遣子入侍。(耿)恭乃发使赍金帛,迎其侍子。”[①]这是戊己校尉耿恭以“檄书”致乌孙。

“檄书”是什么文书呢?“檄”,《辞源》解释说:“古代官方文书用木简,长尺二寸,多作征召、晓喻、申讨等用。若有急事,则插上羽毛,称为羽檄。”[②]这是从其形制和功用以解释檄的特征。萧统《文选》所收五篇檄文,大体包含上述征召、晓喻、申讨等类型,如《司马长卿喻巴蜀檄》、《司马长卿难蜀父老》等可视为晓喻文,《檄吴将校部曲文》、《锺士季檄蜀文》等可视为申讨文,《陈孔璋为袁绍檄豫州》可视为征召文。但是申讨文、征召文亦有晓喻之意,故檄文的基本属性应当就是晓喻。我们从上文所举外交檄书观之,其具有如下一些特征:一是这些檄书基本上是西域诸国与汉王朝边境地区互通的文书,其层级与双方君主之间互通文书差距较大;二是其功用多属双方关系开始时的试探性文书,如莎车王檄书之“问中国动静,自陈思慕汉家。”耿恭致乌孙檄书也没有明言与乌孙恢复中断了的关系,但是通过“示汉威德”这一迂回的方式达到了乌孙遣使来献和纳质的目的,车师、鄯善等十八国的檄书则是求请文书,亦具有试探性质。其基本特征亦为晓喻;三是这种文书具有公开性特点,如莎车王之檄书乃发至河西地区,并非特定官府和个人,车师、鄯善等十八国的檄书为多

① 《后汉书》卷十九《耿恭传》,第720页。

② 广东、广西、湖南、河南辞源修订组、商务印书馆编辑部编:《辞源(修订本)》(1—4合订本),商务印书馆1988年版,第889页。

国联合致意，并非特定国、族或个人之文书。这些文书均与露布相似。

(二)“簿责”

“簿责”这种文书形式有时亦用之于外交关系中。

西汉后期匈奴五单于争立，最后形成呼韩邪单于和郅支单于两大势力，其中呼韩邪单于臣服汉王朝，郅支单于也极力与汉拉拢关系，遣子入侍，但是“郅支单于自以道远，又怨汉拥护呼韩邪，遣使上书求侍子。”汉元帝初元五年(前44)“汉遣谷吉送之，郅支杀吉。”汉使谷吉被杀后，“汉不知(谷)吉音问，而匈奴降者言闻瓯脱皆杀之。”①后来汉方从匈奴来降者口中得到消息，称从边境哨所“瓯脱”那里得知谷吉已被杀害。于是“呼韩邪单于使来，汉辄簿责之甚急。”②何谓“簿责”？颜师古注曰：“簿责，以文簿一一责之也。”

楼兰经常依违于汉和匈奴之间，汉武帝太初四年(前101)匈奴“遣骑因楼兰候汉使后过者，欲绝勿通。”当时汉军正任文将兵屯玉门关，“捕得生口，知状以闻。上诏(任)文便道引兵捕楼兰王。将诣阙，簿责王，对曰：‘小国在大国间，不两属无以自安。愿徙国入居汉地。’上直其言，遣归国，亦因使候司匈奴。匈奴自是不甚亲信楼兰。”③这里是对被俘至汉的楼兰王进行“簿责”。

“簿责”为在汉王朝内部常用的一种形式。汉景帝时，条侯周亚夫之子购买工官尚方所制御用葬具甲楯五百具，被工人告发，“事连汙条侯。书既闻上，上下吏。吏簿责条侯，条侯不对。”于是被“召诣

① 《汉书》卷九十四下《匈奴传下》，第3801页。《史记》卷一百十《匈奴列传》《正义》曰“境上斥候之室为瓯脱也”(第2890页)。

② 《汉书》卷九十四下《匈奴传下》，第3801页。

③ 《汉书》卷九十六上《西域传上》，第3877页。

廷尉”,“因不食五日,呕血而死。”[①]《史记集解》引如淳释“簿责”曰:“簿问责其情。”御史大夫张汤遭人诬陷,武帝“以(张)汤怀诈面欺,使使八辈簿责汤。汤具自道无此,不服。”[②]颜师古释“簿责”曰:“以文簿次第一一责之。”从周亚夫、张汤事例观之,所谓“簿责”就是对于嫌犯的审讯。审讯时事先写出审问提纲,然后将审问内容一一记录,此即“簿责”之意。显然,这是将汉王朝内部审讯程序中的法律文书,借用于解决外交双方争执问题处理之中。

四、外交文书的生成和传递

外交文书的生成,是指其从决策至成文的全过程。

(一)外交文书的决策

外交文书是代表国家而发出的对外方针政策或双边问题交涉的文告,是国家利益的集中体现,因此是极其慎重的国家文书。其形成是一个复杂的过程,而与一般的行政公文有所不同。首先,如同外交权力集中于皇帝手中一样,外交文书的收授权力亦集中于皇帝手中。我们从上文已经可以看到,外交文书一般来说都是在双方君主之间进行交换,就是这种情况的反映。外交文书是以君主的名义发出的,对方的文书也是以本国君主为对象,而由本国君主接受的。其次,外交文书虽然由君主代表国家而发出或收受,但是如同其他国家大事一样,它的形成是经过最高统治集团,特别是其中的决策班子的集体参与和集议而决定的。

---

① 《史记》卷五十七《绛侯周勃世家》,第2079页。

② 《汉书》卷五十九《张汤传》,第2645页。

汉初高后时，匈奴冒顿单于“尝为书嫚吕后，不逊，吕后大怒，召诸将议之。”[①]高后在接到匈奴单于的来书之后，召集“诸将”进行讨论，以决定如何回应匈奴方面的来书。事实上当时参与讨论的不仅有“诸将”，还有丞相等执政大臣也参与了，据《汉书·匈奴传》的记载，高后“召丞相（陈）平及樊哙、季布等议”[②]。当时陈平为丞相，樊哙为上将军，季布为中郎将。可知这是丞相和诸将的联合会议。在西汉前期，丞相为行政长官，权力很大，而诸将权力也很大，其时尚未分中外朝，外交大事将相大臣一起商议，故《通鉴》谓此次为“将相大臣”[③]会议。会议上主战派与主和派进行了激烈的交锋，最后高后批准了主和意见，报书匈奴曰：“单于不忘弊邑，赐之以书，弊邑恐惧。退日自图，年老气衰，发齿堕落，行步失度，单于过听，不足以自污。弊邑无罪，宜在见赦。窃有御车二乘，马二驷，以奉常驾。”以卑谦、委婉的语气回复匈奴的挑衅性来书，“冒顿得书，复使使来谢曰：‘未尝闻中国礼义，陛下幸而赦之。’因献马，遂和亲。”[④]通过文书往还化解了双方的紧张关系，避免了战争，达到了以柔克刚的目的。

元帝竟宁元年（前33），呼韩邪单于“上书愿保塞上谷以西至敦煌，传之无穷，请罢边备塞吏卒，以休天子人民。”提出让汉方撤销北部边防的请求。接匈奴来书之后，“天子令下有司议”，即有关部门的官员商议如何回应。“议者皆以为便。郎中侯应习边事，以为不可许。上问状。”侯应列举了十条理由加以反对，“对奏，天子有诏：‘勿议罢边塞事。’”[⑤]元帝在听取侯应的意见之后，决定不解除边塞之武

① 《史记》卷一百《季布列传》，第2730页。
② 《汉书》卷九十四上《匈奴传上》，第3755页。
③ 《资治通鉴》卷十二《汉纪四》惠帝三年（前192），第413页。
④ 《汉书》卷九十四上《匈奴传上》，第3755页。
⑤ 《汉书》卷九十四下《匈奴传下》，第3803、3805页。

备，并派车骑将军许嘉向呼韩邪单于进行解释。呼韩邪表示满意，从而圆满地处理了双方这一敏感问题。郎中为光禄勋属官，秩比三百石，级别不高，但为皇帝亲近。这个问题的处理，元帝没有采纳有司决策会议的意见，而是采纳了低级郎官的意见，表明皇帝可以在臣下所提建议中择善而从，最终决策权握于皇帝手中。

哀帝建平四年（前3），匈奴"单于上书愿朝五年"，请求于次年来朝。当时"哀帝被疾，或言匈奴从上游来厌人，自黄龙、竟宁时，单于朝中国辄有大故。上由是难之，以问公卿，亦以为虚费府帑，可且勿许。"①当时，汉哀帝有病，接到匈奴来书之后，有的人从迷信的角度解释，认为匈奴在地势上处于上游，对于汉王朝不利，再从历史经验来看，从前匈奴单于来朝之后，汉王朝内部即有重大变故发生。哀帝犹豫不决，于是将其交付公卿进行商议，以决定如何回应。公卿集议之后认为接待匈奴单于来朝，耗费公帑，还是拒绝其来朝为好。哀帝采纳了公卿集议的意见，于是报书拒绝匈奴单于来朝。"单于使辞去，未发，黄门郎扬雄上书谏"，当匈奴使者携带汉王朝的报书离开后，扬雄上书哀帝提出反对意见，指出"今单于上书求朝，国家不许而辞之，臣愚以为汉与匈奴从此隙矣。"②从历史上论证了与匈奴关系的重要性，认为不能拒绝单于入朝，"书奏，天子寤焉。召还匈奴使者，更报单于书而许之。赐（扬）雄帛五十匹，黄金十斤。"③哀帝采纳了扬雄的意见，更换了原来的文书，重新报书同意匈奴单于于次年来朝。扬雄为黄门郎，即给事黄门侍郎，为中朝官员，级别不高，但是侍从皇帝，顾问应对。在这次与匈奴的文书往还中，哀帝推翻了公卿集议决

① 《汉书》卷九十四下《匈奴传下》，第3812页。
② 《汉书》卷九十四下《匈奴传下》，第3812页。
③ 《汉书》卷九十四下《匈奴传下》，第3817页。

策的决定和原来的文书，而接受了黄门郎的意见，最后以此回复匈奴单于。

综上所述，在接获对方外交文书之后，应当如何回应；己方之外交文书应当如何撰写，这些问题都需要经过统治集团，特别是其中的决策团体进行商讨，提出意见和方案；同时，其他各级官员也可以提出建议，以供参考和选择。这些在最后均由皇帝拍板定案。这种严谨的决策过程，表明外交文书对于国家来说是十分重要的大事，是代表国家宣示对外方针政策以及对于国家权益的维护，是极其慎重的国家文书。

（二）外交文书的撰写

外交文书进行决策之后，就进入具体撰写的程序。从汉代政府机构和职官设置而言，尚书是负责各种官文书撰写的部门，故有“两汉诏诰，职在尚书”①之说，外交文书亦包括在其中，故亦应当由其负责。西汉“成帝初置尚书四人，分为四曹：常侍曹尚书主公卿事；二千石曹尚书主郡国二千石事；民曹尚书主凡吏上书事；客曹尚书主外国夷狄事。”②其中客曹尚书“主外国夷狄事”，则外交文书当由其负责③。

具体撰写由尚书郎负责，所谓“尚书郎主作文书起草”④。东汉明帝时钟离意为尚书仆射，“时诏赐降胡子缣，尚书案事，误以十为百。帝见司农上簿，大怒，召郎将笞之。（钟离）意因入叩头曰：‘过误之失，常人所容。若以懈慢为愆，则臣位大，罪重，郎位小，罪轻，咎皆在

① 《文心雕龙注》卷四《诏策》，第358—359页。

② 《续汉书·百官志三》，见点校本《后汉书》，第3597页。

③ 关于汉代尚书负责外交文书问题，可参见《汉唐外交制度史》第二章第二节《尚书主客曹及其外交职能》（第70—79页）已有比较详细论述。

④ 《汉官六种·汉官仪卷上》，第142页。

臣，臣当先坐。'乃解衣就格。帝意解，使复冠而贯郎。"[①]这里的诏书就属于外交文书之中的一类，为关于赏赐来降胡人问题的具体诏令，它就是由尚书郎负责撰写的。这位负责起草赐缣的尚书郎必属于主客曹，其所起草诏书内容属于主客曹管辖范围。由于其在撰写中出现了错误，受到皇帝的追究，尚书台长官钟离意亦牵扯于其中。

由于尚书郎负责包括外交文书在内的官府文书撰写，故对于其文才就有很高的要求。东汉安帝永宁（120—121）年间，尚书陈忠上疏推荐周兴为尚书郎，曰："臣伏惟古者帝王有所号令，言必弘雅，辞必温丽，垂于后世，列于典经。"首先指出为帝王撰写的文书要求很高，文辞必须既恢宏而又典雅，既温文而又华美，因为这些文书都将成为经典而垂范后世。其次指出尚书郎乃承担此重任之部门和官员，但是，实际上现在尚书郎中完全称职，足担此任者并不多，"尚书出纳帝命，为王喉舌。臣等既愚闇，而诸郎多文俗吏，鲜有雅才，每为诏文，宣示内外，转相求请，或以不能而专己自由，辞多鄙固。"尚书郎中多为"文俗吏"，有的人接受了撰写皇帝诏书的任务，但是力不胜任，到处请求他人代笔，有的人硬要自己动手，但是文辞鄙陋，差距颇大。他认为现在供职于光禄勋的郎中周兴具有优越的素质和条件，足当此大任："臣窃见光禄郎周兴，孝友之行，著于闺门，清厉之志，闻于州里。蕴匮古今，博物多闻，《三坟》之篇，《五典》之策，无所不览。属文著辞，有可观採。"其言行旨趣均十分高尚，著闻于世，其学识博古通今，善于文辞，足可担此大任。安帝接受了陈忠的意见，于是"诏乃拜（周）兴为尚书郎"[②]。这个事例告诉我们，一是尚书郎是撰写皇帝诏书的主要承担者，二是由于这种文书要求很高，故必须学识、文才过

① 《后汉书》卷四十一《钟离意传》，第1409页。
② 《后汉书》卷四十五《周荣传附周兴传》，第1537页。

人者才能够胜任。

如果说上文所述赐缣诏书还是一般的外交行政文书，那么前文提到的汉皇帝致匈奴单于的文书，就不是一般的行政性文书，而是代表国家向外交国发出的外交文书，它的要求就比一般的诏令、政令要严格和高得多了。上述赐缣诏书出了错误，还属于内部问题，还可以在内部进行纠正。而对外文书如果是出现了错误，就是国、族之间的重大问题，就不是从内部可以得到纠正的了。显然，这种外交文书的撰写就是要求更高、更为严肃的事情了。

因此，这种外交文书的撰写，就可能不限于在尚书郎中物色人员来承担，而可能由朝廷中其他具有突出素养的优异人才来承担了。东汉建武二十八年(52)致北匈奴的文书的撰写为我们透露了这样的信息。

建武二十八年(52)，北匈奴遣使来朝，贡献马匹、皮裘等物，除了请求与汉和亲、赐予汉方音乐之外，又要求率领西域诸国的“胡客”一起前来朝献。为此，光武帝“下三府议酬答之宜”。三府即三公府，在东汉指太尉、司徒、司空府，为当时的宰相府署，分曹处理日常政务。光武帝要求三公府商议如何回应北匈奴。在“三府”商议如何回应北匈奴的问题过程中，司徒掾班彪给光武帝呈递了一个奏文，对此提出了自己的意见，并且进而提出了自己起草的答匈奴单于的文书，他在奏文中提出：“报答之辞，令必有适。今立稿草并上。”所谓报答之辞，令必“有适”，李贤注曰：“言报答之辞必令得所也”。指出这种外交文书必须既有针对性，又掌握恰当的分寸。班彪于是将自己起草的报书全文上呈光武帝，光武帝“悉纳从之”。[1] 也就是说光武帝不仅采纳了他在奏文中提出的意见，而且采纳了他起草的报北匈奴单于文书。

---

① 《后汉书》卷八十九《南匈奴传》，第2946、2948页。

可以说这是一封“毛遂自荐”的外交文书。表明朝廷官员中可以采取类似“投标”的方式提出自己的草稿，以供皇帝选择，并不限于职掌所在的尚书之中。

当时班彪为“司徒掾”，亦即司徒府中的掾属，东汉司徒府有掾属三十一人，正曰掾，副曰属。掾不过是三四百石的低级官吏。但是，班彪却是一位具有出色文才的优异人士，他“才高而好述作”①，被誉为“通儒上才”②。他不仅是著名的史学家，而且善于起草章奏之类的官文书，西汉末年中原大乱，班彪投奔割据河西的窦融，在其门下任从事。后窦融归附光武帝，“光武问曰：‘所上章奏，谁与参之？’融对曰：‘皆从事班彪所为。’帝雅闻彪才，因召入见。”③窦融所上光武帝的章奏均为班彪所撰写，从中可知班彪对于撰写这类文书是很擅长、很有经验的。故这次三公府在接受光武帝的委托商议如何回应北匈奴的问题时，他主动起草了报匈奴单于的文书也就不足为奇了。

但是我们也不能说班彪之起草报匈奴单于文书与其职务完全无关。主管外交、民族事务之大鸿胪为“司徒所部”④，那么，光武帝将北匈奴问题交付三公府讨论，似不是偶然。作为司徒府之属官掾，即负有文书方面职责，故班彪作为司徒掾而起草外交文书，与其职责亦有一定关系。由此似可印证古代政府机构和官员的职责分工并非绝对的。

此外，皇帝亲自为之的可能性也是存在的，赵翼认为汉代诏命“亦有天子自作者。武帝以淮南王安工文词，每赐安书，辄令司马相如等视草，是帝先具草而使词臣讨论润色也。哀帝策董贤为大司马，

① 《后汉书》卷四十上《班彪传上》，第1324页。
② 《后汉书》卷四十上《班彪传上·论》，第1329页。
③ 《后汉书》卷四十上《班彪传上》，第1324页。
④ 《汉官六种·汉官一卷》，第5页。

有'允执其中'之语。萧咸谓'此乃尧禅舜之文,非三公故事,长老莫不心惧。'此必非代言者所敢作也……"[①]其说可资参考。

因为尚书负责诏书章奏的出纳,所以它也就负责这些文件的收藏保管工作。东汉人应劭编撰有《五曹诏书》,于建安元年(196 年)奏上[②]。这就是包括主客曹在内的五曹尚书所起草和保存诏书的汇编。除了这些公开的诏书之外,还有其他文书档案,王充说:"五曹自有条品,簿书自有故事。"[③]条品即列曹尚书职责范围内的法令规章条款,故事即已有之成例和典章制度,这些文书资料都归尚书保管存档。

主客曹所掌有关外交事务的诏书,也同样保存在尚书台。东汉安帝永宁元年(120)十二月,西南夷掸国王遣使来献音乐及"幻人",次年元会时,演出了这些杂技,安帝与群臣共同观赏,大为惊奇。谏大夫陈禅当场举手大声反对说:"帝王之庭,不宜设夷狄之技。"但尚书陈忠批驳了陈禅的意见,曰:"古者合欢之乐舞于堂,四夷之乐陈于门……今掸国越流沙,踰县度,万里贡献,非郑卫之声,佞人之比,而禅廷讪朝政,请劾禅下狱。"[④]尚书陈忠何以敢于批驳陈禅?与其掌管外交文书,熟悉外交礼仪有关。为了更为有力地批驳反对意见,"后数日,尚书陈忠案《汉旧书》,乃知世宗时犛轩献见幻人,天子大悦,与俱巡狩,乃知古有此事。"[⑤]尚书陈忠查到了历史根据,解决了这一争议。陈忠所查阅的《汉旧书》,即保存于尚书台的档案资料,亦即汉代文献常称的"故事"或"旧事"。在《汉旧书》中记载了汉武帝时嫠轩以幻人献于汉,受到武帝热烈欢迎的故事,表明此事已有先例,故演

① 《廿二史劄记校证》,第 86 页。
② 《后汉书》卷四十八《应劭传》,第 1612—1613 页。
③ 《论衡·程材篇》,《诸子集成》(七),第 120 页。
④ 《后汉书》卷五十一《陈禅传》,第 1685 页。
⑤ 《汉书》卷六十一《张骞传》注引应劭曰,第 2696 页。

出掸国杂技亦属名正言顺。由此可见尚书“故事”、“旧事”对于外交方针政策的执行是有很大参考价值的。陈忠所查阅的无疑是主客曹经手后而存留下来的有关外交方面的文书。此尚书陈忠即上文提到推荐周兴为尚书郎以担任诏命文书撰述者。

(三)外交文书的形制

《史记》在叙述汉匈外交文书时提到:“汉遗单于书,牍以尺一寸。”①汉代诏书所用木简长尺一寸,故以“尺一”指代诏书,李贤谓:“尺一谓板长尺一,以写诏书也。”②可知汉代外交文书是依照汉王朝诏书的规格而撰写的,也就是说以最高规格来书写外交文书。

皇帝诏书撰定之后,“皆以武都紫泥封,青布囊白素裹,两端缝,尺一版,中约署。”③即以青布囊、白素裹为包装,并加以封缄,最后在封泥上加盖皇帝印章,此即所谓“皆玺封”④,即以皇帝玺封缄。这种加封的文书称为“玺书”,韦昭曰:“玺书,印封书也。”⑤。“玺”在汉代为皇帝印章之称,卫宏曰:“秦以前民皆佩绶,以金、银、铜、犀、象为方寸玺,各服所好。汉以来,天子独称玺,又以玉,群臣莫敢用也。”⑥卫宏《汉旧仪》曰:“天子有六玺,皆白玉螭兽纽,文曰:皇帝行玺,皇帝之玺,皇帝信玺,天子行玺,天子之玺,天子信玺。”⑦此六玺根据不同的文书而分别使用,“所封事异,故文字不同。”⑧运用于外交文书时,其

---

① 《史记》卷一百十《匈奴列传》,第2899页。
② 《后汉书》卷六十六《陈蕃传》注,第2162页。
③ 《唐六典》卷八《门下省·符宝郎》注引《汉仪》,第252页。
④ 《后汉书》卷一上《光武帝纪上》注引《汉制度》,第24页。
⑤ 《国语集解》,《鲁语下》,第186页。
⑥ 《汉官六种·汉旧仪卷上》,第62页。
⑦ 《唐六典》卷八《门下省·符宝郎》注引,第252页。
⑧ 《唐六典》卷八《门下省·符宝郎》注引虞喜《志林》,第252页。

中“外国事以天子之玺”,“有事及发外国兵用天子信玺”,“封拜外国及征召用天子行玺”,“赐匈奴单于、外国王书用天子之玺。”①

职是之故,汉皇帝所发出的外交文书被称为“玺书”。东汉光武帝建武三十一年(55),“北匈奴复遣使如前,乃玺书报荅。”光武帝中元元年(56)南匈奴呼韩邪单于死,其弟左贤王莫立为丘浮尤鞮单于,光武帝“遣使者赍玺书镇慰”②,这些“玺书”即是光武帝致匈奴的文书。西汉平帝元始二年(2)王莽“遣中郎将王骏、王昌、副校尉甄阜、王寻使匈奴,班四条与单于,杂函封,付单于,令奉行,因收故宣帝所为约束封函还。”③颜师古注“杂函封”曰:“与玺书同一函而封之。”这就是说汉平帝的诏书是与“四条”封装于同一囊中而递交匈奴的。

(四)外交文书的传递

外交文书形成之后,必须送达对方才能够发挥其作用,因而就需要解决文书的传递问题。古代由于通讯条件的局限,外交文书的传递主要依靠人力。但是人力传递之形态也是各不相同,多种多样的。

1. 专使传递

所谓专史传递是指专为递送文书而派遣使者,此使者只承担递送文书一责。专使传递是外交文书传递的最高形式。汉惠帝三年(前192)汉匈之间的文书往还就是运用这一方式进行传递的。先是匈奴冒顿单于“使使遗高后”书,侮辱高后,“高后大怒,召丞相(陈)平及樊哙、季布等,议斩其使者。”可知匈奴方面派遣专使入汉传递文书。经过群臣讨论,决定采取以柔克刚的外交手法,善言回复,“令大谒者

① 《唐六典》卷八《门下省·符宝郎》注引《汉仪》,第252页。

② 《后汉书》卷八十九《南匈奴传》,第2948页。

③ 《汉书》卷九十四下《匈奴传下》,第3819页。

张泽报书”[①]。汉方亦派遣专使持书前往匈奴递送。谒者为光禄勋属官，“掌宾讚受事”[②]。大谒者“盖其长也”[③]。而大谒者张泽又为“吕后所幸”[④]。可知高后派遣其亲信专程递送文书。

汉文帝前六年（前174），汉匈双方君主互通文书也是通过专使传递的。从冒顿单于的来书中可以知道，在此之前汉匈之间已经在进行文书的往还，而且这些文书都是通过专使传递的。其书中有云：“皇帝让书再至，发使以书报，不来，汉使不至，汉以其故不和，邻国不附。”表明汉文帝已经遣使递送文书，以谴责匈奴方面违背双方和亲协议而一再侵犯汉边，冒顿单于说匈奴方面接到汉方来书之后，也曾经“发使以书报”，但是汉方没有及时遣使来报。职是之故，匈奴方面“未得皇帝之志也，故使郎中系雩浅奉书请。”此次特派遣郎中入汉传递文书，并要求汉方“使者至，即遣之。”及时放还匈奴传递文书使者。汉方接到冒顿单于的来书之后，经过商议决定复书，将报书“使中大夫意、谒者令肩遗单于。”[⑤]汉方派遣中大夫名意者、谒者令名肩者为使，专程递送文书。中大夫为郎中令属官，谒者令即“中谒者令”，臣瓒曰：“汉初中人有中谒者令。孝武加中谒者令为中书谒者令，置仆射。”[⑥]为少府属官。两者均为皇帝近臣。匈奴方面的专使称“郎中”，当为拟汉官而意译称之，汉官郎中令属官有郎中，亦为皇帝近臣。

汉文帝后二年（前162）与匈奴老上单于互通文书也是派遣专使

① 《汉书》卷九十四上《匈奴传上》，第3754—3755页。
② 《汉书》卷十九上《百官公卿表上》，第727页。
③ 《资治通鉴》卷十二《汉纪四》惠帝三年（前192）胡注，第413页。
④ 《史记》卷五十一《荆燕世家》，第1995页。
⑤ 《史记》卷一百十《匈奴列传》，第2897页。
⑥ 《汉书》卷十《成帝纪》注引，第308页。

递送的。当时匈奴日已骄，岁入边，杀略人民畜产甚多，云中、辽东最甚，至代郡万余人。“汉患之，乃使使遗匈奴书。单于亦使当户报谢，复言和亲事。”[①]先是汉方遣使致匈奴单于文书，然后匈奴单于亦遣使报书。这次匈奴方面递送文书之专使为“当户且居雕渠难、郎中韩辽”[②]，“且居”即“且渠”，匈奴官名。《索隐》按：乐彦云“当户、且渠各自一官。雕渠难为此官也”。汉文帝接到匈奴单于文书之后，又“使使遗匈奴书”[③]，派遣专使报书匈奴，此专使姓名、官职不详。

汉平帝元始二年(2)王莽“遣中郎将王骏、王昌、副校尉甄阜、王寻使匈奴，班四条与单于，杂函封，付单于，令奉行，因收故宣帝所为约束封函还。”[④]颜师古注“杂函封”曰：“与玺书同一函而封之。”这就是说汉平帝的“玺书”是与“四条”封装于同一囊中而由专使递交匈奴的。

汉哀帝建平四年(前3)，匈奴“单于上书愿朝五年”，汉方决定拒绝。“单于使辞去，未发，黄门郎扬雄上书谏”，认为不应当拒绝而应当欢迎，“书奏，天子寤焉，召还匈奴使者，更报单于书而许之。”[⑤]可见匈奴方面是派遣专使前来上书的。

汉成帝绥和元年(前8)遣中郎将夏侯藩、副校尉韩容出使匈奴，向匈奴提出割让土地的要求，后来夏侯藩再次出使匈奴，又提出这个要求，于是“单于遣使上书，以藩求地状闻。”[⑥]这也是派遣专使向汉皇帝上书。

---

① 《史记》卷一百十《匈奴列传》，第2901页。
② 《史记》卷一百十《匈奴列传》，第2902页。
③ 《史记》卷一百十《匈奴列传》，第2902页。
④ 《汉书》卷九十四下《匈奴传下》，第3819页。
⑤ 《汉书》卷九十四下《匈奴传下》，第3812、3817页。
⑥ 《汉书》卷九十四下《匈奴传下》，第3810页。

汉哀帝建平四年(前3)息夫躬献计离间匈奴与乌孙卑爰疐的关系,其计策是"可令降胡诈为卑爰疐使者来上书"[①],此虽为息夫躬之诡计,但是也可以证明派遣专使来上书是当时普遍的做法。

汉武帝伐朝鲜的原因之一是在其东的"真番、辰国欲上书见天子,又雍阏弗通。"[②]朝鲜阻拦这些国家向汉王朝上书,不许他们通过。表明这些国家向汉王朝上书也是派遣专使而来的。

2. 使者携带

使者携带与上述专使传递之区别在于,此使者并非专为传递文书而派遣,乃其肩负出使使命时,其中包括传递文书在内。

汉文帝元年(前179)与南越之互通文书即属此类。当时汉文帝"诏丞相陈平等举可使南越者,平言好畤陆贾,先帝时习使南越。迺召贾以为太中大夫,往使。因让佗自立为帝,曾无一介之使报者……"[③]陆贾之出使南越,是为了当面晓谕南越王赵佗,责备其割据称帝,使其继续为汉之外臣;同时携带汉文帝致赵佗之文书,史称以陆贾"为太中大夫,谒者一人为副使,赐佗书。"[④]携带文书为其出使南越的使命之一。汉文帝在致赵佗的文书中亦指明"故使(陆)贾驰谕告王朕意"[⑤],代表汉文帝"谕告"赵佗是陆贾出使南越的重要使命。在汉文帝的文书和陆贾"谕告"的压力下,赵佗终于放弃割据称帝而称臣。

匈奴郅支单于曾遣子入侍,但是"郅支单于自以道远,又怨汉拥护呼韩邪,遣使上书求侍子。"汉元帝初元五年(前44)"汉遣谷吉送

① 《汉书》卷四十五《息夫躬传》,第2183页。
② 《汉书》卷九十五《西南夷两粤朝鲜传》,第3864页。
③ 《史记》卷一百一十三《南越列传》,第2970页。
④ 《汉书》卷九十五《西南夷两粤朝鲜传》,第3849页。
⑤ 《汉书》卷九十五《西南夷两粤朝鲜传》,第3850页。

之，郅支杀吉。”[①]谷吉的主要使命是护送郅支单于的侍子返国。后来西域都护骑都尉甘延寿、西域副校尉陈汤出使西域，发兵击杀郅支单于，“得汉使节二及谷吉等所赍帛书”[②]。此“帛书”当为谷吉所携带之文书，它与使节同时被匈奴获得，由此可见谷吉在出使郅支单于时，同时携带有汉致郅支单于的文书。

3. 通过对方来使转交

这一方式与上述“使者携带”之区别在于，发文方并没有遣使，而是通过对方来使时，顺便将文书由来使转交对方；而上述“使者携带”这一方式是发文方遣使的同时携带文书而致对方。上述汉文帝元年（前179）汉与南越互通文书时，汉方派遣陆贾出使南越的同时携带汉文帝致赵佗的文书，即属于“使者携带”。而“陆贾至南越，王甚恐，为书谢。”[③]赵佗报书汉文帝，则是通过汉使陆贾将文书转交汉文帝。也就是说，汉方是由使者携带文书致南越王，而南越王是通过汉使而转交文书致汉文帝的，南越方面并没有遣使至汉递送文书。故汉方传递文书之方式属于“使者携带”，而南越方传递文书之方式属于“通过来使转交”。元鼎四年（前113），汉派遣安国少季出使南越，“往谕王、王太后以入朝，比内诸侯。”南越王赵兴和太后“即因使者上书，请比内诸侯，三岁一朝，除边关。于是天子许之。”[④]这次南越方面也是通过汉使而转交文书的。

西汉昭宣之际，匈奴数侵伐乌孙。宣帝本始二年（前72），“乌孙昆弥及公主因国使者上书，言昆弥愿发国精兵击匈奴，唯天子哀怜，

① 《汉书》卷九十四下《匈奴传下》，第3801页。
② 《汉书》卷七十《陈汤传》，第3014页。
③ 《史记》卷一百一十三《南越列传》，第2970页。
④ 《史记》卷一百一十三《南越列传》，第2972页。

出兵以救公主。”[①]颜师古注曰：“国使者，汉朝之使也。”这是通过当时在乌孙的汉使常惠而转交其上书[②]。

宣帝元康二年（前64）“乌孙昆弥因（常）惠上书：‘愿以汉外孙元贵靡为嗣，得令复尚汉公主，结婚重亲，畔绝匈奴，愿聘马赢各千匹。’诏下公卿议。”[③]这是乌孙通过汉使常惠而上书宣帝，提出与汉和亲的请求。当时常惠出使在乌孙。

东汉光武帝建武三十一年（55），“北匈奴复遣使如前，乃玺书报答，赐以綵缯，不遣使者。”[④]这是汉方在接受北匈奴的文书之后，又以文书报之，但是“不遣使者”，可知汉方报书是通过北匈奴使者转交的。

4. 侍子传递

通过侍子传递文书也是汉代外交文书传递的一个途径。东汉建武二十六年（50），诏乃听南单于入居云中。秋，“南单于遣子入侍，奉奏诣阙。”此后“单于岁尽辄遣奉奏，送侍子入朝，中郎将从事一人将领诣阙。汉遣谒者送前侍子还单于庭，交会道路。……岁以为常。”[⑤]表明南匈奴之侍子入朝，同时携带单于之奏章，这在东汉已经成为一个定制。

5. 通过地方长官转交

这里所谓地方长官，是指边境地区的地方长官。通过边境地区长官转交文书也是汉代常见的一种方式。西域都护就负有转交文书的

① 《汉书》卷八《宣帝纪》，第243页。

② 《汉书》卷七十《常惠传》：“本始二年，遣（常）惠使乌孙。公主及昆弥皆遣使，因（常）惠言”云云。第3003页。

③ 《汉书》卷九十六下《西域传下》，第3905页。

④ 《后汉书》卷八十九《南匈奴传》，第2948页。

⑤ 《后汉书》卷八十九《南匈奴传》，第2943—2944页。

职责。汉元帝时，匈奴郅支单于杀害汉使谷吉，西奔康居，于是“汉遣使三辈至康居求谷吉等死，郅支困辱使者，不肯奉诏，而因都护上书言：‘居困戹，愿归计强汉，遣子入侍。’其骄嫚如此。”①这虽然是郅支单于的恶意戏言，但也表明西域都护负有接转文书的责任。西域都护不仅收转西域地区的外交文书，而且自己也可以径自向外发出文书，东汉永平十七年(74)耿恭为戊己校尉时，“至部，移檄乌孙，示汉威德。”②通过向乌孙发出“檄书”而重建双方已断绝六十余年的关系。

东汉和帝永元六年(94)，“时单于与中郎将杜崇不相平，迺上书告崇，崇讽西河太守令断单于章，无由自闻。”③这个记载表明南匈奴单于的上书是通过西河太守转交，因为东汉时南匈奴单于居于西河之美稷，故由西河太守转交。

汉文帝元年(前179)致赵佗书有这样一段话：“乃者闻王遗将军隆虑侯书，求亲昆弟，请罢长沙两将军。朕以王书罢将军博阳侯，亲昆弟在真定者，已遣人存问。修治先人冢。”④这里提到南越王赵佗致将军隆虑侯周灶的书信，书信中提出的一些要求，汉文帝已经一一满足了。南越王何以致书隆虑侯？高后七年(前181)秋“南越侵盗长沙，遣隆虑侯(周)灶将兵击之。”⑤战事不利，“会暑湿，士卒大疫，兵不能隃领。岁余，高后崩，即罢兵。”⑥可知隆虑侯周灶驻军边境一年有余，赵佗即于此期间致书周灶，周灶将文书转致朝廷，于是继高后

① 《汉书》卷七十《陈汤传》，第3009页。

② 《后汉书》卷十九《耿恭传》，第720页。

③ 《后汉书》卷八十九《南匈奴传》，第2955页。

④ 《汉书》卷九十五《西南夷两粤朝鲜传》，第3849页。

⑤ 《汉书》卷三《高后纪》，第100页。

⑥ 《汉书》卷九十五《西南夷两粤朝鲜传》，第3848页。

而立的汉文帝根据南越王文书提出的要求做了一些安抚赵佗的事情。这虽然不是赵佗直接与汉皇帝通文书，而是与边将通文书，但是实际上与汉王朝进行了沟通。

6. 邮置传递

这个问题详见下文“外交接待设施”：驿置。此处不赘。

（五）文书接受及其礼仪

汉方致四方国、族之文书，由其君主亲自接受，而接受汉皇帝的诏书，其礼仪是隆重的。王莽始建国元年（9），遣五威将王骏等六人出使匈奴，谕晓以受命代汉状，因易单于故印。使者到达匈奴后，“授单于印绂，诏令上故印绂。”在授予新印绶的同时转交王莽之诏书，“单于再拜受诏”[①]。可知匈奴单于在接受汉方文书时需行“再拜”之礼。东汉建武二十六年（50），遣中郎将段郴、副校尉王郁出使南匈奴，于五原西部塞八十里之处为之立庭。“单于乃延迎使者。使者曰：‘单于当伏拜受诏。’单于顾望有顷，乃伏称臣。”汉使指出，单于接受诏书的礼仪是“伏拜受诏”。匈奴于王莽之末年摆脱了与汉的臣属关系，建武二十四年（48）比自立为呼韩邪单于，至此恢复了与汉的臣属关系，故此新君对于接受汉方文书的礼仪已经不适应了。“拜讫，令译晓使者曰：‘单于新立，诚惭于左右，愿使者众中无相屈折也。’骨都侯等见，皆泣下。”[②]由此可见这种处于臣属地位的国、族在接受文书时的屈辱境况。

---

① 《汉书》卷九十四下《匈奴传下》，第3820页。

② 《后汉书》卷八十九《南匈奴传》，第2943页。

五、文书在外交中的作用与地位

在外交关系中，除了面对面的语言沟通这一主要渠道之外，另一重要渠道就是以文字进行沟通，外交文书即其集中体现。文书在外交关系中发挥的作用可谓多种多样，有些作用是语言所起不到的，因此，我们可以说语言和文字在外交关系中各有特殊功能，两者相辅、互补，共同为外交关系中不可或缺的手段和工具。

（一）谈判

一般来说谈判是通过面对面的会谈以进行的，但是在外交关系中，有的谈判则是通过文书的交换以达成，特别是君主之间的高层次谈判。在古代由于交通条件限制，以及君主人身安全之得不到保障，尤其在双方处于战争、敌对情况下，君主之间的会面和谈判更是难以进行，这时通过交换文书进行谈判就是一个适应当时历史条件的选择。

西汉前期汉匈之间曾经通过君主之间交换文书而进行谈判，并取得了成果。

汉文帝继位后，与匈奴"复修和亲之事"①，但是不久匈奴就违反和亲协议，自汉文帝三年至四年，不断侵犯汉边，引发了双方的边境战争。经过一段时间的相持，双方都有了恢复边境和平的意愿，在双方撤军以后不久即展开了恢复边境和平的谈判。汉文帝六年（前174）匈奴方面对于汉方的复修和亲的提议作出了回应，冒顿单于在致汉文帝的文书中，首先是将边境战争的责任推给汉方和部下：声称

---

① 《史记》卷一百十《匈奴列传》，第2895页。

一是“汉边吏侵侮右贤王，右贤王不请，听后义卢侯难氏等计，与汉吏相距，绝二主之约，离兄弟之亲。”指责由于汉方“边吏”的侵犯导致右贤王的反抗，而右贤王又是因听信下属而为之。二是“皇帝让书再至，发使以书报，不来，汉使不至，汉以其故不和，邻国不附。”匈奴方面在接到汉方的来书之后即遣使回报，但是汉方扣留了匈奴方的使者，又没有再遣使来匈奴说明情况，从而导致双方失和。其次，继续以武力相威胁。声称：“今以小吏之败约故，罚右贤王，使之西求月氏击之。以天之福，吏卒良，马强力，以夷灭月氏，尽斩杀降下之。定楼兰、乌孙、呼揭及其旁二十六国，皆以为匈奴。诸引弓之民，并为一家。”在夺取了对西域的控制之后，匈奴对于汉方处于有利的谈判地位，以此为筹码迫使汉方就范。第三，提出了重建边境和平的建议和条件，“北州已定，愿寝兵休士卒养马，除前事，复故约，以安边民，以应始古，使少者得成其长，老者安其处，世世平乐。未得皇帝之志也，故使郎中系雩浅奉书请”，“皇帝即不欲匈奴近塞，则且诏吏民远舍。”①如果希望边境和平，则汉方应将吏民撤退，远离边境地区。

汉方接获匈奴方来书后，“议击与和亲孰便”，经过讨论认为“和亲甚便”，于是“汉许之”，同意匈奴提出的和亲建议，于是汉文帝即报书冒顿单于，对其来书一一作了回应，首先，肯定并接受匈奴方方面的和平意愿，表示“朕甚嘉之，此古圣主之意也。”其次，指出违反和亲条约、侵犯汉边之责任在匈奴方面，“汉与匈奴约为兄弟，所以遗单于甚厚。倍约离兄弟之亲者，常在匈奴。”第三，要求匈奴方面今后不再违反协议，而应讲诚信，遵守协议，“单于若称书意，明告诸吏，使无负约，有信，敬如单于书。”②

---

① 《史记》卷一百十《匈奴列传》，第2896页。
② 《史记》卷一百十《匈奴列传》，第2896—2897页。

这与双方面对面谈判的言语交锋几乎无异，经过这种书面上一来一往的谈判，于是和亲协议达成。

及至汉文帝后二年（前162）"匈奴日已骄，岁入边，杀略人民畜产甚多，云中、辽东最甚，至代郡万余人。汉患之，乃使使遗匈奴书。"在和亲协议遭到破坏的情况下，汉方又提出和亲谈判的要求，匈奴方面同意汉方提议，"单于亦使当户报谢，复言和亲事。"[①]双方同意再一次进行和亲。匈方来书曰："二国已和亲，两主欢说，寝兵休卒养马，世世昌乐，闟然更始。"对于匈方的和亲意愿，汉方给予积极的回应："朕甚嘉之。圣人者日新，改作更始，使老者得息，幼者得长，各保其首领而终其天年。朕与单于俱由此道，顺天恤民，世世相传，施之无穷，天下莫不咸便。"在此基础上，汉方进一步提出建议：双方"俱去前事：朕释逃虏民，单于无言章尼等。"各自遣返逃亡对方之人，并且不再追究他们。最后重申希望双方遵守条约，"朕闻古之帝王，约分明而无食言。单于留志，天下大安，和亲之后，汉过不先。单于其察之。"[②]对于汉方提出的和亲建议，匈方也给予积极的回应，来书"言和亲已定，亡人不足以益众广地，匈奴无入塞，汉无出塞，犯今约者杀之，可以久亲，后无咎，俱便。"汉方对于匈方这一表态亦予以肯定："朕已许之。其布告天下，使明知之。"[③]诏告天下吏民执行新的和亲协议。

在西汉前期汉匈处于敌对状态下，在君主之间面对面谈判不能直接进行的情况下，通过文书往还进行谈判，是当时唯一最佳选择。这是其他层级的面对面直接谈判所不能代替的一种方式。

---

① 《史记》卷一百十《匈奴列传》，第2901页。

② 《史记》卷一百十《匈奴列传》，第2902—2903页。

③ 《史记》卷一百十《匈奴列传》，第2903—2904页。

(二)晓谕

所谓“晓谕”是指双方之间发生分歧或矛盾冲突等问题时,以文书向对方分析利害得失,晓以大义,促其转变立场和态度。这也是汉代外交文书重要作用之一。

南越的赵佗在汉高帝时已经接受汉的册封为南越王,在高后时自尊为帝,侵犯汉边,与汉分庭抗礼。汉文帝继位后,派遣陆贾出使南越,并致书赵佗,晓以大义。汉文帝致赵佗文书首先通告他汉方新皇帝已经取代高后继位,“高皇帝弃群臣,孝惠皇帝即世,高后自临事,不幸有疾,日进不衰,以故誖暴乎治。诸吕为变故乱法,不能独制,乃取它姓子为孝惠皇帝嗣。赖宗庙之灵,功臣之力,诛之已毕。朕以王侯吏不释之故,不得不立,今即位。”这一通告是有深意和针对性在其中的,表明汉方已经纠正了原先对待南越的一些不妥的举措,“乃者闻王遗将军隆虑侯书,求亲昆弟,请罢长沙两将军。朕以王书罢将军博阳侯,亲昆弟在真定者,已遣人存问。修治先人冢。”在此基础上,接着即向其分析利害得失。一方面指出南越之兴兵进犯长沙、南郡,不仅于长沙、南郡不利,于南越自身亦无益,“前日闻王发兵于边,为寇灾不止。当其时长沙苦之,南郡尤甚,虽王之国,庸独利乎!必多杀士卒,伤良将吏,寡人之妻,孤人之子,独人父母,得一亡十,朕不忍为也。朕欲定地犬牙相入者,以问吏,吏曰‘高皇帝所以介长沙土也’,朕不得擅变焉。吏曰:‘得王之地不足以为大,得王之财不足以为富,服领以南,王自治之。’”指出汉与南越之边界为高帝所定,我不能擅自变更,汉方并无扩张领土之意。另一方面指出南越之称帝为不仁不义,“虽然,王之号为帝。两帝并立,亡一乘之使以通其道,是争也;争而不让,仁者不为也。”最后忠告赵佗改弦更张,以免导致严重后果,“愿与王分弃前患,终今以来,通使如故。故使(陆)贾驰谕告王朕意，王亦受之，毋为寇灾矣。”①

汉文帝的文书，加上陆贾的面谕，终于使赵佗转变态度，其在报汉文帝书中，首先申明自己称帝是迫不得已，也把矛头指向高后，认为是高后的一系列错误政策所导致。其次，对于自己称帝一事作了辩解，“蛮夷中西有西瓯，其众半羸，南面称王；东有闽粤，其众数千人，亦称王；西北有长沙，其半蛮夷，亦称王。老夫故敢妄窃帝号，聊以自娱。”第三，表白自己对汉的忠心，“老夫身定百邑之地，东西南北数千万里，带甲百万有余，然北面而臣事汉，何也？不敢背先人之故。老夫处粤四十九年，于今抱孙焉。然夙兴夜寐，寝不安席，食不甘味，目不视靡曼之色，耳不听钟鼓之音者，以不得事汉也。”第四，表态放弃帝号，依旧臣服于汉，“今陛下幸哀怜，复故号，通使汉如故，老夫死骨不腐，改号不敢为帝矣！”②

（三）责让

所谓“责让”，大致为抗议、谴责、责备之意。这是当外交双方发生冲突和意见分歧时用之。

汉文帝与匈奴“复修和亲之事”③以后不久，文帝三年（前177）五月，“匈奴右贤王入居河南地，侵盗上郡葆塞蛮夷，杀略人民。”匈方公然撕毁和亲协议，进犯汉边，“于是孝文帝诏丞相灌婴发车骑八万五千，诣高奴，击右贤王。右贤王走出塞。文帝幸太原。”虽然是年已“罢丞相击胡之兵”④，但是，次年又以“安丘侯张说为将军，击胡，出

① 《汉书》卷九十五《西南夷两粤朝鲜传》，第3849—3850页。
② 《汉书》卷九十五《西南夷两粤朝鲜传》，第3851—3852页。
③ 《史记》卷一百十《匈奴列传》，第2895页。
④ 《史记》卷一百十《匈奴列传》，第2895页。

代。"[①]可知双方边境战争并没有停止。在这种情况下,汉方曾经以文书向匈方提出抗议。在文帝六年(前174)冒顿单于致汉文帝的文书中透露了这样的信息,"皇帝让书再至,发使以书报,不来,汉使不至,汉以其故不和,邻国不附。"[②]何谓"让书"?颜师古注曰:"让书,有责让之言也。谓匈奴再得汉书,而发使将书以报汉。汉留其使不得来还,而汉又更不发使至匈奴也。"由此可知在汉文帝六年冒顿单于致书文帝之前,汉方曾经一再以"让书"责备匈方。汉方对于匈方的报书不予回报,当为匈方的辩解为汉方所不能接受之故。当时汉方"让书"的原文没有留下记载,不过,我们从汉文帝三年在匈方入侵河南地之后所下诏书中可以窥知一二,诏曰:"汉与匈奴约为昆弟,无侵害边境,所以输遗匈奴甚厚。今右贤王离其国,将众居河南地,非常故。往来入塞,捕杀吏卒,敺侵上郡保塞蛮夷,令不得居其故。陵轹边吏,入盗,甚驁无道,非约也。其发边吏车骑八万诣高奴,遣丞相灌婴将击右贤王。"[③]其谴责匈方的基本内容大致是指出匈方一再违反和亲协议,侵犯汉边。

汉哀帝建平二年(前5),匈奴与乌孙发生战事,"乌孙庶子卑援疐翕侯人众入匈奴西界,寇盗牛畜,颇杀其民。单于闻之,遣左大当户乌夷泠将五千骑击乌孙,杀数百人,略千余人,敺牛畜去。"乌孙失利,被迫向匈奴纳质,"卑援疐恐,遣子趋逯为质匈奴。"匈奴在接受乌孙质子之后,"单于受,以状闻。"将纳乌孙质子一事向汉方报告,汉方"遣中郎将丁野林、副校尉公乘音使匈奴,责让单于,告令还归卑援疐质子。单于受诏,遣归。"[④]从"单于受诏"观之,汉使当携带有汉哀帝

① 《史记》卷二十二《汉兴以来将相名臣年表》,第1126页。
② 《汉书》卷九十四上《匈奴传上》,第3756页。
③ 《汉书》卷九十四上《匈奴传上》,第3756页。
④ 《汉书》卷九十四下《匈奴传下》,第3811页。

责让匈奴之诏书。

(四)谢

所谓"谢",含有道歉、推辞等意思。这在外交文书中亦时有所见。

罽宾(今克什米尔)自汉武帝时始通于汉,但是"自以绝远,汉兵不能至",故经常剽杀汉使。元帝时关都尉文忠护送罽宾使返国,罽宾"王复欲害(文)忠,忠觉之,乃与容屈王子阴末赴共合谋,攻罽宾,杀其王,立阴末赴为罽宾王,授印绶。"成帝河平四年(前25)"军候赵德使罽宾",与罽宾王阴末赴发生龃龉,"阴末赴锁琅当(赵)德,杀副已下七十余人,遣使者上书谢。"阴末赴为汉所立罽宾王,如今将汉使杀害,故其上书既有道歉、谢罪之意,亦有辩解、推辞之意。对此,"孝元帝以绝域不录,放其使者于县度,绝而不通。"[①]汉方无可奈何,只得放还其使者,别无报复措施可以采取。

西汉武帝太初四年(前101)李广利征大宛后还过杅弥,"杅弥遣太子赖丹为质于龟兹"。李广利责让龟兹曰:"外国皆臣属于汉,龟兹何以得受杅弥质?"于是将杅弥质子赖丹挟持至京师。汉昭帝时以赖丹"为校尉,将军田轮台","龟兹贵人姑翼谓其王曰:'赖丹本臣属吾国,今佩汉印绶来,迫吾国而田,必为害。'王即杀赖丹,而上书谢汉,汉未能征。"[②]时龟兹依违于汉与匈奴之间,其上书之"谢",亦含有谢罪与辩解之意。汉对其暂时亦无计可施,至汉宣帝时期才得以出兵征讨而报复之。

---

① 《汉书》卷九十六上《西域传上》,第3885—3886页。

② 《汉书》卷九十六下《西域传下》,第3916页。

（五）求请

通过文书进行求请，在汉代外交文书中数量大、使用频繁。求请之内容多种多样。

1. 求朝

四方国、族之来朝，并非随意，一般均需要事先进行沟通和准备，得到汉王朝同意之后方才能够前来，而文书就是这一沟通、准备工作中的重要手段。

汉元帝建昭三年（前36）甘延寿、陈汤斩匈奴郅支单于，呼韩邪单于得知后“且喜且惧”，建昭五年（前34）上书言曰：“常愿谒见天子，诚以郅支在西方，恐其与乌孙俱来击臣，以故未得至汉。今郅支已伏诛，愿入朝见。”得到汉元帝同意后，竟宁元年（前33），呼韩邪单于“复入朝”①。

汉成帝河平三年（前26）匈奴复株絫若鞮单于“上书愿朝河平四年正月”，得到汉成帝同意之后，次年正月“遂入朝”②。

汉哀帝建平四年（前3）匈奴乌珠留单于“上书愿朝五年”，希望次年前来朝贺。当时哀帝生病，“或言匈奴从上游来厌人，自黄龙、竟宁时，单于朝中国辄有大故。上由是难之，以问公卿，亦以为虚费府帑，可且勿许。”③决定拒绝匈奴的请求。黄门郎扬雄得知这一决定后，上书反对，认为应当接收匈奴的请求，依时前来朝见。

南越在汉文帝时期虽然已经名义上臣属于汉，但是南越王本人一直没有朝汉，而是遣使入朝。围绕着南越王本人朝汉的问题，汉、越

① 《汉书》卷九十四下《匈奴传下》，第3803页。
② 《汉书》卷九十四下《匈奴传下》，第3808页。
③ 《汉书》卷九十四下《匈奴传下》，第3812页。

双方进行了长期的角逐。汉武帝建元六年(前135)派遣严助出使南越,晓谕南越王赵胡入朝。严助离开后,其大臣谏赵胡曰:"先王昔言,事天子期无失礼,要之不可以说好语入见[①]。入见则不得复归,亡国之势也。"于是赵胡称病,"竟不入见"。可见南越王本人不亲自朝汉,是南越长期以来的方针。及至赵兴继位后,元鼎四年(前113),汉使安国少季"往谕王、王太后以入朝,比内诸侯";同时派遣"卫尉路博德将兵屯桂阳,待使者。"在兵威胁迫下,南越王、王太后即"因使者上书,请比内诸侯,三岁一朝,除边关。于是天子许之。"[②]同意三年一朝。这种求请,就不仅是入朝的问题,而且是改变南越地位,从外诸侯而变为内诸侯;这种求请也并非完全自愿,而是在汉方长期压力并在兵威之下迫不得已之举。

解忧公主之女嫁龟兹王绛宾之后,解忧公主上书宣帝,"愿令女比宗室入朝,而龟兹王绛宾亦爱其夫人,上书言得尚汉外孙为昆弟,愿与公主女俱入朝。"龟兹王的请求得到汉宣帝的同意,于是元康元年(前65)龟兹王伉俪"遂来朝贺"[③]。

入朝得到允许之后,如果还有入朝之其他相关事项需要得到汉方之同意,亦有通过文书以求请。按照惯例,匈奴单于来朝,一般"从名王以下及从者二百余人"。汉哀帝建平四年(前3)匈奴乌珠留单于来朝已经得到汉方同意,元寿元年(前2)乌珠留单于又上书言:"蒙天子神灵,人民盛壮,愿从五百人入朝,以明天子盛德。"汉哀帝"皆许之"[④],同意了他们的要求。

---

① "说好语"《汉书·西南夷两粤朝鲜传》作"怵好语",颜师古注曰:"怵,诱也。不可被诱怵以好语而入汉朝也。"(第3854页)

② 《史记》卷一百一十三《南越列传》,第2972页。

③ 《汉书》卷九十六下《西域传下》,第3916页。

④ 《汉书》卷九十四下《匈奴传下》,第3817页。

2. 请救兵

有的与汉友好国、族在遭到外敌入侵时，通过上书汉王朝求援，以抗击入侵者。乌孙在昭宣之际曾经如此。西汉昭帝时，匈奴西伐乌孙，解忧公主上书，言"匈奴发骑田车师，车师与匈奴为一，共侵乌孙，唯天子幸救之！"于是汉养士马，议欲击匈奴。会昭帝崩，宣帝初即位，公主及昆弥皆遣使上书，言"匈奴复连发大兵侵击乌孙，取车延、恶师地，收人民去，使使谓乌孙趣持公主来，欲隔绝汉。昆弥愿发国半精兵，自给人马五万骑，尽力击匈奴。唯天子出兵以救公主、昆弥。"汉方接受了乌孙的请求，"大发十五万骑，五将军分道并出"①，与乌孙联合，东西夹击匈奴。

3. 请出兵

有的国、族与汉王朝有臣属关系，在汉王朝用兵时可能上书求请出兵协助。汉武帝元鼎五年（前112），"南越反，东越王余善上书，请以卒八千人从楼船将军击吕嘉等。"②当时楼船将军杨仆作为伏波将军路博德之侧翼"出豫章，下横浦"③，与东越地近，故东越请求出兵随楼船将军军。

东汉时期匈奴分裂为南北两部，相互对立纷争，南匈奴依附于汉。章帝章和二年（88）南匈奴休兰尸逐侯鞮单于屯屠何立，"时北虏大乱，加以饥蝗，降者前后而至。南单于将并北庭"，于是上书请求出兵北伐北匈奴。当时汉章帝刚去世，和帝年幼，窦太后临朝掌权。南单于在上书中首先援引章帝令乌桓、鲜卑讨北匈奴前例，表明北伐北匈奴乃章帝遗愿，"臣累世蒙恩，不可胜数。孝章皇帝圣思远虑，遂欲见

---

① 《汉书》卷九十六下《西域传下》，第3905页。

② 《史记》卷一百一十三《南越列传》，第2982页。

③ 《汉书》卷九十五《西南夷两粤朝鲜传》，第3857页。

成就，故令乌桓、鲜卑讨北虏，斩单于首级，破坏其国。"其次，提供大量北匈奴内部矛盾情报，证明现在出兵北伐正当其时，可一举统一北方，"今所新降虚渠等诣臣自言：'去岁三月中发虏庭，北单于创刈南兵，又畏丁令、鲜卑，遁逃远去，依安侯河西。今年正月，骨都侯等复共立单于异母兄右贤王为单于，其人以兄弟争立，并各离散。'臣与诸王骨都侯及新降渠帅杂议方略，皆曰宜及北虏纷争，出兵讨伐，破北成南，并为一国，令汉家长无北念。又今月八日，新降右须日逐鲜堂轻从虏庭远来诣臣，言北虏诸部多欲内顾，但耻自发遣，故未有至者。若出兵奔击，必有响应。今年不往，恐复并壹。"第三，表白其忠于汉的诚意，"臣伏念先父归汉以来，被蒙覆载，严塞明候，大兵拥护，积四十年。臣等生长汉地，开口仰食，岁时赏赐，动辄亿万，虽垂拱安枕，惭无报效之地。"第四，提出双方联兵的具体建议，"愿发国中及诸部故胡新降精兵，遣左谷蠡王师子、左呼衍日逐王须訾将万骑出朔方，左贤王安国、右大且渠王交勒苏将万骑出居延，期十二月同会虏地。臣将余兵万人屯五原、朔方塞，以为拒守。臣素愚浅，又兵众单少，不足以防内外。愿遣执金吾耿秉、度辽将军邓鸿及西河、云中、五原、朔方、上郡太守并力而北，令北地、安定太守各屯要害，冀因圣帝威神，一举平定。臣国成败，要在今年。已敕诸部严兵马，讫九月龙祠，悉集河上。唯陛下裁哀省察！"①

窦太后将南匈奴的上书交臣下讨论，执金吾耿秉认为可以采纳南匈奴意见，"昔武帝单极天下，欲臣虏匈奴，未遇天时，事遂无成。宣帝之世，会呼韩来降，故边人获安，中外为一，生人休息六十余年。及王莽篡位，变更其号，耗扰不止，单于乃畔。光武受命，复怀纳之，缘边坏郡得以还复。乌桓、鲜卑咸胁归义，威镇四夷，其效如此。今幸

① 《后汉书》卷八十九《南匈奴传》，第2952页。

遭天授，北虏分争，以夷伐夷，国家之利，宜可听许。”[1]实际上南匈奴并非完全从汉王朝的利益出发，主要还是从自身利益出发，急欲还都北庭，兼有南北。汉王朝内部意见亦有分歧，尚书宋意即提出反对意见，“臣察鲜卑侵伐匈奴，正是利其抄掠，及归功圣朝，实由贪得重赏。今若听南虏还都北庭，则不得不禁制鲜卑。鲜卑外失暴掠之愿，内无功劳之赏，豺狼贪婪，必为边患。今北虏西遁，请求和亲，宜因其归附，以为外扞，巍巍之业，无以过此。若引兵费赋，以顺南虏，则坐失上略，去安即危矣。诚不可许。”[2]但是，窦太后还是采纳了耿秉的意见，永元元年(89)，以耿秉为征西将军，为车骑将军窦宪之副，“率骑八千，与度辽兵及南单于众三万骑，出朔方击北虏，大破之。北单于奔走，首虏二十余万人。”[3]战争虽然取得了胜利，但是后来北匈奴西奔，一方面在西域与汉展开争夺，另一方面鲜卑填补了匈奴故地，成为北方又一新起的威胁。

永元二年(90)南单于“复上求灭北庭，于是遣左谷蠡王师子等将左右部八千骑出鸡鹿塞，中郎将耿谭遣从事将护之。”[4]战争取得胜利，北单于“被创，墯马复上，将轻骑数十遁走，仅而免脱。得其玉玺，获阏氏及男女五人，斩首八千级，生虏数千口而还。”南匈奴通过与汉联兵，一次次得手，于是实力大增，“是时南部连克获纳降，党众最盛，领户三万四千，口二十三万七千三百，胜兵五万一百七十。”[5]

4. 请边事

匈奴呼韩邪单于在迎娶王昭君之后，“单于欢喜，上书愿保塞上

① 《后汉书》卷八十九《南匈奴传》，第2953页。
② 《后汉书》卷四十一《宋意传》，第1416页。
③ 《后汉书》卷八十九《南匈奴传》，第2953页。
④ 《后汉书》卷八十九《南匈奴传》，第2953页。
⑤ 《后汉书》卷八十九《南匈奴传》，第2953—2954页。

谷以西至敦煌,传之无穷,请罢边备塞吏卒,以休天子人民。”提出请罢边卒的请求。元帝接到呼韩邪单于的上书后,“令下有司议”,经过商议,汉方否定了匈奴的请求,元帝有诏:“勿议罢边塞事。”同时使车骑将军口谕单于曰:“单于上书愿罢北边吏士屯戍,子孙世世保塞。单于乡慕礼义,所以为民计者甚厚,此长久之策也,朕甚嘉之。中国四方皆有关梁障塞,非独以备塞外也,亦以防中国奸邪放纵,出为寇害,故明法度以专众心也。敬谕单于之意,朕无疑焉。为单于怪其不罢,故使大司马车骑将军(许)嘉晓单于。”婉辞加以拒绝,呼韩邪单于谢曰:“愚不知大计,天子幸使大臣告语,甚厚!”①对于呼韩邪单于这次上书,汉元帝没有以文书回答,而是派遣大臣进行说明、解释,表明汉方对于匈方所提出的请求是重视的,一方面这是事关国防安全的大事,另一方面与匈奴的关系也是大事,故汉方采取了这种郑重的态度。

与此相反,东汉顺帝永建元年(126)南匈奴则请求修复边塞。“先是朔方以西障塞多不修复,鲜卑因此数寇南部,杀渐将王。”这时的南匈奴居于汉王朝北部边塞地区,已经成为汉王朝北边的一个少数民族,受到汉王朝的保护;在南匈奴的北部和西部是新崛起的鲜卑,因此南匈奴经常遭到鲜卑的侵袭。匈奴有左右渐将王,在其渐将王被杀后,“单于忧恐,上言求复障塞,顺帝从之。”南单于修复朔方以西障塞的请求,得到汉方的同意,与此同时“乃遣黎阳营兵出屯中山北界,增置缘边诸郡兵,列屯塞下,教习战射。”②原来在黎阳(今河南浚县)设置有营兵,由于南匈奴求复障塞,恐其入侵扰乱,遂移置屯兵于中山(今河北定州市)北界,并加强战备。

① 《汉书》卷九十四下《匈奴传下》,第3803、3805页。

② 《后汉书》卷八十九《南匈奴传》,第2959页。

5. 请和亲

有的国、族为了自身利益，希望与汉联姻时，也有通过文书提出求请的。汉宣帝元康二年（前64）乌孙就曾上书请求与汉和亲，“愿以汉外孙元贵靡为嗣，得令复尚汉公主，结婚重亲，畔绝匈奴，愿聘马赢各千匹。”这是乌孙在受到匈奴进攻、汉出兵解救，从而大败匈奴之后，乌孙希望巩固与汉的关系、对抗匈奴而主动提出与汉和亲。汉方经过研究，答应了乌孙的请求，于是决定“以乌孙主解忧弟子相夫为公主”①下嫁乌孙嗣子元贵靡。

6. 请立王

解忧公主和亲乌孙后，与乌孙昆弥翁归靡所育子女中有次子万年，万年为莎车王所喜爱，“莎车王无子死，死时万年在汉。莎车国人计欲自托于汉，又欲得乌孙心，即上书请万年为莎车王。”这是莎车国上书汉方，请求准许以万年为莎车王。“汉许之，遣使者奚充国送万年”②至莎车，即位为王。

7. 请立后、立嗣

南越王赵胡之子婴齐曾质于长安，“其入宿卫在长安时，取邯郸樛氏女，生子兴。及即位，上书请立樛氏女为后，兴为嗣。”③南越作为汉之藩臣，比照汉诸侯王制度，立后、立嗣需要得到朝廷的批准。

8. 请救助

汉宣帝时呼韩邪单于臣汉以后，汉方“转边谷米糒，前后三万四千斛，给赡其食。”④元帝初即位，“呼韩邪单于复上书，言民众困乏。

① 《汉书》卷九十六下《西域传下》，第3905页。
② 《汉书》卷九十六上《西域传上》，第3897页。
③ 《史记》卷一百一十三《南越列传》，第2971页。
④ 《汉书》卷九十四下《匈奴传下》，第3798页。

汉诏云中、五原郡转谷二万斛以给焉。”①匈奴臣汉以后，遇到困难即向汉方上书求助，其中对于汉方农产品的依赖程度日益加重。

9. 求侍子

匈奴呼韩邪单于臣汉之后，与汉建立了密切的关系，郅支单于亦希望与汉建立密切关系。当呼韩邪单于遣子入侍时，郅支单于亦遣子入侍。但后来“郅支单于自以道远，又怨汉拥护呼韩邪，遣使上书求侍子。”要求汉方送还其侍子，于是“汉遣谷吉送之，郅支杀吉。”②

10. 请都护

汉与西域的关系，由于西汉末年王莽乱政而中断，匈奴再次将势力扩展于西域地区。东汉建立之后，西域诸国普遍渴望汉王朝的势力能够回到西域，以对抗匈奴。文书是他们取得与汉联系的重要手段。莎车王康之父延在西汉元帝时曾经作为质子长期在长安，“长于京师，慕乐中国”，对于汉王朝和汉文化有深厚的感情，他“常敕诸子，当世奉汉家，不可负也。”王莽天凤五年（18），延死，子康代立为莎车王。光武初，莎车王康“率傍国拒匈奴，拥卫故都护吏士妻子千余口，檄书河西，问中国动静，自陈思慕汉家。”③莎车王通过文书与汉重建联系，表达对于汉王朝的思慕。

在与东汉王朝建立联系之后，西域诸国进而请求汉王朝派遣都护。建武九年（33）莎车王康死，其弟贤继位。莎车王贤也迫切希望汉王朝派遣都护，建武十七年（41）光武帝赐莎车王贤西域都护印绶，旋即食言将西域都护印绶夺回，从此莎车王贤与汉王朝交恶，恃其国力，攻击一心向汉之西域诸国。建武二十二年（46）“鄯善王上书，愿

① 《汉书》卷九十四下《匈奴传下》，第3800页。
② 《汉书》卷九十四下《匈奴传下》，第3801页。
③ 《后汉书》卷八十八《西域传》，第2923页。

复遣子入侍，更请都护。都护不出，诚迫于匈奴。天子报曰：‘今使者大兵未能得出，如诸国力不从心，东西南北自在也。’于是鄯善、车师复附匈奴，而贤益横。”①他们通过文书向汉提出重新在西域设置西域都护的请求。遗憾的是光武帝拒绝了他们的请求，导致他们被迫投向匈奴。

对于西域都护的人选，西域诸国也可能通过文书表达自己的愿望。段会宗在西汉元帝竟宁（前33）中，“以杜陵令五府举为西域都护、骑都尉光禄大夫，西域敬其威信。三岁，更尽还。”后数年，“坐法免。西域诸国上书愿得（段）会宗”，希望段会宗再次出任西域都护，汉成帝接受了西域诸国的请求，阳朔（前24—前21）中段会宗“复为都护”②，西域“城郭诸国闻之，皆翕然亲附。”③

11. 商请逃亡者处置

西汉宣帝地节三年（前67）原来亲匈奴的车师王乌贵降汉，匈奴发兵击之，在汉兵的保护下，匈奴退却。但是“车师王恐匈奴兵复至而见杀也，乃轻骑奔乌孙。”而“车师王之走乌孙也，乌孙留不遣，遣使上书，愿留车师王，备国有急，可从西道以击匈奴。”乌孙上书请求不将乌贵遣送回车师，其理由是如果匈奴再次进犯，则乌贵可以从西面配合，夹击匈奴。“汉许之”，汉方同意了乌孙的请求。于是“汉召故车师太子军宿在焉耆者，立以为王，尽徙车师国民令居渠犁，遂以车师故地与匈奴。车师王得近汉田官，与匈奴绝，亦安乐亲汉。”④汉方另立新王以取代乌贵。乌孙在是否遣返逃亡其国的车师王问题上，上书请求汉方批准，表明这个时期乌孙的独立性已经大为降低，是其

① 《后汉书》卷八十八《西域传》，第2924页。
② 《汉书》卷七十《段会宗传》，第3029页。
③ 《资治通鉴》卷三十一《汉纪二十三》成帝阳朔四年（前21），第991页。
④ 《汉书》卷九十六下《西域传下》，第3924页。

对汉处于从属地位的反映。这是因为在宣帝本始三年(前71)乌孙与汉联兵大败匈奴之后,匈奴及其在西域的势力都遭到根本性削弱,汉王朝在西域地区的地位亦空前巩固,在这种形势下,乌孙与汉的关系遂发生了根本性变化。

由此可见虽然求请的事项和内容是多种多样的,但基本上是四方国、族有求于汉方,在双边关系中汉方居于主动地位,而求请方居于被动地位。这种求请文书,是这些国、族对于汉王朝的从属、依附地位的反映。

(六)通报

外交双方如有何情况或问题需要知会对方的时候,文书也是一个重要手段或工具。

汉文帝元年(前179),"初镇抚天下,使告诸侯四夷从代来即位意,谕盛德焉。"[①]汉文帝在即位之后,何以立即遣使四方,通报自己已经即位的情况呢?这是因为从汉王朝内部来说,经过吕后专权时期的政治动荡和错综复杂的权力争夺,最后确定了汉文帝的继位,刘氏王朝又回归正统;从外部关系来说,吕后专权时期与周边国、族的矛盾有所激化,需要加以缓和。于是汉文帝即位后把向诸侯、四夷通报自己的即位放在首位,颜师古注"谕盛德"曰:"言不以威武加于远方也。"可见缓和与诸侯和四夷的紧张关系是汉文帝继位后的首要任务之一,而就四夷方面来说,则在很大程度上是指南方的南越国。因此,他即位后立即采取一系列措施纠正吕后时期对赵佗问题的处置,并派遣专使出使南越,说服他回归汉王朝的臣属关系。他在致南越王赵佗的文书中,首先即以较长篇幅通报自己继位的问题,说:"朕,

① 《汉书》卷九十五《西南夷两粤朝鲜传》,第3849页。

高皇帝侧室之子，弃外奉北藩于代，道里辽远，壅蔽朴愚，未尝致书。高皇帝弃群臣，孝惠皇帝即世，高后自临事，不幸有疾，日进不衰，以故誖暴乎治。诸吕为变故乱法，不能独制，乃取它姓子为孝惠皇帝嗣。赖宗庙之灵，功臣之力，诛之已毕。朕以王侯吏不释之故，不得不立，今即位。”这一通报之用意是显然的，宣告刘氏王朝之回归正轨，汉王朝政治局面已经稳定，一方面是将新帝对于诸侯、四夷的方针政策公之于众，另一方面是对于那些心怀叵测的边境王国的警告。其次，在文书中汉文帝向赵佗通报了他已经采取的一系列与南越修复关系的措施：“乃者闻王遗将军隆虑侯书，求亲昆弟，请罢长沙两将军。朕以王书罢将军博阳侯，亲昆弟在真定者，已遣人存问。修治先人冢。”[①]云云。这样就使汉使陆贾在与南越的谈判中处于有利地位。陆贾的使命果然十分成功，“陆贾还报，文帝大说。遂至孝景时，称臣遣使入朝请。”[②]赵佗再次臣服于汉，使双方关系保持了将近40年的基本稳定时期。

四方国、族也以文书向汉方通报一些相关问题。汉成帝绥和元年（前8），中郎将夏侯藩、副校尉韩容出使匈奴时，向匈奴提出将张掖郡“斗入汉地”的一块匈方土地献给汉方，匈方没有答应。后来夏侯藩、韩容再次出使匈奴[③]，又提出这个问题，遭到匈方明确的回绝。夏侯藩回来后，迁为太原太守。“单于遣使上书，以藩求地状闻。”将夏侯藩等人向匈奴求地的情况向汉成帝报告，于是汉成帝诏报匈奴单于曰：“（夏侯）藩擅称诏从单于求地，法当死，更大赦二，今徙藩为济南

① 《汉书》卷九十五《西南夷两粤朝鲜传》，第3849页。

② 《汉书》卷九十五《西南夷两粤朝鲜传》，第3853页。

③ 《资治通鉴》卷三十二《汉纪二十四》成帝绥和元年（前8）胡三省注曰：“余按是年后至明年哀帝即位，大赦。又明年，改元，赦。诏云更大赦二，以此知夏侯藩再使匈奴，必在建平初。”（第1044页）

太守,不令当匈奴。"①匈方向汉方通报汉使求地的情况,实际上是对于汉方违反双方边境协议的一种抗议;汉方对夏侯藩的处置,可谓高高举起,轻轻放下,从太原太守调为济南太守,名义上是对其进行处罚,实际上是保护。何以如此?因为求地之事实际上是汉成帝本人的意愿。

汉平帝元始二年(2)"会西域车师后王句姑、去胡来王唐兜皆怨恨都护校尉,将妻子人民亡降匈奴",于是匈奴"单于受置左谷蠡地,遣使上书言状曰:'臣谨已受。'"匈方将车师二王来降事通报汉方,汉方不同意,于是遣使"告单于曰:'西域内属,不当得受,今遣之。'"②其时王莽专权,执行霸权政策,强迫匈奴将二王押解汉方。

汉武帝建元六年(前135)闽越王郢兴兵击南越边邑,南越王赵胡"使人上书曰:'两越俱为藩臣,毋得擅兴兵相攻击。今闽越兴兵侵臣,臣不敢兴兵,唯天子诏之。'于是天子多南越义,守职约,为兴师,遣两将军往讨闽越。"③南越王将闽越进攻其边境事报告汉方,一方面是出于遵守汉与南越的协定,即藩国之间不得擅自兴兵;另一方面则是希望汉方出兵救助。

(七)宣示

以类似于公开信的形式宣示己方的态度或意向,也是文书在外交关系中的作用之一,这类文书一般以"檄"书的形式出现。刘勰对于"檄"作了这样的解释:"檄者,皦也。宣露于外,皦然明白也……或称露布,播诸视听也。"④

① 《汉书》卷九十四下《匈奴传下》,第3810页。
② 《汉书》卷九十四下《匈奴传下》,第3818页。
③ 《史记》卷一百一十三《南越列传》,第2970—2971页。
④ 《文心雕龙注》卷四《檄移第二十》,第377—378页。

西域在两汉之际与汉王朝联系中断，匈奴遂趁虚而入。莎车国与汉有着传统的友好关系，莎车王康一方面“率傍国拒匈奴，拥卫故都护吏士妻子千余口”，另一方面在东汉建立后，即“檄书河西，问中国动静，自陈思慕汉家。”这是莎车国向河西地区发出“檄”书，宣示自己希望与汉王朝重建友好关系的意愿。这一信息被传入汉方，果然起到了积极作用，汉方有了回应，建武五年(29)，“河西大将军窦融乃承制立康为汉莎车建功怀德王、西域大都尉，五十五国皆属焉。”①当时窦融已经归附光武帝，被授予凉州牧，故其得以奉光武帝之命而封莎车王康。

西汉时期西域乌孙与汉长期存在和亲关系，双方关系密切，但是在两汉之际遭王莽乱政，汉与西域以及乌孙的关系均告断绝。东汉明帝永平十七年(74)耿恭为戊己校尉，“移檄乌孙，示汉威德，大昆弥已下皆欢喜，遣使献名马，及奉宣帝时所赐公主博具，愿遣子入侍。恭乃发使赍金帛，迎其侍子。”②这是汉驻西域的地方长官向乌孙发出的“檄”书，乌孙得到汉使所传递的音讯后，亦作出了积极的回应，即遣使来汉，并携带汉宣帝时赐予和亲公主之博具来见，随即双方建立质侍关系，恢复了友好往来。

东汉光武帝建武二十一年(45)，西域车师前王、鄯善、焉耆等十八国因受到莎车王贤的压迫，于是他们一起向汉“遣子入侍，献其珍宝。”请求汉方派遣西域都护以保护他们。但是当时光武帝“以中国初定，北边未服，皆还其侍子，厚赏赐之。”拒绝接受这些侍子和派遣都护的请求。“诸国闻都护不出，而侍子皆还，大忧恐，乃与敦煌太守

① 《后汉书》卷八十八《西域传》，第2923页。

② 《后汉书》卷十九《耿恭传》，第720页。《资治通鉴》卷四十五《汉纪三十七》明帝永平十七年(74)谓耿恭为戊校尉(第1466页)。

檄，愿留侍子以示莎车，言侍子见留，都护寻出，冀且息其兵。”[①]希望通过这种“公开信”的方式扩大影响，从而警示莎车王贤，抑制其对西域诸国的侵略。光武帝接受了他们的这个请求。

(八)礼仪

上述文书基本上都是为了解决双方关系中的实际问题而进行的，但是也有一些文书并非为了解决现实问题，而是一种外交中的礼仪。

一般来说外交就是一种礼仪的互动，有的外交文书并非为了解决双方关系中的某种特定问题，而是在外交行为过程中的一种礼仪。

四方国、族来朝时，往往同时有致汉皇帝的文书，这种文书多属于礼仪性文书。汉初与朝鲜王满约定为“外臣”关系，令其保证塞外“蛮夷君长欲入见天子，勿得禁止。”但传子至其孙右渠时却违反约定，“真番、辰国欲上书见天子，又雍阏弗通。”[②]这些国、族在来朝时携带有上书，这种上书基本上属于礼仪性的。南匈奴于建武二十六年(50)入居云中之后，即“遣子入侍，奉奏诣阙。”侍子来朝时携带有南匈奴单于的文书，这类文书一般来说也是一种礼仪性文书。此后南匈奴“岁尽辄遣奉奏，送侍子入朝。”[③]其侍子来朝时携带单于上汉皇帝的文书，已成为惯例。

四方国、族在遣使来汉贡献的同时也往往由使者携带有致汉皇帝的文书，这类文书亦多为礼仪性的。东汉光武帝建武二十六年(50)遣使南匈奴，于五原西部塞八十里处“立其庭”。汉使反命之后，“诏乃听南单于入居云中”。于是南匈奴单于“遣使上书，献骆驼二头，文

① 《后汉书》卷八十八《西域传》，第2924页。十八国，《后汉书》卷一下《光武帝纪下》谓十六国(第73页)。

② 《汉书》卷九十五《西南夷两粤朝鲜传》，第3864页。

③ 《后汉书》卷八十九《南匈奴传》，第2943—2944页。

马十匹。”[①]这是在贡献的同时所上文书，这种文书就属于礼仪性文书。夫余在东汉灵帝熹平三年（174），“复奉章贡献”[②]，也是在贡献的同时所上礼仪性文书。

（九）争竞、角逐

从以上所述我们可以看到文书与语言一样被广泛运用于外交关系的各个方面，与语言相互配合而发挥各自的积极作用。因此，文书也成为双方进行争竞和角逐的手段和工具。外交中的争竞和角逐，一方面通过语言的交锋进行，另一方面则通过文书以进行，两者相辅相成，各自发挥其特点和优势，均为外交关系中不可或缺的工具和手段。

首先，文书的形制和用词就是双方进行争竞和角逐的平台。汉初与匈奴的争竞和角逐，于文书的形制和用词方面就很激烈，“汉遗单于书，牍以尺一寸，辞曰‘皇帝敬问匈奴大单于无恙’，所遗物及言语云云。”这是汉匈双方君主文书往还之基本礼仪和程式。但是匈奴方面为了在文书方面凌轹汉方，于是在文书形制和用词方面搞小动作，“遗汉书以尺二寸牍，及印封皆令广大长，倨傲其辞曰‘天地所生日月所置匈奴大单于敬问汉皇帝无恙’，所以遗物言语亦云云。”[③]将书写文书的简牍加长一寸，印封的大小也要超过汉方；在称谓方面则在“大单于”之前加上“天地所生日月所置”的极度自大的形容词。以这些方式企图达到超越汉方的目的。

其次，文书也是挑衅对方的一种手段。在惠帝、高后时期，匈奴冒

① 《后汉书》卷八十九《南匈奴传》，第2943页。

② 《后汉书》卷八十五《东夷传》，第2812页。

③ 《史记》卷一百十《匈奴列传》，第2899页。

顿单于"寖骄",乃为书,使使遗高后曰:"孤偾之君,生于沮泽之中,长于平野牛马之域,数至边境,愿游中国。陛下独立,孤偾独居。两主不乐,无以自虞,愿以所有,易其所无。"[①]匈奴方面何以如此无礼,乃因当时"汉初定,故匈奴以骄。"[②]亦即双方力量对比汉方仍然处于劣势,故其敢于"为书嫚吕后,不逊。"[③]匈奴方面的行为激起了汉方统治集团的震怒,"高后大怒,召丞相平及樊哙、季布等,议斩其使者,发兵而击之。"经过权衡利弊得失,汉方认识到以武力反击匈奴并无胜算,遂决定忍辱求和,报书曰:"单于不忘弊邑,赐之以书,弊邑恐惧。退日自图,年老气衰,发齿堕落,行步失度,单于过听,不足以自汙。弊邑无罪,宜在见赦。窃有御车二乘,马二驷,以奉常驾。"以卑躬屈节之言辞回应匈奴方面的挑衅。这一策略在当时的历史条件下是正确的,"冒顿得书,复使使来谢曰:'未尝闻中国礼义,陛下幸而赦之。'因献马,遂和亲。"[④]终于化干戈为玉帛,避免了双方兵戎相见而维持了和平的局面,对于双方人民,特别是为汉初社会经济的恢复发展创造了有利条件。

西汉元帝时,匈奴郅支单于称雄于西域地区,灭康居而有之,又自以远汉,于是要求汉送还其侍子。元帝初元五年(前44)汉方派遣谷吉护送其侍子返国,被郅支单于杀害。后来"汉遣使三辈至康居求谷吉等死,郅支困辱使者,不肯奉诏,而因都护上书言:'居困厄,愿归计强汉,遣子入侍。'其骄嫚如此。"[⑤]颜师古注郅支单于之上书内容曰:"故为此言以调戏也。归计谓归附而受计策也。"一方面这是匈奴郅

① 《汉书》卷九十四上《匈奴传上》,第3754—3755页。

② 《史记》卷一百十《匈奴列传》,第2895页。

③ 《史记》卷一百《季布栾布列传》,第2730页。

④ 《汉书》卷九十四上《匈奴传上》,第3755页。

⑤ 《汉书》卷七十《陈汤传》,第3009页。

支单于发泄对于汉方支持呼韩邪单于的不满，另一方面也是因为郅支单于自以为在西域地区已经站稳脚跟，而汉方对其亦鞭长莫及，故敢于出此“骄嫚”之言。

第六章 外交接待设施

随着外交关系的发展,需要有相应的"硬件"设施为其服务,馆、驿即为外交接待设施之不可或缺者。"驿"指传送使节之道路驿置,"馆"为来使到达之后的宿止馆舍。汉代外交接待设施有了很大发展,是为其时外交关系发展所必需,亦为其时外交关系发展之反映。

第一节 驿置

统一的汉王朝建立了通向四面八方的交通和通讯网络,其主要设施为驿置。《说文》:"驿,置骑也。"[①]其原意指邮置所使用之马匹,同时亦指邮置之所。《后汉书》李贤注:"《广雅》曰:'邮,驿也。'置亦驿也。《风俗通》曰:'汉改邮为置。置者,度其远近之间置之也。'"[②]《史记集解》引孙检曰"汉谓驿曰置"。[③] 由此可见,"驿"、"置"的基本含义是一致的。驿置之下还有"亭",将邮路深入至更为广大的地域。汉代敦煌郡境内有"置"9 所、"驿"12 所、"亭"60 所,[④]其中悬泉

---

① 《说文解字注》,第 468 页。

② 《后汉书》卷六十八《郭符许传》,第 2231 页。

③ 《史记》卷五十四《曹相国世家》,第 2022 页。

④ 张德芳:《简论悬泉汉简的学术价值》。文载《敦煌悬泉汉简释粹》附录,第 202 页。

置、鱼离置、遮要置、龙勒置、效穀置等同时又是“驿”之所在。可知它们又有一些区别，一般而言驿以马递为主，置以车递为主。这种设施当然主要是为汉王朝内部之需要，同时也是外交发展所必需。

一、驿置的管理

汉制“驿马三十里一置，卒皆赤帻绛鞲云。”[①]而驿马、传车的乘坐和速度均有规章制度，“奉玺书使者乘驰传。其驿骑也，三骑行，昼夜千里为程。”[②]太尉府专设“法曹主邮驿科程事”[③]，负责驿置规章制度的管理。

由于敦煌郡悬泉置及其中大量汉简的发现，补充了文献记载之不足，汉代驿置的管理从而可以得到进一步的认识。悬泉置位于敦煌甜水井东南3公里，在今敦煌、安西两市、县交界处，在汉代隶属于敦煌郡效穀县。这里是汉王朝与西域交通的必经之地，它比较集中地反映了汉代驿置及其与外交的关系，可谓汉代典型的外交设施。通过悬泉置的管理情况，我们可以窥知汉代驿置管理的一般情况。

驿置虽然多设置于地方乃至边疆地区，但是它受中央朝廷直接领导。悬泉汉简：“制曰：下大司徒、大司空，臣谨案：令曰：……置传马粟斗一升，叔（菽）一升。其当空道日益粟，粟斗一升。长安、新丰、郑、华阴、渭成（城）、扶风厩传马加食，匹日粟斗一升。车骑马，匹日用粟、叔（菽）各一升。建始元年，丞相衡、御史大夫谭。”[④]由此可见，驿置马匹用料的一般标准和特殊情况下增加用料的标准均由朝廷发

① 《续汉书·舆服志》，见点校本《后汉书》，第3651页。
② 《续汉书·舆服志》注引《汉旧仪》，见点校本《后汉书》，第3673页。
③ 《续汉书·百官志一》，见点校本《后汉书》，第3559页。
④ 《敦煌悬泉汉简释粹》（Ⅱ0214②：556），编号5。

布诏书作出规定。“建始二年八月丙辰朔壬申，敦煌太守延、守部候强行长史事、丞义谓县□……羌胡众数遣在道，马谷使外国少，恐乏，调给仓谷，大司农□□□□……”①这个材料表明大司农通过郡府调拨粮草给驿置，以满足对于“使外国”者等人员的供应。

就悬泉置来说，它隶属于敦煌郡效穀县，因此中央政府是通过郡、县两级政府具体进行管理。《康居王使者册》反映了这方面的情况。发掘者说，简册由七简编联为一册，出土时两道编绳尚完好。可知其均为记载有关此次康居王使者的简册。汉元帝永光五年（前39）康居王使者杨伯刀、副使扁阗，苏䪥王使者姑墨、副使沙囷即，以及贵人为匿等人入汉奉献骆驼，他们状告酒泉太守等人查验他们所献骆驼有失公平。此事上报朝廷之后，于是“永光五年六月癸酉朔癸酉，使主客部大夫谓侍郎，当移敦煌太守，书到验问言状。事当奏闻，毋留，如律令。”大鸿胪负责外国夷狄事务的“使主客”对此作了批示，将案情移送敦煌郡，要求他们查清案情并及时上报。同年“七月庚申，敦煌太守弘、长史章、守部候修仁行丞事，谓县，写移书到，具移康居、苏䪥王使者杨伯刀等献橐佗食用谷数，会月廿五日，如律令。掾登、属建、书佐政光。”敦煌郡下文县廷，要求将这批使者所献骆驼的食用谷数上报。“七月壬戌，效穀守长合宗，守丞、敦煌左尉忠谓置，写移书到，具写传马止不食谷，诏书报会月廿三日，如律令。掾宗、啬夫辅。”②县廷又向置所下文，要求及时上报“传马止不食谷”的情况。这些简文所记均为与这批康居王使者等人相关的问题，从中可以看到，朝廷行文敦煌郡，敦煌郡行文县廷，县廷行文置所，形成这样一种逐级领导和层层布置的管理体系。

① 《敦煌悬泉汉简释粹》（Ⅱ0114②:291），编号53。

② 《敦煌悬泉汉简释粹》（Ⅱ0216②:877—883），编号155。

悬泉置的直接主管单位为敦煌郡，由郡府派遣官吏监理置所事务。悬泉汉简：

> 神爵四年正月朔壬辰，敦煌太守快、库丞何兼行丞事，告领县（悬）泉置史光，写移书到，验问如倚相言，为逐责（债），遣吏将禹诣府，毋留。如律令。
>
> 掾邮国、卒史寿、书佐光、给事佐赦之。①

这是汉宣帝神爵四年（前58）敦煌郡府对于悬泉置的“置史”名光者所上报告的复件，由时任敦煌太守名快者主持发出，《汉书》有神爵元年命令“敦煌太守快将二千人”协同破羌将军辛武贤讨羌的记载②。与太守快同时具名者有敦煌郡代理郡丞名何者，文书的制作吏员为郡掾名邮国者、卒史名寿者、书佐名光者、给事佐名赦之者。这位“置史”光为敦煌郡派遣至悬泉置的特派员。“神爵四年四月丙戌，太守守属领县（悬）泉置移遮要。”③可知这种特派员原来的身份是敦煌太守的“守属”，亦即敦煌郡的吏员。“领”即兼职之意，他是被太守派遣至悬泉置兼任“置史”的。其职责是代表敦煌郡负责监理“置”务，“五凤元年五月癸酉，太守守属光监县（悬）泉置移效穀□□□□□……”④这种“置史”又可称为“监置史”，表明其职务是负责监理该置事务。

这种“监置史”由敦煌太守任命。悬泉汉简《调史监遮要置册》：

① 《敦煌悬泉汉简释粹》（Ⅱ0215③:3），编号74。
② 《汉书》卷六十九《赵充国传》，第2980页。
③ 《敦煌悬泉汉简释粹》（Ⅰ0309③:37），编号72。
④ 《敦煌悬泉汉简释粹》（Ⅰ0309③:92），编号73。

> 监遮要置史张禹,罢。(241简)守属解敞,今监遮要置。(242简)建昭二年三月癸巳朔丁酉,敦煌太守强、长史章、守部候修仁行丞事,告史敞,谓效穀,今调史监置如牒,书到听与从事。如律令。(243简)三月戊戌,效穀守长建、丞,谓县(悬)泉置啬夫,写移书到,如律令。/掾武、卒史光、佐辅。(244简)①

这是一组关于遮要置"监置史"的任免文书,第一简是罢去监遮要置史张禹的职务;第二简是任命太守守属解敞接替张禹为监遮要置史;第三简是西汉元帝建昭二年(前37)三月丁酉日敦煌太守等官员行文效穀县,通知此事并要求他们支持解敞的工作;第四简是效穀县于次日即行文悬泉置,通告解敞的任命。从这一任免程序,我们可以看到,"监置史"是由太守任命其属吏担任,其任免权在于郡府,但是作为遮要置所在县的效穀县也有一定管辖权,故郡府将任命决定下达县廷,再由县廷下达置所。

除了郡府派遣的"监置史"之外,置所内部还设置各种吏员,负责日常事务。在关于传马死亡的规定中,规定"传马死二匹,负一匹,直(值)万五千,长、丞、掾、啬夫负二,佐负一。"②驿置的长、丞、掾、啬夫各赔偿马价的二成,佐赔偿一成。这基本上就是置所的各级吏员及其级别高低。从悬泉置出土汉简,可以看到有如下一些吏员。

丞。有置丞,"初元二年三月辛巳,县(悬)泉置丞敢言之,辛卯……"③"甘露四年七月丙午朔己酉,县(悬)泉置守丞置敢言之"云云④。前一简为西汉元帝初元二年(前47)"置丞"某之上行文书,后

---

① 《敦煌悬泉汉简释粹》(Ⅱ0216②:241—244),编号76。
② 《敦煌悬泉汉简释粹》(Ⅰ0205②:8),编号14。
③ 《敦煌悬泉汉简释粹》(87—89C:69),编号79。
④ 《敦煌悬泉汉简释粹》(Ⅱ0115④:87),编号78。

一简为西汉宣帝甘露四年（前50）“置守丞”（代行置丞）名置者的上行文书。一般来说丞为副佐之职，当还有令、长为正职官员。

啬夫。有置啬夫，“建平二年六月辛酉，县（悬）泉置啬夫敞敢言之”①云云。此为西汉哀帝建平二年（前5）县（悬）泉置啬夫名敞者的上行文书。上述《调史监遮要置册》244简：“效穀守长建、丞，谓县（悬）泉置啬夫，写移书到，如律令。”效穀县移书通知任命新的“监置史”时，是直接谓置啬夫而言，可见在未有置主官时是由置啬夫负责置所事务的。置啬夫种类不一，上述甘露四年（前50）“置守丞”名置者的上行文书中，提到有“厩啬夫”，为管理厩骑之吏，同时还有负责起草这件文书的“啬夫义、得之”，这种起草文书的小吏亦不止一人。此外还有负责饮膳事务的“厨啬夫”②等。

佐。有置佐，“入西板檄二……元始四年四月戊午，县（悬）泉置佐宪受鱼离置佐陋卿，即时遣即行。”③悬泉置和鱼离置各有置佐。此外还有“厩佐”④，为“厩啬夫”之副。有“假佐”⑤。

令史。有“邮书令史”⑥，负责邮书事务。

除了上述吏员之外，还有各种工作人员、劳役人员，“驿骑”⑦、“御”者⑧为乘骑与驾车人；“厩吏”⑨、“马医”⑩负责马匹饲养与治疗；

---

① 《敦煌悬泉汉简释粹》（Ⅱ0214①:29），编号77。
② 《敦煌悬泉汉简释粹》（Ⅰ0112③:113—131），编号95。
③ 《敦煌悬泉汉简释粹》（Ⅱ0214①:125），编号112。
④ 《敦煌悬泉汉简释粹》（Ⅰ0309③:188），编号89。
⑤ 《敦煌悬泉汉简释粹》（Ⅱ0216③:137），编号141。
⑥ 《敦煌悬泉汉简释粹》（Ⅴ1210③:117），编号121。
⑦ 《敦煌悬泉汉简释粹》（Ⅱ0113③:65），编号193；（Ⅴ1612④:11），编号110。
⑧ 《敦煌悬泉汉简释粹》（Ⅱ0216②:80），编号235。
⑨ 《敦煌悬泉汉简释粹》（Ⅱ0215③:83），编号222。
⑩ 《敦煌悬泉汉简释粹》（Ⅱ0114②:206），编号146。

还有“戍卒”[①]以及“施刑”徒[②]、“徒”[③]等罪犯和“奴”[④]等不同身份的劳役人员。驿置的吏员任免固然均由郡府负责，劳役人员亦由郡府调拨，“□右受府施刑十一人”[⑤]，这是从郡府那里接收十一名弛刑士的记录。

二、驿置在外交中的作用

《后汉书·西域传》在评论两汉通西域的功业时说：“汉世张骞怀致远之略，班超奋封侯之志，终能立功西遐，羁服外域。自兵威之所肃服，财赂之所怀诱，莫不献方奇，纳爱质，露顶肘行，东向而朝天子。故……立屯田于膏腴之野，列邮置于要害之路。驰命走驿，不绝于时月；商胡贩客，日款于塞下。其后甘英乃抵条支而历安息，临西海以望大秦，拒玉门、阳关者四万余里，靡不周尽焉。”[⑥]在盛赞两汉通西域的赫赫功业时强调“列邮置于要害之路”在其中的重要性和作用，悬泉置即处于汉通西域“要害之路”上的“邮置”之一，因此，我们通过悬泉置在两汉与西域外交中所起的作用，可以窥知驿置在外交中所起作用的情形。

（一）接待来使

接待来使是驿置在外交中的首要功能之一。悬泉汉简：

---

① 《敦煌悬泉汉简释粹》（Ⅰ0309③:54），编号124。

② 《敦煌悬泉汉简释粹》（Ⅱ0114④:16），编号126。

③ 《敦煌悬泉汉简释粹》（Ⅱ0215②:1），编号125；（ⅥF13C②:10），编号106。

④ 《敦煌悬泉汉简释粹》（Ⅱ0114②:206），编号146。

⑤ 《敦煌悬泉汉简释粹》（Ⅱ0114④:16），编号126。

⑥ 《后汉书》卷八十八《西域传》论，第2931页。

客大月氏、大宛、踈(疏)勒、于阗、莎车、渠勒、精绝、扜弥王使者十八人,贵人□人……①

这是上述西域诸国国王所遣使者途经悬泉置,受到接待的记载。使团中除了使者之外,还有各自国、族中的"贵人",即贵族、显宦。来使的使命有不少是前来贡献的,如"乌孙、莎车王使者四人,贵人十七,献橐佗六匹……"②来使在悬泉置得到食宿款待,如"□乌孙小昆弥使者知适等三人,人一食,食四升。"③表明这几位使者在悬泉置用餐一顿。他们如果发生什么问题,驿置亦需要提供帮助并上报其处理情况,如:"大宛贵人乌莫塞献橐他一匹,黄,乘,须两耳,絜一丈,死县(悬)泉置……"④这是大宛贵人前来奉献时,死去骆驼一匹,悬泉置在事后向上级呈报骆驼的形态和大小等方面情况。

地方政府对于来使往往派遣属吏护送进京:

鸿嘉三年三月癸酉,遣守属单彭,送自来乌孙大昆弥副使者薄侯、左大将掾使敞单,皆奉献诣行在所,以令为驾一乘传,凡二人。三月戊寅东。敦煌长史充国行大……六月,以次为驾,如律令。⑤

这是西汉成帝鸿嘉三年(前18)乌孙大昆弥和左大将所遣使者途经悬泉置的接待记录,由敦煌郡派遣属吏单彭护送他们前往汉成帝行幸

① 《敦煌悬泉汉简释粹》(Ⅰ0309③:97),编号189。
② 《敦煌悬泉汉简释粹》(Ⅰ0309③:20),编号144。
③ 《敦煌悬泉汉简释粹》(Ⅴ1509②:4),编号205。
④ 《敦煌悬泉汉简释粹》(Ⅱ0214②:53),编号142。
⑤ 《敦煌悬泉汉简释粹》(Ⅱ0214②:385),编号194。

所在地进行奉献。批准他们乘坐"一乘传"前往,汉律,"四马高足为置传,四马中足为驰传,四马下足为乘传,一马二马为轺传。急者乘一乘传。"[①]他们为"自来"之使者,表明他们之前来,并没有事先进行沟通,而是他们主动自行前来的。汉宣帝甘露元年(前53)乌孙分立为大小两昆弥,此后乌孙对于汉的依附性加强,大小昆弥争相与汉外交。故小昆弥亦往往主动遣使于汉,"出粟六升,以食守属高博送自来乌孙小昆弥使,再食,东。"[②]这也是由敦煌郡派遣属吏护送"自来"的小昆弥使者,前往内地。

(二)接待送使

汉代对于四方国、族来使返回时,往往派遣使者护送。与接待来使一样,接待送使也是驿置的重要任务。

> 五凤四年六月丙寅,使主客散骑光禄大夫田扶韦制诏御史曰:使云中太守安国、故□未央仓龙□卫司马苏□武强,使送车师王、乌孙诸国客,与军候周充国载先俱,为驾二封轺传,二人共载。御史大夫延年□□□□承书以次为驾,当舍传舍,如律令。(A)
>
> 出钱五十、出钱廿、出钱十、出钱十八、出钱卌、出钱百(B)[③]

这是西汉宣帝五凤四年(前54)六月遣使护送车师、乌孙等西域诸国来使返国时途经悬泉置时的记录。由使主客、散骑、光禄大夫田扶韦

① 《汉书》卷一下《高帝纪下》注引如淳曰,第57页。
② 《敦煌悬泉汉简释粹》(Ⅰ0110②:33),编号192。
③ 《敦煌悬泉汉简释粹》(Ⅱ0113③:122),编号215。

按照汉宣帝的旨意下达命令。“使主客”，“官名，属鸿胪，主胡客也。”①田扶韦作为散骑、光禄大夫这样的内朝官和皇帝亲信，故得以直接承受皇帝旨意；然后由御史大夫发出传信，命令沿途包括驿置为他们提供食宿和“二封轺传”的马车，汉律：“诸当乘传及发驾置传者，皆持尺五寸木传信，封以御史大夫印章。其乘传参封之。参，三也。有期会累封两端，端各两封，凡四封也。乘置驰传五封也，两端各二，中央一也。轺传两马再封之，一马一封也。”②负责护送的使者为云中太守和卫尉属官卫司马等官员。背面所列支出钱数，当为款待他们的费用。

从悬泉置汉简观之，四方国、族来往使节不仅相当频繁，而且其数量亦往往十分惊人。“……送精绝王诸国客凡四百七十人。”③这是汉方遣使护送西域精绝国及其他西域诸国之使者，共计470人之多。另一简记曰：“各有数，今使者王君将于阗王以下千七十四人，五月丙戌发禄福，度用庚寅到渊泉。”④由使者王君负责护送的于阗国使团，包括国王以下共计1074人，这对于驿置的接待任务来说，是相当繁重的。这个返国使团五月丙戌从禄福出发，大约五天后的庚寅可以到达其西的渊泉。可能因为使团人数较多，故需要事先通知后续驿置做好接待准备。

有的返程使者，人数不多，则可能并非遣使护送。“出粟二斗四升，以食乌孙大昆弥使者三人，人再食，食四升，西。”⑤这里记载乌孙大昆弥使者共三人，按照每人一餐四升的标准，用餐两顿，共计用粟

① 《汉书》卷六十八《金日磾传》注引服虔曰，第2964页。
② 《汉书》卷十二《平帝纪》注引如淳曰，第359—360页。
③ 《敦煌悬泉汉简释粹》（Ⅱ0115①:114），编号150。
④ 《敦煌悬泉汉简释粹》（Ⅰ0309③:134），编号145。
⑤ 《敦煌悬泉汉简释粹》（Ⅴ1611③:118），编号204。

二斗四升。表明他们并没有汉使护送，而是自行返国。那么，是否来使与送使分别记账，而接待送使的简牍没有同时出土呢？“出粟四斗八升，以食守属唐霸所送乌孙大昆弥、大月氏所……”①这里是将送使与来使一同记账的。“以食守属孟敞送自来鄯善王副使者卢匿等，再食，西。”②这里也是将两者记载在一起的。

（三）接待出使

接待出使也是驿置的重要功能之一。这在汉简中亦有多方面的反映。悬泉汉简：“以食使大宛车骑将军长史□”③这是以车骑将军长史出使大宛，在悬泉置得到款待的记录。“汉兴，置大将军、骠骑，位次丞相，车骑、卫将军、左、右、前、后，皆金紫，位次上卿。典京师兵卫，四夷屯警。”④诸将军府有员职为“长史”，秩千石。“元平元年十一月己酉，□□诏使甘□□迎天马敦煌郡。为驾一乘传，载御一人。御史大夫广明下右扶风，以次为驾，当舍传舍，如律令。”⑤这是西汉昭帝元平元年（前74）十一月御史大夫田广明下达的命令，派遣甘□□前往敦煌郡迎接大宛所献天马。这种迎天马使团受到从首都长安至敦煌沿途驿置的车马、食宿等方面的款待。汉武帝平定大宛之后，双方建立了密切的外交关系，不仅如约每年向汉贡献天马，而且使节往来频繁，这些就是汉方遣使大宛以及遣使至敦煌迎接大宛天马而留下的记录。

乌孙昆弥来汉入朝，汉方需要派遣使者前往迎接，这在悬泉置汉

① 《敦煌悬泉汉简释粹》（Ⅴ1712⑤:1），编号203。
② 《敦煌悬泉汉简释粹》（Ⅰ0116②:15），编号136。
③ 《敦煌悬泉汉简释粹》（Ⅰ0112③:30），编号139。
④ 《续汉书·百官志一》注引蔡质《汉仪》，见点校本《后汉书》，第3563页。
⑤ 《敦煌悬泉汉简释粹》（Ⅱ0115④:37），编号138。

简中也有所反映。“出麦四斗，已。建平五年闰月□□，县(悬)泉啬夫 付宜禾书佐王阳，给食传马二匹，迎昆弥。”①建平五年即元寿元年(前2)，闰月为十一月，乌孙大昆弥将于元寿二年(前1)入汉朝拜，汉方于头年十一月即遣使前往迎接。这就是汉方迎接大昆弥使团途经悬泉置并得到接待而留下的记载。

汉宣帝甘露元年(前53)，乌孙已故肥王翁归靡与匈奴妇所生子乌就屠袭杀了在位昆弥狂王，自立为昆弥，乌孙有倒向匈奴的危险，于是汉方在派遣破羌将军辛武贤出兵敦煌的同时，进行了频繁的斡旋。出使乌孙的汉使在悬泉置得到接待的记载亦见出土。

> 甘露二年二月庚申朔丙戌，鱼离置啬夫禹移县(悬)泉置，遣佐光持传马十匹，为冯夫人柱，廪穬麦小卅二石七斗，又茭廿五石二钧。今写券墨移书到，受薄(簿)入，三月报，毋令缪(谬)，如律令。②

这是鱼离置行文悬泉置，说明派遣其佐名光者持传马十匹为汉使冯夫人西行应用，希望悬泉置提供这些马匹的饲料，并于三月份上报相关账目。这里的冯夫人即解忧公主的侍者冯嫽，乌孙政情生变时，她受西域都护郑吉的委托说服乌就屠放弃自立为昆弥的图谋，但是乌就屠提出自己为“小昆弥”的要求。于是汉宣帝“征冯夫人，自问状”，然后派遣“冯夫人锦车持节”③出使乌孙。上简即冯夫人自汉出使乌孙途经鱼离置、悬泉置时的相关记载。

---

① 《敦煌悬泉汉简释粹》(Ⅱ0114④:53)，编号210。

② 《敦煌悬泉汉简释粹》(Ⅱ0115③:96)，编号200。

③ 《汉书》卷九十六下《西域传下》，第3907页。

> 甘露二年四月庚申朔丁丑，乐官（涫）令充敢言之：诏书以骑马助传马，送破羌将军、穿渠校尉、使者冯夫人。军吏远者至敦煌郡，军吏晨夜行，吏御逐马前后不相及，马罷亟，或道弃，逐索未得，谨遣骑士张世等以物色逐各如牒，唯府告部、县、官、旁郡，有得此马者以与世等。敢言之。①

此简是在冯夫人西行两月之后，酒泉郡乐涫县令请求郡府要求沿途有关单位协助寻找为冯夫人和破羌将军辛武贤等人西行时丢失的马匹。从此简可知为出使乌孙的冯夫人提供马匹，是朝廷诏旨的要求。为了加快使者西行速度，故调集所有能够调动的马匹，传马不足，加以骑马，而且昼夜兼程，以致马匹极度疲劳，损失不少。由此可见当时乌孙政情之危急。

（四）接待和亲公主及和亲使

和亲是汉代重要外交方式之一，故接待和亲公主及和亲使自然也成为驿置重要职责之一。

西汉宣帝以解忧公主弟子、少主相夫和亲乌孙时，在汉简中亦留下了相关驿置接待和亲公主及和亲使的一些记载。宣帝元康二年（前64）乌孙通过当时在那里的汉使常惠上书请求准许解忧公主之子元贵靡复娶汉公主为妻，以延续双方的和亲关系。汉方接到乌孙方面的请求之后，经过决策集团讨论，最后由汉宣帝拍板，决定以解忧公主弟子、少主相夫出嫁元贵靡。同时决定"遣使者至乌孙，先迎取聘。"②史籍没有记载遣使时间以及所遣使者为谁。悬泉置汉简中的

① 《敦煌悬泉汉简释粹》（V1311④：82），编号199。

② 《汉书》卷九十六下《西域传下》，第3905页。

《过长罗侯费用簿》可能就是汉使前往乌孙迎取聘礼时途经悬泉置而留下的记载[1]。这是一份由十八枚简构成的册书，为长罗侯常惠于元康五年出使西域、途经悬泉置时的消费账目。第一简为账目之标题，曰："县（悬）泉置元康五年正月过长罗侯费用薄（簿）"。元康五年（前61）即神爵元年。在这个账单中可以看到，其使团成员先后有"军长史二人、军候丞八人、司马丞二人，凡十二人"；"军长史廿人，斥候五十人，凡七十二人"；"军吏廿，斥候五（十）人，凡七十人"；"施刑士三百人"等。款待他们的食物，肉类有羊五只（羔二、大羊三）、鸡十只、牛肉百八十斤、鱼十枚等；粮食类有米廿八石八斗、四十八石，粟四斗（以治羹）等；酒类有酒廿石，以及酿酒的鞠三石；调料有豉一石五斗、三斗等[2]。供应品种丰富、数量不菲。同年十月，悬泉置还有一笔账目与常惠这次使命有关："入粟小石九石六斗，神爵元年十月已卯朔乙酉，县（悬）泉厩佐长富受敦煌仓佐曹成。"[3]这是悬泉置厩佐长富从敦煌仓佐曹成那里领粟的记录。悬泉置从敦煌领取的这笔粟，就是为迎接常惠而应用的："神爵二年正月丁未朔己酉，县（悬）泉置啬夫弘敢言之：遣佐长富将传迎长罗侯，敦煌稟小石九石六斗，薄（簿）入十月，今敦煌音言不薄（簿）入，谨问佐长富稟小石九石六斗，今移券致敦煌□……"[4]这是悬泉置啬夫名弘者于神爵二年正月给敦煌的文书，询问何以去年十月厩佐长富将传车迎接常惠时从敦煌所领取的那笔粟，去年十月已经入账，而敦煌方面却说没有入账。可知神爵元年十月悬泉置厩佐长富曾经将传车迎接常惠。以上记载表明

---

① 参见张德芳：《〈长罗侯费用簿〉及长罗侯与乌孙关系考略》，《敦煌悬泉汉简释粹》附录，第231—235页。

② 《敦煌悬泉汉简释粹》（Ⅰ0112③：61—78），编号213。

③ 《敦煌悬泉汉简释粹》（Ⅰ0309③：215），编号212。

④ 《敦煌悬泉汉简释粹》（Ⅰ0309③：188），编号89。

长罗侯于神爵元年正月出使乌孙，于同年十月返程时再一次途经悬泉置。常惠这次使命，当为前往乌孙迎取聘礼[①]。嗣后不久，神爵二年（前60）常惠即受命护送少主下嫁乌孙元贵靡，"□县（悬）泉置度侍少主长罗侯用吏"[②]，就是常惠这次再一次途经悬泉置而留下的相关记录。

解忧公主自汉武帝太初四年（前101）下嫁乌孙，经历半个世纪后，其子"元贵靡、鸱靡皆病死，公主上书言年老土思，愿得归骸骨，葬汉地。天子闵而迎之，公主与乌孙男女三人俱来至京师。是岁，甘露三年也。"[③]汉宣帝批准了解忧公主的请求，遣使迎接她返回汉地，为此，沿途驿置均动员起来为接待她而进行准备：

> 甘露三年十月辛亥朔，渊泉丞贺移广至、鱼离、县（悬）泉、遮要、龙勒，厩啬夫昌持传马送公主以下过，稟穬麦各如牒，今写券墨移书到，受薄（簿）入，十一月报，毋令缪（谬），如律令。[④]

这是敦煌郡属县渊泉县移文解忧公主所途经县廷和驿置，告知本县厩啬夫名昌者持传马送解忧公主等人过，请各县和驿置按照规定提供马料。

敦煌汉简还发现有其他和亲乌孙女子遣使向汉王朝贡献，得到途中驿置接待之资料：

> "敢言之谨以文

① 参见：《〈长罗侯费用簿〉及长罗侯与乌孙关系考略》。

② 《敦煌悬泉汉简释粹》（Ⅱ0214②：298），编号196。

③ 《汉书》卷九十六下《西域传下》，第3908页。

④ 《敦煌悬泉汉简释粹》（Ⅱ0114③：522），编号202。

回　　降归义乌孙女子
　　　复帬献驴一匹騂牡
　　　两抾齿□岁封颈以
　　　敦煌王都尉章"①

简文中的"归义"当为乌孙归义侯卑爰疐。卑爰疐为小昆弥末振将之弟。末振将先前指使乌孙贵人乌日领刺杀了解忧公主之曾孙大昆弥雌栗靡。至元始(公元1—5)中,卑爰疐"杀乌日领以自效,汉封为归义侯。"②卑爰疐投向汉王朝之后,从上引悬泉汉简可知他与汉王朝建立了质侍关系。这里的"降"为下嫁之意,这里的"归义乌孙女子复帬"当为下嫁卑爰疐之汉女,此女使人向汉王朝献驴一匹,途经敦煌时经过查验之后,由敦煌王都尉出具了报告。准此,则表明汉王朝还与他建立了和亲关系,此为文献所不载。因归义侯卑爰疐虽然强势而"侵陵"两昆弥,但他不是昆弥,故以非公主身份女子下嫁之。

(五)传递外交文书

东汉人袁安为县功曹时,曾被派遣给刺史的属官"从事"送檄书,事毕,"从事"请袁安带一封书信给县令,袁安拒绝道:"公事自有邮驿,私请则非功曹所持。"③外交文书作为重要"公事"之一,自然亦通过邮驿以传递。这在悬泉置汉简中亦有所反映。

西域都护是汉王朝派驻西域地区的机构,"使护西域三十六

---

① 林梅村、李均明编:《疏勒河流域出土汉简》(*370),文物出版社1984,3,第55页。

② 《汉书》卷九十六下《西域传下》,第3910页。

③ 《后汉书》卷四十五《袁安传》,第1517页。

国”[①],肩负繁重的外交使命,其与朝廷联系的文书常通过驿置而传递。

> 出绿纬书一封,西域都护上,诣行在所公车司马以闻,绿纬孤与緼检皆完,纬长丈一尺。元始五年三月丁卯日入时,遮要马医王竟、奴铁柱付县(悬)泉佐马赏。[②]

这是西汉平帝元始五年(5)西域都护通过驿置向朝廷传递文书,文书目的地为皇帝行幸所在地,交公车司马收转皇帝。公车司马“掌殿门。诸上书诣阙下者,皆集奏之。”[③]为天下上书之收集机构。文书由遮要置付悬泉置再向东传递。

紧急文书则由驿骑传递。汉宣帝时丞相丙吉有一位“驭吏”,他是“边郡人,习知边塞发奔命警备事。”有一天他“适见驿骑持赤白囊,边郡发奔命书驰来至。驭吏因随驿骑至公车刺取,知虏入云中、代郡,遽归府见(丙)吉白状。”[④]这种紧急文书是由驿骑传递的。这种紧急文书的外封有特殊标志,以“赤白囊”即粉红色缯帛为包装[⑤],而与上简所记以“绿纬”包装的文书有所不同。

悬泉置汉简中有汉使常惠和解忧公主的紧急上书:

> 上书二封。其一封长罗侯,一乌孙公主。甘露二年二月辛未日夕时受平望译(驿)骑当富,县(悬)泉译(驿)骑朱定付万年译

① 《汉书》卷十九上《百官公卿表上》,第738页。

② 《敦煌悬泉汉简释粹》(Ⅱ0114②:206),编号146。

③ 《后汉书》卷四《和帝纪》注引《汉官仪》,第179页。

④ 《汉书》卷七十四《丙吉传》,第3146页。

⑤ 说详见:《汉唐外交制度史》,第588页。

> （驿）骑。①

长罗侯即常惠，乌孙公主即解忧公主。汉宣帝甘露元年（前53）乌孙政局激烈动荡，分裂为大小昆弥，解忧公主之子元贵靡为大昆弥，已故肥王翁归靡之匈奴妻所生子乌就屠为小昆弥。但是“乌就屠不尽归诸翎侯民众，汉复遣长罗侯（常）惠将三校屯赤谷，因为分别其人民地界，大昆弥户六万余，小昆弥户四万余，然众心皆附小昆弥。”②由此可见当时大昆弥的地位很不稳定。在这种情况下，甘露二年（前52）汉方派遣屯驻于乌孙都城赤谷城的常惠与解忧公主便上书朝廷报告乌孙政情，文书以驿骑传递，于二月辛未，即十二日通过悬泉置向东传递。

常惠和解忧公主的文书通过悬泉置之后的第三天，常惠的又一封文书通过这一带的驿置：

> 使乌孙长罗侯惠遣斥候恭，上书诣行在所。以令为驾一乘传。甘露二年二月甲戌，敦煌骑司马充行太守事，库令贺兼行丞事，谓敦煌以次为，当舍传舍，如律令。③

这次常惠的上书不是由驿骑进行传递，而是由他自己的“斥候”亲自传递，但是沿途的驿置需要为其提供“一乘传”的交通工具和食宿等方便。文书直送皇帝所在。由此可见当时乌孙政情之紧急。

---

① 《敦煌悬泉汉简释粹》（Ⅱ0113③:65），编号193。

② 《汉书》卷九十六下《西域传下》，第3907页。

③ 《敦煌悬泉汉简释粹》（Ⅴ1311③:315），编号201。

从上所述可以看到,汉代的驿置,无论对于来使还是出使均给予相当全面的乃至包干式的款待和服务,而这与汉使出境之后的待遇形成鲜明的对比。汉使初通西域时“非出币帛不得食,不市畜不得骑用。”司马迁认为:“所以然者,远汉,而汉多财物,故必市乃得所欲,然以畏匈奴于汉使焉。”①其后的情况也没有太多改变,西汉成帝时杜钦在谈到送使之艰难时说:“起皮山南,更不属汉之国四五,斥候士百余人,五分夜击刀斗自守,尚时为所侵盗。驴畜负粮,须诸国禀食,得以自赡。国或贫小不能食,或桀黠不肯给,拥强汉之节,馁山谷之间,乞匄无所得,离一二旬则人畜弃捐旷野而不反。”②但是,越过这些地区之后,情况又有所不同,“从安息陆道绕海北行出海西至大秦,人庶连属,十里一亭,三十里一置,终无盗贼寇警。”③史称大秦国“列置邮亭”,“邻国使到其界首者,乘驿诣王都,至则给以金钱。”④由此可见,远东的汉王朝与西极的大秦,在驿置设施及其待客制度方面比较接近,而与在此两极之间的有些国、族存在较大差距。何以形成这样的差异和差距?这与国家的发展水平、文明程度有密切关系,由此而决定了古代世界诸国、族之外交发展水平之差异与差距。当时汉王朝与罗马帝国是世界上东西并峙的最为强盛的大国,其政治、经济、文化发展水平均居于领先地位,驿置及其接待制度的情况,从一个侧面反映了当时东方的汉王朝与西瀛的罗马帝国,在外交制度方面均处于古代世界的领先地位,而与广大中间地带国、族的发展水平有所差异与差距。

---

① 《史记》卷一百二十三《大宛列传》,第3173页。

② 《汉书》卷九十六上《西域传上》,第3886—3887页。

③ 《后汉书》卷八十八《西域传》,第2920页。

④ 《后汉书》卷八十八《西域传》,第2919页。

第二节 馆舍

外交使节、宾客前来汉方,汉方需要安排其宿止场所——馆舍,是为必要之外交接待设施之一。外交馆舍可大别为二:一为往返途中之馆舍,二为在京师期间之馆舍。

往返途中之馆舍主要为沿途之“传舍”或“郡邸”。上节所述之驿置除了为外交使节、宾客之交通提供服务之外,同时还具有馆舍之功能,“传舍”即为其主要设施。外交使节、来宾于入境之后,或离开京师返国时,馆于沿途之“传舍”或“郡邸”。悬泉汉简:

> “甘露三年十月辛亥,丞相属王彭,护乌孙公主及将军、贵人、从者……御史大夫万年下谓(渭)成(城),以次为驾,当舍传舍,如律令。”①

> “鸿嘉三年正月壬辰,遣守属田忠送自来鄯善王副使姑彘、山王副使乌不滕,奉献诣行在所,为驾一乘传。敦煌长史充国行太守事、丞晏谓敦煌,为驾,当舍传舍、郡邸,如律令。六月辛酉西。”②

上一简是宣帝甘露三年(前51)派遣丞相府“属”王彭迎接并护送乌孙公主及其随从人员返回长安时,御史大夫陈万年所下命令,要求沿

① 《敦煌悬泉汉简释粹》(Ⅴ1412③:100),编号195。

② 《敦煌悬泉汉简释粹》(Ⅱ0214②:78),编号143。

途“传舍”负责其宿止。下一简是成帝鸿嘉三年(前18)鄯善国和山国使者于正月入境,及至六月返国时,往返途中馆于“传舍”或“郡邸”的记载,表明使节、宾客在往返途中是馆于途经之传舍或郡邸的。

在京师期间之馆舍为“蛮夷邸”。外交使节、宾客到达京城之后,则馆于“蛮夷邸”。“蛮夷邸”是汉代的首创,它的产生是中国古代外交史上的新生事物,具有重要的历史意义。这既是先秦以来“交聘”馆舍发展演变的结果,更重要的是汉代外交关系发展的必然产物。往返途中之馆舍在上文“驿置”中已涉及,本节主要讨论在京师之馆舍——“蛮夷邸”。

汉代的“蛮夷邸”是西周时期的“庙”、“寝”制,春秋时期的“诸侯之馆”,再到战国时期的“诸国之邸”三个历史性阶段变化的产物,更重要的它是汉代外交关系发展的产物,因而突破了传统馆舍体制,在中国古代外交史上第一次出现专为四方国、族来使、宾客单独设置的新型馆舍,开汉代以后外交馆舍模式之先河。

一、先秦时期的交聘馆舍

欲探讨汉代“蛮夷邸”的产生,需先明了交聘馆舍在汉代之前的发展演变历程。

(一)西周时期的“庙”、“寝”馆舍制度

西周时期由于交聘关系的发展,从而促进了这个时期交聘制度的确立和发展,其中包括交聘接待设施——馆舍制度之确立。《仪礼·聘礼》是反映西周制度比较原始的文献,它所记载的是诸侯之间的“大聘”礼仪,当聘国使节到达都城,入朝拜见主君之后,即由主君派

遣"大夫帅至于馆",然后由"卿致馆"[①],安排聘使之住宿。关于西周职官制度的另一可信文献——周之《秩官》也记载当交聘使节到达之后,即由"司里授馆"[②]。其授馆制度,据《聘礼记》曰:"卿馆于大夫,大夫馆于士,士馆于工商。"[③]根据使者的身份高低而确定其入住馆舍待遇等级。聘使不同等级入住之"馆"为何?郑玄注曰:"馆者必于庙,不馆于敌者之庙,为太尊也。自官师以上,有庙有寝,工商则寝而已。"贾《疏》引郑云:"官师谓中士、下士。"周制,"士"以上之家均有"庙",前为"庙"后为"寝",故卿、大夫、士之家有"庙"有"寝";"士"以下之庶民、工商则只有"寝"而无"庙"。《祭法》云"庶士庶人无庙,祭于寝。"[④]《说文》:"庙,尊先祖皃也。"段注:"古者庙以祀先祖"[⑤]。《说文》:"寝,卧也。"段注引《尔雅·释宫》曰:"室有东西厢曰'庙',无东西厢有室曰'寝'。"[⑥]也就是说,当时在接待交聘使节时,均入住于相应低一级别人员之"庙"或"寝"之中,使者为卿,故馆于大夫之"庙",上介为大夫,故馆于士之"庙",士介为士,故馆于工商之"寝",如此逐级递减,均不入住于相同级别人员之处,因为这样"太尊也"。

《仪礼·觐礼》所载为诸侯觐见天子之礼,当诸侯"至于郊",天子派遣使者行郊劳礼之后,"天子赐舍",使者代表天子致意曰:"伯父,女顺命于王所,赐伯父舍。"这里的"赐舍"与《聘礼》中的"致馆"含义是相同的,郑玄注曰"赐舍犹致馆也"。[⑦] 但是这里没有说明诸侯入住之馆为何?周制,诸侯与周王朝之卿为同一级别,则此来觐诸侯入住

① 《仪礼注疏》卷二十《聘礼》,第1052页。
② 《国语集解》,《周语中》,第67页。
③ 《仪礼注疏》卷二十四《聘礼》,第1073页。
④ 《仪礼注疏》卷二十四《聘礼》贾疏引,第1073页。
⑤ 《说文解字注》,第446页。
⑥ 《说文解字注》,第340页。
⑦ 《仪礼注疏》卷二十六下《觐礼》,第1088页。

之所亦当为周卿之下的大夫之“庙”。

何以西周时期实行这样的交聘馆舍制度？这是西周政治体制特征所决定的，与这种政治体制特征有密切的关系。西周的政治体制特征是建立在对于同姓诸侯和异姓亲戚进行封邦建国，从而构成以周天子为天下共主的宗法、姻亲关系相结合的政治体制。这种政治体制具有浓厚的血缘亲族关系，当时的朝觐聘问亦被这种血缘亲族关系所笼罩，朝觐聘问在某种意义上其实质是周天子与同姓诸侯和异姓亲族之间，或同姓诸侯、异姓亲族之间叙亲情，有如民间之“走亲戚”。上述《觐礼》中使者代表周天子行赐舍礼时的致辞曰：“伯父，女顺命于王所，赐伯父舍。”就是这种情况的集中反映。何以对于来觐之诸侯以“伯父”相称？周天子对于诸侯的称呼，“同姓大国，则曰伯父。其异姓，则曰伯舅。同姓小邦，则曰叔父。其异姓小邦，则曰叔舅。”①这里的“伯父”、“叔父”为宗族关系，“伯舅”、“叔舅”为姻亲关系。聘礼也反映了这种情况。《聘礼》规定诸侯相聘问时，“若兄弟之国，则问夫人。”郑玄注曰：“兄弟，谓同姓若婚姻甥舅有亲者。”②所谓“兄弟之国”是包括同姓之国和异姓之国，即甥舅之国在内的。也就是说如果是聘问同姓之国和甥舅之国，则在向国君献礼的同时也向国君夫人献礼，如果是既非同姓又无婚姻关系的庶姓之国③则不向国君夫人献礼。不仅“问”礼如此，聘礼中的其他礼仪环节亦然，如“聘享”礼，聘国需准备圭、璋、璧、琮“四宝”以聘享，其中以圭聘于主君、以璧享于主君的同时，而以璋聘于主君夫人、以琮享于主君夫人。诸如此类，不烦枚举。在一定意义上可以说交聘就是天子与诸侯以及

① 《仪礼注疏》卷二十七《觐礼》，第1092页。

② 《仪礼注疏》卷二十四《聘礼》，第1074页。

③ 《周书·旅獒》孔疏：“礼有异姓、庶姓。异姓，王之甥舅；庶姓，与王无亲。”《尚书正义》卷十三，第195页。

诸侯之间“走亲戚”。正因为当时的交聘关系是在血缘亲族关系笼罩下的交往,所以交聘礼仪之各个环节多在宗庙进行。来使聘享主国国君及夫人的礼仪即在庙中进行,使者至于所聘之国后,主国国君首先对使者宣布:“不腆先君之祧,既拚以俟矣。”[①]“祧”为祖庙,“拚”意洒扫。意即祖庙业已洒扫干净,随时恭候行礼。次日,使者“及庙门,公揖入。”[②]是在庙中向主国国君行聘享礼。聘享礼之后主君举行的“礼宾”礼、使者以私礼奉献主君之“私觌”礼等亦在此进行。举行“问大夫”礼时,“宾朝服问卿。卿受于祖庙。”也是在庙中进行。郑注:“祖,王父也。”贾《疏》:“王父即祖庙也。今不受于大祖庙及曾祖庙而受于祖庙者,以其天子受于文王庙,诸侯受于祖庙,大夫下君,故受于王父庙。”[③]与交聘礼在庙中举行一样,来使馆舍亦被安排于庙。这是对于血缘亲族关系之承认和尊重,故曰:“庙,尊先祖皃也。”[④]同时也是对于来使之尊重,《说文》段注:“庙”字“小篆从广朝,谓居之与朝廷同尊者。”[⑤]这种馆舍制度无疑也是这个历史时期交聘关系中所包含的血缘亲族关系的一种反映,实为适应当时政治体制需要的交聘馆舍制度。

(二)春秋时期的“诸侯之馆”

到了春秋时期,随着诸侯和地方势力的发展,周天子地位下降,建立在血缘亲族基础上的西周政治体制动摇、破坏,交聘关系中的政治成分日益超越血缘亲族成分,交聘逐渐成为诸侯之间政治、军事和经

① 《仪礼注疏》卷二十《聘礼》,第1051页。
② 《仪礼注疏》卷二十《聘礼》,第1053页。
③ 《仪礼注疏》卷二十二《聘礼》,第1063页。
④ 《说文解字注》,第446页。
⑤ 《说文解字注》,第446页。

济利益角逐的工具和手段，交聘馆舍制度亦必然随之而发生质变。于是，到了春秋时期交聘馆舍遂由各国所建立的“诸侯之馆”取代西周时期的“庙”、“寝”馆舍制度，亦即由具有浓厚血缘亲族意味的“私馆”变为纯粹政治性质的“公馆”——国立交聘馆舍。

《左传》的下述记载透露了这个历史性变化的一些信息，鲁襄公三十一年（前542）：

> 子产相郑伯以如晋。晋侯以我丧故，未之见也。子产使尽坏其馆之垣，而纳车马焉。士文伯让之曰：“敝邑以政刑之不修，寇盗充斥。无若诸侯之属，辱在寡君者何。是以令吏人完客所馆，高其闬闳，厚其墙垣，以无忧客使。今吾子坏之，虽从者能戒，其若异客何？以敝邑之为盟主，缮完葺墙，以待宾客。若皆毁之，其何以共命？寡君使匄请命。”对曰：“以敝邑褊小，介于大国，诛求无时。是以不敢宁居，悉索敝赋，以来会时事。逢执事之不间，而未得见，又不获闻命，未知见时。不敢输币，亦不敢暴露。其输之，则君之府实也，非荐陈之，不敢输也。其暴露之，则恐燥湿之不时而朽蠹，以重敝邑之罪。侨闻文公之为盟主也，宫室卑庳，无观台榭，以崇大诸侯之馆，馆如公寝，库厩缮修。司空以时平易道路，圬人以时塓馆宫室。诸侯宾至，甸设庭燎，仆人巡宫，车马有所，宾从有代。巾车脂辖，隶人牧圉，各瞻其事。百官之属，各展其物。公不留宾，而亦无废事。忧乐同之，事则巡之。教其不知，而恤其不足。宾至如归，无宁菑患。不畏寇盗，而亦不患燥湿。今铜鞮之宫数里，而诸侯舍于隶人。门不容车，而不可踰越。盗贼公行，而夭厉不戒。宾见无时，命不可知。若又勿坏，是无所藏币以重罪也。敢请执事，将何以命之？虽君之有鲁丧，亦敝邑之忧也。若获荐币，修垣而行，君之惠也。敢惮勤劳！”文伯复命。

赵文子曰："信，我实不德，而以隶人之垣以赢诸侯，是吾罪也。"使士文伯谢不敏焉。晋侯见郑伯，有加礼，厚其宴好而归之。乃筑诸侯之馆。叔向曰："辞之不可以已也如是夫。子产有辞，诸侯赖之。"①

这个记载所提供的历史信息如下：

①晋文公（前636—前627）时期已经建筑"诸侯之馆"以接待来使。子产在答匄文伯之责问时说道："侨闻文公之为盟主也，宫室卑庳，无观台榭，以崇大诸侯之馆。馆如公寝，库厩缮修。"指出晋文公已经建筑高大、完善的"诸侯之馆"以接待来宾。晋文公通过城濮之战取得霸主地位，于晋文公五年（前632）被周襄王策命为"侯伯"，朝聘会盟频繁，从而有了筑"诸侯之馆"以待宾客之需求。如果以此年为晋文公筑馆之年，则其上距西周灭亡139年，约当春秋之中叶，是为古代外交史上首见"诸侯之馆"。上述"馆如公寝"一语，表明当时是按照诸侯"公寝"的标准建筑"诸侯之馆"的，这里不仅反映了当时建筑"诸侯之馆"的标准很高，实际上也反映了"诸侯之馆"之脱胎于"庙寝"，即由"庙寝"而"馆"之变化过程，晋文公时期完成了由传统的"庙寝"馆舍制度向新的"诸侯之馆"制度之转变。

②"诸侯之馆"已有相当完善之服务体制。"司空以时平易道路，圬人以时塓馆宫室。诸侯宾至，甸设庭燎，仆人巡宫，车马有所，宾从有代。巾车脂辖，隶人牧圉，各瞻其事。百官之属，各展其物。公不留宾，而亦无废事。忧乐同之，事则巡之。教其不知，而恤其不足。宾至如归，无宁菑患。不畏寇盗，而亦不患燥湿。"包括道路和馆舍之维护、安全保卫、车马停放设施及其维修养护、公共场所之照明（庭

① 《春秋左传正义》卷四十，襄公三十一年，第2014—2015页。

燎)等均有吏员负责而“令吏人完客所馆”,提供了安全舒适的居住环境;众官吏办事效率很高,从速协助来宾解决各种问题和执行公务,使其得以圆满、快速完成使命,达到宾至如归的高标准。这种情况表明,这个时期的馆舍管理已经纳入政府管辖和职能范围,馆舍已经由西周时期的“私馆”变为“公馆”。

③“诸侯之馆”的接待对象为诸侯所派遣前来之使者。晋国使者士文伯与子产的对话中,均一再强调“诸侯之馆”乃待“诸侯宾至”时“以待宾客”之所,使之“无忧客使”。鲁襄公三十一年(前542)郑国执政子产代表郑简公出使晋国,朝见晋平公,缴纳贡赋,即被安排居住于“诸侯之馆”中,子产因其时晋国之馆舍已经破败,而且接待怠慢,因而提出抗议。经过子产的抗议,晋国决定改善“诸侯之馆”之设施和服务,此举被叔向称赞为将使“诸侯赖之”,表明其他诸侯来使均以此馆接待之。两年后的鲁昭公二年(前540),鲁卿叔弓“聘于晋”时即被安排宿止于此经过修缮的“诸侯之馆”。叔弓到达时,“晋侯使郊劳……致馆,辞曰:‘寡君命下臣来继旧好,好合使成,臣之禄也,敢辱大馆!’叔向曰:‘子叔子知礼哉!’吾闻之曰:‘忠信,礼之器也。卑让,礼之宗也。辞不忘国,忠信也。先国后己,卑让也。’”①鲁国聘使至于郊,晋国举行“郊劳”之礼后即“致馆”鲁使,鲁使辞让曰不敢居住晋国所提供的“大馆”,被主方赞为谦让。这里记载的交聘礼,与《仪礼·聘礼》所载相似,其中提到对于来使行“致馆”之礼,此“馆”即两年前郑国使者子产所入住之“诸侯之馆”,经过晋方修缮之后故被鲁使赞为“大馆”了。

④“诸侯之馆”在春秋时期已经普遍设置。以“诸侯之馆”接待聘使,不特晋国,其他各国亦然。鲁昭公元年(前541),“楚公子围聘于

① 《春秋左传正义》卷四十二,昭公二年,第2029页。

郑”，待其“将入馆，郑人恶之，使行人子羽与之言，乃馆于外。”因郑国知道楚人这次来聘怀有诈意，故不愿意他们在城内之馆舍入住，而让他们在城外之馆入住，杜预注“入馆”曰“就客舍”；“馆于外”曰“舍城外”。郑国都城之内所设之馆当与晋国所设“诸侯之馆”性质相同的馆舍。而且子羽在与楚国使团交涉时还提及“馆人之属”，杜预注曰“守舍人”[①]，则郑国之馆舍亦设置有官员负责管理。此“馆人”当与周官之“管人”相当。可见为交聘而设置待使之客馆不独晋国为然，郑国亦已有之。鲁昭公三年（前539）五月，鲁卿“叔弓如滕，葬滕成公，子服椒为介。及郊，遇懿伯之忌，敬子不入。惠伯曰：‘公事有公利，无私忌，椒请先入。’乃先受馆，敬子从之。”[②]这里的叔弓即敬子，子服椒即惠伯，懿伯为子服椒之叔父。鲁卿叔弓出使滕国吊唁滕成公，子服椒为副使。到了滕国近郊时，叔弓因“懿伯之忌”[③]而担心子服椒报复，故不敢入馆，子服椒“开释之：‘今既奉君命政令，奉使滕国，不可以叔父私怨，遂欲报仇，不行公事也。’”[④]于是子服椒先受馆，叔弓不得已亦随之入馆。滕国接待聘使之“馆”，当与上述晋、郑之“馆”相同，亦为“诸侯之馆”。滕为小国而有“馆”，可见当时诸侯设“馆”以待聘使已为普遍现象。

（三）战国时期的“诸国之邸”

到了战国时期，接待聘使的馆舍已被称为“邸”。秦相范雎原为

① 《春秋左传正义》卷四十一，昭公元年，第2019页。

② 《春秋左传正义》卷四十二，昭公三年，第2032页。

③ 关于“懿伯之忌”，《礼记正义》卷十《檀弓下》孔颖达疏云：“谓敬叔杀懿伯，被懿伯家所怨，恐惠伯杀已，故难惠伯，不敢入也。然敬叔、惠伯同在君朝，又奉使滕国相随在路，不相畏难，入滕始难者，虽有怨雠，恒为防备，今入滕国，是由主人，其防备之事不复在已，故难之。”（第1312页）

④ 《礼记正义》卷十《檀弓下》孔颖达疏，第1312页。

魏国人，曾遭魏中大夫须贾陷害，后入秦改名张禄，被昭王拜为相，魏人不知。魏国派遣须贾出使秦国，秦相范雎“闻之，为微行，敝衣间步之邸，见须贾。”[①]《正义》解释“邸”字时，引刘云：“诸国客馆”。这位刘氏即刘伯庄，为唐前期人，曾“撰《史记音义》、《史记地名》、《汉书音义》各二十卷，行于代。”[②]他是以唐前期的外交馆舍解释之。战国时期这种诸国之“邸”也是为了专门接待战国七雄中其他国家来使之客馆[③]。就秦国而言，这种“邸”是接待山东六国宾客的馆舍。这种客馆的性质，与春秋时期的“诸侯之馆”有相同之处，是由国家建立的接待外交使节之馆舍——“公馆”。但是它们之间亦有相异之处，如果说春秋时期的“诸侯之馆”是为了满足仍然带有西周血缘亲族残余的交聘关系而设置的话，那么战国时期的诸国“邸”则已纯属接待外交使节之馆舍，因为战国时期的外交关系已经摆脱血缘亲族关系之残余而完全成为列国争雄的政治手段。这个时期的秦国正处于国势日益上升、军事力量日益增强的历史阶段，其与东方诸国的军事、外交角逐激烈而频繁，故其所接待的外交使节亦随之而众多。秦国决定放须贾回国，“须贾辞于范雎，范雎大供具，尽请诸侯使，与坐堂上，食饮甚设。”[④]范雎设盛大宴会送之，将在秦国之“诸侯使”全部请来参加，这里的“诸侯”的涵义已经与春秋时期，更不必说西周时期的“诸侯”不同，实际上已经是一个个独立的国家。由此可知当时在秦国首都之“诸侯”使节当不在少数，故其设馆待之，实为外交关系发展之必须。这些“诸侯使”应当与须贾一样被安排居住于诸国之“邸”中。

---

① 《史记》卷七十九《范雎蔡泽列传》，第 2413 页。

② 《旧唐书》卷一百八十九上《儒学传上·刘伯庄传》，第 4955 页。

③ 《汉唐外交制度史》（第 65 页）在学术界首次利用这条资料指出战国时期的诸国之“邸”为接待各国来使之馆舍，为汉代“蛮夷邸”之前身。

④ 《史记》卷七十九《范雎蔡泽列传》，第 2414 页。

二、汉代的“蛮夷邸”

在上述先秦交聘馆舍基础上，汉代产生了全新的外交馆舍——“蛮夷邸”。

汉代的“蛮夷邸”是在中国古代外交史上第一次出现专为四方国、族来使单独设置的接待馆舍。从西周到战国时期的交聘馆舍，基本上是为以中原地区为中心、江河流域华夏文化圈范围内诸侯或在其基础上发展起来的列国之间的交聘而设置的，其接待对象主要是华夏文化圈内诸侯、列国的交聘使节。汉代首次以“蛮夷”命名这种馆舍，表明这种馆舍之属性有别于以往的交聘馆舍，是专门用以接待“蛮夷”，即四方国、族来宾的。这种变化是当时汉王朝的对外关系突破此前的交往范围，而延伸、扩展至更大范围的反映。是汉王朝对外关系突破以中原地区为中心、江河流域华夏文化圈范围而将其触角伸向东亚外交圈乃至西域外交圈的四方国、族之中，是为了接待这些四方国、族来宾而专门设置的馆舍，是从上述传统交聘馆舍中提升并独立出来的一种全新的外交馆舍。

汉代于京师设置三种“邸”舍：一为郡邸，二为国邸，三为蛮夷邸。

前两者通常被合称为“郡国邸”，它们基本上是传统交聘馆舍基础上的延伸发展。汉代地方行政体制为郡、国并行二元制，“郡国邸”即为这种行政体制之反映并为其服务之馆舍设施。“郡国邸”即“诸侯王及诸郡朝宿之馆，在京师者谓之邸。”①其中“郡邸”为各地方最高行政单位——郡府于京师所设置之邸舍。朱买臣待诏长安时被拜

① 《汉书》卷三十四《卢绾传》颜注，第1893页。

为会稽太守后,“衣故衣,怀其印绶,步归郡邸。”[①]此即会稽郡邸。汉文帝时季布为河东守,被召至京师,“留邸一月”[②],此即河东郡在长安之“邸”,颜师古注曰:“邸,诸郡朝宿之舍在京师也。”及至东汉时郡邸已残破不存,郡国朝宿者不得不寄居“私馆”,和帝永元十年(98)“大匠应顺上言:‘百郡计吏,观国之光,而舍逆旅,崎岖私馆,直装衣物,敝朽暴露,朝会邈远,事不肃给……况今四海之大,而可无乎?’和帝嘉纳其言,即创业焉。”[③]于是于京师置“百郡邸”。汉灵帝中平六年(189)西园八校尉统领蹇硕召大将军何进欲杀之,何进“引兵入屯百郡邸,因称疾不入。”[④]胡注曰:“天下郡国百余,皆置邸京师。谓之百郡邸者,百郡总为一邸也。”

“郡邸”之外的“国邸”则为诸侯王国之邸,“汉法,诸侯各起邸第于京师也。”[⑤]各以王国之名以名之,如齐邸、燕邸、代邸等为然。齐人田生宴请吕后所幸大谒者张卿时,“酒酣,乃屏人说张卿曰:‘臣观诸侯王邸弟百余,皆高祖一切功臣……’”[⑥]可见当时首都长安的诸侯王邸是很多的。这种“邸”舍之功能为诸侯王“朝宿之馆”。高后时,燕王卢绾妻与其子自匈奴“亡降汉,会高后病,不能见,舍燕邸。”[⑦]此“燕邸”即燕王在长安“朝宿之馆”。

由此可知,“郡国邸”为汉王朝内部中央与地方关系之馆舍设施,犹如今日之各省、市、自治区驻京办事处。

而“蛮夷邸”之性质与上述“郡国邸”是不同的,是汉王朝为接待

① 《汉书》卷六十四上《朱买臣传》,第2792页。
② 《汉书》卷三十七《季布传》,第1977页。
③ 《续汉书·百官志》注补引《汉官》,见点校本《后汉书》,第3583页。
④ 《资治通鉴》卷五十九《汉纪五十一》灵帝中平六年(189),第1894页。
⑤ 《史记》卷九《吕太后本纪》《正义》,第399页。
⑥ 《史记》卷五十一《荆燕世家》,第1995页。
⑦ 《史记》卷九十三《韩信卢绾列传》,第2639页。

四方国、族之宾客而设置之馆舍，其所反映的是汉王朝与四方国、族之关系，属于汉王朝之对外关系服务设施。和帝永元六年(94)，西域都护班超“发诸国兵讨焉耆、危须、尉黎、山国，遂斩焉耆、尉黎二王首，传送京师，县蛮夷邸。”①李贤注曰：“蛮夷皆置邸以居之，若今鸿胪寺也。”因其为安置“蛮夷”宾客之邸舍，故曰“蛮夷邸”。

兹将先秦以来外交馆舍之渊源流变图示如下：

先秦迄汉外交馆舍演变表

时代	西周时期	春秋时期	战国时期	汉代
馆舍	“庙”、“寝”	“诸侯之馆”	“诸国之邸”	“郡国邸”
				“蛮夷邸”

汉代的“郡国邸”，基本上是西周时期卿大夫“庙”、“寝”、春秋时期“诸侯之馆”和战国时期“诸国之邸”的沿袭，因为汉王朝是将郡国视同先代之“诸侯”，当然，事实上这个时期的“郡国”已与先秦时期的“诸侯”性质发生了变化，实为统一的中央王朝的地方政权单位；汉代的“蛮夷邸”，则一方面仍然承袭着西周、春秋时期“诸侯”的历史象征，因为四方国、族在一定意义上也被视为处于中央王朝“诸侯”的地位，另一方面它又承载着战国时期“诸国之邸”的性质而具有列国外交的意义；但是，更为重要的是它既不是传统意义上的交聘馆舍的承袭，也突破了战国时期的“诸国之邸”的阃域，而成为面对上述传统范畴之外的四方国、族之外交馆舍，因此我们说它是汉代产生的一种全新的外交馆舍。汉代设置“蛮夷邸”取代先秦以来传统的交聘馆舍，开中国古代外交馆舍之先河，此后与内部所需馆舍相区分并自成系

① 《后汉书》卷八十八《西域传》，第2928页。

统的外交馆舍设施遂相承不替,如南北朝之“诸国使邸”①、“四夷馆”②,隋唐之“四方馆”等,成为一脉相承之另一系统之外交馆舍③。

汉代的蛮夷邸属于哪个部门管理?史籍没有明确的记载,我在十几年前在学术界首次提出其应属于大鸿胪之属官大行令负责管理,现在仍然认为这一意见是符合历史实际的,其理由主要有二:一是大鸿胪属官有郡邸长、丞,“主诸郡之邸在京师者也”④。“初,置郡国邸属少府,中属中尉,后属大鸿胪。”邸长、丞在西汉后期归大鸿胪,为大鸿胪之下与行人、译官、别火三令丞并列之属官。东汉省郡邸长、丞,但仍属大鸿胪,而由其属官大行令之诸郎负责郡邸事务。郡国邸之统属如此,那么,与郡国邸同一级别和系列的蛮夷邸亦应由大鸿胪管辖;二是唐朝人都把汉代的蛮夷邸与唐代的鸿胪客馆相比,颜师古在《汉书·元帝纪》注中说:“蛮夷邸,若今鸿胪客馆。”⑤李贤在《后汉书·西域传》注中说:“蛮夷皆置邸以居之,若今鸿胪寺也。”⑥客馆而冠以鸿胪,表明了它们之间的联系。魏晋南北朝、隋、唐,客馆均隶属于鸿胪,蛮夷邸即后世客馆的前身,那么蛮夷邸隶属于大鸿胪应当是无疑的。从《唐六典》卷十八《鸿胪寺》的记述来看,唐代客馆归鸿胪寺属官典客署负责,作者把汉代大鸿胪属官大行令视为唐代典客署之

① [梁]萧子显撰:《南齐书》卷五十八《东夷高句丽国传》,中华书局1972年版,第2009页。

② [北魏]杨衒之撰,范祥雍校注:《洛阳伽蓝记校注》卷三《城南》,上海古籍出版社1978年版,第160页。

③ 从汉代至唐代接待外交宾客之客馆沿革、传承及变化历程,《汉唐外交制度史》中已有详细论述,兹不赘,见是书第65—66页、第200—204页、第328—332页等处。

④ 《汉书》卷十九上《百官公卿表上》颜注,第730页。

⑤ 《汉书》卷九《元帝纪》,第295页。

⑥ 《后汉书》卷八十八《西域传》,第2928页。

前身[①],那么汉代的蛮夷邸也应当是由大鸿胪属官大行令管理的[②]。李贤谓“蛮夷邸”之功用“若今鸿胪寺也”与颜师古谓“蛮夷邸,若今鸿胪客馆。”[③]的意思是一致的,他们二位均为唐代人,所谓“今”即唐代。唐代鸿胪寺属官典客署负责客馆之管理[④],这种客馆与汉代蛮夷邸的功能是相同的。

从蛮夷邸隶属于大鸿胪,我们可以推知其所接待之宾客当包括大鸿胪所负责之“诸归义蛮夷”[⑤]在内。后来典属国归并大鸿胪,则其所掌还应包括原来典属国所掌之“蛮夷降者”[⑥]。这样我们可以推知其所接待之四方国、族宾客是相当广泛的,当包括来使、来降者、来朝者,以及质侍、君主等。

蛮夷邸设置的时间,史文不明。“蛮夷邸”乃汉代为适应外交关系空前发展之产物,故其出现必与外交关系之发展相当。汉武帝之前,汉王朝接待四方国、族的任务并不大。与汉王朝关系最为密切的匈奴,其时与汉王朝处于对立或战争的紧张状态,故其来使入住京师的可能性很小,即使有也人数不多;其他诸方国、族来使也还不多。因此,蛮夷邸在汉武帝之前出现的可能性不大。汉武帝时期,汉王朝的对外关系进入大发展时期,不过来使大量出现于京师,主要是在元狩四年(前119)张骞第二次通西域之后,自“乌孙遣使数十人”跟随张骞来汉,“其后岁余,(张)骞所遣使通大夏之属者皆颇与其人俱来,于是西北国始通于汉矣。”[⑦]从此西域诸国来使、宾客大量涌入长安,

① 《唐六典》卷十八《鸿胪寺》,第506页。

② 详见:《汉唐外交制度史》第二章,第56、65—67页。

③ 《汉书》卷九《元帝纪》,第295页。

④ 详见:《汉唐外交制度史》第八章,第328—330页。

⑤ 《汉书》卷十九上《百官公卿表上》,第730页。

⑥ 《汉书》卷十九上《百官公卿表上》,第735页。

⑦ 《史记》卷一百二十三《大宛列传》,第3169页。

西方（西域）外交圈的沟通，把汉代外交推进到一个崭新阶段，这种情况下，在京师就有设置蛮夷邸的迫切需要了，蛮夷邸于此时建立实为必然之事。

但是，蛮夷邸并非一蹴而就，而是随着汉王朝外交关系的日益发展而不断添加和扩张。汉武帝元封四年（前107）派遣王乌出使匈奴，"单于复讇以甘言，欲多得汉财物，绐谓王乌曰：'吾欲入汉见天子，面相约为兄弟。'王乌归报汉，汉为单于筑邸于长安。"①这是汉王朝为了争取匈奴单于入朝而为其特意建造的邸舍，不论当时是否称为"蛮夷邸"，但其性质即属于"蛮夷邸"范畴。这次匈奴单于虽然没有来朝，但是到汉宣帝及其后匈奴单于真正来朝之时，均被安排于这种"邸"中，甘露三年（前51年）呼韩邪单于来朝，"单于就邸"②，王莽时招诱匈奴单于侄登，"将登至长安，拜为顺单于，留邸。"③均其明证。这些接待匈奴单于之"邸"当即元封四年所筑之单于邸。由此观之，元封四年所筑之"邸"当为接待匈奴单于而特建，故其虽为"蛮夷邸"建筑群之组成部分，但其规格当高于一般的"蛮夷邸"。到了汉哀帝元寿二年（前1）匈奴单于和乌孙大昆弥同时来朝，从汉王朝对此引以为荣观之，汉方对于他们的接待必然更为周详、隆重，则可能又增建接待乌孙大昆弥之邸舍。君主来朝的随从人员也在不断膨胀之中，"故事，单于朝，从名王以下及从者二百余人。"元寿二年单于来朝之前"又上书言：'蒙天子神灵，人民盛壮，愿从五百人入朝，以明天子盛德。'上皆许之。"④则单于邸本身也可能随之而需要不断加以扩建。从汉王朝对于来朝的匈奴单于的赐予不断加码观之，接待馆舍之不

---

① 《史记》卷一百十《匈奴列传》，第2914页。

② 《汉书》卷八《宣帝纪》，第271页。

③ 《汉书》卷九十九中《王莽传中》，第4126页。

④ 《汉书》卷九十四下《匈奴传下》，第3817页。

断扩张、铺张实属情理之中。不仅接待"百蛮大国"君主的邸舍在不断扩张之中，随着与四方国、族外交关系的发展，一般的蛮夷邸也是在不断扩建之中，呼韩邪单于来朝时，"其左右当户之群臣皆得列观，及诸蛮夷君长王侯数万。"①可见参加朝会的"蛮夷"数量十分惊人，其接待任务十分巨大，及至汉末匈奴单于和乌孙大昆弥同时来朝，则接待任务较前又有过之而无不及，故一般的蛮夷邸亦必然随之而陆续有所扩建。故蛮夷邸应当是一个很大的建筑群落。

蛮夷邸建筑群落的中心位置在长安的槀街。王莽企图胁迫匈奴右骨都侯须卜当到长安来，严尤谏曰："（须卜）当在匈奴右部，兵不侵边，单于动静，辄语中国，此方面之大助也。于今迎（须卜）当置长安槀街，一胡人耳，不如在匈奴有益。"②迎来须卜当之后何以置于槀街呢？颜师古注曰："槀街，蛮夷馆所在也。"《三辅黄图》卷六《杂录·蛮夷邸》："蛮夷邸，在长安城内藁街。"注云："藁街，街名。蛮夷邸在此街，若今鸿胪馆。"③因为蛮夷邸设在槀街，所以汉代的文献往往以槀街作为蛮夷邸的代称。

由于"蛮夷邸"为四方国、族宾客安置之所，因此这个地方便成为显示汉王朝威势，震慑四夷的宣传场所，而将斩获四方国、族反叛者首领悬挂于此。西汉元帝建昭三年（前36）甘延寿、陈汤斩匈奴郅支单于首，上疏说："斩郅支首及名王以下。宜县头槀街蛮夷邸间，以示万里，明犯强汉者，虽远必诛。"④于是"传诣京师，县蛮夷邸门。"⑤东汉时期亦然，和帝永元六年（94）班超"斩焉耆、尉黎二王首，传送京

① 《汉书》卷九十四下《匈奴传下》，第3798页。
② 《汉书》卷九十九下《王莽传下》，第4156页。
③ 《三辅黄图校证》卷六《杂录·蛮夷邸》，第154页。
④ 《汉书》卷七十《陈汤传》，第3015页。
⑤ 《汉书》卷九《元帝纪》，第295页。

师，县蛮夷邸。”①由于“蛮夷邸”设置于槀街，故又谓将其悬挂于槀街，汉成帝时段会宗奉命讨伐乌孙小昆弥时，对他们说：“宛王、郅支头县槀街，乌孙所知也。”②这里即将“槀街”指代“蛮夷邸”。

但是在汉代文献中，一方面我们可以看到“宛王、郅支头县槀街”③的记载，另一方面又可以看到因“宛王杀汉使者，头县北阙”④的记载。也就是说在汉代悬挂所斩获的敌国首领或于“蛮夷邸”，或于“槀街”，或于“北阙”。这三者中的前两者是一致的，因为蛮夷邸设置于槀街，故可相互指代。那么“北阙”呢？汉七年（前200）丞相萧何主持建造未央宫，“立东阙、北阙。”⑤颜师古注云：“未央殿虽南向，而上书奏事谒见之徒皆诣北阙，公车司马亦在北焉。是则以北阙为正门，而又有东门、东阙，至于西南两面，无门阙矣。”所谓“北阙”是指未央宫的北门，这里是正门，“门阙，天子号令赏罚所由出也。”⑥可以说北阙是汉王朝政治、舆论中心所在地区。将蛮夷邸设置于这个街区，正可以最大限度显示汉王朝威服四方、万国来朝之盛德。槀街与北阙当为同一街区，故“蛮夷邸”和“槀街”又可以与“北阙”相互指代。“头悬北阙”与“头悬蛮夷邸”或“头悬槀街”的涵义是一致的。蛮夷邸之所以设置于此，当与北阙之上述特点有关，因此北阙既是接待国内民众上访、百官进见所在地，也是展示与四方国、族关系的场所。将敌国首领悬挂于此，不仅是向四方国、族展示，同时也是向国内民众展示，以最大限度扩大其政治影响。《后汉书·西域传》论曰：“汉

① 《后汉书》卷八十八《西域传》，第2928页。
② 《汉书》卷七十《段会宗传》，第3031页。
③ 《汉书》卷七十《段会宗传》，第3031页。
④ 《汉书》卷五十四《苏武传》，第2462页。
⑤ 《汉书》卷一下《高帝纪下》，第64页。
⑥ 《三辅黄图校证》卷二《汉宫·未央宫》，第35页。

世张骞怀致远之略，班超奋封侯之志，终能立功西遐，羁服外域……先驯则赏籝金而赐龟绶，后服则系头颡而衅北阙。”①这里将“后服”者之首级悬挂于“北阙”视为整个两汉时期“羁服外域”之手段，实际上是将“北阙”视为汉王朝权威的象征。

“蛮夷邸”的产生，不仅为汉代外交关系之空前发展提供了必要的“硬件”设备和条件，而且从馆舍制度这样一个侧面反映了汉王朝已将四方国、族事务纳入其国家职能之范畴，意味着国家职能之扩大和突破，从而将其视野和触角伸向传统中原地区和华夏文化圈阃域之外的广阔空间——东亚外交圈和西域外交圈，标志着中国古代外交史上的一个巨大突破和进步。

① 《后汉书》卷八十八《西域传》，第2931页。

第七章　外交礼仪与法纪

外交礼仪与法纪是规范、约束外交关系和外交行为不可或缺的规则和制度，贯穿于外交关系之全过程和各个环节，为外交体制中必不可少的、重要的“软性”组成部分。

第一节　外交礼仪

礼仪与外交的关系之密切，可谓如影随形。外交是不同国家之间的和平交往，故在这种交往过程中有着种种相应的礼仪以规范和约束双方的行为，以促进双方的关系，可以说外交就是一种礼仪行为的过程。虽然外交礼仪往往是一个国家内部礼仪的延伸和发展，但两者是不同的，其重要区别在于后者是内部君臣上下及左右关系的反映以及由内部关系的特点和需要而决定的，前者则为外交双方关系的反映以及由双方关系的特点和需要而决定的。外交礼仪不仅是一方对于另一方的尊重和善意的体现，一般来说也是一种双方均能够接受和遵循的规则。因此这种礼仪具有国际性的特点，从而成为国际法的重要构成之一。但是，由于外交诸方国力强弱和文化差异以及发展水平高低不同，一般以国力强盛者和文化发展水平高端者之礼仪制度处于主导和核心之地位。由于外交所面对的是具有不同的政治、经济体制和文化、习俗的国家和实体，由此而决定外交礼仪的实施过程中就必然充满着不同礼仪文化的碰撞、冲突。可以说，外交过程不仅是外交双方国家利益之争，也是伴随着双方外交礼仪之争在内的。故外交礼仪鲜明地反映了双方外交关系的特点和性质。

汉代的礼仪是在汉代以前古礼基础上，加以汉代的需要和实践而形成的。刘邦令叔孙通制礼时的一段对话反映了这种情况："叔孙通曰：'五帝异乐，三王不同礼。礼者，因时世人情为之节文者也。故夏、殷、周之礼所因损益可知者，谓不相复也。臣愿颇采古礼与秦仪杂就之。'上曰：'可试为之，令易知，度吾所能行为之。'"①这里的"古礼与秦仪"即汉代以前的礼仪，"吾所能行"指汉代的需要及其实践。汉代外交礼仪就是在汉代以前的古礼和汉代的外交需要和实践相结合而形成的。具体来说这里的"古礼"则主要是指以《仪礼》为代表的礼仪体系。《仪礼》在汉代称为《礼》，或称《士礼》，司马迁说："诸学者多言礼，而鲁高堂生最本。礼固自孔子时而其经不具，及至秦焚书，书散亡益多，于今独有士礼，高堂生能言之。"②今存《仪礼》十七篇中有《聘礼》、《觐礼》等，即为朝觐聘问之礼，是为汉代外交礼仪之主要渊源和参考。而汉代的外交实践则是汉代外交礼仪的主要根据。一言以蔽之，汉代外交礼仪是在先秦交聘礼仪基础上，并在汉代外交实践中形成发展起来的。

在东亚外交圈中，作为汉文化核心的礼仪制度是当时最为古老、发达、先进的礼仪文化，而与四方国、族的礼仪文化形成鲜明的对照和强烈的反差。其中与汉王朝外交关系最为密切的匈奴，"其与中国殊章服，异习俗，饮食不同，言语不通，"③不仅是与汉文化不同的草原

① 《史记》卷九十九《叔孙通列传》，第 2722 页。

② 《史记》卷一百二十一《儒林列传》，第 3126 页。

③ 《汉书》卷九十四下《匈奴传下》，第 3834 页。

文化，而且其发展程度亦并非处于同一水平，故其礼仪文化亦与汉的礼仪文化大相径庭，“无冠带之饰，阙庭之礼。”“其约束轻，易行也。君臣简易，一国之政犹一身也。”①在匈奴以西的西域诸国中与汉王朝外交关系最为密切的，也是最大的有乌孙，“不田作种树，随畜逐水草，与匈奴同俗。”②自其西之康居、奄蔡、大月氏等亦皆为“行国”，而“与匈奴同俗”③。可以说从匈奴以西广袤的北方草原地带基本上是一种与匈奴礼仪文化同一类型的草原礼仪文化带。只是西域城郭诸国则“大率土著”，而“与匈奴、乌孙异俗。”④但是他们“各有君长，兵众分弱，无所统一。”⑤因而不可能形成一种足以与汉礼仪文化相提并论的代表性礼仪文化。因此，在汉代的东亚外交圈中，汉的外交礼仪文化居于主导的、核心的地位，实属势所必然。

外交礼仪贯穿于外交的全过程，上述外交媒介、外交诸方式乃至外交工具和手段、外交设施等各个方面和环节中无不贯穿着外交礼仪。故本书以上各章节所述，实际上均已不同程度涉及相关外交礼仪问题，这里我们一方面对于外交礼仪中的核心环节加以进一步的深入阐述，另一方面再从总体上将外交中的诸礼仪加以归纳、概括而进行集中的论述。

一、外交礼仪中的大典——朝礼

从上述外交方式的论述中我们可以看到，在众多外交方式之中，

---

① 《史记》卷一百十《匈奴列传》，第2900页。

② 《汉书》卷九十六下《西域传下》，第3901页。

③ 《史记》卷一百二十三《大宛列传》，第3161页。

④ 《汉书》卷九十六上《西域传上》，第3872页。

⑤ 《汉书》卷九十六下《西域传下》，第3930页。

“朝”这一方式是最为重要的，具有中心环节意义的一个方式。一方面“朝”是汉王朝在外交上孜孜以求的首要目的和体现外交成败得失的重要标志，另一方面“朝”也是影响、决定、制约其他外交方式和环节的一个核心外交方式。故这一方式中的礼仪也是最为盛大和隆重的，其礼仪性最为集中和典型，于是作为这一外交方式的礼仪——“朝”礼遂被视为国之大典，它决定、规范、影响着其他国家典礼，是为汉代外交礼仪之集中体现。

（一）承前启后的叔孙通朝礼

叔孙通制订的朝礼是汉代朝礼确立的标志，也是此后两汉朝礼的基础性礼仪，在朝礼发展史上具有承前启后的历史意义。

汉五年（前202），诸侯共尊汉王刘邦为皇帝于定陶（今山东定陶），西都洛阳，旋即接受刘敬、张良等议，西都长安。与此同时，叔孙通就其仪号，并与鲁诸生及弟子百余人共起朝仪。汉七年（前200），长乐宫建成，首次在新落成的长乐宫以叔孙通所订新式朝仪而举行“朝正”典礼。

秦始皇“推终始五德之传，以为周得火德，秦代周德，从所不胜。方今水德之始，改年始，朝贺皆自十月朔。”[①]《正义》曰：“周以建子之月为正，秦以建亥之月为正，故其年始用十月而朝贺。”汉承秦制，亦以十月为岁首，朝十月朔。汉七年（前200），长乐宫成，“诸侯群臣皆朝十月。”[②]颜师古《汉书》注曰：“适会七年十月，而长乐宫新成也。汉时尚以十月为正月，故行朝岁之礼，史家追书十月。”[③]汉初正旦朝

① 《史记》卷六《秦始皇本纪》，第237页。
② 《史记》卷九十九《叔孙通列传》，第2723页。
③ 《汉书》卷四十三《叔孙通传》颜注，第2128页。

在十月举行，即继承秦制。至汉武帝太初元年（前104）“夏五月，正历，以正月为岁首。”①颜师古注曰：“谓以建寅之月为正也。未正历之前谓建亥之月为正。”此后即以农历正月为岁首，直至近代。故武帝太初元年之后正旦朝均在正月岁首举行。

虽然叔孙通朝礼兼采“古礼”与“秦仪”，但是以“秦仪”为主，可以说贯穿于朝礼的全过程中。“至秦有天下，悉内六国礼仪，采择其善，虽不合圣制，其尊君抑臣，朝廷济济，依古以来。至于高祖，光有四海，叔孙通颇有所增益减损，大抵皆袭秦故。”②认为叔孙通所制礼，基本上依据秦礼。秦礼的核心是把“尊君抑臣”的传统发挥到了极致。史载其“仪”曰：

> 先平明，谒者治礼，引以次入殿门，廷中陈车骑步卒卫官，设兵张旗志。传言“趋”。殿下郎中侠陛，陛数百人。功臣列侯诸将军军吏以次陈西方，东乡；文官丞相以下陈东方，西乡。大行设九宾，胪传。于是皇帝辇出房，百官执职传警，引诸侯王以下至吏六百石以次奉贺。自诸侯王以下莫不振恐肃敬。至礼毕，复置法酒。诸侍坐殿上皆伏抑首，以尊卑次起上寿。觞九行，谒者言“罢酒”。御史执法举不如仪者辄引去。竟朝置酒，无敢讙哗失礼者。③

汉七年所行朝礼，不仅通过仪仗之盛大，侍卫之森严，司仪之声威，人员之众多等方面突出了皇帝的尊严，而且将“尊君抑臣”贯穿于

---

① 《汉书》卷六《武帝纪》，第199页。

② 《史记》卷二十三《礼书》，第1159页。

③ 《史记》卷九十九《叔孙通列传》，第2723页。《汉书》卷四十三《叔孙通传》所载略同，见第2127—2128页。

朝礼自始至终的各个环节之中。典礼开始阶段，前来朝贺者入殿门即被“传言‘趋’。”《索隐》引小颜云“传声教入者皆令趋。趋，疾行致敬也”①。朝贺者疾行于“设兵张旗志”的“车骑步卒”和数百位“侠陛”于殿下的郎中之间。整个朝礼中的司仪、指挥均以从上至下、从下而上之传语——“胪句传”②为令，形成先声夺人的威严气氛。典礼程序：首先是与会者事先排列好位次与阵式；其次是待一切准备就绪之后，“于是皇帝辇出房，百官执职传警”③；第三是诸侯王、百官“以次奉贺”；第四是“置法酒”，与会者“以尊卑次起上寿”。这四个环节，仪式虽然简约，但是气氛隆重而庄严肃穆，“自诸侯王以下莫不振恐肃敬”，“诸侍坐殿上皆伏抑首”，“御史执法举不如仪者辄引去。竟朝置酒，无敢讙哗失礼者。”这些记载无不体现了在朝礼中“尊君抑臣”的这条主线，贯穿着对于国家象征——皇帝的尊崇，故礼毕高帝不禁慨叹曰：“吾迺今日知为皇帝之贵也！”④这是对叔孙通朝仪的画龙点睛。叔孙通朝礼于“古礼”与“秦仪”之采择，主要不在取其形而在取其质。

1986年湖北江陵张家山336号汉墓出土的汉律中有《朝律》，大约为文帝时期物，当为叔孙通于惠帝七年（前188）去世前所订⑤，但

---

① 《史记》卷九十九《叔孙通列传》，第2723页。

② 《汉书》卷四十三《叔孙通传》，第2127—2128页。

③ 《史记》卷九十九《叔孙通列传》，第2723页。“传警”，《汉书·叔孙通传》颜注曰：“传声而唱警”。

④ 《史记》卷九十九《叔孙通列传》，第2723页。

⑤ 张家山汉简《朝律》当基本上是汉七年朝仪基础上所作修订。高帝十二年（前195）四月刘邦去世、惠帝即位，叔孙通复为太常（奉常），惠帝七年（前188）名免者接替他为奉常。他在任太常期间“定宗庙仪法。及稍定汉诸仪法，皆叔孙生为太常所论著也。”（《史记》卷九十九《叔孙通列传》，第2725页）可知叔孙通在惠帝年间再次为太常期间，对于“汉诸仪法”进行了修订，这些“汉诸仪法”当包括《朝律》在内。因此，张家山汉简《朝律》，当为叔孙通在惠帝年间复为太常时的定稿。但后世当有所修订、增补。

“并不排除后来对他再行修改、增删。”①这为我们研究汉代朝礼提供了宝贵的补充资料。现已公布的汉简《朝律》有云：

(1)趋。下就立(位)√少府中郎进

(2)並趍(跪)大行左。大行进趍(跪)曰

(3)後五步，北上，谒者一人立东陛者，南面。立定，典客言具，谒者以闻。皇帝出房，宾九宾及朝者②

此《朝律》与《史记》、《汉书》所载汉七年叔孙通所订朝仪多所吻合，试将三者列表作一比较。

汉七年朝仪与张家山汉简《朝律》比较表

	《史记》卷九十九《叔孙通列传》	《汉书》卷四十三《叔孙通传》	张家山汉简《朝律》
朝位安排	传言“趋”。殿下郎中侠陛，陛数百人。功臣列侯诸将军军吏以次陈西方，东乡；文官丞相以下陈东方，西乡。大行设九宾，胪传	传曰“趋”。殿下郎中侠陛，陛数百人。功臣列侯诸将军军吏以次陈西方，东乡；文官丞相以下陈东方，西乡。大行设九宾，胪句传	趋。下就立(位)√少府中郎进……並趍(跪)大行左。大行进趍(跪)曰……後五步，北上，谒者一人立东陛者，南面。立定，典客言具，谒者以闻

① 彭浩：《湖北江陵出土西汉简牍概说》，收于大庭修主编《汉简研究国际シンポジウム92 报告书——汉简研究の现状と展望》，第171页，〔日〕关西大学出版部1993年版。

② 引自胡平生：《中国湖北江陵张家山汉墓出土竹简概述》，收于大庭修主编《汉简研究国际シンポジウム92 报告书——汉简研究の现状と展望》，第273页，〔日〕关西大学出版部1993年版。简文中的标点，引者作了一些改动。

续表

	《史记》卷九十九《叔孙通列传》	《汉书》卷四十三《叔孙通传》	张家山汉简《朝律》
朝拜皇帝	于是皇帝辇出房，百官执职传警，引诸侯王以下至吏六百石以次奉贺。至礼毕，复置法酒。诸侍坐殿上皆伏抑首，以尊卑次起上寿。觞九行，谒者言“罢酒”。御史执法举不如仪者辄引去	于是皇帝辇出房，百官执戟传警，引诸侯王以下至吏六百石以次奉贺。至礼毕，尽伏，置法酒。诸侍坐殿上皆伏抑首，以尊卑次起上寿。觞九行，谒者言“罢酒”。御史执法举不如仪者辄引去	皇帝出房，宾九宾及朝者

《朝律》大略可分为两个部分，一部分为朝位安排，亦即准备阶段；一部分为朝拜皇帝，亦即朝礼进行阶段。

在准备阶段中，又有先后两个环节，一是朝者入场及就位，《朝律》：“趋。下就立（位）√少府中郎进……並趍（跪）大行左。”《史》、《汉》中的“传言‘趋’。殿下郎中侠陛，陛数百人。功臣列侯诸将军军吏以次陈西方，东乡；文官丞相以下陈东方，西乡。”基本上属于这一环节，为会务人员以及朝者入场及就位情况。此即所谓“设九宾”之具体情况。二是准备工作就绪之后的传声上报，《朝律》：“大行进趍（跪）曰……後五步、北上，谒者一人立东陛者，南面。立定，典客言具，谒者以闻。”与《史》、《汉》中的“大行设九宾，胪句传”基本上相当。但是《史》、《汉》于此项内容比较简略，赖《朝律》而得以具体化，为：“大行进趍（跪）曰”→“典客言具”→“谒者以闻”，这种依次向上传言，即“胪句传”之具体过程。

从上述《朝律》可见：①大行在朝会司仪中责任繁重，“並趍（跪）大行左”，在排列会务人员和朝位时，大行被作为定位之标志。“大行进趋(跪)曰”,表明当准备工作完毕之后,由其负责向其上级——典客报告。②在《史记》、《汉书》中记载汉七年朝会时,并没有典客出现。而在汉简《朝律》中,典客与大行同时出现于朝会之中,不仅使我们清楚了典客与大行的相互关系,而且作为主官之典客亦参与其事,负责朝会之司仪。这是对于《史记》、《汉书》的重要补充,证明《史》、《汉》所载汉七年朝会中的“大行”为“典客”之属官,而二者是同时参与朝会礼仪事务的。大行负责陈设“九宾”,待来宾各就各位之后,亦即“九宾”排列完毕,大行负责向典客报告准备工作完成,典客获报之后,负责向谒者报告。两者各有所司,分工合作。③谒者得到典客报告之后,直接向殿上报告,于是皇帝出房,朝会正式开始。在《史》、《汉》所载这一环节中,没有谒者的活动情况,赖《朝律》而得到补充。谒者为光禄勋属官,其职“掌宾讃受事”[①]。《朝律》“谒者以闻”即其在朝会中“宾讃受事”之具体情况。从谒者在这个环节中的地位可见,他比大行、典客更接近皇帝,他是在大行、典客与皇帝之间的一个链接环节。大行、典客在殿下值守,而谒者一人立于“东陛”,陛为殿侧台阶,谒者立于此,为殿下与殿上之间的联系人。何以如此安排,这是因为光禄勋之职责“掌宫殿掖门户”[②],宿卫宫门,地位亲近。其属官谒者亦为亲近侍卫。而大行、典客为宫外之行政官员,与宫内近侍自然有所差别。

在第二个阶段,朝拜皇帝阶段,亦即朝礼进行阶段中,《史》、《汉》的记载较《朝律》为详,《朝律》中的“宾九宾”,大体与《史》、《汉》中的“引诸侯王以下至吏六百石以次奉贺。至礼毕,复置法酒。诸侍坐殿上皆伏抑首,以尊卑次起上寿。觞九行,谒者言‘罢酒’”等相当,是

① 《汉书》卷十九上《百官公卿表上》,第727页。

② 《汉书》卷十九上《百官公卿表上》,第727页。

为皇帝“宾九宾”、“九宾”朝拜皇帝之具体情况。但是《朝律》的记载仍然提供了《史》、《汉》所无之信息，即：皇帝出房之后，“宾九宾及朝者”，将“九宾”与“朝者”并列。其中透露了某些重要信息——“九宾”与“朝者”的关系，由此出发我们可以进一步认识其在两汉之发展变化。

《朝律》于“宾九宾”之后还有宾“朝者”的内容，将“朝者”与“九宾”并列。也就是说，“朝者”与“九宾”是两部分人员，在汉七年时只见关于“九宾”而不见“朝者”的记载，到了《朝律》中则有了“九宾”与“朝者”的记载，这当为叔孙通《朝律》被后世所增。这种变化应是这个时期参加正旦朝的人员在原有基础上增加了四方国、族来朝者的反映，例如大约惠帝年间即有“东瓯入朝”[①]等为然。

何谓“九宾”？《史记·叔孙通列传》《索隐》引韦昭曰：“九宾，则周礼九仪也，谓公、侯、伯、子、男、孤、卿、大夫、士也。”[②]《周礼》曰：“大行人掌大宾之礼及大客之仪，以亲诸侯。”由大行人负责管理接待宾客的礼仪。郑玄注曰：“大宾，要服以内诸侯。大客，谓其孤卿。”宾客由两部分人组成，一部分为“要服”之内的诸侯，一部分为周王朝的孤、卿。那么，如何区分和排列他们的等次和朝位呢？此即“以九仪辨诸侯之命，等诸臣之爵。”以“九仪”来区分和排列这两部分宾客的等次和朝位。郑玄注曰：“九仪，谓命者五，公、侯、伯、子、男也。爵者四，孤、卿、大夫、士也。”[③]将诸侯区分为公、侯、伯、子、男五命，诸臣区分为孤、卿、大夫、士四爵，五命、四爵合为九命，是为“九仪”。以此二元组合为其等级朝位体制之特征。九命是九仪的依据和基础，九仪

---

① 《汉书》卷四十五《伍被传》，第 2168 页。
② 《史记》卷九十九《叔孙通列传》，第 2724 页。
③ 《周礼注疏》卷三十七《大行人》，第 890 页。

是九命在朝会礼仪中的体现。

周代的九仪到战国后期发展为“九宾”。秦昭王二十四年(前283)蔺相如奉赵惠文王命持和氏璧出使秦国,乃谓秦王曰:“和氏璧,天下所共传宝也,赵王恐,不敢不献。赵王送璧时,斋戒五日,今大王亦宜斋戒五日,设九宾于廷,臣乃敢上璧。”秦王“斋五日后,乃设九宾礼于廷,引赵使者蔺相如。”①秦王政二十年(前227)燕国使者荆轲至咸阳,因秦王宠臣蒙嘉卑辞以求见,“秦王闻之,大喜。乃朝服,设九宾,见燕使者咸阳宫。”②秦国设九宾以接待贵重宾客的记载再次出现。对于九宾与周礼九仪的关系,见解颇为分歧。《集解》引韦昭谓九宾即周礼九仪。而《正义》引刘伯庄则云:“九宾者,周王备之礼,天子临轩,九服同会。秦、赵何得九宾?但亦陈设车辂文物尔。”③不同意将秦之“九宾”比拟于周礼九仪,这个意见有其合理的成分,秦礼并非照搬周礼,但是,两者之继承关系亦不可完全否定。在秦王政二十六年(前221)统一全国,废封建之前也是实行封建制的,秦孝公二十二年(前340)封卫鞅于於、商,“号为商君”④,即是其证。同时,其所推行的爵赏制度,亦以“明尊卑爵秩等级”⑤为事。故其继承周代以来传统,在朝礼中采纳九仪,有其基础和前提。司马迁谓秦礼乃“依古以来”,统一六国之后仍“悉内六国礼仪,采择其善。”⑥可知秦礼与周礼有密切的传承关系是无疑的。

所谓九仪、九宾,其核心精神是按照不同等次以排列朝位,此即所

① 《史记》卷八十一《廉颇蔺相如列传》,第2440—2441页。

② 《史记》卷八十六《刺客列传》同,第2534页。

③ 《史记》卷八十一《廉颇蔺相如列传》注引,第2441页。

④ 《史记》卷六十八《商君列传》,第2233页。

⑤ 《史记》卷六十八《商君列传》,第2230页。

⑥ 《史记》卷二十三《礼书》,第1159页。

谓“司仪辨等，尊卑以班”[①]之谓。随着时代的发展变化，九仪、九宾的涵义也相应有所发展变化。《通鉴》胡注引刘原父曰：“宾，谓传摈之摈。九宾，摈者九人。”[②]将九宾解释为九种接待人员。韦昭与刘原父的两种说法实际上是从不同角度解释，他们并不矛盾，是可以统一的，九仪、九宾即将宾客区分为九等，同时亦设置相应的九等接待人员。汉七年叔孙通所订朝仪中之“九宾”是怎样的呢？汉七年正旦朝中的九宾，承周、秦传统仍然是二元组合的，史称“汉七年，长乐宫成，诸侯、群臣皆朝十月。”[③]表明其时朝会宾客由“诸侯”与“群臣”两部分成员构成，此与周礼九仪之由五命诸侯、四爵诸臣两部分人员组成，约略可以对应，此即“汉、魏粗依其制”[④]之谓。具体来说，排列于西方之“功臣列侯诸将军军吏”属于前者，排列于东方的“文官丞相以下”[⑤]属于后者。司马迁《汉兴以来诸侯王年表》序曰：“汉兴，序二等。”[⑥]所谓“二等”，即“大者王，小者侯也。”[⑦]这种“王”与周代的“王”性质是不同的，故应劭曰：“虽名为王，其实如古之诸侯。”[⑧]所谓“侯者百余人”，具体而言是：“高祖功臣百三十七人兼外戚及王子，凡一百四十三人。”[⑨]那么，汉七年有资格参加朝会的“诸侯”就是这些“王”、“侯”。他们就是排列于西方上位的成员。以“王”、“侯”为中心的“诸侯”何以与“功臣”和“诸将军军吏”同排列于一方？殆因汉

① ［汉］张衡，《东京赋》，［梁］萧统编，［唐］李善注：《文选》卷三，中华书局1977年版，第57页。

② 《资治通鉴》卷七《秦纪二》始皇二十年（前227），第227页。

③ 《史记》卷九十九《叔孙通列传》，第2723页。

④ 《续汉书·礼仪志中》注引《决疑要注》，见点校本《后汉书》，第3130页。

⑤ 《史记》卷九十九《叔孙通列传》，第2723页。

⑥ 《史记》卷十七《汉兴以来诸侯王年表》，第801页。

⑦ 《史记》卷十七《汉兴以来诸侯王年表》《集解》引韦昭曰，第802页。

⑧ 《史记》卷十七《汉兴以来诸侯王年表》《索隐》引，第801页。

⑨ 《史记》卷十八《高祖功臣侯者年表》《索隐》案，第878页。

初这些“王”、“侯”多即“功臣”，两者基本上为一体，而这些“功臣列侯”为斩将搴旗将吏之佼佼者，故与其下之“诸将军军吏”本来就同一系列不可分割；而“文官丞相以下”排列于东方，一方面作为文官而与排列于西方的武官相对应，另一方面是作为“群臣”而与“诸侯”相对应。周代之诸臣，依其爵秩等级分为卿、大夫、士等不同等级，他们均为“北面之臣”①。故“文官丞相以下”之百官约略与其相对应。汉代这种东西两列排列的做法可以追溯至周代，西周康王即位后发布《康王之诰》，“王出，在应门之内，太保率西方诸侯，入应门左，毕公率东方诸侯，入应门右。”孔氏传曰：王“出毕门，立应门内之中庭，南面。”②郑司农云：“王有五门，外曰皋门，二曰雉门，三曰库门，四曰应门，五曰路门。路门一曰毕门。外朝在路门外，内朝在路门内。”③王出毕门，即赴外朝。其北面之臣排列方式，西方诸侯立于西方，东方诸侯立于东方。是周代朝礼亦将朝臣分为东西两列。《周礼》载：“朝士掌建邦外朝之法，左九棘，孤卿大夫位焉，群士在其后。右九棘，公侯伯子男位焉，群吏在其后。”④则西列为孤卿大夫、群士，东列为公侯伯子男、群吏。汉七年排列于西方者，与前者相应，排列于东方者，与后者相应。但是汉初的百官体系所继承的不是周制而是秦制，而且周代尚无文武之分，战国后期始见，汉七年的文武之分殆亦为秦制。故汉七年的这种排列方式和内涵，应当是秦代朝礼中的排列方式与内涵的承袭。

而到了东汉时期，“九宾”的内涵发生了变化。《续汉书·礼仪志》“大鸿胪设九宾”，注引薛综曰：“九宾谓王、侯、公、卿、二千石、六

① 《礼记正义》卷十一《王制》孔疏，第1321页。

② 《尚书正义》卷十九《康王之诰》，第243页。

③ 《周礼注疏》卷三十五《秋官司寇·朝士》注引，第877页。

④ 《周礼注疏》卷三十五《秋官司寇·朝士》，第877页。

百石下及郎、吏、匈奴侍子，凡九等。”[①]这里的九宾较周、秦乃至汉初发生了两个变化：一是从周、秦乃至汉初九仪、九宾中的二元组合变为三元组合。如前所述，九仪、九宾在周代是由诸侯“五命”与诸臣“四爵”，在汉初为“功臣列侯诸将军军吏”和“文官丞相以下”二元组合而构成的，现在这个九宾则由三个部分组成，王、侯为第一组合，公、卿、二千石、六百石下及郎、吏为第二组合，匈奴侍子等为第三组合，成为一种三元组合体。在原有两个组合基础上增加了新的一个组合，即以“匈奴侍子”为代表的“藩国”来朝者。亦即将四方国、族来朝者纳入汉王朝的“九宾”体系之中。这种新成分的增加，是汉代外交关系发展在礼仪制度上的反映，这无疑是西汉中期以匈奴遣子入侍为代表之外交关系发展及其制度化的现实的反映。故薛综所言九宾，应当是西汉后期和东汉时期的制度；二是原有组成成分的内涵也相应有所变化。第一个组合以“王、侯”为代表的“诸侯”，与汉七年“九宾”中排列于西方者基本上相同。但是其实际的内涵已经有所变化，“旧列侯奉朝请在长安者，位次三公。中兴以来，唯以功德赐位特进者，次车骑将军；赐位朝侯，次五校尉；赐位侍祠侯，次大夫。其余以肺附及公主子孙奉坟墓于京都者，亦随时见会，位在博士、议郎下。”[②]这里的“旧”指西汉，东汉已将列侯分解为四个层级，特进为第一层级，位次车骑将军[③]；朝侯为第二层级，位次五校尉[④]；侍祠侯为第三层级，位次大夫；第四层级为猥诸侯[⑤]，位次博士、议郎下。也就是

① 《续汉书·礼仪志上》，见点校本《后汉书》，第3103页。

② 《续汉书·百官志五》，见点校本《后汉书》，第3630页。

③ 胡广《汉制度》曰：“功德优盛，朝廷所敬异者，赐特进，在三公下，不在车骑下。”（《续汉书·百官志》注引，见点校本《后汉书》，第3630页）

④ 《汉官仪》曰：“其次朝侯，在九卿下。”《后汉书》卷十六《邓禹传》注引，第607页。

⑤ 《续汉书·百官志五》注引胡广《制度》，见点校本《后汉书》，第3630页。

说王侯系统已经纳入了百官系统，这是问题的一个方面。另一方面加入了四夷王侯，“四夷国王，率众王，归义侯，邑君，邑长，皆有丞，比郡、县。”①这是汉代外交关系发展的结果。第二个组合公、卿、二千石、六百石下及郎、吏，与汉七年位列东方的丞相以下百官相承袭，但是这已经完全依照汉代的官僚秩次等级体系而进行排序，而且在事实上是以这个官僚秩次等级体系为核心参照系而排列整个“九宾”位次，不仅如上述将王侯区分为四等而分别安置其位次于百官体系之中为然，而且将以“匈奴侍子”为代表的四夷王侯亦依据其身份等级而纳入汉朝的百官秩次等级体系之中了。从这个角度而言，汉代这个九宾体系实际上又可以说已经由周代以来二元结构的九宾体系而转变为一元性的——以汉官秩次等级为轴心的新的“九宾”体系了。

从西汉前期“九宾”与“朝者”分列，到东汉时期“朝者”融入“九宾”之中，一方面反映了汉王朝与四方国、族外交关系之发展，尤其是外交关系中某些制度性事项的发展，如匈奴侍子之制度性派遣和常驻于汉廷；另一方面则反映了汉文化，特别是其政治制度对于四方国、族影响力的增强，四方国、族通过与汉的外交关系而逐步对于汉文化采取接纳和认同的态度。叔孙通所订朝仪为汉代“大朝”之基本礼仪，此后则在其基础上逐渐完善、加强和扩张。其完善、扩张和加强与汉代朝礼之功能、目的之发展变化固然有着直接的关系，更重要的它是汉代外交关系不断发展的结果。

叔孙通所订朝礼是两汉朝礼的基础，确立了汉代朝礼的基本框架：其核心目的和功能是突出皇帝的至高无上地位，公卿百官等与会者如众星拱月，匍匐于皇帝的脚下，从而在政治上强化以皇帝为代表的汉王朝统治地位；朝会规模庞大，汉七年朝礼参加人数不明，后来

① 《续汉书·百官志五》，见点校本《后汉书》，第3632页。

与会人数基本上在万人以上，与会者囊括各方面政治力量和代表，包括诸侯和公卿百官等在内；其仪节隆重而简明，主要为奉贺、上寿两个基本环节；会务官员基本上由三部分人员组成，即以大行、典客、谒者为主的司仪，以郎将为主的警卫，以御史等为主的监察。此后，两汉的朝礼基本上是在叔孙通所订朝礼基础上与时俱进，逐渐完善、加强和扩张的，成功地将与四方国、族之外交关系纳入朝礼体系之中，将朝礼发展成为汉代重要的、核心的外交礼仪制度。叔孙通所制定朝礼，不仅为两汉朝礼所宗，而且影响及于其他相关礼仪，如上陵、祀“三雍”等祭祀礼仪，就是叔孙通朝礼基础上得以发展起来的。这个问题我们将在后文加以论述。

（二）朝礼的会务官员

“朝”，尤其正旦朝是汉王朝最为隆重与盛大的典礼，在这种礼仪性集会中，不仅境内王侯、百官济济焉，而且境外国家、民族的来朝者云集，人数众多、成员复杂、关系错综，因此，朝会中的会务工作就成为不可或缺的重要构成。司仪以引导、指挥朝会礼仪之进行，警卫以保证朝会之安全与秩序，监察以监督与会者的行为、职责，三者协同以保证朝会之有序、安全进行，从而共同构成朝会中三种重要的会务官员，这在汉七年实施叔孙通所订朝礼时已经确立，此后则随着汉代政治和外交关系的发展变化而相应有所发展变化。

1. 司仪官员

在汉七年（前200）十月举行正旦朝，实施叔孙通所订朝仪时，我们可以看到在朝会中有“大行设九宾”、“谒者治礼，引以次入殿门”[①]等记载，是为朝礼中的司仪官员及其一些具体运作情形。

① 《史记》卷九十九《叔孙通列传》，第2723页。

(1)典客、大行、鸿胪的递嬗

根据《史记》的记载,在汉七年的朝会中,是由“大行”负责陈设“九宾”。但是根据汉代的官制,汉初负责外交事务的官员为典客,其职“掌诸侯及归义蛮夷”①,诸侯及“蛮夷”之归义向心集中体现于参与朝会,故朝会礼仪亦在其职务范围之内。但是在《史》、《汉》所载汉七年正旦朝中,并没有典客出现。这里的“大行”究竟是作为“九卿”之一的官员还是作为“九卿”之一“典客”的属官呢?据《汉书·百官公卿表》记载:典客于景帝中元六年(前144)更名大行令,武帝太初元年(前104)更名大鸿胪②。准此则汉七年朝会时,典客尚未改称为大行令,因此当时负责在朝会中陈设“九宾”之“大行”非指典客,而应当是典客的属官。但是,一般而言在如此重要的典礼中典客不应当不参与,何以这里不见典客而只见大行呢?欲明了这些问题,首先需要对于西汉时期的典客、大行以及大鸿胪的递嬗情况及其相互关系作一番梳理。

本来,上述《汉书·百官公卿表》对于典客、大行以及大鸿胪在西汉的变迁情况叙述得还是很简洁、清楚的,但是问题出在《汉书·景帝纪》中元二年(前148)的相关记载,其文曰:“(中元)二年春二月,令诸侯王薨、列侯初封及之国,大鸿胪奏谥、诔、策。列侯薨及诸侯太傅初除之官,大行奏谥、诔、策。”③臣瓒和颜师古据此而质疑《百官公卿表》的相关记载,臣瓒曰:“景帝此年已置大鸿胪,而《百官表》云武帝太初元年更以大行为大鸿胪,与此错。”颜师古曰:“据此纪文,则景帝已改典客为大鸿胪,改行人为大行矣。而《百官公卿表》乃云景帝

① 《初学记》卷十二《职官部下·鸿胪卿》引《汉官》,第305页。

② 《汉书》卷十九上《百官公卿表上》,第730页。

③ 《汉书》卷五《景帝纪》,第145页。

中元六年更名典客为大行令，武帝太初元年更名大行令为大鸿胪，更名行人为大行令。当是《表》误。”因此，后世对于典客何时改为大行，大行何时改为大鸿胪就有了怀疑和争议，至今仍不明确。欲解决这些问题，必须将西汉时期典客、大行、大鸿胪之实际任职情况进行清理，从而明确三者之实际变迁时间。兹将西汉时期典客、大行、大鸿胪之任职情况列表如下：

西汉典客、大行、鸿胪任职表

时间	任职情况		资料出处
	主官	属官	
高帝五年（前202）	广平侯薛欧为典客		《汉书》卷十九下《百官公卿表下》，第747页
高帝七年（前200）		大行设九宾	《史记》卷九十九《叔孙通列传》，第2723页
惠帝年间（前194—前188）	立定，典客言具	並趍（跪）大行左。大行进趍（跪）曰	张家山336号汉墓汉简《朝律》
惠帝七年（前188）	辟阳侯审食其为典客，一年迁		《汉书》卷十九下《百官公卿表下》，第751页
高后元年（前187）	典客审食其为左丞相		《汉书》卷十九下《百官公卿表下》，第752页
高后七年（前181）	典客刘揭		《汉书》卷十九下《百官公卿表下》，第754页

续表

时间	任职情况		资料出处
	主官	属官	
高后八年（前180）九月	太尉复令郦寄与典客刘揭先说吕禄曰："帝使太尉守北军，欲足下之国，急归将印辞去，不然，祸且起。"吕禄以为郦兄不欺己，遂解印属典客，而以兵授太尉		《史记》卷九《吕太后本纪》，第409页
高后八年（前180）闰九月	遂驰入代邸。群臣从至。丞相陈平、太尉周勃、大将军陈武、御史大夫张苍、宗正刘郢、朱虚侯刘章、东牟侯刘兴居、典客刘揭皆再拜		《史记》卷十《文帝本纪》，第415页
文帝元年（前179）	典客刘揭身夺赵王吕禄印。封典客揭为阳信侯，赐金千斤		《史记》卷十《文帝本纪》，第418页
文帝三年（前177）	典客冯敬，四年迁		《汉书》卷十九下《百官公卿表下》，第756页
文帝六年（前174）	丞相臣张仓、典客臣冯敬、行御史大夫事宗正臣逸、廷尉臣贺、备盗贼中尉臣福昧死言：淮南王长废先帝法，不听天子诏……		《史记》卷一百一十八《淮南衡山列传》，第3077页

续表

时间	任职情况		资料出处
	主官	属官	
文帝七年（前173）	典客冯敬为御史大夫。典客靚		《汉书》卷十九下《百官公卿表下》，第757页
景帝七年（前150）		长公主日誉王夫人男之美，景帝亦贤之，又有曩者所梦日符，计未有所定。王夫人知帝望栗姬，因怒未解，阴使人趣大臣立栗姬为皇后。大行奏事毕，曰："'子以母贵，母以子贵'，今太子母无号，宜立为皇后。"景帝怒曰："是而所宜言邪！"遂案诛大行，而废太子为临江王	《史记》卷四十九《外戚世家》，第1977页
景帝中元六年（前144）	更命典客为大行令	更命大行为行人	《史记》卷十一《景帝本纪》，第446页；《汉书》卷十九上《百官公卿表上》，第730页
建元元年（前140）	大行令光		《汉书》卷十九下《百官公卿表下》，第766页
建元二年（前139）	大行令过期		《汉书》卷十九下《百官公卿表下》，第767页

续表

时间	任职情况		资料出处
	主官	属官	
建元三年（前138）	闽越、东越相攻，安国及大行王恢将。未至越，越杀其王降，汉兵亦罢；闽、东越相攻，遣安国、大行王恢将兵。未至越，越杀其王降，汉兵亦罢①		《史记》卷一百八《韩长孺列传》，第2860页；《汉书》卷五十二《韩安国传》，第2398页
建元五年（前136）	大行令王恢		《汉书》卷十九下《百官公卿表下》，第768页
建元六年（前135）	至建元六年，闽越击南越。南越守天子约，不敢擅发兵击而以闻。上遣大行王恢出豫章，大农韩安国出会稽，皆为将军；建元六年，大行王恢击东越，东越杀王郢以报；匈奴来请和亲，天子下议。大行王恢……议曰		《史记》卷一百一十四《东越列传》，第2981；《史记》卷一百一十六《西南夷列传》，第2993页；《史记》卷一百八《韩长孺列传》，第2861页
元光元年（前134）	雁门马邑豪聂翁壹因大行王恢言上曰		《史记》卷一百八《韩长孺列传》，第2861页

① 闽越、东越相攻在建元三年（前138），《史》《汉》均记作是年王恢以大行将兵，唯《汉表》又记作王恢于建元五年（前136）始为大行令。

续表

时间	任职情况		资料出处
	主官	属官	
元光二年（前133）	大行王恢为将屯将军；王恢诛		《史记》卷一百八《韩长孺列传》，第2862页；《汉书》卷六《武帝纪》，第162—163页；《史记》卷二十三《汉兴以来将相名臣年表》，第1135页
元光六年（前129）	大行令丘		《汉书》卷十九下《百官公卿表下》，第771页
元朔五年（前124）	大行李息、岸头侯张次公为将军，出右北平：咸击匈奴。①		《史记》卷一百十一《卫将军骠骑列传》，第2925页
元狩元年（前122）	大行令李息；遣中尉安、大行李息即问王，王具以情实对。		《汉书》卷十九下《百官公卿表下》，第773页；《史记》卷一百一十八《淮南衡山列传》，第3097页
元狩二年（前121）	浑邪王与休屠王等谋欲降汉，使人先要边。是时大行李息将城河上，得浑邪王使，即驰传以闻。		《史记》卷一百十一《卫将军骠骑列传》，第2933页

① 《史记·卫将军骠骑列传》所附《李息传》曰："将军李息，郁郅人。事景帝。至武帝立八岁，为材官将军，军马邑；后六岁，为将军，出代；后三岁，为将军，从大将军出朔方：皆无功。凡三为将军，其后常为大行。"（第2942页）据此，元朔五年（前124）李息最后一次为将军，从大将军卫青出朔方时尚未为大行。《史记·卫将军骠骑列传》谓元朔五年"大行"李息（页2925）与岸头侯张次公击匈奴，似未安。《汉表》亦谓李息于元狩元年（前122）始为大行。

续表

时间	任职情况		资料出处
	主官	属官	
元狩六年（前117）	六年三月戊申朔，乙亥，御史臣光，守尚书令丞非，下御史书到，言："丞相臣青翟、御史大夫臣汤、太常臣充、大行令臣（李）息、太子少傅臣安行宗正事昧死上言"云云		《史记》卷六十《三王世家》，第2105页
元鼎二年（前115）	张骞还到，拜为大行，列於九卿。岁余，卒；中郎将张骞为大行令，三年卒		《史记》卷一百二十三《大宛列传》，第3169页；《汉书》卷十九下《百官公卿表下》，第777—778页
元鼎三年（前114）	常山王太子勃私奸，饮酒，博戏，击筑，与女子载驰，环城过市，入牢视囚。天子遣大行（张）骞验王后及问王勃，请逮勃所与奸诸证左①；将军张骞，以使通大夏……其后使通乌孙，为大行而卒，冢在汉中。		《史记》卷五十九《五宗世家》，第2103页；《史记》卷一百十一《卫将军骠骑列传》，第2944页

① 景帝子刘舜于景帝中元五年（前145）立为常山王，立三十二年（元鼎三年，前114？）卒（《汉书》卷五十三《景十三王传》作"三十三年薨"，第2434），太子刘勃代立为王，数月而迁于房陵，国绝（《史记》卷五十九《五宗世家》，第2102—2103）。据此则大行张骞奉命验刘勃当在元鼎三年（前114）。

续表

时间	任职情况		资料出处
	主官	属官	
元封六年（前105）	成安侯韩延年“坐为太常行大行令事留外国书一月，乏兴，入谷赎，完为城旦。”		《汉书》卷十七《景武昭宣元成功臣表》，第653页
太初元年（前104）	大行令更名大鸿胪；大鸿胪壶充国	更名行人为大行令	《汉书》卷十九上《百官公卿表上》，第730页；《汉书》卷十九下《百官公卿表下》，第783页
太初二年（前103）	故鸿胪壶充国随李广利伐大宛，至郁成，军破；大鸿胪商丘成，十二年迁		《史记》卷一百二十三《大宛列传》，第3177—3188页；《汉书》卷十九下《百官公卿表下》，第783页
征和二年（前91）	巫蛊之祸，大鸿胪商丘成力战获反将张光，封为秺侯；九月，大鸿胪商丘成为御史大夫		《汉书》卷六十六《刘屈氂传》，第2882页；《汉书》卷十九下《百官公卿表下》，第788—789页
征和三年（前90）	田千秋讼太子冤，立拜为大鸿胪。数月，遂代刘屈氂为丞相，封富民侯；高庙郎中田千秋为大鸿胪，一年迁		《汉书》卷六十六《车千秋传》，第2884；《汉书》卷十九下《百官公卿表下》，第789—790页

续表

时间	任职情况		资料出处
	主官	属官	
征和四年（前89）	六月丁巳，大鸿胪田千秋为丞相；大鸿胪戴仁坐祝诅诛，淮阳太守田广明为鸿胪，五年迁		《汉书》卷十九下《百官公卿表下》，第790页
后元二年（前87）	济北王宽有罪，上遣大鸿胪利①召王，王以刃自刭死		《汉书》卷四十四《淮南衡山济北王传》，第2157；《汉书》卷七《昭帝纪》，第218页

① 时田广明为大鸿胪，今又有大鸿胪利，两者是什么关系？当与昭、宣之际大鸿胪韦贤与行大鸿胪史乐成之关系以及成、哀之际大鸿胪王嘉与守大鸿胪任宏之关系相似，盖此大鸿胪利亦为暂时执行召济北王宽任务之"行大鸿胪"或"守大鸿胪"。《汉书》卷六十三《武五子传》，昭帝崩，"行大鸿胪"史乐成等人前往迎接昌邑王贺，时韦贤为大鸿胪则在京城负责"郊迎"昌邑王贺（第2764—2765页）。《汉书》卷十一《哀帝纪》，绥和元年（前8）王嘉为大鸿胪，而使执金吾任宏守大鸿胪，持节征定陶王，立为皇太子（第333页）。他们都是因特定任务需要而在本官尚在职守之时被任命为临时性的"行大鸿胪"或"守大鸿胪"。后元二年（前87）也是在大鸿胪田广明尚在职守情况下任命利为大鸿胪，大鸿胪利之使命与上述行大鸿胪史乐成及守大鸿胪任宏之使命性质相同，故也应当是为了性质相同的特定任务而临时任命之职务——行大鸿胪或守大鸿胪。这里，大鸿胪田广明、大鸿胪韦贤、大鸿胪王嘉均为"真官"，任"行"或"守"大鸿胪之利、史乐成、任宏等则为非"真官"（关于真官与非真官问题，详参：《说"真吏"——从长沙走马楼吴简谈起》，《史学月刊》2009年第5期）。其次，据《汉书》卷六十八《霍光传》："行大鸿胪事"少府史乐成在迎接昌邑王贺之后即解除"行大鸿胪"职称，故不久废昌邑王贺的联名上书中，史乐成是以少府、韦贤是以大鸿胪具名的；但是，此联名上书在追述迎接昌邑王贺一事时又说："昌邑王宜嗣后，遣宗正、大鸿胪、光禄大夫奉节使征昌邑王典丧。"（第2940页）将"行大鸿胪"表述为"大鸿胪"。《汉书》卷七十二《王吉传》："昭帝崩，亡嗣，大将军霍光秉政，遣大鸿胪、宗正迎昌邑王。"（第3061页）亦将此"行大鸿胪"径记作"大鸿胪"。与此相类，《汉书》卷十九下《百官公卿表下》，元延二年（前11）萧育为"守大鸿胪"（第839、840页），《汉书》卷七十八《萧望之传》亦谓萧育自泰山太守"入守大鸿胪"（第3289页），而《汉书》卷七十七《孙宝传》则记作"大鸿胪"萧育（第3260页）。可知"行大鸿胪"或"守大鸿胪"有时即径称为"大鸿胪"，真官与非真官两者在表述时有时并不绝对严格区分。第三，作为"守"某

续表

时间	任职情况		资料出处
	主官	属官	
始元四年（前83）	大鸿胪田广明为卫尉①，五年迁；冬，遣大鸿胪田广明击益州		《汉书》卷十九下《百官公卿表下》，第793；《汉书》卷七《昭帝纪》，第222页
始元五年（前82）	秋，大鸿胪（田）广明、军正王平击益州，斩首捕虏三万余人，获畜产五万余头		《汉书》卷七《昭帝纪》，第223页
始元六年（前81）	大鸿胪（田）广明将率有功，赐爵关内侯，食邑；大旱。先是大鸿胪田广明征益州，暴师连年		《汉书》卷七《昭帝纪》，第224页；《汉书》卷二十七中之上《五行志中之上》，第1393页
元凤元年（前80）	武都氐人反，遣执金吾马适建、龙额侯韩增、大鸿胪广明将三辅、太常徒，皆免刑击之		《汉书》卷七《昭帝纪》，第225页

（接上页）
官职之非真官有两种情况，一是在有真官的情况下设置暂时代理其职务之非真官，任务结束后即解除此代理职务，如上述行大鸿胪史乐成、守大鸿胪任宏等为然；二是在真官空缺时设置非真官，如上述守大鸿胪萧育为然，而这种非真官在经过一段时间考察之后可以转正即真，成为真官。

① 据《汉书》卷七《昭帝纪》，是年至元凤元年（前80）田广明仍为大鸿胪，详表中以下诸条。

续表

时间	任职情况		资料出处
	主官	属官	
元凤五年（前76）	詹事韦贤为大鸿胪，四年为长信少府		《汉书》卷十九下《百官公卿表下》，第797页；《史记》卷九十六《张丞相列传》，第2686页
元平元年（前74）	昭帝崩，无嗣，大将军霍光征昌邑王贺典丧。玺书曰："制诏昌邑王：使行大鸿胪事少府(史)乐成……征王，乘七乘传诣长安邸。"……贺到霸上，大鸿胪郊迎，驺奉乘舆车。①		《汉书》卷六十三《武五子传》，第2764—2765页
本始元年（前73）	赐大鸿胪韦贤等爵皆关内侯		《汉书》卷八《宣帝纪》，第240页
本始二年（前72）	詹事东海宋畤翁壹为大鸿胪，二年迁②		《汉书》卷十九下《百官公卿表下》，第800页

① 时韦贤为大鸿胪，史乐成为"行大鸿胪"，即暂时代理大鸿胪事务。这里，负责郊迎者为大鸿胪韦贤，前往迎接昌邑王者为行大鸿胪史乐成。前者为真官，后者非真官。表明在有真官的情况下，根据工作需要，也可能临时任命非真官执行某些特定任务。昌邑王立为帝不久即被废，据《汉书》卷六十八《霍光传》：时史乐成是以少府、韦贤是以大鸿胪职称参与上书废昌邑王事（第2940页）。可知史乐成在完成迎接昌邑王这一具体任务之后便解除了"行大鸿胪"职称。

② 《汉书》卷八《宣帝纪》，本始元年论定策功有詹事畸，颜师古注曰宋畸（第240—241页）；《汉书》卷六十八《霍光传》，联名奏废昌邑王者有光禄大夫臣畸（第2940页），亦为宋畸。夏燮《校汉书八表》曰："宣帝即位，畸以光禄大夫迁詹事，故元年封侯仍书詹事，二年自詹事迁大鸿胪，与此表合，则畤为畸之误。"（二十五史刊行委员会编：《二十五史补编》第一册，中华书局1955年版，第197页）

续表

时间	任职情况		资料出处
	主官	属官	
本始四年（前70）	大鸿胪宋畸为左冯翊①;山阳太守梁为大鸿胪		《汉书》卷十九下《百官公卿表下》,第801页
神爵元年（前61）	左冯翊萧望之为大鸿胪,二年迁		《汉书》卷十九下《百官公卿表下》,第807页
神爵三年（前59）	七月甲子,大鸿胪萧望之为御史大夫;少府李强为大鸿胪		《汉书》卷十九下《百官公卿表下》,第807—808页
五凤元年（前57）	大司农王禹为大鸿胪		《汉书》卷十九下《百官公卿表下》,第808—809页
五凤二年（前56）	赵缪王元嗣位二十五年薨②,大鸿胪禹奏其不宜立嗣		《汉书》卷五十三《景十三王传》,第2421页
初元元年（前48）	大鸿胪显,十一年		《汉书》卷十九下《百官公卿表下》,第813页
建昭二年（前37）	左冯翊冯野王为大鸿胪,五年为上郡太守		《汉书》卷十九下《百官公卿表下》,第820页

① 此宋畸亦为宋畸。

② 据《汉书》卷十四《诸侯王表》,缪王元薨于五凤二年,第412页。

续表

时间	任职情况		资料出处
	主官	属官	
竟宁元年（前33）	御史大夫李延寿病卒，在位多举冯野王。上使尚书选第中二千石，而冯野王行能第一……乃下诏曰："刚强坚固，确然亡欲，大鸿胪野王是也。心辨善辞，可使四方，少府五鹿充宗是也。廉絜节俭，太子少傅张谭是也。其以少傅为御史大夫。"上繇下第而用谭，越次避嫌不用野王，以昭仪兄故也……成帝立，有司奏野王王舅，不宜备九卿。以秩出为上郡太守。注引如淳曰："以鸿胪秩为太守。"		《汉书》卷七十九《冯奉世传》附《冯野王传》，第3302—3303页
建始二年（前31）	大鸿胪浩赏，二年徙；中二千石大鸿胪赏		《汉书》卷十九下《百官公卿表下》，第823页；《汉书》卷七十六《王尊传》，第3231页
建始四年（前29）	大鸿胪浩赏为左冯翊；河南太守汉为大鸿胪，一年免		《汉书》卷十九下《百官公卿表下》，第825页

续表

时间	任职情况		资料出处
	主官	属官	
河平元年（前28）	六月，罢典属国并大鸿胪		《汉书》卷十《成帝纪》，第309页
河平四年（前25）	韦安世历郡守，大鸿胪，长乐卫尉；河平四年（前25）大夫韦安世为大鸿胪①，二年为长乐卫尉		《汉书》卷七十三《韦贤传》，第3115页；《汉书》卷十九下《百官公卿表下》，第828页
阳朔二年（前23）	大鸿胪勋		《汉书》卷十九下《百官公卿表下》，第829页
鸿嘉元年（前20）	大鸿胪慎		《汉书》卷十九下《百官公卿表下》，第831页
永始二年（前15）	平当累迁长信少府、大鸿胪、光禄勋；长信少府平当为大鸿胪，三年迁		《汉书》卷七十一《平当传》，第3050页；《汉书》卷十九下《百官公卿表下》，第834—835页
元延元年（前12）	大鸿胪平当为光禄勋		《汉书》卷十九下《百官公卿表下》，第838页

① 夏燮谓：以《传》校《表》，“大夫二字疑郡守或太守之误”（《校汉书八表》，《二十五史补编》第一册，第197页，中华书局1955年版）。聊备一说。

续表

时间	任职情况		资料出处
	主官	属官	
元延二年（前11）	太山太守萧育守大鸿胪，数月徙；历冀州、青州两郡刺史，长水校尉，泰山太守。入守大鸿胪。		《汉书》卷十九下《百官公卿表下》，第839页；《汉书》卷七十八《萧望之传》，第3289页
元延三年（前10）	守鸿胪太山太守萧育为右扶风；九江太守王嘉为大鸿胪，三年迁		《汉书》卷十九下《百官公卿表下》，第840页
绥和元年（前8）	使执金吾任宏守大鸿胪①，持节征定陶王，立为皇太子		《汉书》卷十一《哀帝纪》，第333页
绥和二年（前7）	大鸿胪王嘉为京兆尹；执金吾谢尧为大鸿胪，三年徙		《汉书》卷十九下《百官公卿表下》，第843页
建平二年（前5）	大鸿胪谢尧为扶风；大鸿胪云阳毕申世叔②，五年徙		《汉书》卷十九下《百官公卿表下》，第845页

① 时王嘉为大鸿胪，由于征召定陶王这一特定任务需要，故以执金吾任宏为“守大鸿胪”。“守”，即暂时代行其职。任务完成则解除此暂时代行职称。故这里大鸿胪王嘉为真官，守大鸿胪任宏为非真官。其设置目的及相互关系与昭、宣之际大鸿胪韦贤与行大鸿胪史乐成的情况相似。

② 本《表》元寿二年（前1）记作“大鸿胪毕由为右扶风”，毕申任大鸿胪五年徙，正当此年，此毕由与毕申当为同一人；《汉书》卷四十七《文三王传》：“哀帝建平中，（梁王）立复杀人。天子遣廷尉赏、大鸿胪由持节即讯。”（第2218页）此大鸿胪由亦当为毕由，“由”“申”形近易讹。

续表

时间	任职情况		资料出处
	主官	属官	
元寿二年（前1）	大鸿胪毕由为右扶风；复土将军左咸为大鸿胪；秋七月，遣车骑将军王舜、大鸿胪左咸使持节迎中山王		《汉书》卷十九下《百官公卿表下》，第852页；《汉书》卷一2《平帝纪》，第347页
元始元年（公元1）	大鸿胪左咸前正议不阿，后奉节使迎中山王……皆以前与建策，东迎即位，奉事周密勤劳，赐爵关内侯，食邑各有差		《汉书》卷一2《平帝纪》，第349页
元始二年(2)	大鸿胪桥仁		《汉书》卷十九下《百官公卿表下》，第855页
元始四年(4)	元始中，作明堂辟雍，大朝诸侯，征萧由为大鸿胪，会病，不及宾赞，还归故官，病免。①		《汉书》卷七十八《萧望之传》附《萧由传》，第3291页
元始五年(5)	大鸿胪左咸；闰月丁酉，阎迁以鸿胪封望乡侯		《汉书》卷十九下《百官公卿表下》，第856页；《汉书》卷十八《外戚恩泽侯表》，第717页

① 据《汉书》卷十二《平帝纪》：元始四年(4)“安汉公奏立明堂、辟雍。”（第257页）元始五年(5)“春正月，祫祭明堂。诸侯王二十八人、列侯百二十人、宗室子九百余人征助祭。礼毕，皆益户，赐爵及金帛，增秩补吏，各有差。”（第258页）据此，萧由征为大鸿胪当在元始四年。

续表

时间	任职情况		资料出处
	主官	属官	
居摄二年(7)	赵明、霍鸿等起义反王莽,莽拜卫尉王级为虎贲将军、大鸿胪望乡侯阎迁为折冲将军,与甄邯、王晏西击赵明等。		《汉书》卷八4《翟方进传》,第3437—3438页
始建国元年(9)	王莽改大鸿胪曰典乐		《汉书》卷九十九中《王莽传中》,第4103页;《汉书》卷十九上《百官公卿表上》,第730页

从上表可以获得如下一些认识:

①任职典客者,见于高帝、惠帝、吕后、文帝时期,不见于景帝及其后之时期;任职大行者唯见于武帝前期;任职大鸿胪者始见于武帝太初元年及其后,而不见于此前之任何时期。虽然表中所列任职者可能存在一些遗漏或缺环,但还是基本上能够证明西汉时期作为负责外交事务的"九卿"之一相继以典客、大行、大鸿胪为官称的变迁情况。

②臣瓒、颜师古等关于景帝中元二年(前148)已改典客为大鸿胪之说可以否定。如果景帝中元二年已改典客为大鸿胪,则从景帝中元二年至武帝太初元年(前104)之前的元封六年(前105)期间应当以大鸿胪为官称,但是从上表我们可以看到,这个期间任职者其官称为大行而不为大鸿胪,可知景帝中元二年并没有改典客为大鸿胪。

③从汉初直至武帝太初元年(前104)之前的元封六年(前105),

先后以典客、大行为官称，均不见以大鸿胪为官称，恰恰在太初元年（前104）始见以大鸿胪为官称者。表明《百官公卿表》所载太初元年改大行为鸿胪之记载是符合历史事实的。改变官称之后的第一任大鸿胪为壶充国[①]，太初二年（前103）秋他解去此职随李广利伐大宛，故被称为"故鸿胪"[②]，而由商丘成接掌第二任大鸿胪[③]。

④与此相关，《史记·叔孙通列传》《索隐》所引以及《汉书·叔孙通传》注引韦昭谓"大行人掌宾客之礼，今谓之鸿胪也"[④]，这个注解并不正确，因为汉七年朝会中出现于《史记》、《汉书》中的司仪官员"大行"并非日后之大鸿胪前身，而是作为典客之属官。

⑤结论：《汉书·景帝纪》中元二年所载令中之大鸿胪、大行，并非当时之官称，而是西汉后期之官称；《史记·景帝本纪》以及《汉书·百官公卿表》所载景帝中元六年改典客为大行，武帝太初元年改大行为大鸿胪的记载是符合历史事实的。

准上所述，我们可以根据《史记·景帝本纪》和《汉书·百官公卿表》的相关记载来条理它们之间的相互关系了：景帝中六年"更命……大行为行人……典客为大行。"[⑤]由此可知在景帝中六年更改名称之前，负责外交事务之"九卿"为典客，典客之属官为大行；更改名称之后，负责外交事务之"九卿"为大行，大行之属官则为行人；武

① 《汉书》卷十九下《百官公卿表下》，第783页。

② 《史记》卷一百二十三《大宛列传》，第3177页。

③ 《汉书》卷十九下《百官公卿表下》，第783页。

④ 《史记》卷九十九《叔孙通列传》，第2724，《索隐》引；《汉书》卷四十三《叔孙通传》注引韦昭语基本相同，第2128页。

⑤ 《史记》卷十一《孝景本纪》，第446页。笔者按：此处所记更改官称者共有九种，其中廷尉、将作少府、主爵中尉、长信詹事、将行、奉常、典客、治粟内史等八种均为中二千石或二千石之"九卿"级别官员，唯大行为六百石属官，与上述官员级别不相称。疑此处"大行为行人"非司马迁原文，而是后人注文羼入者？

帝太初元年改大行为大鸿胪之后，其属官行人亦随之改称为大行令[①]。典客、大行、鸿胪作为“九卿”之一，秩中二千石，行人或大行作为他们的属官，秩六百石[②]。兹将其隶属关系变化图示如下：

时间	汉初（前206）—景帝中元六年（前144）	景帝中元六年（前144）—太初元年（前104）	太初元年（前104）——始建国元年(9)	秩
主官	典客	大行令	大鸿胪	中二千石
属官	大行	行人	大行令	六百石

（2）谒者与治礼

在汉七年（前200）的朝礼中我们看到有关于“谒者治礼，引以次入殿门”[③]的记载。这里的“谒者”为礼宾官员并无疑问，而“治礼”是什么则有不同的理解。或以“治礼”为官名，沈钦韩曰：“治礼郎属大鸿胪”，这是将“治礼”理解为官员。不过沈氏将“治礼”视为“治礼郎”亦有问题，王先谦已经指出其误：“前汉无治礼郎，后汉大行令属官有治礼郎，亦不属大鸿胪，沈说误。”或以为“治礼”不是官名，王先谦：“谓谒者掌治赞引之礼耳。”[④]陈直亦以为此治礼“作引导赞礼解，不作官名解。”[⑤]窃意这里的“治礼”当为官名，他们与谒者一起负责朝会傧赞。何以然？其理由有四：

首先，西汉有“治礼”一职。治礼为鸿胪属官大行之属官，西汉中

① 《汉书》卷十九上《百官公卿表上》，第730页。

② 《续汉书·百官志二》，见点校本《后汉书》，第3583页。

③ 《史记》卷九十九《叔孙通列传》，第2723页。

④ 《汉书补注》卷十三《叔孙通传》，第1019页。

⑤ 陈直：《汉书新证》，天津人民出版社1979年二版，第275页。

期有平当者，“少为大行治礼丞，功次补大鸿胪文学。”[①]宣帝本始三年（前71）至地节三年（前67）期间，萧望之被御史大夫魏相除为属，“察廉为大行治礼丞”[②]。可知西汉大行属下有“治礼”。新莽地皇四年（23）王莽逃至渐台，被商人杜吴所杀，并取其绶。“校尉东海公宾就，故大行治礼，见（杜）吴问绶主所在。曰：‘室中西北陬间。’（公孙）就识，斩莽首。”[③]由于公宾就曾任大行治礼，能够参与朝廷司仪工作，故得以认识王莽。虽然上述“大行治礼”资料均为西汉中后期，但是其承袭西汉前期的可能性是存在的。东汉时大行所辖有“治礼郎四十七人”[④]。治礼与谒者之职掌有所交集，两者均有“傧赞”礼仪之职责。大行及治礼之职掌“主斋祠傧赞九宾之礼”[⑤]。其在朝会中负责“九宾”之礼已见前述，此外之重要职责即为“傧赞”。汉七年朝会中“谒者、治礼，引以次入殿门”，即其与谒者一同执行“傧赞”之礼的具体表现。而谒者也有傧赞的职责，故在朝会中谒者、治礼一起执行傧赞之礼。谒者在西汉初为郎中令属官，皆秦官。武帝太初元年（前104）更名郎中令为光禄勋，谒者仍为其属官，后来则文属焉。东汉时谒者实际上已成为独立的单位，称为谒者台，以谒者仆射为台率，秩比千石。时以谒者为外台，尚书为中台，御史为宪台，谓之“三台”[⑥]。谒者仆射属官有常侍谒者，比六百石；给事谒者，四百石；灌谒者郎中，比三百石。西汉有谒者七十人，东汉减少为三十人。谒者台之职

① 《汉书》卷七十一《平当传》，第3048页。

② 《汉书》卷七十八《萧望之传》，第3273；魏相于本始三年（前71）至地节三年（前67）期间任御史大夫，参见万斯同：《汉将相大臣年表》，《二十五史补编》第一册，第222页。

③ 《汉书》卷九十九下《王莽传下》，第4191页。

④ 《续汉书·百官志二》，见点校本《后汉书》，第3583页。

⑤ 《东观汉纪校注》卷四《百官表》，第142页。

⑥ 《初学记》卷十一《尚书令第三》注引《汉官仪》，第259页。

掌为“宾赞受事”[①],此“宾赞”与上述大行治礼所主“傧赞”意义相同,故朝会中他们相互合作履行傧赞之职责。职是之故,“大行郎亦如谒者,兼举形貌。”[②]由于两者职责相同,均需要在朝会场合负责傧赞,故两者的人才选拔要求亦相同,需要在身材、容貌等仪表气质方面提出很高的标准。

其次,从其他礼仪场合中两者合作傧赞事宜中可以推知。在皇帝去世后举行的“登遐”礼中,“夜漏,群臣入。昼漏上水,大鸿胪设九宾,随立殿下。谒者引诸侯王立殿下,西面北上;宗室诸侯、四姓小侯在后,西面北上。治礼引三公就位,殿下北面;特进次中二千石;列侯次二千石;六百石、博士在后;群臣陪位者皆重行,西上。位定,大鸿胪言具,谒者以闻。”[③]在这里我们可以看到谒者与治礼分工合作的具体情况,谒者与治礼均负责引导参加丧礼者入场和就位,其中谒者负责引导诸侯王等人,就位于宗室诸侯、四姓小侯之前;治礼负责引导三公等人,就位于特进、中二千石、列侯、六百石、博士之前。两者的这种分工并非随意,谒者作为皇帝之“近臣”[④],负责引导皇帝宗族、亲戚的诸侯王、宗室诸侯、四姓小侯等,治礼作为外朝“九卿”之属官,负责引导百官系统之人员。同朝礼一样,治礼之长官——大鸿胪亦负责“设九宾”,并且在“位定”之后,“大鸿胪言具,谒者以闻。”准备工作完成之后,大鸿胪向谒者报告,谒者向殿上报告,从而开始行礼。此与汉初《朝律》中规定“立(位)定,典客言具,

① 《汉书》卷十九上《百官公卿表上》,第727;《续汉书·百官志》,见点校本《后汉书》,第3578页。

② 《续汉书·百官志二》注引卢植《礼》注曰,见点校本《后汉书》,第3583—3584页。

③ 《续汉书·礼仪志下》,见点校本《后汉书》,第3142页。

④ 《续汉书·舆服志下》,见点校本《后汉书》,第3666页;颜师古曰:“中涓,亲近之臣,若谒者、舍人之类也。”(《汉书》卷十六《高惠高后文功臣表》,第531页)将谒者视为亲近之臣。

谒者以闻。"①的程序相同。则谒者不仅与治礼合作,同时与其长官大鸿胪合作司仪。

在朝会中谒者与治礼一同引导来宾入场、就位。从汉七年朝会中可见,在与会者来到殿门外时,谒者与治礼即至其等候处迎接,将他们一一"引以次入殿门"。他们这种合作关系在其他重要礼仪场合均如此。东汉举行上陵礼时亦然,"钟鸣,谒者、治礼引客,群臣就位如仪。"②亦以谒者和治礼一起引导来宾入门,并且按照事先确定的位置各就各位。"谒者、治礼"之后,或作"引以次入殿门",或作"引客",都是与引导来宾的礼仪联系在一起,上述登遐礼中他们也是负责引导宾客入场就位的礼仪。可见"引客"为谒者与治礼在朝会等礼仪场合所共同承担的职责。从上述登遐礼中他们引导宾客入场、就位之分工情况,可以推知在朝会中亦当有所分工,汉七年朝会中排列于西方之"功臣列侯诸将军军吏"当由作为皇帝"近臣"的谒者负责引导,排列于东方的"文官丞相以下"当由治礼负责引导。

第三,从后世朝礼中谒者与治礼合作傧赞事宜中亦可推知。叔孙通所订朝礼为后世朝礼之基本参照依据,故从后世朝礼中谒者与治礼合作傧赞事宜中亦可推知。西晋武帝咸宁(275—280)年间所订元会仪中,治礼与谒者亦分工合作负责引导宾客以行朝贺礼,"大鸿胪跪赞:'蕃王臣某等奉白璧各一,再拜贺。'太常报:'王悉登。'谒者引上殿,当御座。"由谒者负责引导诸王上殿朝贺,"成礼讫,谒者引下殿,还故位。"然后是"治礼郎引公、特进、匈奴南单于子、金紫将军当大鸿胪西,中二千石、二千石、千石、六百石当大行令西,皆北面伏。大鸿胪跪赞:'太尉、中二千石等奉璧皮帛羔雁雉,再拜贺。'太常赞:

① 引自:《中国湖北江陵张家山汉墓出土竹简概述》。

② 《续汉书·礼仪志上》,见点校本《后汉书》,第3103页。

‘皇帝延君登。’治礼引公至金紫将军上殿，当御座。”由治礼郎引导公卿、将军等上殿朝贺，“成礼讫，赞者引下殿，还故位。”[①]此“赞者”即治礼郎。在汉七年朝会过程中，亦记有上殿朝贺这一重要环节，“引诸侯王以下至吏六百石以次奉贺”，以及饮法酒时，朝贺者“以尊卑次起上寿”[②]。但是这里没有说明是由什么人负责引导这些朝贺者以次奉贺、上寿的。根据上述晋元会仪，可以推知这里亦当由谒者与治礼分别负责引导朝贺者以次奉贺、上寿。东汉大鸿胪有治礼郎三十七人（或谓四十七人），晋“大行令有治礼郎四人”[③]。大行令属大鸿胪。汉代朝礼是晋元会仪的重要参照依据，傅玄《元会赋》曰：“考夏后之遗训，综殷、周之典艺，采秦、汉之旧仪，定元正之嘉会。”所谓“秦、汉之旧仪”主要就是叔孙通所订朝礼。沈约谓《咸宁注》“兼采众代”[④]，亦主要指汉仪。

由上所述可知在朝会等礼仪场合，谒者与治礼分工合作引导宾客，是为汉代礼仪中的惯例。作为典客（鸿胪）下属的治礼乃汉代礼仪场合不可缺少的司仪官员之一。

虽然谒者与典客（鸿胪）共同负责朝会中的司仪，但是，两者在朝会中的司仪工作并非完全等同，而是有所区别。这种区别主要体现在典客（鸿胪）主要负责殿下之陈设与司仪，谒者则负责殿廷上下之司仪和沟通。

典客（鸿胪）及其属官主要是在殿下陈设“九宾”朝位以及引导宾客。韦昭《辩释名》曰：“鸿胪本故典客，掌宾礼。鸿，大也；胪，陈序

① 《宋书》卷十四《礼志一》，第343页。
② 《史记》卷九十九《叔孙通列传》，第2723页。
③ 《唐六典》卷十四《太常寺》注，第397页。
④ 《宋书》卷十四《礼志一》，第343页。

也。欲以大礼陈序宾客也。"[①]强调的是其陈设"九宾"之职责。可见鸿胪的司仪职责主要是"陈序宾客",亦即设"九宾"。汉七年朝会时,"大行设九宾,胪传"[②],明言典客及其属官大行负责"九宾"之陈设。陈设"九宾"完毕,则进入"胪传"或"胪句传"[③]这个环节。虽然典客(鸿胪)和谒者均有"胪传"之责,但是还是有所区别的,这个环节中,由典客(鸿胪)向谒者报告,谒者再向殿上报告,从而正式开始朝贺。关于这个环节,《朝律》所载较《史》、《汉》为具体:"大行进趋(跪)曰"云云,然后"谒者一人立东陛者,南面。立(位)定,典客言具,谒者以闻。"[④]也就是说典客及其属官大行排列朝位已定,先由大行向典客报告,然后典客向谒者报告准备工作完毕,于是谒者向殿上报告。殿上接到报告之后,《史记·叔孙通列传》曰:"于是皇帝辇出房"[⑤],《朝律》谓:"皇帝出房,宾九宾、及朝者。"[⑥]两者记载一致。由此可知,殿下准备工作完成之后,由典客(鸿胪)向谒者报告,再由谒者向殿上报告,从而正式开始朝拜。谒者在"胪传"中的重要性显然高于典客(鸿胪)。

朝会时以谒者一人立于东陛,为史籍所缺载,赖《朝律》而补。这位负责向殿上报告准备工作完成之谒者何以立于"东陛"呢?古代宫殿以东西两阶为升降,《仪礼》:"主人阼阶上","宾西阶上"[⑦]。东阶称为阼阶,主人由此升,宾客则升自西阶。礼毕,"主人降自阼阶"[⑧],

① 《太平御览》卷二百三十二《职官部三十·鸿胪卿》引,第1101页。
② 《史记》卷九十九《叔孙通列传》,第2723页。
③ 《汉书》卷四十三《叔孙通传》,第2127—2128页。
④ 引自:《中国湖北江陵张家山汉墓出土竹简概述》。
⑤ 《史记》卷九十九《叔孙通列传》,第2723页。
⑥ 引自:《中国湖北江陵张家山汉墓出土竹简概述》,第273页。
⑦ 《仪礼注疏》卷八《乡饮酒礼》,第981页;卷十一《乡射礼》,第994页。
⑧ 《仪礼注疏》卷四十九《有司彻》,第1209页。

亦从东阶下。故东汉李尤《堂铭》曰："因邑制宅，爰兴殿堂……延宾西阶，主近东厢。"①承袭这种传统的宾主礼仪，汉代皇室所举行之各种礼仪集会，皇帝亦以主人身份自阼阶升降，如上陵礼，"乘舆自东厢下，太常导出，西向拜，折旋升阼阶，拜神坐。退坐东厢，西向。"②可知皇帝自东而上下。泰山封禅所，"始皇立石及阙在南方，汉武在其北。二十余步，得北垂圆台，高九尺，方圆三丈所，有两陛。人不得从，上从东陛上。台上有坛。"③皇帝封禅亦从东陛上。朝会当亦如此，故负责向上报告准备工作完成之谒者站立于东陛，便于皇帝身边有司得知，从而正式开始朝会。显然谒者距离皇帝较典客（鸿胪）为近。至于皇帝是如何升阶的，《史》、《汉》亦不载，梁沈约谓："《正会仪注》，御出，乘舆至太极殿前，纳舄升阶。寻路寝之设，本是人君居处，不容自敬宫室。案汉氏，则乘小车升殿。请自今元正及大公事，御宜乘小舆至太极阶，仍乘版舆升殿。"④指出汉代朝会时皇帝是乘小车而升殿的。

不仅朝会中由典客（鸿胪）向谒者报告，再由谒者向殿上报告，从而正式开始朝拜，其他重要礼仪中的程序亦然。东汉登遐礼，"昼漏上水，大鸿胪设九宾，随立殿下。谒者引诸侯王立殿下，西面北上；宗室诸侯、四姓小侯在后，西面北上。治礼引三公就位，殿下北面；特进次中二千石；列侯次二千石；六百石、博士在后；群臣陪位者皆重行，西上。位定，大鸿胪言具，谒者以闻。"⑤这个程序与汉七年朝礼及《朝律》所载朝会礼的程序一致，亦由大鸿胪负责陈设"九宾"，陈设完毕，

① 《艺文类聚》卷六十三《居处部三·堂》引［汉］李尤《堂铭》，第1137页。

② 《续汉书·礼仪志上》，见点校本《后汉书》，第3103页。

③ ［汉］马第伯：《封禅仪记》，见《汉官六种·汉官仪》，第177页。

④ 《隋书》卷九《礼仪志四》，第183页。

⑤ 《续汉书·礼仪志下》，见点校本《后汉书》，第3142页。

朝位已定，则由大鸿胪向谒者报告准备工作完成，再由谒者向殿上报告，于是开始行礼。

从上述程序中可以看到，在朝会“胪传”中，谒者的地位高于典客（鸿胪），殿下准备工作完成之后，是由谒者向殿上报告，等于由其宣布朝会之正式开始。“胪传”或“胪句传”亦即赞唱，典客（鸿胪）与谒者均负赞唱之责，但是同样进行赞唱，两者的重要性是有差别的，谒者赞唱之责重于典客（鸿胪）及其属官。谒者在赞唱方面的重要性还表现于其他地方，汉七年正旦朝行法酒礼时，“觞九行，谒者言‘罢酒’。”①法酒礼之结束亦由谒者通过赞唱以宣布。这些都是谒者在赞唱以引导仪节之进行，亦即班固《东都赋》陈百寮而“赞群后”②之具体表现。谒者仆射属官中有常侍谒者有五人，秩比六百石，其职责为“主殿上时节威仪”③。上文所述谒者报告准备工作完成，宣布朝会正式开始，以及饮法酒时由谒者宣布“罢酒”，这些都是其负责朝会中“时节威仪”之具体表现。谒者通过赞唱而指挥、号令礼仪的进程和节奏，从而使场面盛大、人员众多的朝会得以行动整齐，符合礼仪规范，保证了其隆重性和威严性。

谒者与典客（鸿胪）均为朝会重要司仪官员，故两者在人才选拔方面有共同性，都特别强调两点，一是其仪表，二是其声音，前者为傧相所需，后者为赞唱所需。前者如：车千秋“长八尺余，体貌甚丽，武帝见而说之……立拜千秋为大鸿胪。”④东汉明帝时大鸿胪魏应亦为

① 《史记》卷九十九《叔孙通列传》，第2723页。
② 《后汉书》卷四十下《班固传》，第1364页。
③ 《续汉书·百官志二》，见点校本《后汉书》，第3578页。
④ 《汉书》卷六十六《车千秋传》，第2884页。

“长大有威容者”[1]。其属官亦然，卢植《礼》注曰：“大行郎亦如谒者，兼举形貌。”[2]谒者亦然，“皆选仪容端正，任奉使者。”[3]“汉皆用孝廉年五十，威容严恪能宾者为之。”[4]但是，由于谒者在朝会赞唱方面较典客（鸿胪）为突出，故在选拔谒者人材时对于声音方面要求亦比较突出，如：“谒者缺，选中郎，令美须眉大声者以补之。”[5]除了容貌之外，强调其声音必须洪亮。这显然是因赞唱之所需。东汉人何熙字孟孙，“少有大志，不拘小节。身长八尺五寸，体貌魁梧，善为容仪。举孝廉。为谒者，赞拜殿中，音动左右，和帝伟之。”[6]谒者何熙因赞唱声音洪亮动听而受到和帝的赞赏。由此可见谒者普遍具有声音洪亮动听的条件。

谒者与典客（鸿胪）在朝会司仪中同样负有赞唱之责，何以对于谒者在这方面有更高的要求呢？这是因为谒者的赞唱具有指挥礼仪进程的作用，亦即所谓“主时节威仪”的重要使命。汉代朝会的场面很大，东汉正旦朝在德阳殿举行，“德阳殿周旋容万人，陛高二丈。”“宗室诸刘杂会，万人以上。”[7]可知与会人数众多，殿堂高大轩广，故声音洪亮才能够满足需要。

谒者与典客（鸿胪）在朝会司仪中的这种差别，一方面是与谒者和典客（鸿胪）职掌之区别有关，另一方面与两者跟皇帝的近密程度

---

① 《太平御览》卷二百四十一《职官部·左中郎将》引［晋］司马彪《续汉书》，第1141页。

② 《续汉书·百官志二》注引，见点校本《后汉书》，第3583—3584页。

③ 《汉仪》，《续汉书·百官志二》注引，见点校本《后汉书》，第3578页。

④ 荀绰：《晋百官表注》，《续汉书·百官志二》注引，见点校本《后汉书》，第3578页。

⑤ ［唐］虞世南编撰：《北堂书钞》卷六十二《设官部十四·谒者仆射》引《汉旧仪》，（据光绪十四年南海孔氏刊本影印），北京中国书店1989年版，第252页。

⑥ ［西晋］华峤：《汉书》，《三国志》卷十二《魏志·何夔传》注引，第378—379页。

⑦ 《汉官六种·汉官典职仪式选用》，第210页。

有所差别而决定的。典客（鸿胪）为宫外负责行政事务之官员，而谒者为负责宫内事务之光禄勋所属官员。故朝会中与皇帝近密之职责由谒者负责，乃必然之事。

2. 警卫官员

关于朝会中的侍卫者，在汉七年的朝礼中，我们可以看到这样的记载："廷中陈车骑，步卒卫宫，设兵张旗志……殿下郎中侠陛，陛数百人。"①"廷中陈车骑，戍卒卫官，设兵，张旗志。传曰'趋'。殿下郎中侠陛，陛数百人。"②这些就是当时朝会中的侍卫者。到了东汉，这方面的记载就更为具体了，蔡质《汉仪》记正旦朝曰："虎贲、羽林张弓挟矢，陛戟左右，戎头偪胫陪前向后，左右中郎将位东南，羽林、虎贲将位东北，五官将位中央，悉坐就赐。"③张衡《东京赋》咏正旦朝亦有"郎将司阶，虎戟交铩"④的描绘。这些也都是关于正旦朝侍卫的记载。这些侍卫工作是由光禄勋以及卫尉协同负责的⑤。

（1）光禄勋。根据汉七年朝会中的侍卫布局分为三个层次：郎中负责警戒殿下，为最核心的内层；车骑负责警戒于廷中，是为中层；步卒围绕宫廷警戒，为最外层。

先看内层的郎中。郎中为郎中令属官，汉承秦制设郎中令，"掌宫殿掖门户"，其"属官有大夫、郎、谒者，皆秦官"。其中的大夫掌议

---

① 《史记》卷九十九《叔孙通列传》，第2723页。这句标点本作："廷中陈车骑步卒卫宫，设兵张旗志。"将"步卒卫宫"上属，这样标点就使这句意思变成：廷中陈列车、骑、步卒，他们一起保卫着宫廷。这似乎并不符合司马迁的原意和历史实际，现改为在"车骑"后面加逗点，"步卒卫宫"为另一句。参见下文"（2）卫尉"注中关于《汉书·叔孙通传》这个记载的标点问题的辨析。

② 《汉书》卷四十三《叔孙通传》，第2127页。

③ 《续汉书·礼仪志》注引，见点校本《后汉书》，第3131页。

④ ［汉］张衡：《东京赋》，《文选》卷三，第56—57页。

⑤ 张金龙将光禄勋和卫尉视为汉代最重要的禁卫武官，并作了深入的研究，参见氏著《魏晋南北朝禁卫武官制度研究》，中华书局2004年版，第28—44页。

论，谒者掌宾赞受事，不与警卫事，而由郎官负责这方面职责。《史》、《汉》同谓“殿下郎中侠陛，陛数百人”，并无异词。《汉表》：“郎掌守门户，出充车骑，有议郎、中郎、侍郎、郎中，皆无员，多至千人。议郎、中郎秩比六百石，侍郎比四百石，郎中比三百石。”①诸郎官中的郎中负责朝会中的警卫任务，颜师古注曰：“侠与挟同。挟其两旁，每陛皆数百人也。”②郎中有三个兵种，分别由“三将”统率，“郎中有车、户、骑三将，秩皆比千石”③。郎中车将统车郎中，郎中户将统户郎中，郎中骑将统骑郎中。其中户将所统户郎中，职司守卫宫殿门户，盖宽饶“行郎中户将事。劾奏卫将军张安世子侍中阳都侯彭祖不下殿门，并连及安世居位无补。彭祖时实下门，宽饶坐举奏大臣非是，左迁为卫司马”。颜师古云：郎中三将“盖各以所主为名也。户将者，主户卫也”④。张彭祖过殿门不下车，遭到郎中户将盖宽饶的劾奏，后来查实张彭祖当时实际上下车了，盖宽饶因此而受到左迁的处罚。可见郎中户将之职责为守卫并管理宫殿门户。汉七年朝会中“殿下郎中侠陛，陛数百人”中的郎中，当即为户郎中。

再看中层之车骑。“廷中陈车骑”为朝会侍卫之第二层次。张衡《东京赋》咏正旦朝有“郎将司阶，虎戟交铩。龙辂充庭，云旗拂霓”之句，前两句与上述“殿下郎中侠陛”事同，后两句则与“廷中陈车骑”事同。注曰：“马八尺曰龙；辂，天子之车也。故曰‘龙辂’。充，满也；廷，朝廷。”⑤这里陈车骑与郎中“侠陛”、“司阶”并列为两事，并没有把它与“步卒”一起叙述。那么，廷中所陈车骑何所属呢？当分别为

① 《汉书》卷十九上《百官公卿表上》，第727页。
② 《汉书》卷四十三《叔孙通传》颜注，第2128页。
③ 《汉书》卷十九上《百官公卿表上》，第727页。
④ 《汉书》卷七十七《盖宽饶传》及颜注，第3243页。
⑤ 张衡：《东京赋》及注，《文选》卷三，第57页。

郎中车将所统车郎中和郎中骑将所统骑郎中。《汉表》谓“郎掌守门户，出充车骑”，可知皇帝在各种需要“车骑”作为仪卫的活动中，均由郎官负责。此“车骑”何所属呢？从上所述已知郎中三将中的郎中车将、郎中骑将是负责分别统率车郎中和骑郎中的，所谓“出充车骑”的“郎”当为郎中车将、郎中骑将分别统辖的车郎中和骑郎中。那么，朝会时于廷中陈设车骑之责亦当为郎中车将、郎中骑将及其统辖的车郎中和骑郎中承担。

综上所述，则朝会中之第一、二层级的侍卫均由郎中令属官郎中三将及其所统辖的车郎中、骑郎中、户郎中分别负责。当汉武帝时郎中令改为光禄勋后，在朝会中最为核心的警卫工作自然应该由光禄勋所辖郎中三将及其属吏负责。

到了东汉，侍卫的情况发生了一些变化。蔡质《汉仪》记正旦朝侍卫曰：“虎贲、羽林张弓挟矢，陛戟左右，戎头偪胫陪前向后，左右中郎将位东南，羽林、虎贲将位东北，五官将位中央，悉坐就赐。”[①]这时郎将、郎官的构成成分较西汉初已经有所变化。

汉初郎中令于武帝太初元年（前104）更名为光禄勋，其职责仍“掌宿卫宫殿门户”[②]，其属官在继承秦制有大夫、郎、谒者之外，先后于建元三年（前138）增加了期门，太初元年置羽林等郎官。期门于平帝元始元年（1）更名为虎贲郎，以虎贲中郎将统率，秩比二千石。羽林初名曰建章营骑，后更名羽林骑。宣帝令中郎将、骑都尉监羽林，秩比二千石。[③] 东汉时虎贲、羽林皆掌宿卫侍从。《汉仪》谓正旦朝中“虎贲、羽林张弓挟矢，陛戟左右。”[④]表明这时在殿阶两侧警卫的郎官

① 《汉仪》，《续汉书 · 礼仪志》注引，见点校本《后汉书》，第3131页。
② 《续汉书 · 百官志二》，见点校本《后汉书》，第3574页。
③ 《汉书》卷十九上《百官公卿表上》，第727—728页。
④ 《汉仪》，《续汉书 · 礼仪志》注引，见点校本《后汉书》，第3131页。

与西汉初发生了变化，主要由虎贲和羽林代替原来的郎中承担了。但是，虎贲、羽林还有一定的差异。羽林郎“本武帝以便马从猎，还宿殿陛岩下室中，故号岩郎。”[①]何谓“岩下”？《说文》：“岩，厓也。”段玉裁曰：“《战国策》‘岩下有贯珠者’；《汉书》‘游于岩廊之上’。皆谓殿下小屋，如厓岩之下可居也。天子之堂九尺，诸侯七尺，其上曰岩廊，其下曰岩下。”[②]由于其宿卫于殿陛岩下室中，故曰“岩郎”[③]。岩郎即岩下之郎官。虽然虎贲、羽林皆掌宿卫侍从，但是羽林次于虎贲，“羽林掌送从，次期门。”[④]送从时虎贲在前，羽林在其后。其官府亦然，蔡质《汉仪》曰：“羽林郎百二十八人，无常员，府次虎贲府。”[⑤]与羽林相较，虎贲更贴近皇帝，故朝会时虎贲较羽林更靠近皇帝而侍卫。陛戟殿下的责任主要由虎贲承担，这个职责是其一贯的。虎贲的前身期门，在西汉时就负责陛戟殿下警卫，元平元年（前74）废昌邑王时，“太后被珠襦，盛服坐武帐中，侍御数百人皆持兵，期门武士陛戟，陈列殿下。群臣以次上殿，召昌邑王伏前听诏。”[⑥]颜师古注曰：“陛戟，谓执戟以卫陛下也。”蔡邕《独断》曰：“陛，阶也，所由升堂也。天子必有近臣执兵陈于陛侧，以戒不虞。”[⑦]东汉时虎贲中郎将属官有左右陛

---

① 《续汉书·百官志二》，见点校本《后汉书》，第3576页。

② 《说文解字注》，第440页。按：此岩廊与岩郎非一事，前者指宫廷建筑物之高下，后者指居岩下之郎官。

③ 何谓岩郎？有不同的解释，《汉旧仪》谓：“羽林郎，选良家子便弓马者为之。一名岩郎，言其御侮岩除之下，或谓严厉素悫。”（《北堂书钞》卷六十三《设官部·羽林郎将》引，第257页）《汉书》卷五十六《董仲舒传》：“盖闻虞舜之时，游于岩郎之上，垂拱无为，而天下太平。”注引文颖曰：“岩郎，殿下小屋也。”晋灼曰：“堂边庑，岩郎，谓严峻之郎也。”师古曰：“晋说是也。”（第2506页）按：《汉旧仪》之岩郎指羽林郎，《董仲舒传》之岩廊指宫廷建筑物。论者或将两者混淆，故致众说纷纭。

④ 《汉书》卷十九上《百官公卿表上》，第727页。

⑤ 《续汉书·百官志二》注引，见点校本《后汉书》，第3576页。

⑥ 《汉书》卷六十八《霍光传》，第2939页。

⑦ 何清谷撰：《三辅黄图校释》卷六《杂录》，中华书局2005年版，第383页。

长各一人，比六百石，“主直虎贲，朝会在殿中。”[①]由于虎贲承担朝会中的警卫，故设置陛长专责统领朝会中陛戟殿阶两侧的虎贲郎，盖左阶由左陛长统领，右阶由右陛长统领。张衡《东京赋》谓正旦朝时“郎将司阶，虎戟交铩”[②]，注曰：“言虎贲中郎将，主夹阶而立。虎贲或执戟、或持铩而相对也。交铩，谓交加而设兵器也。”亦认为朝会司阶之郎将为虎贲中郎将。

与此同时，诸郎将亦参与朝会警卫。东汉时光禄勋所辖郎将有了变化，其时已经“省车、户、骑凡三将，及羽林令。”于是“职属光禄者，自五官将至羽林右监，凡七署。”[③]七署为五官中郎将、左中郎将、右中郎将、虎贲中郎将、羽林中郎将，皆比二千石，羽林左监、羽林右监，皆六百石。朝会时光禄勋七署中的五署长官均亲自与会负责警卫，据《汉仪》所记：“左右中郎将位东南，羽林、虎贲将位东北，五官将位中央，悉坐就赐。”[④]皇帝从东阶升降，故他们分别坐镇东南、东北和中央以保卫皇帝。他们与陛戟左右之郎官不同，而有自己的座位，一方面具有警卫的意义，一方面与其他公卿一样作为朝贺者出现。

（2）卫尉。《汉表》曰：“卫尉，秦官，掌宫门卫屯兵。”[⑤]《续汉志》曰：“卫尉，卿一人，中二千石。本注曰：掌宫门卫士，宫中徼循事。”[⑥]可知其职责主要是宫门守卫和宫廷巡防。卫尉与光禄勋同样负责宫廷之警卫，但是两者又有所区别，“殿外门署属卫尉，殿内郎署属光禄勋。”[⑦]也就是说光禄勋最贴近皇帝，卫尉次之，两者存在一定的内外

① 《续汉书·百官志二》，见点校本《后汉书》，第3575页。
② 张衡：《东京赋》，《文选》卷三，第57页。
③ 《续汉书·百官志二》，见点校本《后汉书》，第3578页。
④ 《汉仪》，《续汉书·礼仪志》注引，见点校本《后汉书》，第3131页。
⑤ 《汉书》卷十九上《百官公卿表上》，第728页。
⑥ 《续汉书·百官志二》，见点校本《后汉书》，第3579页。
⑦ 《汉官六种·汉官旧仪卷上》，第30页。

差异。这种差异在朝会的侍卫工作也体现出来，上述第一、二层次之侍卫由光禄勋负责，而第三层次之侍卫则由卫尉负责，亦即由其统辖之卫士负责朝会时的宫廷警卫。

关于这方面的情况，《史记》记作："廷中陈车骑，步卒卫宫，设兵张旗志。"[①]这里的"廷中陈车骑"我们在上文已经指出乃属于朝会侍卫之第二个层次，这里的"步卒卫宫"就是指的朝会侍卫的第三层次，即外层警卫问题。"步卒卫宫"，《汉书》记作："戍卒卫官"[②]。王先谦《补注》曰："《史记》作'步卒卫宫'是也；宫廷不得称'戍卒'，疑班改'步卒'为'戎卒'，传写者误'戎'为'戍'；寻检传志无'卫官'之名，且官不当在戍卒下，'宫''官'亦因形近而讹也。"[③]陈直批驳王先谦曰："百官表，卫尉掌宫门卫屯兵，汉城出土亦有'卫屯'瓦当（见八琼室金石补正卷一、五页），本文卫官指卫屯，戍卒指正卒，并无误文。"[④]虽然把"卫官"解释为"卫屯"还算说得通，但是在本文中将这个词理解为卫尉或其所掌"卫屯"似不确，王先谦已经指出，如果以"卫官"为卫尉或其属官，则"官不当在戍卒下"。大概是为了避免王先谦所指出的这个问题，因此陈直将《汉书》这段话的标点调整为："廷中陈车骑戍卒，卫官设兵张旗志。"[⑤]这样把"卫官"下属之后，下面那句话的意思就变为："卫官负责设兵张旗志"了，从而使作为宫廷警卫中与光禄勋并重的卫尉在朝会中的作用局限和缩小为一项具体事务——设兵张旗志了。这里"步卒卫宫"或"戍卒卫官"是不可分割的一句话，只是《汉书》"戍

① 《史记》卷九十九《叔孙通列传》，第2723页。

② 《汉书》卷四十三《叔孙通传》，第2127页。这句的前后文，标点本标点如下："廷中陈车骑戍卒卫官，设兵，张旗志。"将"戍卒卫官"上属，现亦改为在"车骑"后面加逗点，"戍卒卫官"下属为另一句，作"廷中陈车骑，戍卒卫官，设兵张旗志。"

③ 《汉书补注》卷十三《叔孙通传》，第1020页。

④ 《汉书新证》，第275页。

⑤ 《汉书新证》，第275页。

卒卫官”中的“官”字当如王先谦所指出为“宫”字之讹，如此则《汉书》的“戍卒卫宫”与《史记》的“步卒卫宫”的涵义是完全一致的。何以两者的涵义是完全一致的呢？这是因为这里所说的“步卒”或“戍卒”所指是一致的，均为卫尉所统率之“宫门卫屯兵”或“宫门卫士”。

那么，这些“宫门卫屯兵”或“宫门卫士”是什么人呢？学者已指出：“卫士是从各地征来的，是一种‘徭役’……一年更换一次。”①但是，这是怎样的徭役？他们原来的身份是什么？盖宽饶于宣帝时因举奏大臣非是，“左迁为卫司马”，由于盖宽饶关怀爱护其所统率之卫卒，于是“及岁尽交代，上临飨罢卫卒，卫卒数千人皆叩头自请，愿复留共更一年，以报（盖）宽饶厚德。”②卫司马即卫尉属官，“即卫尉八屯之卫司马。”③上述盖宽饶事表明其所统辖之卫卒乃服“更”役者，役期为一年。其所统辖之卫卒即卫士，《汉书·王尊传》：“正月行幸曲台，临飨罢卫士。”④注引如淳曰：“诸卫士更尽得代去，故天子自临而飨之。”这里的“卫士”即上文之“卫卒”，都是卫尉统率之兵卒。这两个记载都讲到这些卫士年终需要更替轮换，因此汉代就有了“飨罢”或“飨遣”卫士的礼仪⑤。《汉旧仪》记西汉徭役制度曰：“民年二

① 杨鸿年：《汉魏制度丛考》，武汉大学出版社2005年版，第31页。

② 《汉书》卷七十七《盖宽饶传》，第3243、3244页。

③ 《汉书》卷九《元帝纪》颜师古注，第287页。

④ 《汉书》卷七十六《王尊传》，第3231页。

⑤ 《续汉书·礼仪志中》有“飨遣故卫士仪”，这是很隆重的一种礼仪：“百官会，位定，谒者持节引故卫士入自端门。卫司马执幡钲护行。行定，侍御史持节慰劳，以诏恩问所疾苦，受其章奏所欲言。毕飨，赐作乐，观以角抵。乐阕罢遣，劝以农桑。”（见点校本《后汉书》，第3130页）除了百官参加之外，皇帝也往往亲临此礼仪。何以每到年终就需要举行“飨遣故卫士仪”呢？这是因为这些卫士都是从民间征发来的服役者，他们服役期限为一年，然后再换上新的一批卫士。故在燕享这些“故卫士”之后即“罢遣，劝以农桑。”让他们回归故乡继续务农，可见他们原来的身份是农民。刘昭注补曰“《周礼》府史以下，则有胥有徒。郑玄注曰：‘此谓民给傜役，若今卫士矣。’”这里郑玄以汉制解说《周礼》，明言汉代之卫士是由民间征发服徭役之农民担任。

十三为正,一岁而以为卫士,一岁为材官骑士。”[①]民年二十三岁以后就需要服一年的正卒,以为卫士。颜师古曰:“正卒,谓给中都官者也。”[②]何谓“中都官”?颜师古曰:“中都官,京师诸官府也。”[③]可知中央政府各部门之正卒是由地方百姓充当的,上文所引陈直说:“戍卒指正卒”[④],这个意见是正确的。上引王先谦认为:“宫廷不得称‘戍卒’”,怀疑班固的记载有讹误。事实上这些充当卫士的正卒也可以称为“戍卒”。昭帝时魏相为河南太守,“后人有告(魏)相贼杀不辜,事下有司。河南卒戍中都官者二三千人,遮大将军(霍光),自言愿复留作一年以赎太守罪。”[⑤]这些正卒被派遣至中央政府部门服役称为“戍中都官”。颜师古注“河南卒戍中都官者”曰:“来京师诸官府为戍卒,若今卫士上番分守诸司。”径将其称为“戍卒”。可知地方百姓在京师服正卒者,亦可称之为“戍卒”,非独戍边者为然。成帝永始三年(前14)十二月校猎,扬雄随从,“故聊因《校猎赋》以风”,其辞中有云:“储积共偫,戍卒夹道。”[⑥]此赋虽属以古讽今,但是这里描写的皇帝狩猎的场面和警卫等,应为汉代现实之反映。这里亦以夹道警卫皇帝者称为“戍卒”,他们也是从地方上征调来的正卒。卫尉所统辖之卫士——“步卒”或“戍卒”,也是从农民中征发以服正卒之役者。

卫尉之职责为“掌宫门卫屯兵”或“掌宫门卫士,宫中徼循事。”故朝会中由其所统辖之卫士负责“卫宫”,亦即负责朝会中的第三层——外层之警卫,与其日常之职掌是完全符合的。

---

① 《汉官六种·汉旧仪》,第81页。

② 《汉书》卷二十四上《食货志上》注,第1138页。

③ 《汉书》卷二十四上《食货志上》注,第1128页。

④ 《汉书新证》,第275页。

⑤ 《汉书》卷七十四《魏相传》,第3134页。

⑥ 《汉书》卷八十七上《扬雄传》,第3543页。《文选》所收题为《羽猎赋》,此两句文字完全相同,第131页。

3. 监察官员

汉代朝会中的监察官员主要为御史中丞、司隶校尉和尚书令三者。

(1)“三独坐”问题的提出

汉代以御史中丞、司隶校尉和尚书令于朝会中独坐,号称“三独坐”,可以说是人所共知,为汉史中的常识。但是,为什么他们得以在朝会中独坐?却语焉不详,论者或笼统地,或分别论述此三者中的某一官职时说这是因为他们地位特殊,是对他们的尊重云云。然而他们何以地位特殊?何以受到尊重?仍然不得其解。窃意“三独坐”问题必须与朝会问题联系起来,必须与他们在朝会中的职责——监察联系起来,必须将三者作为一个整体来考察,才能说明何以此三者得以在朝会中受到独坐之殊遇?以及他们在朝会中独坐的作用和意义。也就是说“三独坐”问题只有置于特定场合——朝会中的特定职责——监察去把握才能够得其解。

朝会,尤其是正旦朝,是汉代最为隆重的典礼和规模盛大的集会。随着汉代外交关系的发展,则在这种重要的礼仪性集会中,不仅国内王侯、百官济济一堂,而且外国和少数民族来朝者云集,人数众多、成员复杂、关系错综,因此,如何维持会场秩序和纪律,保证集会在礼仪和法纪的规范、约束下顺利进行,就成为朝会中的重要任务,其中监察工作就成为不可或缺的重要构成。监察官员与司仪、警卫等官员协同以保证朝会之有序、安全进行,从而共同构成朝会中三种重要的会务官员。

西汉建立之初,“高帝悉去秦苛仪法,为简易。群臣饮酒争功,醉或妄呼,拔剑击柱,高帝患之。”①朝会之无纲纪跃然可见。汉七年(前

① 《史记》卷九十九《叔孙通列传》,第2722页。

200）十月依据叔孙通所订朝仪举行正旦朝时，群臣“莫不振恐肃敬”，“竟朝置酒，无敢讙哗失礼者。”①朝会中的秩序和法纪有了根本性的改观，从而保证了朝会的顺利进行，令其达致最大限度的隆重性和严肃性的效果，故礼毕高帝不禁慨叹曰：“吾迺今日知为皇帝之贵也！”②。何以致此？其中的重要原因之一是在朝会中加强了监察执法的措施和力度。我们在汉七年的朝礼中已经看到这方面的端倪，如“御史执法举不如仪者辄引去”③即是其证。正旦朝作为国家最隆重的盛典，参加人数后来一般在万人以上，宾客涵盖境内外，成员复杂，故需要采取强有力的监察措施。汉代朝会中的监察官员不仅有这里提到的御史，后来陆续增加了司隶、尚书等官员。此三者遂为汉代朝会中的主要监察官员。

由于御史、司隶、尚书在朝会中负责监察，故特设专席而坐，时人遂号之曰“三独坐”。关于“三独坐”，最早见于东汉初年，宣秉于“建武元年，拜御史中丞。光武特诏御史中丞与司隶校尉、尚书令会同并专席而坐，故京师号曰‘三独坐’。”④此事之后，相继见于东汉初卫宏所作《汉旧仪》，曰：“御史中丞朝会独坐。出讨奸猾，内与尚书令、司隶校尉会同皆专席，京师号之曰‘三独坐’者也。”⑤《东观汉纪》亦有相关记载：“特诏御史中丞与司隶校尉、尚书令会同并专席而坐，故京师号‘三独坐’”⑥。东汉末应劭作《汉官仪》亦有类似记载，曰：“每朝会，尚书令、御史中丞、司隶校尉各独坐，故京师号曰‘三独坐’。”⑦虽

① 《史记》卷九十九《叔孙通列传》，第2723页。

② 《史记》卷九十九《叔孙通列传》，第2723页。

③ 《史记》卷九十九《叔孙通列传》，第2723页。

④ 《后汉书》卷二十七《宣秉传》，第927页。

⑤ 《北堂书钞》卷六十二《设官部十四・御史中丞》引，第248页。

⑥ 《北堂书钞》卷一百三十三《服饰部二・席》引，第572页。

⑦ 《唐六典》卷一《尚书都省》注引，第6页。

然“三独坐”资料为论者所经常征引，然而对其意涵之解读却有所未逮。

首先，这些记载表明御史、司隶、尚书三者之“独坐”是在朝会这样一个特定场合，这不仅表示朝廷对他们的重视和尊重，也是其在朝会中责任重大之体现。古人席地而坐，一般均联席并坐，唯尊长独席而坐。《礼记》：“群居五人，则长者必异席。”郑玄注曰：“席以四人为节，因宜有所尊。”孔颖达疏曰：“古者地敷横席而容四人，四人则推长者居席端。若有五人会，应一人别席，因推长者一人于异席也。”[①]因此“父子不同席”，郑玄注曰：“异尊卑也”。[②] 朝会时一般均按照秩次等级接席而坐，尊重者可与其他人绝席而坐，是为“独坐”。司马彪《续汉书》：“张禹字伯达，迁太傅。朝夕进食，朝见特赞，与三公绝席。”[③]《通鉴》胡注曰：“绝席者，朝位独在百僚上，不与三公联席也。”[④]建武八年(32)中郎将来歙夺得略阳并击退隗嚣大军之围，光武帝甚悦，“于是置酒高会，劳赐(来)歙，班坐绝席，在诸将之右。”[⑤]来歙则在诸将之上独坐。他们由于受到尊重或立有大功而得到皇帝特赐而于朝会中专席而坐。御史、司隶、尚书三者之享有“独坐”殊遇，亦在朝会之中，这表明朝廷对于此三者格外重视和尊重，故《汉官仪》于“京师号曰‘三独坐’”之后有“言其尊重如此”[⑥]之语。他们之独坐是与朝会这样的特定场合联系在一起的。张禹、来歙等人之享受独坐待遇是作为特定个体的特定原因——他们的地位和功劳等而

① 《礼记正义》卷一《曲礼上》，第1233页。

② 《礼记正义》卷二《曲礼上》，第1241页。

③ 《北堂书钞》卷五十二《设官部四·太傅》引，第190页。

④ 《资治通鉴》卷四十九《汉纪四十一》殇帝延平元年(106)，第1563页。

⑤ 《后汉书》卷十五《来歙传》，第587页。

⑥ 《太平御览》卷二百一十《职官部八·尚书令》引，第1007页。《初学记》卷十一《职官部上·尚书令》，中华书局1962年版，第260)引《汉官仪》亦有“言其尊重”语。

得到皇帝的特许,而御史、司隶、尚书三者之享有“独坐”虽然也是经皇帝特许,却是因为特定的工作的需要,具有制度性意义,两者是有所区别的。有的记载指“三独坐”丁“会同”之中,如上引《后汉书·宣秉传》、《汉旧仪》、《东观汉纪》等。“会同”亦即朝会,《周礼》大宰之职:“大朝觐会同,赞玉币、玉献、玉几、玉爵。”郑玄注曰:“时见曰会,殷见曰同。大会同或于春朝,或于秋觐,举春秋则冬夏可知。”疏曰:“诸侯为大会同而来,故称大朝觐。”[①]可知朝会亦包括于会同之中,故班固赋正旦朝曰“春王三朝,会同汉京。”[②]将朝会径称为“会同”。后世论者在征引这些资料时或将朝会这一特定前提去掉,如《后汉书·王常传》:建武七年(31),“使使者持玺书即拜(王)常为横野大将军,位次与诸将绝席。”注曰:“绝席谓尊显之也。《汉官仪》曰:‘御史大夫、尚书令、司隶校尉,皆专席,号三独坐。’”在引用《汉官仪》时省去“朝会”[③];《北堂书钞》《设官部十三·司隶校尉》引《东观汉纪》时则省去“会同”[④]等。如此则其意不明,对于此三者何以享有“专席”之特权,故其意涵之解读不免受到一定影响。

其次,御史、司隶、尚书三者何以在朝会中享有“独坐”之殊遇?关于这个问题,《汉官仪》只是说“言其尊重”,杜佑亦只是说“言其尊也”[⑤]。都没有说明为什么要尊重他们。直至当代,论者于此亦多未加说明。台湾商务印书馆《辞源》“三独坐”词条曰:“御史中丞、司隶

---

① 《周礼注疏》卷二《天官冢宰·大宰》,第650页。

② 《后汉书》卷四十下《班固传》,第1364页。

③ 《后汉书》卷十五《王常传》,第581页。《初学记》(卷十一《职官部上·尚书令》,第260页)引《汉官仪》亦记作:“司隶校尉、御史中丞、尚书令皆专席坐,京师号曰三独坐。”省去朝会内容。

④ 《北堂书钞》卷六十一《设官部十三·司隶校尉》引,第243页。

⑤ 《通典》卷二十四《职官六·御史台》,第142页。

校尉、尚书令朝会时皆专席而坐。故曰三独坐。"[①]没有说明何以令其独坐？大陆商务印书馆《辞源》"三独坐"词条曰："御史中丞、司隶校尉、尚书令是诸官的首长，京师号为三独坐。"[②]后者虽然给出了说法，认为此三者为"诸官的首长"，因而享受独坐待遇。但是这个说法是有问题的，是三者同为诸官的首长，还是三者各自为其所属诸官的首长？前者无稽固不待言，后者的问题是，中央政府"九卿"都可以说是各自所属诸官的首长，何以唯独这三者在朝会中独坐呢？仅以"三台"而言，尚书令为尚书台首长，御史中丞为御史台首长，谒者仆射为谒者台首长，何以唯其中二者享有独坐的殊遇而谒者仆射却没有呢？这个词条的解释存在问题，我们不能完全责怪词典编撰者，因为专业性词条之正确与否，取决于各相关专业之研究程度及其成果。因此，这个词条解释中的问题，实根源于史学界对于这个问题的研究情况。早年陶希圣、沈巨尘《秦汉政治制度》曰："光武特诏御史中丞与司隶校尉、尚书令会同并专席坐，故京师号曰三独坐。"[③]没有对此三者于朝会中给予独坐的原因作出解释，上引台湾商务印书馆《辞源》的解释基本相仿。当今，或谓"'三独坐'显然是一种特殊地位"[④]，这个说法基本上没有超出《汉官仪》"言其尊重如此"之范围。

(2)"三独坐"在朝会中的监察职责

御史、司隶、尚书于朝会中独坐，无疑是对他们的"尊重"，但是，何以在朝会中有特别"尊重"此三者之必要呢？因为按照官阶品级而

① 台湾商务印书馆 1984 年增修第七版《辞源》上册，第 30 页。
② 北京商务印书馆 2001 年版《辞源》第一册，第 47 页。
③ 陶希圣、沈巨尘：《秦汉政治制度》，商务印书馆影印本，第 99 页。
④ 《秦汉官制史稿》下册，第 9 页。

言，御史中丞秩千石[①]；尚书令秩千石[②]，如以公为之者，亦不过“增秩二千石”[③]；司隶校尉比二千石[④]，此三者均在中二千石的“九卿”之下。何以“九卿”无此殊遇而此三者却有呢？这与御史、司隶、尚书三者于朝会中职司监察有关。也就是说这是因为工作需要，即以此方式在朝会中表明他们地位的特殊性，宣示他们的监察权力来自于皇帝，从而提高他们的地位，加强其执法的权威性，以便更好地履行其监察职责。正因为他们官阶秩次并不高，却肩负朝会中重要的监察职责，监察对象包括高官显贵，故需打破常规，令他们绝席而坐，凸显其威权，以利于其监察的权威性和执法力度。

御史中丞　御史中丞在西汉为御史大夫之副，其职责“在殿中兰台，掌图籍秘书，外督部刺史，内领侍御史员十五人，受公卿奏事，举劾按章。”[⑤]其办事机构设在宫中，其职责之特征主要是通过“执法”以监察百官，故御史中丞又称为御史中执法[⑥]。成帝绥和元年（前8）御史大夫更名为大司空，御史中丞改称御史长史，但是“官职如故”[⑦]。东汉时御史中丞为御史台率，文属少府，成为独立的监察机构。

御史中丞属官有侍御史十五人，“掌察举非法，受公卿群吏奏事，有违失举劾之。凡郊庙之祠及大朝会、大封拜，则二人监威仪，有违失则劾奏。”[⑧]除了日常监察百官之外，遇有国家重要的礼仪性聚会，

---

① 《汉书》卷十九上《百官公卿表上》，第725页；《续汉书·百官志三》，见点校本《后汉书》，第3599页。

② 《续汉书·百官志三》，见点校本《后汉书》，第3596页。

③ 蔡质：《汉仪》，《续汉书·百官志》注引，见点校本《后汉书》，第3596页。

④ 《续汉书·百官志四》，见点校本《后汉书》，第3613页。

⑤ 《汉书》卷十九上《百官公卿表上》，第725页。

⑥ 《汉书》卷一下《高帝纪下》注引晋灼曰：“中执法，中丞也。”，第72页。

⑦ 《汉书》卷十九上《百官公卿表上》，第725页。

⑧ 《续汉书·百官志三》，见点校本《后汉书》，第3599页。

如祭祀、朝会、封拜等，亦由其负责监察执法，有二人专司监察威仪。朝会，尤其是正旦朝这样隆重的大型聚会，其执法任务遂责无旁贷落到御史身上。早在汉七年的朝会中，我们就已经看到“御史执法举不如仪者辄引去”①，东汉的正旦朝中，亦有“御史四人执法殿下”②的记载。由于御史中丞肩负朝会中的执法监察重任，因此在朝会中突出其地位，实乃其职责之所需，故史称其“执宪中司，朝会独坐。”③显然，其“独坐”是在“朝会”这样的特定场合，是与朝会相联系的，而且与其“执宪”之特定职务是紧密相关的。我们不能离开朝会来谈其独坐，也不能脱离其朝会监察来解释其独坐。

御史之于朝会中监察，史传中亦留下一些具体事迹。东汉人陈翔被拜为侍御史，“正旦朝贺，大将军梁冀威仪不整，(陈)翔奏(梁)冀恃贵不敬，请收案罪，时人奇之。”④这个记载表明，侍御史于正旦朝中具体行使监察之职责，监察对象上至如大将军这样高贵的权臣，监察内容包括朝会中的“威仪不整”，监察权限可以“请收案罪”。汉桓帝时，朱穆“举高第，拜侍御史。桓帝临辟雍，行礼毕，公卿出，虎贲置弓阶上，公卿下阶皆避弓。穆过，呵虎贲曰：‘执天子器，何故投于地！’虎贲怖，即摄弓。穆劾奏虎贲抵罪。公卿皆惭，曰：‘朱御史可谓临事不惑者也。’”⑤祀辟雍之礼类似正旦朝礼。光武帝中元元年(56)建

① 《史记》卷九十九《叔孙通列传》，第2723页。

② 《汉仪》，《续汉书·礼仪志》注引，见点校本《后汉书》，第3131页。

③ 《汉仪》，《续汉书·礼仪志》注引，见点校本《后汉书》，第3600页。

④ 《后汉书》卷六十七《党锢列传·陈翔传》，第2213页。司马彪《续汉书》：“陈翔字子麟。迁侍御史。正朔旦朝贺，梁冀威仪不整，请收治罪，时人奇之。”(《北堂书钞》卷六十二《设官部十四·侍御史》引，第251页)范晔《后汉书》所载当据此。

⑤ ［西晋］司马彪：《续汉书》，《后汉书》卷四十三《朱穆传》注引，第1463页。

辟雍以及明堂、灵台，合称“三朝”[①]或“三雍”[②]。明帝永平二年(59)“春正月辛未，宗祀光武皇帝于明堂……礼毕，登灵台。”[③]永平二年正月朔在癸丑，辛未为正月十九[④]。可知此次祀“三朝”是在是年正旦朝之后的第十九天。行“三朝之礼”亦为东汉时期与正旦朝同样重大的国家礼仪活动[⑤]，在这种聚会场合亦由御史监察执法。侍御史朱穆于辟雍礼毕发现负责警卫的虎贲将弓箭置于台阶，于是加以训斥和弹劾。其监察辟雍之礼的情况与上述陈翔于正旦朝中行使监察权的情况一致。这里的监察对象是参与朝会警卫、与皇帝关系最为亲近的禁卫军——虎贲，监察内容是对于天子器之不恭，监察权限亦在于奏其抵罪。

上述事例表明，御史于朝会中的执法虽然严峻，但为公卿群臣所听从、慑服。由于御史执法对象包括高官显贵、近侍禁卫乃至皇亲国戚，没有相当权威是不可想象的。侍御史为御史中丞之属官，秩次不过六百石，朝会中突出御史中丞的地位，对于加强其属官在朝会中执法的权威性不是没有意义的。而对于秩次仅为千石的御史中丞来说，在朝会中独坐，表明其权力直接来自于皇帝，在这个特定场合是不能完全以官职大小、秩次高低而论的。

司隶校尉　汉武帝征和(前92—前89)年间为“捕巫蛊”而设专

① 参见《后汉书》卷一下《光武帝纪下》，第84页；《后汉书》卷二《明帝纪》，第103页。

② 《后汉书》卷七十九上《儒林传上》，第2545页。

③ 《后汉书》卷二《明帝纪》，第100页。

④ 据陈垣：《二十史朔闰表》推算，中华书局1962年版，第27页。

⑤ 参见《后汉书》卷二《明帝纪》，第100—103页。

官司隶校尉[1]，后逐渐转变为监察官员，其秩比二千石，但是权力很大，“掌察举百官以下，及京师近郡犯法者。”[2]“职在典京师，外部诸郡，无所不纠。封侯、外戚、三公以下，无尊卑。”[3]其监察对象虽然广泛，但以京师地区公卿百官为主，在京师地区所举行的各种朝会活动中的监察遂成为其重要职责之一。因此，在各种公众聚会和朝会活动中其地位之特殊与其实际的秩级往往并不完全对等，就是与其需要在这些场合行使监察权有关。司隶校尉“初除，谒大将军、三公，通谒持板揖。公议、朝贺无敬。台召入宫对见尚书，持板，朝贺揖。”[4]在其任职之初，需要按照惯例拜见大将军和三公，行“持板揖”之礼，而在公众活动场合和朝会时，则免去此礼；入宫对见尚书时需持板行礼，而在朝贺礼中则只需行揖礼即可，在公众场合或朝会时其无需或降低对于其他长官的礼敬。何以两种场合其礼仪有所差异？就是为了便于其能够在公众场合更好地履行监察职责。其属官亦然，如都官从事“主察举百官犯法者”[5]，专门负责“主洛阳百官”，具体分管监察东都百官。其“朝会与三府掾同”[6]，朝会时其地位与中央最高行政长官三公府的员属相同，享受到与其实际级别不同的待遇，也是因为他们肩负这些场合中的监察职责有关。

关于“三独坐”设置时间，一般据《后汉书·宣秉传》谓在东汉建武元年(25)。但据《汉书·翟方进传》：“故事，司隶校尉位在司直

---

① 司隶校尉设置时间，《汉书·百官公卿表》谓征和四年(标点本《汉书》卷十九上，第737页)，朱绍侯先生考证应为征和二年(《浅议司隶校尉初设之谜》，《学术研究》1994年第1期)。

② 《续汉书·百官志》，见点校本《后汉书》，第3613页。

③ 《汉仪》，《续汉书·百官志四》注引，见点校本《后汉书》，第3614页。

④ 《汉仪》，《续汉书·百官志四》注引，见点校本《后汉书》，第3614页。

⑤ 《续汉书·百官志》，见点校本《后汉书》，第3614页。

⑥ 《汉仪》，《续汉书·百官志》注引，见点校本《后汉书》，第3614页。

下，初除，谒两府，其有所会，居中二千石前，与司直并迎丞相、御史。”[①]文中“有所会”，应当包括朝会在内，可知西汉时司隶校尉在朝会中已“居中二千石前”；杜佑亦谓司隶校尉在西汉时已“专道而行，专席而坐。”[②]据此则司隶校尉在西汉朝会时已经“独坐”了。卫宏《汉旧仪》曰：“御史中丞朝会独坐。出讨奸猾，内与尚书令、司隶校尉会同，皆专席，京师号之曰‘三独坐’者也。”[③]而“《汉旧仪》以载西汉之制为限”[④]。则“三独坐”设置时间问题应还有探讨的空间。

司隶校尉于朝会中执行监察职责，史传中亦有所反映。“梁冀执金吾，岁朝，托疾不朝。司隶杨雄治之，诏以二月俸赎罪。”[⑤]岁朝即正旦朝，这个记载表明“托疾不朝”亦属司隶校尉监察内容。梁冀于顺帝永和元年(136)拜河南尹，此前曾为执金吾[⑥]。执金吾负责宫外警卫，秩中二千石[⑦]，为朝廷禁卫军将领，其级别高于司隶校尉。可知司隶校尉监察对象包括级别高于他的中央政府官员。司隶校尉对于梁冀的处分，得到顺帝的支持，梁冀被处以免除两个月俸禄的责罚。“鲍永字君长，为司隶校尉。永性矜严公正，百僚忌难，每朝各加戒慎。”[⑧]鲍永于建武十一年(35)被征为司隶校尉[⑨]。何以百官每当朝会时莫不格外“戒慎”？就是因为司隶校尉负有在朝会中监察职责，

① 《汉书》卷八十四《翟方进传》，第3414页。

② 《通典》卷三十二《职官十四·司隶校尉》，第183页。

③ 《北堂书钞》卷六十二《设官部十四·御史中丞》引，第248页。

④ 《汉官六种·点校说明》，第2页。

⑤ 谢承：《后汉书》，《太平御览》卷二百三十七《职官部三十五·左右金吾卫将军》引，第1123页。

⑥ 《后汉书》卷三十四《梁冀传》，第1178页。

⑦ 《续汉书·百官志四》，见点校本《后汉书》，第3605页。

⑧ ［西晋］司马彪：《续汉书》，《北堂书钞》卷六十一《设官部十三·司隶校尉》引，第244页。

⑨ 《后汉书》卷二十九《鲍永传》，第1020页。

由于鲍永执法严峻故尔。司隶校尉在朝会中监察影响之大，于此可见一斑。

③**尚书令**。汉初承秦制，尚书为少府诸属官之一，以六百石之尚书令为其长官，因其“在殿中，主发书，故号尚书。尚犹主也。”[①]武帝时以宦者为之，称为中书谒者令，成帝之后用士人为之，仍称尚书令，秩千石。东汉时尚书虽然仍文属少府，但实际上已经独立，被称为“中台”，与御史之“宪台”、谒者之“外台”，并称为“三台”[②]。这时不仅“众务悉归尚书，三公但受成事而已。”[③]而且侵夺了九卿的许多政务，成为直接对皇帝负责、凌驾于公卿百官之上的特殊权力中心——“出纳王命，敷奏万机，盖政令之所由宣，选举之所由定，罪赏之所由正。”[④]

朝会作为国家最隆重的礼仪活动，总统万机的尚书负有更为全面和重大的职责。尚书虽然不是专职的监察机构，但是监察亦在其职责之中，其中包括朝会中的监察。故尚书令“每朝会，与司隶校尉、御史大夫中丞，皆专席坐。”[⑤]此虽然与尚书作为权力中枢的特殊地位有关，但是在朝会中，而且是与另外两个专职监察官员——御史中丞与司隶校尉同时“独坐”，与其在朝会中亦负有监察职责不无关系。

谢承《后汉书》载：“张陵字处仲，清河人，为尚书。陵初为梁冀弟不疑所举孝廉。正月初岁，百官朝贺，（梁）冀恃豪势，不恤王宪，带剑入省。陵主台中威仪，叱冀使出，敕羽林虎贲夺其剑。冀跪谢长辞，（张陵）不应，即劾奏冀，诏以岁俸赎罪，百寮肃然。不疑谓陵曰：‘昔

① 《汉官仪》，《初学记》卷十一《职官部上·尚书令》引，第258页。
② 《汉官仪》，《初学记》卷十一《职官部上·尚书令》引，第259页。
③ 《通典》卷二十二《职官四·尚书令》，第130页。
④ 《通典》卷二十二《职官四·尚书省》，第129页。
⑤ 《汉官六种·汉官仪》，第140页。

举君，适所以自罚也。'陵曰：'明府不以陵之不德，误见擢序，不敢阿公，以报私恩。'不疑有惭色。"[①]尚书设在省外、宫内[②]，梁冀因功于元嘉元年（151）经公卿大会议决，许其"入朝不趋，剑履上殿"[③]。汉代臣下未经特许，不得带剑上殿。这个事件发生于"元嘉中"的"岁首朝贺"[④]。其时梁冀已可以带剑入宫参加朝会，但是带剑入省是不允许的，因为省在宫内，是"君主平居燕处"[⑤]的地区。这个资料表明：①尚书在朝会中亦主"威仪"事，即监察执法，权倾朝野的大将军梁冀在朝会时带剑入省，违反了法纪，触犯了"王宪"，故被尚书所弹劾。②尚书在朝会中不仅直接对于违法者施以训斥，而且有权指挥禁卫军处置违反法纪者，羽林、虎贲在朝会中负责宫殿陛阶之警卫，故张陵指挥他们当场夺下梁冀所佩剑。③尚书进而奏劾违纪者，报请廷尉论罪，而由皇帝裁决处置。④尚书对于权力、地位最高之权臣亦可督察，而"百寮肃然"，表明此乃其职责所在，毋庸异议。

谢承《后汉书》又载："朱穆为尚书，岁初百官朝贺，有虎贲当阶，置弓于地，谓群僚曰：'此天子弓，谁敢干越！'百僚皆避之。穆呵之曰：'天子之弓，当戴之于首上，何敢置地，大不敬。'即收虎贲，付狱治罪，皆肃然服之。"[⑥]此条与上引朱穆为侍御史时，于行辟雍礼时督察虎贲事相同，这里将其职务记载为尚书，事件则发生于正旦朝时。张

① ［三国吴］谢承：《后汉书》，自周天游：《八家后汉书辑注》卷三，上海古籍出版社1986年版，第45页。

② 参见《汉魏制度丛考》，第78、81页。

③ 《后汉书》卷三十四《梁冀传》，第1183页。

④ 《后汉书》卷三十六《张陵传》，第1243页。

⑤ 《汉魏制度丛考》，第9页。

⑥ ［三国吴］谢承：《后汉书》，《太平御览》卷三百四十七《兵部七十八·弓》引，第1598页。

璠《后汉纪》亦记载此为朱穆任尚书时事[1]。案,朱穆先为侍御史,后为尚书[2],曾先后担任此两种职务,我们难于确定此事是在朱穆担任何种职务时发生的。不过,这些记载表明不论侍御史还是尚书,在朝会时均有督察百官之职责和权力,两者于朝会中的监察职责是相同的。

但是,尚书在朝会中的监察,又不完全等同于专职监察官——御史与司隶之职责,其监察范围和作用要更为宽泛,体现于从方针政策、制度等方面保证朝会之顺利进行。

永宁元年(120),西南夷掸国王"献乐及幻人,能吐火,自支解,易牛马头。"次年元会时,遂将掸国所献音乐及杂技"作之于庭,安帝与群臣共观,大奇之。"谏议大夫陈禅独离席举手大声反对,曰:"昔齐鲁为夹谷之会,齐作侏儒之乐,仲尼诛之。又曰:'放郑声,远佞人。'帝王之庭,不宜设夷狄之技。"反对在正旦朝中演出这样的"夷狄之技"。于是尚书陈忠劾奏陈禅曰:"古者合欢之乐舞于堂,四夷之乐陈于门,故《诗》云'以《雅》以《南》,《韎》《任》《朱离》'。今掸国越流沙,踰县度,万里贡献,非郑卫之声,佞人之比,而禅廷讪朝政,请劾禅下狱。"尚书陈忠要求将陈禅治罪下狱,"有诏勿收,左转为玄菟候城障尉",但是如果陈禅"敢不之官,上妻子从者名"[3],附加了严厉的条件。这个资料表明,①陈禅的行为反映了两个问题,一是对于在正旦朝中是否应该演出"夷狄之技",朝臣有两种对立的意见;二是陈禅在正旦朝中公然对于朝会进程中的一个重要环节和内容提出异议,而在这个

① 《太平御览》卷二百一十二《职官部十·总叙尚书》引,第1015页。

② 参见《后汉书》卷四十三《朱穆传》,第1463、1472页;[汉]蔡邕:《鼎铭》,《全后汉文》卷七十四,第877页。

③ 《后汉书》卷五十一《陈禅传》,第1685页。谢承《后汉书》所载略同,《北堂书钞》卷五十六《设官部八·谏议大夫》引,第214页。范书当本此。

盛大的集会上,不仅有国内的文武百官、少数民族来宾,而且有外国来宾和演员。陈禅在这种场合离席大声提出反对意见,想必在当时中外宾客云集的朝会上引起不小的骚动。②因此,对于陈禅的行为有两个问题需要处理,一是对于他的反对意见应当如何处置,他的意见正确与否,是汉王朝在发展外交关系和对外文化交流中必须面对和解决的重要问题。二是应当如何处置陈禅在这种隆重的、盛大的礼仪场合中的行为。③尚书负责上述问题之解决。对于陈禅的行为的处置,主要是解决第一个问题,这个问题解决了,第二个问题就比较容易解决了。史称"邓太后时,西夷檀国来朝贺,诏令为之。而谏大夫陈禅以为夷狄伪道不可施行。"[1]即指此事。可知这次演出掸国所献伎艺的决定是由最高统治者皇帝作出的,陈禅的意见是对皇帝决策的对抗。尚书陈忠根据古代外交关系中对待外来文化的历史,作出了判断,证明了在朝会中演出"夷狄之技"的正确性。据应劭的说法:元会"后数日,尚书陈忠案《汉旧书》,乃知世宗时犛靬献见幻人,天子大悦,与俱巡狩,乃知古有此事。"[2]则陈忠不仅根据先秦时期的历史经验,而且根据西汉时期的历史经验[3],找到了充足的历史根据。陈忠花了数天时间查阅的《汉旧书》,即汉朝施政中的"故事",表明汉代在外交中的事件、举措均有相关文书,并作为档案资料而保存。而这些档案资料是保存在尚书台中的[4]。陈忠为尚书令,"数进

① 《汉书》卷六十一《张骞传》注引,第2696页。

② 《汉书》卷六十一《张骞传》注引,第2696页。

③ 世宗指汉武帝,《汉书》卷八《宣帝纪》:本始二年(前72)"六月庚午,尊孝武庙为世宗庙。"(第243页)袁山松《后汉书》载蔡邕议曰:"孝宣尊崇孝武,庙称世宗。"(《续汉书·祭祀志》注引,见点校本《后汉书》,第3199页)

④ 详见《汉唐外交制度史》,第75—76页。

忠言,辞旨弘丽,前后所奏,悉条于宫上阁,以为故事。"[1]郑弘为尚书令,"前后所陈有补益王政者,皆著之南宫,以为故事。"[2]尚书为行政档案之保存机构。④由于陈禅的意见被认为是错误的,违反汉代传统的礼仪和外交关系惯例和准则,因而受到惩罚。⑤尚书对于朝会的监察体现于对于方针政策的监察和把握。这个事件的处理,是尚书"政令之所由宣"和"罪赏之所由正"[3]的生动体现。可以说,尚书是在更高层次、更广阔的范围对朝会进行监察的。

又据谢承《后汉书》载:"陈禁字子雅,拜尚书。公卿朝,日晏无诏。禁问台上故事何时可罢,对言已食辄有诏罢,今已晏。禁曰:'宁可白耶?'尚书郎以上方宴乐,不敢白。禁使罢公卿。既罢,上问左右:'今未有诏而罢朝,何也?'尚书直对曰:'陈禁命罢。'上曰:'勿复问也。'"[4]这个资料表明,①有关朝会的法令、故事由尚书负责,保存于尚书台中。如同上述资料所表明的一样。因此,朝会之进程需依据尚书台所保存的"故事"为准则而进行。②朝会中如果遇到什么问题时,例如这次关于朝会是否继续进行的问题,由尚书负责向皇帝请示,以作决定。③皇帝因宴乐而致日晏无诏罢朝时,尚书可权宜宣布罢朝,公卿皆听命于他。尚书为朝会总管。④尚书的决定,事后得到皇帝的认可。所谓"总典纲纪,无所不综。"[5]"政令之所由宣"[6],亦体现于朝会这一具体政务之中。

---

① 《东观汉纪》,《太平御览》卷二百一十《职官部八·尚书令》引,第1007页。"宫"前似夺一"南",南宫即尚书台,参见下引郑弘事。

② 《后汉书》卷三十三《郑弘传》,第1155页。

③ 《通典》卷二十二《职官四·尚书省》,第129页。

④ 《太平御览》卷二百一十二《职官部十·总叙尚书》引,第1014页。

⑤ [汉]蔡质:《汉仪》,《北堂书钞》卷五十九《设官部十一·尚书令》引,第230页。

⑥ 《通典》卷二十二《职官四·尚书省》,第129页。

就监察事务而言,已经有了专职监察官员御史与司隶,何以在朝会中除了这两种专职监察官员之外又增加尚书,从而形成三位一体之监察体制呢?这是为了在朝会中形成一种分工合作而又相互制约的监察机制,从而更为有力地保证朝会的监察工作,保证朝会在皇帝的有效监控之下按照既定礼仪和法纪进行。御史与司隶作为专职监察官员,在日常的行政运作中已经存在相互制约的机制,当时制度规定"御史中丞督司隶"[①],秩千石的御史中丞[②],可以督察秩比二千石的司隶校尉[③],就是为了监察工作的相互制约。但是到了成帝时,"及御史大夫转为大司空,而中丞出外为御史台率。"[④]御史成为独立的监察机构——御史台,已经从宫内移至宫外,而尚书台作为宫内行政中枢,权力却日益膨胀。"御史中丞遇尚书丞、郎,避车执板住揖,丞、郎坐车举手礼之,车过远乃去。"[⑤]尚书作为朝会"三独坐"之一,不仅与御史、司隶分工合作进行监察,而且形成行政中枢对于专职监察官员的一种制约关系。尚书作为宫内官,与皇帝的关系较其他监察官员更为亲近,更有利于保证皇帝的安全,上述梁冀于朝会时带剑入省,被尚书张陵查处事件证明了这一点;也更有利于皇帝对于朝会的监控,上述尚书陈禁事中,关于朝会何时结束、是否结束的问题中表明了这一点;也更为有利于皇帝对于朝会的既定意图的贯彻执行,上述尚书陈忠对于谏议大夫陈禅反对于朝会中演出"夷狄之技"的事件表明了这一点。尚书作为特殊权力中心之参与朝会监察,一方面是在

① 《汉旧仪》,《北堂书钞》卷六十二《设官部十四·御史中丞》引,第247页。

② 《汉书》卷十九上《百官公卿表上》,第725页;《续汉书·百官志》,见点校本《后汉书》,第3599页。

③ 《续汉书·百官志》见点校本《后汉书》,第3613页。

④ 《通典》卷二十四《职官六·中丞》,第142页。

⑤ 《汉仪》,《续汉书·百官志三》注引,见点校本《后汉书》,第3598页。

方针政策和制度等更高层面上进行监察，而与专职监察官员之监察有所差异；另一方面则在原有监察官员相互制约机制上形成行政中枢与专职监察官员的一种相互制约关系，形成三位一体之监察机制，从而更为有力地保证朝会在皇帝的有效监控之下按照既定礼仪和法纪进行。

（三）朝礼外交功能的发展

汉代朝礼外交功能的发展，表现在朝礼本身外交功能的逐步加强和朝礼向其他礼仪形态之扩展两个方面。

汉代朝礼的发展大体经历了两个阶段性的发展变化，即从以对内关系为主逐渐增加了对外关系的成分，其对外关系成分之由小到大的发展，直接反映了汉代外交关系发展的进程。汉五年（前202），“已并天下，诸侯共尊汉王为皇帝于定陶……群臣饮酒争功，醉或妄呼，拔剑击柱，高帝患之。叔孙通知上益厌之也”①，由此可见在推翻秦王朝之后，新建立的汉王朝面临着“礼崩乐坏”、纲纪紊乱的局面，其时亦无暇顾及对外关系，当务之急是稳定内部关系，故亟需制订维护新君权威，维护新王朝统治秩序和纲纪的新的礼仪，于是叔孙通向刘邦提出了这个问题和建议。刘邦遂令叔孙通制订新的朝仪，以整饬纲纪，树立新君之权威。叔孙通就是在这样的背景和时代条件下奉命制订新礼的，施行此新礼之后刘邦所以强调“今日知为皇帝之贵”，也主要是从内部关系而言的。此后，随着汉代对外关系的日益发展，这种朝礼也随之逐渐增加了对外关系的成分，其国际化、族际化的因素和色彩日益浓厚和加强，朝礼的外交功能亦随之日益加强和发展。这不仅体现了朝礼本身的发展变化，同时也是汉代外交关

① 《史记》卷九十九《叔孙通列传》，第2722页。

系发展变化在政治上和礼仪上发展变化的一种反映和体现。

汉代朝礼外交功能的发展变化，集中体现于与会成员的发展变化上面，具体来说就是朝会中的四方国、族成分的增加，从而使朝会的国际化、族际化色彩日益加强和浓厚，朝会成为重要的民族关系和外交关系场所。

在汉七年（前200）首次举行的“朝正”礼中，我们只见到汉王朝内部的诸侯和文武百官等人员出席，除了东越的闽越可能与会之外，还没有看到其他四方国、族的来朝者。这显然与皇朝草创，尚未与四方国、族建立密切的关系，更遑论“朝”关系之建立有着直接的关系。随着外交关系的发展，四方国、族来朝者遂逐渐增加。

汉代外交的大发展时期是在汉武帝时，因此反映这一成就的汉代朝礼也应当是在这个时期得以跃上一个新台阶的，亦即将外交成分更多地注入朝礼之中。史称“汉兴六十余载，海内艾安，府库充实，而四夷未宾，制度多阙。”汉武帝之前汉王朝在外交上并没有重大进展，经过汉武帝达半个世纪的经营，文治武功及外交均得到巨大发展，“是以兴造功业，制度遗文，后世莫及。”其“制度”方面即包括“定令则赵禹、张汤。”[①]具体来说是“叔孙通益律所不及，傍章十八篇，张汤《越宫律》二十七篇，赵禹《朝律》六篇，合六十篇。”[②]赵禹所作《朝律》又被称为《朝会正见律》[③]。可知赵禹作《朝律》是叔孙通制礼之后汉代朝礼发展的又一重要阶段。这一朝礼当吸收并反映了汉武帝时期外交功业发展的成果，昭宣以降至东汉时期文献所见朝礼中外交成分之增加，赵禹《朝律》开其先河。

---

① 《汉书》卷五十八《公孙弘卜式儿宽传》赞，第2633—2634页。

② 《晋书》卷三十《刑法志》，第922页。

③ 《太平御览》卷六百三十八《刑法部四·律令下》引张斐《律序》曰，第2859页。

虽然汉武帝时期关于四方国、族来朝之记载已逐渐有所见，但是真正具体看到四方国、族来朝者在“大朝”中的活动身影，则是到了西汉后期了。汉宣帝甘露三年（前51）的“大朝”是一个重要标志。在这年正月举行的正旦朝中，匈奴呼韩邪单于成为来朝者的主角，其所率领的使团成员“左右当户之群臣皆得列观”，此外还有“诸蛮夷君长王侯数万”①参与，四方国、族来朝者首次大规模出现在正旦朝的舞台上，也是首次出现在正史的记载之中，而且人数众多，盛况空前。由于四方国、族之来朝在西汉宣帝时期进入一个新的高潮阶段，因而史籍有关这方面的比较详细完整的记载亦始见于这个时期。《汉书·匈奴传》中关于甘露三年呼韩邪单于朝正旦的记载为首次关于“蛮夷戎狄”来朝正旦之比较详细完整的记载。此后，这方面的记载虽然在《汉书》中不同程度亦有所反映，但是作为典章制度的专题著述中这方面的记载仍然不多，及至东汉时期陆续问世的关于《汉官》的诸著述始见将这方面的情况纳入其中。蔡邕叔侄的著作具有代表性，蔡邕之叔、卫尉蔡质《汉官典职仪式选用》（简称《汉官典职》、《汉官典仪》、《汉官》）记载曰：“正月旦，天子幸德阳殿，临轩。公、卿、将、大夫、百官各陪朝贺。蛮、貊、胡、羌朝贡毕，见属郡计吏，皆陛觐，庭燎。”②这里除了内部的公卿百官之外，还有“蛮、貊、胡、羌”等四方国、族之来“朝”者；四方国、族来“朝”已经纳入“正旦朝”之礼仪制度之中，这是四方国、族来朝已经常态化、制度化的反映。蔡邕曾撰《朝

① 《汉书》卷九十四下《匈奴传下》，第3798页。“当户”为匈奴官名，匈奴单于之下“自如左右贤王以下至当户，大者万骑，小者数千，凡二十四长”。（《史记》卷一百十《匈奴列传》，第2890页）

② 《汉官六种·汉官典职仪式选用一卷》，第210页。

会志》[①]，其书已佚，但是其《独断》中有云："四姓小侯，诸侯家妇，凡与先后有瓜葛者，及诸侯王大夫、郡国计吏、匈奴朝者、西国侍子皆会。"[②]其后应劭《汉官仪》亦有相关记载[③]，与蔡质《汉官》文字基本相同。

从汉七年（前200）叔孙通制订元会礼，至甘露三年（前51）之呼韩邪单于来朝正旦，再到东汉时期将四方国、族来朝纳入典章制度著述中，历时一个半至两个世纪，这一方面反映了汉王朝与四方国、族外交关系取得了长足的发展，体现了历史的进步趋势；另一方面也反映了"朝"关系建立、发展之曲折和漫长，以及"朝"礼与时俱进之发展规律。

实际上，四方国、族之来朝，并非一蹴而就，是在汉王朝国力上升之后，亦即汉王朝与相关国、族经过长期的较量，力量对比发生有利于汉王朝，或向汉王朝倾斜之后才逐步得以实现的。故汉代的朝礼基本上是先内后外、由内而外逐步扩展和完善的过程，从而形成了内外结合、内外一体的完整的"朝"礼。

（四）西汉后期朝礼的重大突破

汉宣帝时期，随着外交关系的发展进入一个新的历史阶段，汉代的朝礼亦取得了突破性的发展。

汉代将外交关系纳入"朝"礼之中，使之成为"朝"礼中正式的、制度化的内容之一，是在西汉宣帝时期，这个时期正式而明确地在"朝"礼中加入了与四方国、族关系的内容，这是汉王朝与四方国、族的

① ［唐］刘知几：《史通·古今正史》："（蔡）邕别作朝会、车服二志。"（程千帆：《史通笺记》，中华书局1980年版，第213页）

② 《八家后汉书辑注》，［三国吴］谢承：《后汉书》卷一《礼仪志》注引，第5页。

③ 《汉官六种·汉官仪卷下》，第183页。

"朝"关系至西汉中后期有了较大发展的客观现实在典章制度上的反映。可以说西汉宣帝时期是四方国、族之来朝进入制度化发展的阶段。神爵元年(前61)因有西羌战事,诏曰:"军旅暴露,转输烦劳,其令诸侯王、列侯、蛮夷王侯君长当朝二年者,皆毋朝。"注曰:"朝来年之正月。"①表明这时"蛮夷王侯君长"来赴"正旦朝"已成为定制。但是这只是一些一般弱小国、族的"王侯君长"来朝,而作为北边最大的"君长"——匈奴单于来朝的礼仪尚未制订,及至此后十年方才得以明确而制定。甘露二年(前52)匈奴"呼韩邪单于款五原塞,愿朝三年正月。"注曰:"会正旦之朝贺也。"②于是宣帝召公卿议其礼仪。会上有两种不同意见,丞相黄霸、御史大夫于定国认为:"其礼仪宜如诸侯王,位次在下。"萧望之以为"单于非正朔所加,故称敌国,宜待以不臣之礼,位在诸侯王上。"最后宣帝采纳了萧望之的意见,下诏曰:"其以客礼待之,令单于位在诸侯王上,赞谒称臣而不名。"③

这是关于朝礼的一次重要决策会议,其所传达的历史信息是:

首先,这是汉代第一次制订接待匈奴单于来朝礼仪的决策会议。黄霸、于定国在阐述其主张时指出,这次"匈奴单于乡风慕化,奉珍朝贺,自古未之有也。"④在他们看来这是前无古人的盛事,表明这是汉王朝第一次接待"百蛮大国"之首脑——匈奴单于的亲自来朝。上述神爵元年已经提到"蛮夷王侯君长"来朝的问题,但是他们的重要性和"级别"都不及匈奴单于,表明当时还没有碰到像匈奴单于来朝这么重要、这种"级别"的来朝者的问题,如今首次遇到这样的问题,故需特别召开御前决策会议以确定其接待礼仪。

① 《汉书》卷八《宣帝纪》,第261页。
② 《汉书》卷九十四下《匈奴传下》,第3798页。
③ 《汉书》卷七十八《萧望之传》,第3282—3283页。
④ 《汉书》卷七十八《萧望之传》,第3282页。

其次，会上两种意见代表了“朝”礼中的两种接待规格。黄霸、于定国主张以“诸侯王”之礼接待，而朝见时的位次则在“诸侯王”之下；萧望之主张以“不臣之礼”接待，其位次在“诸侯王”之上。前者是将来朝者视为臣属，故以“臣礼”对待，后者是将来朝者视为“敌国”，即对等之国，故以“不臣之礼”接待。这种“不臣之礼”谓之“客礼”，是与“臣礼”有别的礼仪。据周代交聘礼，“客礼”即主客之礼，双方为宾主关系；“臣礼”即君臣之礼，双方为君臣关系[①]。战国时期，乐毅“为魏昭王使于燕，燕王以客礼待之。乐毅辞让，遂委质为臣，燕昭王以为亚卿。”[②]因其为魏昭王的使者出使燕国，故燕王以“客礼”待之，当其“委质为臣”于燕，则其与燕王关系转化为君臣关系，自然就以君臣之礼相待。汉王朝决定以“敌国”之礼，即“不臣之礼”接待呼韩邪单于，故曰以“客礼”待之。由此可见，对于来朝者的接待礼仪并非一个模式，而是区别对待的，或以“臣礼”待之，或以“客礼”待之。这种区别由来朝者所代表的实体的力量强弱、地位高低而决定。

第三，呼韩邪单于为以“客礼”来朝之第一人。从这次决策会议观之，在呼韩邪单于来朝之前，尚无其他国、族来朝者享有这一礼遇，在此之前来朝之“蛮夷王侯君长”当均以“臣礼”接待之，而以“客礼”接待者，呼韩邪单于为第一人。甘露三年(前51)正旦朝的情况，可以印证这样的事实。甘露三年正月，呼韩邪单于“朝天子于甘泉宫，汉宠以殊礼，位在诸侯王上，赞谒称臣而不名。”呼韩邪单于所受礼遇是与一般来朝者不同的“殊礼”。“礼毕，使使者道单于先行，宿长平。上自甘泉宿池阳宫。上登长平，诏单于毋谒，其左右当户之群臣皆得

① 《仪礼·聘礼》：“宾奉币，入门左，介皆入门左，西上。”郑玄注曰：“以客礼入，可从介。”释曰：“对入门右行臣礼，不得从介也。”(《仪礼注疏》卷二十一《聘礼》，第1058页。)

② 《史记》卷八十《乐毅列传》，第2327页。

列观，及诸蛮夷君长王侯数万，咸迎于渭桥下，夹道陈。上登渭桥，咸称万岁。单于就邸，留月余，遣归国。”[①]汉宣帝亲自接待呼韩邪单于，两者密切互动，给予呼韩邪单于“称臣而不名”和“毋谒”等殊礼，而其他“蛮夷君长王侯”则没有呼韩邪单于所享受的礼遇，他们处于“夹道”欢迎的队伍之中，体现了朝礼中两种不同的待遇。

第四，这是对于传统“朝”、“聘”礼的突破，体现了两者的融通。按照传统的“朝”、“聘”礼仪，“朝”为“君之礼”，“聘”为“臣之礼”[②]。故一般而言，“臣见君曰朝”[③]，诸侯之间遣使访问曰聘。故呼韩邪单于在入朝之前的贵族决策会议上，是将入朝作为“称臣事汉”而作出决断的[④]。按照这个传统观念，则黄霸、于定国主张以“臣礼”接待呼韩邪单于并无不可，他们的主张代表了当时的主流观念，故《汉书·宣帝纪》载当时在御前决策会议上“咸曰”接待呼韩邪单于应当“礼仪宜如诸侯王，称臣昧死再拜，位次诸侯王下。”[⑤]可见黄霸、于定国当时是代表了大多数人的意见，而萧望之、汉宣帝则是少数派。萧望之、汉宣帝根据当时的汉匈关系情况，对于传统的“朝”礼作出了调整，采取符合汉王朝最大利益的权宜措施。一方面是当时呼韩邪单于所代表的匈奴已经成为汉王朝的藩附，另一方面他们还有相当大的力量和影响，因而必须采取灵活政策。当时匈奴内部分裂，郅支单于都于单于庭，呼韩邪单于失败而依附于汉。事实上，直到汉成帝时匈奴仍然被视为“百蛮大国”[⑥]，颜师古注曰：“于百蛮之中，最大国也。”萧望

① 《汉书》卷九十四下《匈奴传下》，第3798页。
② 《周礼注疏》卷三十七《秋官司寇·小行人》，第893页。
③ 《尔雅注疏》卷三《释言》疏，第2582页
④ 参见《汉书》卷九十四下《匈奴传下》，第3797页。
⑤ 《汉书》卷八《宣帝纪》，第270页。
⑥ 《汉书》卷九十六上《西域传上》，第3893页。

之是这样阐述他的主张的理由的:“外夷稽首称藩,中国让而不臣,此则羁縻之谊,谦亨之福也。书曰‘戎狄荒服’,言其来服,荒忽亡常。如使匈奴后嗣卒有鸟窜鼠伏,阙于朝享,不为畔臣。信让行乎蛮貉,福祚流于亡穷,万世之长策也。”可见在他看来匈奴之称藩并不可靠,其叛汉之可能性仍然存在,故汉宣帝同意萧望之的主张,认为:“盖闻五帝三王教化所不施,不及以政。今匈奴单于称北藩,朝正朔,朕之不逮,德不能弘覆。”①因而决定以“客礼”接待呼韩邪单于。这一改变,导致传统朝礼的变异,这种朝礼实际上已经与传统的聘礼没有区别,从而实现了“朝”、“聘”礼的融通。也就是说,呼韩邪单于的来朝,实际上并非传统意义上的入朝,而是属于友邦君主的来访、聘问。按照这种接待礼仪,则呼韩邪单于虽然在朝拜中仍然“称藩臣”②,但是他享有的却并非“藩臣”而是“敌国”、不是非对等关系而是对等关系的礼遇。

萧望之、汉宣帝对于汉代朝礼的改造,遭到了传统观念的非议。荀悦的说法具有代表性,他说:“春秋之义,王者无外,欲一于天下也。书曰‘西戎即序’,言皆顺从其序也。戎狄道里辽远,人迹介绝,人事所不至,血气所不沾,不告谕以文辞。故正朔不及,礼教不加。非尊之也,其势然也。王者必则天地,天无不覆,地无不载。故盛德之主则亦如之,九州之外谓之蕃国,蛮夷之君列于五服。《诗》云:‘自彼氐羌,莫敢不来王。’故要荒之君必奉王贡,若不供职,则有辞让号令加焉,非敌国之谓也。故远不间亲,夷不乱华,轻重有序,赏罚有章,此先王之大礼。故舞四夷之乐于四门之外,不备其礼,故不见于先祖,献其志意音声而已。望之欲待以不臣之礼,加之王公之上,僭度失

① 《汉书》卷七十八《萧望之传》,第3282—3283页。

② 《汉书》卷八《宣帝纪》,第271页。

序,以乱天常,非礼也。若以权时之宜,则异论矣。"[①]不过,荀悦虽然认为萧望之的主张是违背传统的一种"非礼"之举,但是也不得不接受这种从"权时之宜"而制订的政策。

萧望之、汉宣帝所制订的这种政策,不仅是当时的客观时势所需,而且也是顺应历史发展的进步。汉宣帝时期对于朝礼的改造,使得传统的朝礼具有了多元的性格,确立了汉代朝礼中"臣礼"与"客礼"并行的特点,成为此后的常态。黄龙元年(前49)正月,"呼韩邪单于来朝,礼赐如初。"[②]至元帝竟宁元年(前33)呼韩邪单于"复入朝,礼赐如初。"[③]所谓"礼赐如初",就是按照甘露二年所定"客礼"以待之。成帝河平四年(前25)正月,呼韩邪子复株絫若鞮单于入朝,"加赐锦绣、缯帛二万匹,絮二万斤,它如竟宁时。"[④]所谓"它如竟宁时",就是除了"加赐"的物资之外,其他礼仪均依照竟宁元年接待礼仪,亦即甘露二年所定礼仪。哀帝元寿二年(前1),乌珠留单于来朝,"加赐衣三百七十袭,锦绣、缯帛三万匹,絮三万斤,它如河平时。"[⑤]所谓"它如河平时",也是除了"加赐"之物资外,礼仪均依照河平四年乌珠留单于来朝时礼仪,亦即甘露二年所定礼仪。由此可见甘露二年所定以"客礼"接待匈奴单于来朝的礼仪,一直贯彻于西汉后期,成为定制。不仅如此,东汉建武二十四年(48)"匈奴薁鞬日逐王比自立为呼韩邪单于,款塞称藩,愿捍御北虏。事下公卿。议者皆以为天下初定,中国空虚,夷狄情伪难知,不可许。(耿)国独曰:'臣以为宜如孝宣故事受之,令东捍鲜卑,北拒匈奴,率厉四夷,完复边郡,使塞下无晏开之

① 《两汉纪》上册,《汉纪·孝宣皇帝纪四卷第二十》,第356—357页。

② 《汉书》卷八《宣帝纪》,第273页。

③ 《汉书》卷九十四下《匈奴传下》,第3803页。

④ 《汉书》卷九十四下《匈奴传下》,第3808页。

⑤ 《汉书》卷九十四下《匈奴传下》,第3817页。

警，万世安宁之策也。'帝从其议，遂立比为南单于。"[1]耿国所谓"孝宣故事"，即宣帝甘露二年所订、甘露三年所施行的对匈奴的政策和礼仪。可见西汉宣帝时所订对于匈奴的政策和礼仪已经成为后世依据和奉行之惯例——"故事"。和帝"永元初，大将军窦宪出征匈奴"，永元二年（90）"北单于闻汉军出，遣使款居延塞，欲修呼韩邪故事，朝见天子。"[2]虽然北单于没能入朝，但是其亦以"呼韩邪故事"，亦即宣帝故事为入朝之依据而与汉王朝交涉。宣帝甘露二、三年"故事"已经成为国际、族际关系惯例。

此后，参与正旦朝的来宾，大略而言可以分为两个类别，即以"客礼"朝见和以"臣礼"朝见两大类别。前者主要为"大国"君主，如上述"百蛮大国"匈奴单于。乌孙亦为西域"大国"，"控弦十万，故武帝妻以公主。"[3]哀帝元寿二年（前1），乌孙"大昆弥伊秩靡与单于并入朝，汉以为荣。"[4]匈奴、乌孙君主同时来赴正旦朝，故汉王朝格外引以为荣，两位君主之接待礼仪应当是一致的。其次为弱小国、族之君长王侯以及侍子、使节等，甘露三年呼韩邪单于来朝正旦时，"诸蛮夷君长王侯数万，咸迎于渭桥下，夹道陈"的情况反映了这种区别。因此这些"蛮夷君长"在朝会中的位次是在诸侯王之下的，他们是以"臣礼"朝见的。但是，后者又根据其身份之不同而有所差别。永平元年（58）明帝"率公卿已下朝于原陵，如元会仪。"[5]其仪式据《续汉书·百官志》："西都旧有上陵。东都之仪，百官、四姓亲家妇女、公主、诸王大夫、外国朝者侍子、郡国计吏会陵。昼漏上水，大鸿胪设九宾，随

① 《后汉书》卷十九《耿弇传》附《耿国传》，第715—716页。
② 《后汉书》卷四十下《班固传》，第1385页。
③ 《后汉书》卷四十七《班超传》，第1577页。
④ 《汉书》卷九十六下《西域传下》，第3910页。
⑤ 《后汉书》卷二《明帝纪》，第99页。

立寝殿前。钟鸣，谒者治礼引客，群臣就位如仪。”注引鱼豢曰：“孝明以正月旦，百官及四方来朝者，上原陵朝礼……”可见四方来朝者也参与“上陵”之礼。在这个礼仪中，由大鸿胪负责“设九宾”，注引薛综曰：“九宾谓王、侯、公、卿、二千石、六百石下及郎、吏、匈奴侍子，凡九等。”[①]次年正月祀明堂，明帝诏中有云：“群僚藩辅，宗室子孙，众郡奉计，百蛮贡职，乌桓、濊貊咸来助祭，单于侍子、骨都侯亦皆陪位。”[②]总的来说这些来朝者虽然其位次均在诸侯王之下，但是其具体位次则与他们本身的身份高低而有所不同，所谓“就位如仪”就是说的这种情况。在这两大类别中，前者之参与正旦朝是少数，大量的是后者。这些蛮夷君长王侯以及侍子、使节，不仅在上述“大国”君主来朝之前已经络绎不绝来朝，而且在其后继续担当参与正旦朝之主要角色。因此，在正旦朝中后者是大量的、经常性的参与者。

“朝”作为外交之最高形态和最重要的方式，其特征主要是礼仪性的，而与具有实务性为主要特征的其他外交方式，如贡、赐、质侍、和亲、互市等有一定区别。所谓“礼仪性”的实质主要是其政治性，这是“朝”与其他外交方式的基本共性，不过其他外交方式之政治性目的一般来说更为具体一些，而“朝”所达致的政治目的则是比较宽泛的。四方国、族之来朝，意味着对于汉王朝的臣服、归顺固不待言，更是其“德”被四海，“泽”及万方之体现，四方国、族之来朝，被誉为“百蛮之君，靡不乡风，承流称意。远方殊俗，重译而朝，泽及方外。”[③]“远方之君莫不说义，奉币而来朝。”[④]匈奴之“委质称臣，来入朝见汉家。

① 《续汉书・礼仪志上》，见点校本《后汉书》，第3103—3104页。

② 《后汉书》卷二《明帝纪》，第100页。

③ 《史记》卷六十《三王世家》，第2109页。

④ 《汉书》卷五十八《公孙弘传》，第2616页。

汉家得以宣德广之隆而威示四海，莫不率服”①，西域“自兵威之所肃服，财赂之所怀诱，莫不献方奇，纳爱质，露顶肘行，东向而朝天子。”②尤其“百蛮大国”之来朝，其政治影响更是不可估量，史称“及呼韩邪单于朝汉，后咸尊汉矣。”③

因此，朝会的礼仪和场合是显示汉王朝大国地位、万邦朝宗的标志性方式和场所。“是日也，天子受四海之图籍，膺万国之贡珍，内抚诸夏，外接百蛮。”④举朝文武百官以及四方国、族来朝者以及使节、侍子等济济一堂，其国际性、族际性盛会之特殊意义为其他外交方式所不逮。

“朝”的政治意义不仅在于一般性的宽泛的影响上面，同时在具体的政治指向中也同样发挥重要作用。在这种朝会中，正是汉王朝宣示其对外意图和政策的最佳场所。例如，西域车师之战略地位重要，为汉通西域之要道，是汉和匈奴长期争夺的对象，车师亦长期依违于汉、匈之间。地节三年（前67）车师王乌贵向屯田于渠犁的汉侍郎郑吉投降。匈奴闻车师降汉，发兵攻车师，乌贵恐，乃轻骑奔乌孙，郑吉迎乌贵妻子置渠犁，匈奴立乌贵之兄弟兜莫为车师王。郑吉将乌贵之妻子传送“诣长安，赏赐甚厚，每朝会四夷，常尊显以示之。”⑤汉王朝利用朝会的机会“尊显”乌贵之“妻子”，目的在于向“四夷”显示对于车师王的友好姿态，以争取尚在乌孙避难之车师王乌贵，并争取车师乃至西域诸国对汉之向心力。这是将汉、匈在西域的军事角

① 桓谭：《新论·谴非》，文载：《全上古三代秦汉三国六朝文》（第一册）卷十四《全后汉文》，第542页。

② 《后汉书》卷八十八《西域传》，第2931页。

③ 《汉书》卷九十六上《西域传上》，第3896页。

④ 《后汉书》卷四十下《班彪传下》，第1364页。

⑤ 《汉书》卷九十六下《西域传下》，第3922—3923页。

逐转移至朝会场所而进行角力。后来，汉改立军宿为车师王。元康四年（前62）乌孙遣使将乌贵护送至长安，汉朝“赐第与其妻子居”①。车师从此附汉，随着匈奴势力之退出西域，汉王朝通西域的道路得以畅通。朝会之外交功能于此可见一斑。

（五）东汉时期朝礼的发展与扩张

1. 东汉朝礼的发展变化

东汉时期的朝礼在继承西汉制度的基础上而有所发展变化。以下五段文字是对于东汉时期正旦朝礼比较集中和完整的记载。

一是司马彪《续汉书·礼仪志》的记载：

> 每岁首正月，为大朝受贺。其仪：夜漏未尽七刻，钟鸣，受贺。及贽，公、侯璧，中二千石、二千石羔，千石、六百石雁，四百石以下雉。百官贺正月。二千石以上上殿称万岁。举觞御坐前。司空奉羹，大司农奉饭，奏食举之乐。百官受锡宴飨，大作乐。②

二是班固在《两都赋》中的描写：

> 春王三朝，会同汉京。是日也，天子受四海之图籍，膺万国之贡珍，内抚诸夏，外接百蛮。乃盛礼乐供帐，置乎云龙之庭，陈百僚而赞群后，究皇仪而展帝容。于是庭实千品，旨酒万钟，列金罍，班玉觞，嘉珍御，大牢飨。尔乃食举雍彻，太师奏乐，陈金石，布丝竹，钟鼓铿锵，管弦晔煜。抗五声，极六律，歌九功，舞八佾，

① 《汉书》卷九十六下《西域传下》，第3924页。

② 《续汉书·礼仪志》，见点校本《后汉书》，第3130页。

韶武备,太古毕。四夷閒奏,德广所及,伶侏兜离,罔不具集。万乐备,百礼暨,皇欢浃,群臣醉,降烟煴,调元气,然后撞钟告罢,百僚遂退。①

三是蔡质《汉仪》的记载:

正月旦,天子幸德阳殿,临轩。公、卿、将、大夫、百官各陪位朝贺。蛮、貊、胡、羌朝贡毕,见属郡计吏,皆陛覲,庭燎。宗室诸刘亲会,万人以上,立西面。位既定,上寿。群计吏中庭北面立,太官上食,赐群臣酒食,西入东出。御史四人执法殿下,虎贲、羽林张弓挟矢,陛戟左右,戎头偪胫陪前向后,左右中郎将位东南,羽林、虎贲将位东北,五官将位中央,悉坐就赐。作九宾散乐。舍利兽从西方来,戏于庭极,乃毕入殿前,激水化为比目鱼,跳跃嗽水,作雾鄣日。毕,化成黄龙,长八丈,出水遨戏于庭,炫燿日光。以两大丝绳系两柱间,相去数丈,两倡女对舞,行于绳上,对面道逢,切肩不倾,又蹋局出身,藏形于斗中。钟磬并作,倡乐毕,作鱼龙曼延。小黄门吹三通,谒者引公卿群臣以次拜,微行出,罢。卑官在前,尊官在后。②

四是张衡《东京赋》的描写:

于是孟春元日,群后旁戾。百僚师师,于斯胥洎。藩国奉聘,要荒来质。具惟帝臣,献琛执贽。当覲乎殿下者,盖数万以二。

① 《后汉书》卷四十下《班固传》,第1364页。
② 《续汉书·礼仪志》注引,见点校本《后汉书》,第3131页。

尔乃九宾重，胪人列。崇牙张，镛鼓设。郎将司阶，虎戟交铩。龙辂充庭，云旗拂霓。夏正三朝，庭燎哲哲。撞洪钟，伐灵鼓，旁震八鄙，軯磕隐訇，若疾霆转雷而激迅风也。是时称警跸已下雕辇于东厢。冠通天，佩玉玺，纡皇组，要干将。负斧扆，次席纷纯，左右玉几而南面以听矣。然后百辟乃入，司仪辨等，尊卑以班，璧羔皮帛之贽既奠，天子乃以三揖之礼礼之。穆穆焉，皇皇焉，济济焉，将将焉，信天下之壮观也。乃羡公侯卿士，登自东除，访万机，询朝政，勤恤民隐，而除其眚……命膳夫以大飨，饔饩浃乎家陪。春醴惟醇，燔炙芬芬。君臣欢康，具醉熏熏……上下通情，式宴且盘。①

五是应劭《汉官仪》的记载：

正月旦，天子幸德阳殿，临轩。公卿大夫百官，各陪位朝贺。蛮貊胡羌朝贡毕。见属郡计吏。皆陛觐。宗室诸刘杂会。皆冠两梁冠，皂单衣。既定上寿。计吏中庭北向坐。太官上食，赐群臣酒食。作九宾。撤乐。又曰："大将军三公朝会，天子为起，住入。太常住车曰：'皇帝为群公起'。天子坐，方前进。"又曰："尚书令御史中丞司隶，朝会各独席，故京师曰三独坐。"②正月旦，天子御德阳殿临轩，公卿大夫百官各陪位朝贺，蛮貊胡羌朝贡毕，见属郡计吏，皆陛觐。又曰："元日朝贺，三公拜璧，殿上献寿觞。"又曰："正月朔贺，三公奉璧上殿向御面北。太常赞曰：'皇帝为三公兴'，三公伏。皇帝坐，乃前进璧。古语曰，御坐则起，此之

---

① ［汉］张衡：《东京赋》，《文选》卷三，第56—57页。

② 《艺文类聚》卷三十九《礼部中·朝会》引，第711页。

谓也。”①

这些记载虽然详略不一，但是综合起来则较西汉时期关于正旦朝礼的记载要详细得多。从中我们可以看到，东汉时期的朝礼基本上是在西汉朝礼的基础上而有所发展变化。兹略述数端于下。

首先是朝会规模的变化。西汉时期朝会在西京举行，先后曾在长乐宫、甘泉宫等处。东汉迁都洛阳，朝会地点自然改在东都，具体地点是在德阳殿。据蔡质《汉仪》记载：“德阳殿周旋容万人。陛高二丈，皆文石作坛。激沼水于殿下。画屋朱梁，玉阶金柱，刻镂作宫掖之好，厕以青翡翠，一柱三带，韬以赤缇。天子正旦节，会朝百僚于此。自到偃师，去宫四十三里，望朱雀五阙、德阳，其上郁律与天连。”②“德阳宫殿南北行七丈，东西行三十七丈四尺。”③可见这座宫殿不仅装饰刻镂极尽奢华，美轮美奂，而且规模恢宏，殿宇轩昂，可容纳万人大会。汉明帝在德阳殿建成后的百官大会上谓公卿曰：“钟离尚书若在，不得成此殿。”④因尚书仆射钟离意反对他大兴土木，可见建造此殿耗费和劳民之甚。

因此，朝会的规模也是十分盛大的。《汉仪》谓“德阳殿周旋容万人”，但实际上参加朝会的人员远在万人以上，《东京赋》称朝会人员“盖数万以二”，薛综注曰：“言于此之时，当入见于殿下者可数万人，分于阙下夹道为二部。”汉初高帝七年（前200）的朝会中，与会人员实行二部排列之制，即“功臣列侯诸将军军吏以次陈西方，东乡；文官

① 《太平御览》卷二十九《时序部·元日》引，第135页。
② 《续汉书·礼仪志》注引，见点校本《后汉书》，第3131页。
③ 《续汉书·礼仪志》注引《雒阳宫阁簿》，见点校本《后汉书》，第3131页。
④ 《艺文类聚》卷六十二引《东观汉纪》，《居处部二·殿》，第1122页。

丞相以下陈东方，西乡。”[①]东汉继续这一方式，亦以二部而分之制排列与会者。但是汉初朝会人员之数并不清楚，虽然至匈奴呼韩邪单于来朝时，汉宣帝与其在渭桥相会时其左右当户之群臣及诸蛮夷君长王侯有“数万”之众，但这不是在一处宫殿中与会人员之数量，而是“夹道陈”[②]之人数。

其次是礼仪方面的发展变化。这方面发展变化有多方面，兹以行贽礼的发展变化以见其一斑。西汉时期朝会中是否有贽礼这一环节？以及贽礼的具体内容如何？这在西汉时期关于正旦朝的相关记载中并不见，只是在《晋书·礼志》中有所追述：“汉仪有正会礼，正旦，夜漏未尽七刻，钟鸣受贺，公侯以下执贽夹庭，二千石以上升殿称万岁。”[③]表明西汉正旦朝礼实际上有此制度，但是贽礼的具体内容不明。朝会中行贽礼为先秦以来的传统，贽礼为必要环节，故周代交聘又称“交贽往来”[④]。《决疑要注》曰：“古者朝会皆执贽，侯、伯执圭，子、男执璧，孤执皮帛，卿执羔，大夫执雁，士执雉。汉、魏粗依其制，正旦大会，诸侯执玉璧，荐以鹿皮，公卿已下所执如古礼。古者衣皮，故用皮帛为币。玉以象德，璧以称事。不以货没礼，庶羞不踰牲，宴衣不踰祭服，轻重之宜也。”[⑤]认为汉代继承古制而于朝会中行贽礼，只不过是“粗依其制”，并非照搬古制。《续汉志》记载了朝会中的这一重要环节——行贽礼的情况，其具体内容是：“及贽，公、侯璧，中二千石、二千石羔，千石、六百石雁，四百石以下雉。”此即张衡《东京赋》“具惟帝臣，献琛执贽……璧羔皮帛之贽既奠，天子乃以三揖之礼礼

① 《史记》卷九十九《叔孙通列传》，第2723页。

② 《汉书》卷九十四下《匈奴传下》，第3798页。

③ 《晋书》卷二十一《礼志下》，第649页。

④ 《春秋左传正义》卷二十七，成公十二年，第1910页。

⑤ 《续汉书·礼仪志》注引，见点校本《后汉书》，第3130页。

之。"以及应劭《汉官仪》"三公奉璧上殿"这些记载的具体化。

那么,四方国、族来宾参加朝会又是如何行贽礼的呢?

汉七年朝会中不见四方国、族来朝的记载,故谈不上他们如何行贽礼的问题。及至西汉中期始见,司马相如谓汉武帝时"诸夏乐贡,百蛮执贽,德侔往初,功无与二。"[①]可知这时有四方国、族来朝并行"执贽"之礼。其所持"贽礼"为何?薛综注《东京赋》"藩国奉聘,要荒来质。具惟帝臣,献琛执贽。"有云:"献,贡也。琛,宝也。执,持也。贽,礼也。言藩国来贡者,谓随土所出宝而贡之也。"是则四方国、族来宾所执之"贽"即其国、族所出、所献之宝物。班固在《两都赋》所谓"庭实千品"即此,"庭实,贡献之物也。"[②]

第三是警卫、监察方面。汉七年的朝会中,警卫方面可见"廷中陈车骑步卒卫官,设兵张旗志。"以及"殿下郎中侠陛,陛数百人"的记载。这里的"郎中"指郎中令属官中的诸郎中。东汉继续这一措施,警卫方面,"虎贲、羽林张弓挟矢,陛戟左右,戎头偪胫陪前向后,左右中郎将位东南,羽林、虎贲将位东北,五官将位中央,悉坐就赐。"[③]此即"郎将司阶,虎戟交铩"[④]之谓。这里的"郎将"包括"虎贲"、"羽林"、"左右中郎将"、"五官中郎将"等,他们是由汉初郎中令发展而来的光禄勋的属官,是这种职官变化在朝会警卫工作方面的体现及其加强。在汉七年的朝会中,监察方面可见"御史执法举不如仪者辄引去"[⑤]的记载,东汉时期朝会中的监察力量大为加强,除了"御史四人执法殿下"之外,还有"尚书令、御史中丞、司隶,朝会各独席",他们

① 《史记》卷一百一十七《司马相如列传》,第3067页。

② 《后汉书》卷四十下《班固传》注,第1367页。

③ 《汉仪》,《续汉书·礼仪志》注引,见点校本《后汉书》,第3131页。

④ 张衡:《东京赋》,《文选》卷三,第56—57页。

⑤ 《史记》卷九十九《叔孙通列传》,第2723页。

被称为“三独坐”[①]。“三独坐”在朝会中的这种突出地位，是因为他们从不同角度负有朝会监察的职责。

第四是朝会之外交功能更为突出。东汉时期朝礼最突出的发展变化是其外交功能的加强。班固《两都赋》强调“是日也，天子受四海之图籍，膺万国之贡珍，内抚诸夏，外接百蛮。”张衡《东京赋》亦指出这一天“藩国奉聘，要荒来质”的事实。蔡质《汉仪》和应劭《汉官仪》都指出“蛮、貊、胡、羌朝贡”是这个时期朝会中的重要内容。四方国、族“朝贡”已经成为这个时期朝礼中一个具有相对独立性的环节，被安排于中央公卿百官朝贺之后，地方郡吏上计之前，也就是说与西汉前期相较，朝会已经由两个环节——中央公卿百官朝贺和地方郡吏上计，增加为三个环节，亦即插入了“蛮、貊、胡、羌朝贡”这一环节。这是四方国、族来朝常态化、制度化的反映。汉七年朝会中不见四方国、族参与的记载，随着汉代外交的发展，汉武帝时特别是宣帝时四方国、族参与朝会的情况日益多见，朝会的外交功能随之逐渐发展，到了东汉时期则正式将四方国、族参与朝会载入汉王朝的典章制度之中，成为朝会不可或缺的重要内容。这是四方国、族来宾参与朝会常态化、制度化的反映。

因此，朝会中的“九宾”亦相应发生了变化。汉七年朝会时有“大行设九宾，胪传”[②]的记载，这里的“九宾”为汉王朝内部的诸侯和群臣，随着汉代外交的发展，四方国、族来宾日益频繁出现于朝会之中，于是“九宾”之中纳入了四方国、族来宾的成分，故薛综谓东汉朝会中的“大鸿胪设九宾”，乃谓“王、侯、公、卿、二千石、六百石下及郎、吏、

---

① 应劭：《汉官仪》《艺文类聚》卷三十九《礼部中·朝会》引，第711页。

② 《史记》卷九十九《叔孙通列传》，第2723页。

匈奴侍子,凡九等。"[①]这里的"匈奴侍子"实指包括侍子在内的四方国、族来宾,故其在注张衡《东京赋》中的"尔乃九宾重,胪人列"时,谓:"言鸿胪所主,羌胡之人,皆罗列于朝廷也。"

由于朝会的外交功能的加强,于是举行朝会的德阳殿被赋予外交发展的象征和意义,东汉李尤《德阳殿铭》有云:"大汉体天,承以德阳。崇弘高丽,苞受万方。内综朝贡,外示遐荒。"[②]德阳殿除了内部政治功能之外,还有巨大的对外功能,四方国、族及其来朝成为朝会中不可或缺的重要组成部分,朝会已经成为汉代最重要的外交场所。

第五是朝会中的飨宴和游乐内容更为丰富多彩。这方面的内容我们将在后文论述,兹不赘。

2. 东汉朝礼的扩张

随着汉代对外关系的发展,对外成分日益注入朝礼之中,朝礼亦随之扩张和延伸,一方面是以朝礼为核心而辐射,发展出了其他一些相似、相关的大型礼仪性集会,朝礼陆续向其他节庆、祭祀等礼仪中,如上陵礼、祀"三雍"礼等方面延伸、扩张;另一方面则将朝礼中的对外成分移植于这些新型的礼仪性集会之中,一并纳入外交关系体制之中。这是朝礼和外交关系到了东汉时期得以进一步发展的重要特征。这里可以上陵礼、祀"三雍"礼等大型礼仪为其代表而观之。

现将叔孙通制订朝礼之后汉代朝礼之发展变化及其向上陵礼、祀"三雍"礼等大型礼仪扩展的情况,以表格方式表示如下:

① 《续汉书·礼仪志上》注引,见点校本《后汉书》,第3103页。

② 《艺文类聚》卷六十二引,《居处部二·殿》,第1125页。

正旦朝与上陵、祀“三雍”礼对照表

正　旦　朝									
时间、地点	入场	司仪、警卫、监察	参加者及其位次	仪节	贽礼	乐舞	规模	退场	出处
汉七年(前200)十月,先平明。长乐宫。	谒者治礼,引以次入殿门	传言“趋”。廷中陈车骑步卒卫宫,设兵张旗志。殿下郎中侠陛,陛数百人。大行设九宾,胪传。御史执法举不如仪者辄引去。	诸侯群臣皆朝。功臣列侯诸将军军吏以次陈西方,东乡;文官丞相以下陈东方,西乡。	大行设九宾,胪传。皇帝辇出房,百官执职传警,引诸侯王以下至吏六百石以次奉贺。至礼毕,尽伏,置法酒。以尊卑次起上寿。觞九行,谒者言“罢酒”。	公侯以下执贽夹廷				《史记》卷九十九《叔孙通列传》,第2723页;《晋书》卷二十一《礼志下》,第649页
惠帝年间(前194—前188)。		趋。大行进　趍(跪)曰。典客言具,谒者以闻。	下就立(位)√少府中郎进。并趍(跪)大行左。後五步,北上,谒者一人立东陛者,南面。立定。	皇帝出房,宾九宾及朝者					张家山336汉墓简《朝律》

续表

正旦朝									
甘露三年（前51）正月，甘泉宫。			呼韩邪单于位在诸侯王上；在长平，单于当左右之户群臣皆得列观，及诸蛮夷君长王侯咸迎。	呼韩邪单于称臣而名。	赞谒藩不奉国珍。赐以玺绶、冠带、衣裳、安车、驷马、黄金、锦绣、缯絮。		数万人。	礼毕，使有司道单于先行，宿长平。	《汉书》卷九十四下《匈奴传下》，第3798页；《汉书》卷八《宣帝纪》，第270—271页
春王三朝，会同汉京。			受之四海之图籍，膺万国之贡珍，内抚诸夏，外绥百蛮。陈百寮而赞群后。	尔乃盛礼兴乐，供帐置乎云龙之庭，陈百寮而赞群后，究皇仪而展帝容。	于是庭实千品，旨酒万钟，列金罍，班玉觞，嘉珍御，太牢飨。	尔乃食举《雍》彻，太师奏乐，陈金石，布丝竹，钟鼓铿锵，管弦晔煜。抗五声，极六律，歌九功，舞八佾，《韶》《武》备，泰古毕。四夷间奏，德广所及，僸佅兜离，罔不具集。万乐备，百礼暨。		然后撞钟告罢，百寮遂退。	班固《东都赋》，《文选》卷一，中华书局，1977年，第33—34页；《后汉书》卷四十下《班固传》基本相同，第1364页

续表

正旦朝									
孟春元日，夏正三朝。	百辟乃入。	郎将司阶，虎戟交　铩。龙辂充庭，云旗拂　霓。司仪辨等，尊卑以班。	群后旁戾。百僚师师，于斯胥洎。藩国奉聘，要荒来质。司仪辨等，尊卑以班。尔乃九宾重，胪人列。	称警跸已，下雕辇于东厢。冠通天，佩玉玺，纡皇组，要干将，负斧扆，次席纷纯，左右玉几，而南面以听矣。璧羔皮帛之贽既奠，天子乃以三揖之礼礼之。乃羡公侯卿士，登自东除。访万机，询朝政。命膳夫以大飨，饔饩浃乎家陪。君臣欢康，具醉熏熏。	具惟帝臣，献琛执贽。璧羔皮帛之贽既奠，天子乃以三揖之礼礼之。	崇牙张，镛鼓设。撞洪钟，伐灵鼓，旁震八鄙，軯礚隐訇，若疾霆转雷而激迅风也。	当觐乎殿下者，盖数万以二。	千品万官，已事而踆。	张衡《东京赋》，《文选》卷三，第56—57页

续表

正旦朝									
正月旦，天子幸德阳殿，临轩。		御史四人执法殿下，虎贲、羽林张弓挟矢，陛戟左右，戎头偪胫陪前向后，左右中郎将位东南，羽林、虎贲将位东北，五官将位中央，悉坐就赐。	公、卿、将、大夫、百官各陪位朝贺。蛮、貊、胡、羌朝贡毕，见属郡计吏，皆陛觐，庭燎。宗室诸刘亲会，立西面。群计吏中庭北面立。	位既定，上寿。谒者引公卿群臣以次拜。太官上食，赐群臣酒食，西入东出。		作九宾散乐。舍利兽从西方来，戏于庭极，乃毕入殿前，激水化为比目鱼，跳跃嗽水，作雾鄣日。毕，化成黄龙，长八丈，出水遨戏于庭，炫燿日光。以两大丝绳系两柱间，相去数丈，两倡女对舞，行于绳上，对面道逢，切肩不倾，又蹋局出身，藏形于斗中。钟磬并作，乐毕，作鱼龙曼延。	万人以上。德阳殿周旋容万人。	小黄门吹三通，谒者引公卿群臣以次拜，微行出，罢。卑官在前，尊官在后。	蔡质《汉仪》（司马彪《续汉书·礼仪志》刘昭注引），标点本《后汉书》第3131页

续表

正旦朝									
正月旦，天子幸德阳殿，临轩。		尚书令、御史中丞、司隶，朝会各独席，故京师曰"三独坐"。作九宾。	公卿大夫百官，各陪位朝贺。蛮貊胡羌朝贡毕，见属郡计吏。皆陛觐。宗室诸刘杂会。皆冠两梁冠，皂单衣。计吏中庭北向坐。	大将军三公朝会，天子为起。住入，太常住车曰："皇帝为群公起"。天子坐，方前进。三公拜璧，殿上献寿觞。太官上食。赐群臣酒食。	三公奉璧上殿，向御面北。太常赞曰：皇帝为三公兴，三公伏。皇帝坐，乃前进璧。	撤乐。			应劭《汉官仪》《艺文类聚》卷三十九《礼部中·朝会》引，第711页；《太平御览》卷二十九《时序部·元日》引，第135页
每岁首正月，夜漏未尽七刻，钟鸣，受贺。			百官。	二千石以上上殿称万岁。举觞御坐前。司空奉羹，大司农奉饭。百官受赐宴飨。	及赞，公、侯璧，中二千石、二千石羔，千石、六百石雁，四百石以下雉。	奏食举之乐。大作乐。			司马彪《续汉书·礼仪志》，标点本《后汉书》第3130页

续表

上陵									
天子以正月五日毕供后上原陵。		尚书官属陛西除下先帝神座。	公卿百官皆从,四姓小侯,诸侯家妇,凡与先帝先后有瓜葛者,及诸侯王、大夫、郡国计吏、匈奴朝者、西国侍子皆会。	大夫、计吏皆当轩下,占其郡谷价、四方灾异,欲皆使先帝魂神具闻之。					蔡邕《独断》,《钦定四库全书》子部十,杂家类二,杂考之属;《八家后汉书辑注·谢承〈后汉书·礼仪志〉》注引,上海古籍出版社,1986年,第5页
建宁五年(172)正月,车驾上原陵。		尚书阶西祭设神坐。	荀先帝有瓜葛之属,男女毕会,王、侯、大夫、郡国计吏。	各向神坐而言,庶几先帝神魂闻之。					谢承《后汉书·礼仪志》,《续汉书·礼仪志》刘昭注引,标点本《后汉书》第3103—3104页
建宁五年(172)春正月,车驾上原陵。			诸侯王,公主及外戚家妇女,郡国计吏、匈奴单于、西域三十六国侍子皆会焉。	如会殿之仪礼,乐阕,百官受赐爵,计吏以次嚮殿前,上先帝御座,具言俗善恶,民所疾苦。		如会殿之仪礼,乐阕,百官受赐爵。			袁宏《后汉纪》孝灵皇帝纪上卷第二十三,张烈点校《两汉纪》下,中华书局,2002年,第456页

续表

上陵									
昼漏上水。	钟鸣，谒者治礼引客。	大鸿胪设九宾，随立寝殿前。谒者治礼引客。	百官、四姓亲家妇女、公主、诸王大夫、外国朝者侍子、郡国计吏会陵，群臣就位如仪。	乘舆自东厢下，太常导出，西向拜，折旋升阼阶，拜神坐。退坐东厢，西向。侍中、尚书、陛者皆神坐后。公卿群臣谒神坐，太官上食。乐阕，群臣受赐食毕，郡国上计吏以次前，当神轩占其郡国谷价，民所疾苦，欲神知其动静。孝子事亲尽礼，敬爱之心也。周遍如礼。		太常乐奏食举，舞文始、五行之舞。		最后亲陵，遣计吏，赐之带佩。	司马彪《续汉书·礼仪志》，标点本《后汉书》第3103页

续表

祀“三雍”									
永平二年(59)春正月辛未,宗祀光武皇帝于明堂,以配五帝。礼毕,登灵台。三月,临辟雍。			帝及公卿列侯。群僚藩辅,宗室子孙,众郡奉计,百蛮贡职,乌桓、濊貊咸来助祭,单于侍子、骨都侯亦皆陪位。	帝及公卿列侯始服冠冕、衣裳、玉佩、绚履以行事。礼备法物。班时令,敕群后。升灵台,望元气,观物变。		乐和八音,咏祉福,舞功德。吹时律。			《后汉书》卷二《明帝纪》,第100页

说明:①本表分上、中、下三大栏,上栏为大朝,中栏为上陵,下栏为祀“三雍”;②一般按文献产生时代或事件先后次序排列,唯袁宏《后汉纪》虽晚于司马彪《续汉书》,但其与谢承《后汉书·礼仪志》均记灵帝建宁五年(172)正月上原陵事,两者所记内容不完全相同,可以互相补充,为了便于对照,故系于谢承《后汉书》后、司马彪《续汉书》前;③同一资料之内容并非单一者,则可能在各相关地方重复使用;④其中应劭《汉官仪》,杂取《艺文类聚》、《太平御览》所引资料而述之。

通过上表,我们可以看到朝礼向上陵礼和祀“三雍”礼扩展、延伸的情况。

(1)上陵礼

上陵礼是东汉时期兴起的一种大型祭祀礼仪。东汉人王充说:“古礼庙祭,今俗墓祀。”[①]上陵礼即属于墓祀。《汉官仪》说:“古不墓祭。秦始皇起寝于墓侧,汉因而不改。”[②]上陵礼是在继承秦礼基础上而创立的。《续汉志》说:“西都旧有上陵”[③],但是据蔡邕说“昔京师

① 《论衡·四讳篇》,《诸子集成》(七),第228页。

② 《汉官仪》,《后汉书》卷二《明帝纪》注引,第99页。

③ 《续汉书·礼仪志》,见点校本《后汉书》,第3103页。

在长安时,其礼不可尽得闻也。"在西汉时期虽然已有这种礼仪,但是其礼仪已不得其详。东汉光武帝去世后,葬于原陵。"明帝嗣位踰年,群臣朝正。感先帝不复闻见此礼,乃帅公卿百僚,就园陵而创焉。"①可见这个礼仪是在东汉明帝时在正旦朝基础上确立的。

上陵礼的性质虽然与正旦朝不同,前者属于丧葬礼仪,后者属于节庆、朝觐礼仪,但是两者之间的联系和相似性却是密切的。

首先,从举行礼仪的时间来说,上陵礼是在正旦朝之后接着举行的。明帝即位后的次年,永平元年(58)"春正月,帝率公卿已下朝于原陵。"②《通鉴》记此事曰:"是后遂以为常"③,成为一项正式的国家大典。上陵礼与正旦朝紧密联系,"元正朝贺,拜祠陵庙毕,汉乃遣单于使,令谒者将送"④,匈奴来使是在参加正旦朝和拜陵庙之后返国的。永平七年(64)光武阴皇后去世,"明帝性孝爱,追慕无已。十七年正月,当谒原陵,夜梦先帝、太后如平生欢。既寤,悲不能寐,即案历,明旦日吉,遂率百官及故客上陵。其日,降甘露于陵树,帝令百官采取以荐。"⑤这里记载永平十七年(74)上陵事,称是年正月"当谒原陵",可见正月上陵已成为定制。谢承《后汉书》载:建宁五年(172)"正月,车驾上原陵,蔡邕为司徒掾,从公行,到陵,见其仪,忾然谓同坐者曰:'闻古不墓祭。朝廷有上陵之礼,始谓可损。今见其仪,察其本意,乃知孝明皇帝至孝恻隐,不可易旧。'"⑥可知东汉末仍然于正月

① 《续汉书·礼仪志上》注引[三国吴]谢承:《后汉书》,见点校本《后汉书》,第3104页。

② 《后汉书》卷二《明帝纪》,第99页。

③ 《资治通鉴》卷四十四《汉纪三十六》明帝永平元年(58),第1431页。

④ 《后汉书》卷八十九《南匈奴传》,第2944页。

⑤ 《后汉书》卷十上《皇后纪上》,第407页。黎按:这里的"故客"当为"胡客"之讹。

⑥ 《续汉书·礼仪志上》注引谢承《后汉书》,见点校本《后汉书》,第3103页。

上陵。故《汉官仪》曰:“天子以正月上原陵”[1],正月上陵已成为制度。

其次,更为重要的是上陵礼与正旦朝礼的仪式基本上是一致的。《后汉书·明帝纪》记载明帝于永平元年春正月率领百官上陵时曰:“如元会仪”[2],明确指出上陵礼与正旦朝礼是相同的。《通鉴》胡注曰:“朝陵如元会仪,事死如事生也。”[3]实际上就是把朝会礼仪移植至上陵礼中。故或将上陵礼径称为“朝礼”[4]。《东观汉纪》记明帝永平元年上陵曰:“帝即祚。长思远慕,至踰年,乃率诸王侯、公主、外戚、郡国计吏上陵,如会殿前礼。”[5]这里所谓“如会殿前礼”与《后汉书》所谓“如元会仪”是相同的。事实上两者基本的礼仪环节是相同的,如司仪礼宾,元会仪:“谒者治礼,引以次入殿门。”“大行设九宾”[6]。上陵之礼亦然:“谒者治礼引客,群臣就位如仪。”“大鸿胪设九宾”[7]。最重要的是与会宾客,元会仪:“公、卿、将、大夫、百官各陪位朝贺。蛮、貊、胡、羌朝贡毕,见属郡计吏。”[8]上陵礼:“百官、四姓亲家妇女、公主、诸王大夫、外国朝者侍子、郡国计吏会陵。”[9]除了上陵礼中“与先后有瓜葛者”[10]稍有不同之外,其余则基本上是相同的。此外如乐舞,元会仪:“奏食举之乐”[11]。“尔乃食举《雍》彻,太师奏乐,陈金石,

① 《汉官仪》,《后汉书》卷二《明帝纪》注引,第99页。

② 《后汉书》卷二《明帝纪》,第99页。

③ 《资治通鉴》卷四十四《汉纪三十六》明帝永平元年(58),第1431页。

④ 《续汉书·礼仪志上》注引鱼豢曰,见点校本《后汉书》,第3104页。

⑤ 《东观汉纪校注》卷二,第56页。

⑥ 《史记》卷九十九《叔孙通列传》,第2723页。

⑦ 《续汉书·礼仪志上》,见点校本《后汉书》,第3103页。

⑧ 《汉仪》,《续汉书·礼仪志中》注引,见点校本《后汉书》,第3131页。

⑨ 《续汉书·礼仪志上》,见点校本《后汉书》,第3103页。

⑩ [汉]蔡邕:《独断》,《续汉书·礼仪志上》注引,见点校本《后汉书》,第3103页。

⑪ 《续汉书·礼仪志中》,见点校本《后汉书》,第3130页。

布丝竹，钟鼓铿锵，管弦晔煜。抗五声，极六律，歌九功，舞八佾，《韶》《武》备，太古毕。四夷间奏，德广所及，伶侏兜离，罔不具集。万乐备，百礼暨。”①上陵礼：“太常乐奏食举，舞文始、五行之舞。”②凡此种种，不烦枚举。

第三，从外交功能角度而言，两者是一致的。朝礼中的外交功能基本上被移植于上陵礼之中。《东观汉纪》曰：“明旦上陵，百官、胡客悉会。”③鱼豢曰：“孝明以正月旦，百官及四方来朝者，上原陵朝礼。”④指出参加正旦朝的来朝者，随后均参加上陵礼。正旦朝是朝拜当今皇帝，上陵礼是朝拜已经去世的皇帝。除了参加正旦朝的王侯百官之外，外国和各族来朝者亦同样参加上陵礼。上陵礼中由“大鸿胪设九宾”，薛综曰：“九宾谓王、侯、公、卿、二千石、六百石下及郎、吏、匈奴侍子，凡九等。”⑤如同元会仪，上陵礼亦将“匈奴侍子”纳入“九宾”之中。蔡邕谓上陵礼中“匈奴朝者、西国侍子皆会。”⑥《后汉纪》谓上陵礼中“匈奴单于、西域三十六国侍子皆会焉。”⑦司马彪谓上陵礼“外国朝者侍子……会陵”。⑧ 由此可见在上陵礼中外国和各族来朝者亦济济一堂，与元会仪中的情况是完全一致的。这些上陵礼的参加者，就是正旦朝的参加者。可以说上陵礼与正旦朝一样，也成为一种外交舞台，有着浓厚的国际化、族际化的色彩和氛围，从而成为汉代外交及外交礼仪之组成部分。

---

① 《后汉书》卷四十下《班固传》，第 1364 页。
② 《续汉书·礼仪志上》，见点校本《后汉书》，第 3103 页。
③ 《东观汉纪校注》卷二，第 58 页。
④ 《续汉书·礼仪志上》注引鱼豢曰，见点校本《后汉书》，第 3104 页。
⑤ 《续汉书·礼仪志上》，见点校本《后汉书》，第 3103 页。
⑥ 《太平御览》卷五百三十一《礼仪部十一·宗庙》引《汉杂事》，第 2409 页。
⑦ 《两汉纪》下册，《后汉纪·孝灵皇帝纪上卷第二十三》，第 456 页。
⑧ 《续汉书·礼仪志》，见点校本《后汉书》，第 3103 页。

(2)祀"三雍"礼

"三雍"指辟雍、明堂、灵台。"武帝时,献王来朝,献雅乐,对三雍宫。"注引应劭曰:"辟雍、明堂、灵台也。雍,和也,言大地君臣人民皆和也。"①"三雍"又称"三朝",明帝诏曰"光武皇帝建三朝之礼",注曰:"三朝之礼谓中元元年初起明堂、辟雍、灵台也。"②此三处宫室为政治性、文化性典礼场所。"三雍"礼与上述上陵礼不同,并非汉代创始,而是有着源远流长的历史。据说"周公相成王,王道大洽,制礼作乐,天子曰明堂辟雍,诸侯曰泮宫。郊祀后稷以配天,宗祀文王于明堂以配上帝。"③及至"汉承秦灭学,庶事草创,明堂、辟雍阙而未举。武帝封禅,始立明堂于泰山,犹不于京师。元始中,王莽辅政,庶绩复古,乃起明堂、辟雍。"④可知西汉时期祀"三雍"之礼尚未臻完善,而是在东汉时期始得到长足的发展,"中元元年,初建三雍。明帝即位,亲行其礼。"⑤是其兴起之标志。光武帝中元元年(56)"初起明堂、灵台、辟雍。"⑥但是中元二年(57)二月光武帝即去世,未及祀"三雍",故明帝曰:"光武皇帝建三朝之礼,而未及临飨。"⑦明帝继位后之第三年,即永平二年(59)正月辛未,"宗祀光武皇帝于明堂……礼毕,登灵台……三月,临辟雍,初行大射礼。"⑧此即明帝"亲行其礼"之谓。史家将汉代"三雍"礼之创设归功于光武帝和明帝两代前后相继之努力,"至世祖践祚,都于土中,始修三雍,正兆七郊。显宗遂就大业,初

① 《汉书》卷五十三《景十三王传》,第2411页。
② 《后汉书》卷二《明帝纪》,第102页。
③ 《汉书》卷二十五上《郊祀志上》,第1193页。
④ 《太平御览》卷五百三十三《礼仪部十二·明堂》引蔡邕《礼乐志》,第2419页。
⑤ 《后汉书》卷七十九上《儒林传上》,第2545页。
⑥ 《后汉书》卷一下《光武帝纪下》,第84页。
⑦ 《后汉书》卷二《明帝纪》,第102页。
⑧ 《后汉书》卷二《明帝纪》,第100—102页。

服旒冕，衣裳文章，赤舄絇屦，以祠天地，养三老五更于三雍，于时致治平矣。”[①]此后，明帝即以亲祀“三雍”为常制。明帝亲祀“三雍”及上述创建上陵礼在内的制礼作乐活动，在汉代诸帝中堪称突出，于汉代礼仪制度之创设与推行贡献殊多，被史家视为有其一朝之重要政绩，从而受到称赞：“备章朝物，省薄坟陵。永怀废典，下身遵道。登台观云，临雍拜老。懋惟帝绩，增光文考。”[②]注曰：“废典谓明堂、辟雍之礼，历汉不行。下身谓进爵授绥之类。”其后东汉历代皇帝亦以祀“三雍”为常，如章帝建初三年(78)“春正月己酉，宗祀明堂。礼毕，登灵台，望云物。大赦天下。”[③]和帝永元五年(93)“春正月乙亥，宗祀五帝于明堂，遂登灵台，望云物。大赦天下。”[④]顺帝永和元年(136)春正月己巳，“宗祀明堂，登灵台，改元永和，大赦天下。”[⑤]汉安元年(142)“春正月癸巳，宗祀明堂，大赦天下，改元汉安。”[⑥]历东汉一代，不绝如缕。

祀“三雍”礼在汉代除了传统的政治性、文化性内涵之外，还被纳入外交关系体制之中，成为又一组具有国际性、族际性特征的礼仪场所。光武帝之建造“三雍”，就与汉代外交关系发展有密切关系，永平三年(60)八月东平王刘苍议曰：“光武皇帝受命中兴，拨乱反正，武畅方外，震服百蛮，戎狄奉贡，宇内治平，登封告成，修建三雍，肃穆典祀，功德巍巍，比隆前代。”[⑦]强调“震服百蛮，戎狄奉贡”为其修建“三雍”重要原因之一。明帝开始祀“三雍”，即将朝礼中的四方国、族来

---

① 《续汉书·舆服志》，见点校本《后汉书》，第3662页。
② 《后汉书》卷二《明帝纪》赞，第125页。
③ 《后汉书》卷三《章帝纪》，第136页。
④ 《后汉书》卷四《和帝纪》，第174页。
⑤ 《后汉书》卷六《顺帝纪》，第265页。
⑥ 《后汉书》卷六《顺帝纪》，第272页。
⑦ 《东观书》，《续汉书·祭祀志》注引，见点校本《后汉书》，第3196页。

朝之礼引入其中，永平二年(59)春正月辛末，宗祀光武皇帝于明堂，明帝“及公卿列侯始服冠冕、衣裳、玉佩、絇屦以行事。”同时“群僚藩辅，宗室子孙，众郡奉计，百蛮贡职，乌桓、濊貊咸来助祭，单于侍子、骨都侯亦皆陪位。”①四方国、族与会者或“贡职”，或“助祭”，或“陪位”，与朝会礼仪基本上是相同的，从外交关系角度而言，可以说是将朝会移植于祀“三雍”礼中，使这一大典亦成为国际性、族际性交往的重要平台。“今万方绝国之君奉贽献者，怀天子之盛德，而欲观中国之礼仪，故设明堂、辟雍以示之，扬干戚、昭雅颂以风之。”②强调祀“三雍”为展示汉王朝礼仪制度的重要平台，达到发展汉王朝与“万方绝国”外交关系之目的。张衡《七辩》有云：“建明堂而班辟雍，和邦国而悦远人。”③也将祀“三雍”礼与外交关系的发展联系在一起。祀“三雍”礼的推行，反过来又进一步促进了外交关系的发展，史家盛称明帝“坐明堂而朝群后，登灵台以望云物，袒割辟雍之上，尊养三老五更。飨射礼毕，帝正坐自讲，诸儒执经问难于前，冠带缙绅之人，圜桥门而观听者盖亿万计。其后复为功臣子孙、四姓末属别立校舍，搜选高能以受其业，自期门羽林之士，悉令通孝经章句，匈奴亦遣子入学。济济乎，洋洋乎，盛于永平矣！”④这里从文化教育的角度论述了祀“三雍”之礼的功能和作用，不仅推动了东汉文化教育的发展，而且导致“匈奴亦遣子入学”，把汉匈关系引向更为深层的发展。

祀“三雍”与外交关系之结合亦非始于汉代，实属源远流长。《礼记》曰：“昔者周公朝诸侯于明堂之位，天子负斧依，南乡而立。三公，中阶之前，北面东上。诸侯之位，阼阶之东，西面北上。诸伯之国，西

① 《后汉书》卷二《明帝纪》，第100页。

② 《盐铁论·崇礼》，《诸子集成》(七)，第40页。

③ 《艺文类聚》卷五十七《杂文部三》引[汉]张衡《七辩》，第1027页。

④ 《后汉书》卷七十九上《儒林传上》，第2545—2546页。

阶之西，东面北上。诸子之国，门东，北面东上。诸男之国，门西，北面东上。九夷之国，东门之外，西面北上。八蛮之国，南门之外，北面东上。六戎之国，西门之外，东面南上。五狄之国，北门之外，南面东上。九采之国，应门之外，北面东上。四塞，世告至，此周公明堂之位也。”郑玄注曰：“周公摄王位，以明堂之礼仪朝诸侯也。不于宗庙，辟王也。”古者朝会在宗庙举行，周公为避嫌而改在明堂，由此可见祀明堂之礼实乃朝礼之移植。祀明堂之礼参加者，除了西周的诸侯之外，九州之内的蛮夷戎狄亦前来参加，乃至九州之外的“四塞”之国亦“世”一朝焉。郑玄注曰：“四塞谓夷服、镇服、蕃服，在四方为蔽塞者。新君即位，则乃朝。《周礼》：‘侯服岁一见，甸服二岁一见，男服三岁一见，采服四岁一见，卫服五岁一见，要服六岁一见。九州之外，谓之蕃国，世一见。’”①《大戴礼记》亦谓：“明堂者，所以明诸侯尊卑。外水曰辟雍，南蛮、东夷、北狄、西戎。”②周代朝四方蛮夷戎狄于明堂四门之外亦渊源有自，据说尧使舜“宾于四门，四门穆穆。”③由此可见，汉代将祀“三雍”之礼纳入外交体制之中，可谓源远流长。

那么，将朝礼加以扩展，从而将祀“三雍”礼、上陵礼等纳入外交体制之中，何以完成或创造于东汉时期呢？

这一方面与礼仪制度本身的发展有关系。西汉时期，特别是西汉前期，不论在政治思想或礼仪制度方面，秦代的影响仍然深刻而不可能猝然消除；拨乱反正，建构适合新时代需要的政治思想和礼仪制度尚须假以时日。班固总结周、秦礼制发展历史和经验教训说：“周监于二代，礼文尤具，……及其衰也，诸侯踰越法度，恶礼制之害己，去

① 《礼记正义》卷三十一《明堂位》，第1487—1488页。

② ［清］王聘珍撰，王文锦点校：《大戴礼记解诂》卷八《明堂》，中华书局1983年版，第149—150页。

③ 《尚书正义》卷三《舜典》，第126页。

其篇籍。遭秦灭学,遂以乱亡。”①汉初吸取秦代用法深刻、残民以逞的教训,拨乱反正,以黄老无为作为指导思想,而“汉兴,拨乱反正,日不暇给”,虽然命叔孙通制订礼仪,但“未尽备而(叔孙)通终”②。而“孝惠、高后时,公卿皆武力功臣。孝文时颇登用,然孝文本好刑名之言。及至孝景,不任儒,窦太后又好黄老术,故诸博士具官待问,未有进者。”③制礼作乐、崇儒尚文的时代条件尚未备具。“至武帝即位,进用英隽,议立明堂,制礼服,以兴太平。会窦太后好黄老言,不说儒术,其事又废。”④武帝虽然接受董仲舒建议提倡独尊儒术、罢黜百家,但是一方面儒学的发展非可一蹴而就,另一方面其时汉王朝所面临的内外情势亦不可能更多地制礼作乐,“是时,上方征讨四夷,锐志武功,不暇留意礼文之事。”⑤及至成帝,刘向说上曰:“宜兴辟雍,设庠序,陈礼乐,隆雅颂之声,盛揖攘之容,以风化天下。”虽然成帝接受了刘向的建议,丞相大司空亦奏请立辟雍,“案行长安城南,营表未作”⑥,由于刘向、成帝相继去世,此事遂半途而废。无怪乎王鸣盛慨叹西汉“无礼乐”⑦。及至东汉“海内更始,民人归本,户口岁息,平其刑辟,牧以贤良,至于家给,既庶且富,则须庠序礼乐之教化矣。”加以“幸有前圣遗制之威仪,诚可法象而补备之,经纪可因缘而存著也。”⑧于是制礼作乐之任务提上了日程,光武“受命中兴,拨乱反正,改定京

① 《汉书》卷二十二《礼乐志》,第1029页。

② 《汉书》卷二十二《礼乐志》,第1030页。

③ 《汉书》卷八十八《儒林传》,第3592页。

④ 《汉书》卷二十二《礼乐志》,第1031页。

⑤ 《汉书》卷二十二《礼乐志》,第1032页。

⑥ 《汉书》卷二十二《礼乐志》,第1033—1034页。

⑦ [清]王鸣盛:《十七史商榷》卷十一《汉书五·汉无礼乐》,据上海文瑞楼版影印,北京市中国书店1987年版,第8页。

⑧ 《汉书》卷二十二《礼乐志》,第1075页。

师于土中。即位三十年,四夷宾服,百姓家给,政教清明,乃营立明堂、辟雍。显宗即位,躬行其礼,宗祀光武皇帝于明堂,养三老五更于辟雍,威仪既盛美矣。"①于是将朝礼加以扩展,完成把祀"三雍"礼、上陵礼等纳入外交体制之中的任务。

另一方面是由外交关系发展所决定的。两汉外交关系的发展,大体经历了三个时期,西汉前期为开辟、磨合时期。这个时期的特点是解决以匈奴问题为核心的与四方国、族的和与战,向心与离心,交往与对抗的问题。西汉中后期为转型时期。这个时期随着匈奴问题的基本解决,基本上实现了与四方国、族的和与战,向心与离心,交往与对抗的逆转,和平友好交往成为主流。东汉进入守成时期。这个时期一方面享受西汉开创的外交关系成果,一方面在其基础上进一步发展与四方国、族的外交关系,从而将中原王朝与四方国、族的外交关系规范化、制度化,完成了中国中古时期外交体制的奠基和定型。这种发展过程,在汉代"朝"关系的发展中得到了充分的体现,因而在这个基础上朝礼的扩张既有其需求,亦有其可能条件。

二、外交接待礼仪

外交接待礼仪是指施于来宾自叩关入境直至出境乃至返回本国全过程之礼仪,举凡沿途迎送,入境之后尤其是在京师期间外交活动、起居饮食无不在其涵盖、照拂之下。大略而言,外交接待礼仪包括迎送礼仪和款待礼仪两个方面。

---

① 《汉书》卷二十二《礼乐志》,第1035页。

(一)迎送礼

迎送礼是外交礼仪中的基本礼仪之一。来宾自入境以至完成使命、出境返回本国的全过程中，接待方均有一套相应的礼仪以待之，此即迎送礼所涉范围。在汉代外交中迎送礼所待遇的对象，大略而言有使节、质侍、君主三个层级，其接待规格和礼遇之丰杀亦有相应之三个层级之别。前两者均为君主之代表，而质侍作为君主之子更具有特别代表之性质。汉王朝将四方国、族之来朝视为最隆重、最高层级的外交盛事，故往往将礼仪性的来访谓之“来朝”，这种来宾称为“朝者”，其中君主来朝尤为外交关系之最高层级和盛事，其礼仪亦最为隆重，我们在论述对于朝者之礼时一般均以大国君主来朝为代表。

1. 迎礼

迎礼是对于前来汉王朝进行外交活动之来宾加以迎接、陪护之礼仪，这方面之来宾主要为外交使节、质侍和君主。这三种来宾中，以使节为多，故迎使之礼具有普遍性、典型性；以大国君主之层级最高，故其迎礼则最为隆重和繁缛。兹分别述之。

(1)迎使

迎使礼是指将对方来使迎候、护送至本国国都这一环节和过程之中的礼仪。早在周代交聘中即已形成了这样的一套迎使礼仪，来使到达边境，“及竟……乃谒关人。”与守关者联系之后，由边关上报国君，国君于是派遣“士”前往边境，“君使士请事，遂以入竟。”[①]确认对方是来本国交聘之使者后，遂引导其前来都城，此即“君使士迎于竟”[②]之谓。

---

① 《仪礼注疏》卷十九《聘礼》，第1048页。

② 《礼记正义》卷六十三《聘义》，第1692页。

汉代的迎使礼基本上是在这种礼仪的基础上形成发展起来的。当时来使主要有两种方式，一是随使而来者，即己方遣使至彼方，彼方认为有需要时，往往遣使随己方使者一同前来；二是“自来”者，与第一种情况不同，这种情况是事先没有进行沟通而对方主动、突然的造访。在悬泉汉简中有不少“自来”使者的记载，就是这方面情况的反映。因此，对于来使的迎接也就有两种不同的方式，一种是由己方的出使者陪同彼方使者前来，我们将其统称为“随使而来者”；一种是待彼方使者到达边境之后方才启动迎使程序的，我们将其统称为“自来者”。对于汉王朝来说，前者为主动性，后者为被动性、坐待性，从悬泉汉简观之，似后者多于前者。

①随使而来者

随使而来这种形式实际上又存在两种不同形态，其第一种形态是：当汉方派遣使者至其国时，其国认为有需要时遂遣使随汉使前来，亦即由出使该国的汉使陪同、护送其使者入汉，这是较为常见的迎使礼仪之一。

张骞出使乌孙返国时，“乌孙发导译送（张）骞还，骞与乌孙遣使数十人，马数十匹报谢，因令窥汉，知其广大。”[①]这种礼仪具有双重性格，从乌孙方面来说是礼送汉使返国，但是从汉方来说，则是汉使迎护乌孙使者来汉，两者合而为一。在张骞出使乌孙的同时，还“分遣副使使大宛、康居、大月氏、大夏、安息、身毒、于阗、扜罙及诸旁国。”因此当张骞护送乌孙使者到达汉廷之后，“岁余，（张）骞所遣使通大夏之属者皆颇与其人俱来，于是西北国始通于汉矣。”[②]也就是说汉方出使的大宛、康居、大月氏、大夏、安息、身毒、于阗、扜罙等国及其邻

① 《史记》卷一百二十三《大宛列传》，第3169页。

② 《史记》卷一百二十三《大宛列传》，第3169页。

近的一些国家，也遣使随汉使来汉，亦即由出使这些国家的汉使陪同、护送他们入汉。汉与西域诸国的使节往还局面就是用这种方式打开的。上文提到张骞派遣副使出使其他西域诸国，其中出使安息的具体情况是："汉使还，而后发使随汉使来观汉广大，以大鸟卵及黎轩善眩人献于汉。及宛西小国驩潜、大益，宛东姑师、扜罙、苏薤之属，皆随汉使献见天子。天子大悦。"①一方面汉使到达安息之后受到安息方面的热烈欢迎，当汉使返国时，又加以热烈欢送；另一方面安息及大宛东西一带的众多小国亦遣使随汉使前来汉方，从汉方来说，这些汉使实际上承担了陪同、护送安息等国使者来汉的任务。始建国元年(9)王莽"遣五威将王骏，率甄阜、王飒、陈饶、帛敞、丁业六人"出使匈奴，宣告王莽受命代汉，以威迫利诱和欺诈等手段迫使匈奴单于交还旧印而换上新印。单于见新印"去'玺'加'新'，与臣下无别。"遂要求返还旧印，但是旧印已被使者椎破，"单于知已无可奈何，又多得赂遗，即遣弟右贤王舆奉马牛随将、率入谢，因上书求故印。"②匈奴单于不得已遣使随王莽使者入汉要求返还旧印。匈奴这个使团一方面是护送王莽使者返国，另一方面它又是由王莽使团陪同、护送而来汉的。

第二种形态是由汉方派驻四方国、族之官吏陪同、护送来汉的。西域都护是汉王朝派驻西域的权力机构，他们也往往派遣官吏陪同、护送西域使者来汉。永元十二年(100)"安息遣使献大爵、师子"，西域都护班超乃"遣子(班)勇随入塞。"③这是西域都护派遣人员陪同、护送安息国使者进京。东汉时派遣中郎将(后称使匈奴中郎将)常驻

① 《史记》卷一百二十三《大宛列传》，第3172—3173页。
② 《汉书》卷九十四下《匈奴传下》，第3820—3821页。
③ 《东观汉记校注》卷十六《班超传》，第659页。

南单于庭,"单于岁尽辄遣奉奏,送侍子入朝,中郎将从事一人将领诣阙。"[①]每至年终南单于遣使向汉奉奏并送侍子,而由汉王朝派驻南匈奴官员中郎将派遣属吏——从事一人陪同、护送南匈奴使者入京。

②"自来"者。

"自来"是来使中的另一种形态,其礼仪程序主要体现于四方国、族来使叩关以及汉方官吏迎护其入京两个方面。

首先是叩关。

汉王朝于周边国境设置关塞,作为疆界标志和国门警卫,故"中国四方皆有关梁障塞"[②],所谓"秦筑长城,汉起塞垣,所以别内外,异殊俗也。"[③]汉方于其地"建塞徼,起亭隧,筑外城,设屯戍,以守之。"[④]这里不仅驻有军队,而且设官置吏,汉律:"近塞郡皆置尉,百里一人,士史、尉史各二人也。"[⑤]因此,四方国、族来使到达边境之后,首先需与边塞进行联系,此即所谓"叩关"或"款塞","款,叩也。"[⑥]故来使又曰"遣使款塞"[⑦]。此外,前来汉地贸易的外商亦然,故有"商胡贩客,日款于塞下"[⑧]之语形容外商入汉之频繁。

来使叩关是这一方式之第一个环节。

汉文帝前六年(前174)匈奴冒顿单于派遣郎中系雩浅携带致汉文帝的文书,"以六月中来至薪望之地。书至,汉议击与和亲孰便。"[⑨]

---

① 《后汉书》卷八十九《南匈奴传》,第2944页。
② 《汉书》卷九十四下《匈奴传下》,第3805页。
③ 《后汉书》卷九十《乌桓鲜卑传》,第2992页。
④ 《汉书》卷九十四下《匈奴传下》,第3803页。
⑤ 《史记》卷一百十《匈奴列传》《索隐》引如淳曰,第2905页。
⑥ 《汉书》卷九十四下《匈奴传下》颜师古注,第3799页。
⑦ 《后汉书》卷八十九《南匈奴传》,第2954页。
⑧ 《后汉书》卷八十八《西域传》论,第2931页。
⑨ 《史记》卷一百十《匈奴列传》,第2896页。

《索隐》引服虔曰：薪望之地乃“汉界上塞下地名，今匈奴使至于此也。”可知匈奴方面遣使来汉，是先至边塞叩关，然后才得以入境完成其使命——将文书送达汉廷。甘露二年（前52）匈奴“呼韩邪单于款五原塞，愿朝三年正月。”[①]这是呼韩邪单于遣使至五原塞叩关，向汉方提出希望于甘露三年入朝的要求。天凤元年（14）王昭君女伊墨居次云及其夫须卜当“遣人之西河虎猛制虏塞下，告塞吏曰欲见和亲侯。”[②]颜师古注曰：“虎猛，县名，制虏塞在其界。”这是匈奴方面遣使至制虏塞叩关，要求汉方派遣王昭君兄之子、和亲侯王歙前来匈奴商谈双方关系问题。建武二十四年（48）“匈奴薁鞬日逐王比遣使款五原塞，求捍御北虏。”[③]这是匈奴遣使来五原塞叩关致意。总之，凡是“自来”之使均需通过叩关方才得以通使于汉。

悬泉置汉简发现了永光五年（前39）康居王派遣使者杨伯刀、副使扁阗，苏韰王派遣使者姑墨、副使沙囷即，以及贵人为匿等前来汉王朝奉献骆驼的简牍，里面记载了他们自述从敦煌郡入关的情况：“前数为王奉献橐佗入敦煌关，县次赎食至酒泉昆归官……今杨伯刀等复为王奉献橐佗入关，行直以次食至酒泉。”[④]由此可见西域诸国来使是从敦煌关叩关入境的。

元鼎五年（前112）南越吕嘉叛乱，“尽杀汉使者”，然后“使人函封汉使节置塞上，好为谩辞谢罪，发兵守要害处。”[⑤]南越方面将所杀汉使所持之节函封置于塞上，以表示绝交。可见双方断交也是通过关塞而传递信息。

---

① 《汉书》卷九十四下《匈奴传下》，第3798页。

② 《汉书》卷九十四下《匈奴传下》，第3827页。

③ 《后汉书》卷一下《光武帝纪下》，第76页。

④ 《敦煌悬泉汉简释粹》（Ⅱ0216②:877—879），编号155。

⑤ 《汉书》卷九十五《西南夷两粤朝鲜传》，第3856页。

其次是汉方官吏迎护入京。

来使叩关之后，汉方即启动迎使程序。上述天凤元年匈奴方面遣使至制虏塞叩关一事，匈奴使者向“塞吏”告诉己方的请求，然后由“中部都尉以闻”[①]，上报朝廷。制虏塞在西河郡虎猛县境，而虎猛县为西部都尉治[②]。西河郡不见中部都尉，疑此中部都尉当为西部都尉之讹。准此，则塞吏接获匈奴使叩关之后，上报其上级——西部都尉，再由西部都尉上报朝廷。东汉元和元年（84）“武威太守孟云上言北单于复愿与吏人合市，诏书听（孟）云遣驿使迎呼慰纳之”[③]。这是匈奴来使叩关之后，关塞官吏上报其上级太守，再由太守上报朝廷，朝廷指示武威太守遣使欢迎之。建武二十七年（51），北匈奴“遣使诣武威求和亲，天子召公卿廷议，不决。”因顾虑与北匈奴通使不利于发展与南匈奴的关系，于是决定拒绝，遂“告武威太守勿受其使”[④]。朝廷再将决策下达太守，太守根据朝廷的命令而采取接纳还是拒绝对方来使的行动。由此可见来使叩关之后，由该关塞地区之长官负责向朝廷报告，朝廷根据边塞地区长官的报告以进行决策，再反馈边塞以定接纳来使与否。章和元年（87）月氏“贡奉珍宝、符拔、师子，因求汉公主。（班）超拒还其使，由是怨恨。”[⑤]时班超为西域将兵长史，实际上是行使过去西域都护之职权。

元狩二年（前121）匈奴“浑邪王与休屠王等谋欲降汉，使人先要边。是时大行李息将城河上，得浑邪王使，即驰传以闻。天子闻之，

---

① 《汉书》卷九十四下《匈奴传下》，第3827页。

② 《汉书》卷二十八下《地理志下》，第1618页。

③ 《后汉书》卷八十九《南匈奴传》，第2950页。

④ 《后汉书》卷八十九《南匈奴传》，第2945—2946页。

⑤ 《后汉书》卷四十七《班超传》，第1580页。

于是恐其以诈降而袭边,乃令骠骑将军将兵往迎之。"①《索隐》释"要边"曰:"谓先于边境要候汉人,言其欲降。"这虽然不是匈奴单于遣使前来之正常交往,而是匈奴王遣使来联系降汉事,但是其方式则有相似之处,匈奴方面事先派遣使者至汉边境取得联系,然后边境有关负责人将此事上报朝廷以决定如何处理。

朝廷决策同意接纳其来使之后,则由汉方官吏迎接、护送其入京。敦煌郡为汉通西域之门户,故西域地区来使往往从敦煌入境。来使叩关之后,于是敦煌郡派员护送他们入京,这成为当时迎护西域诸国"自来"使者的主要方式。悬泉汉简发现了不少这方面的记录,如:

鸿嘉三年正月壬辰,遣守属田忠送自来鄯善王副使姑彘、山王副使乌不滕,奉献诣行在所……②

鸿嘉三年三月癸酉,遣守属单彭,送自来乌孙大昆弥副使者薄侯,左大将掾使敞单,皆奉献诣行在所……③

建平五年十一月庚申,遣卒史赵平,送自来大宛使者侯陵,奉献诣□□以……④

出粟六升,以食守属高博送自来乌孙小昆弥使,再食,东。⑤

上述诸简所记为敦煌郡派遣守属或卒史等属吏护送西域"自来"之使入京奉献的事实。这里的"送"是指由边郡遣使护送入京,那么从汉方角度而言,则实际上是"迎",即来使入关之后由汉方地方政府

① 《史记》卷一百一十一《卫将军骠骑列传》,第2933页
② 《敦煌悬泉汉简释粹》(Ⅱ0214②:78),编号143。
③ 《敦煌悬泉汉简释粹》(Ⅱ0214②:385),编号194。
④ 《敦煌悬泉汉简释粹》(Ⅱ0114④:57),编号48。
⑤ 《敦煌悬泉汉简释粹》(Ⅰ0110②:33),编号192。

遣使迎接并护送他们自边境前往京师向汉皇帝奉献。

汉方出使时，四方国、族亦以这种礼仪迎接之。汉使出使安息时也受到安息官方的迎接，史称："初，汉使至安息，安息王令将二万骑迎于东界。东界去王都数千里。行比至，过数十城，人民相属甚多。"①这个记载表明汉使到达安息边境之后，安息国王遣使至边境迎接汉使至都。这里没有记载汉使叩关的情况，但可推知必然是先向边关说明来意，由边关向安息王报告，得到准许后，安息使者遂前往边境迎接汉使。由此可见在公元前后的东亚及西域地区，对于外交使节的这种礼遇是普遍存在的，不过汉王朝未见如此隆重的迎使礼仪，唯迎接君主来朝，如匈奴单于来朝时的礼仪可与其比拟。

有的国、族还以"郊迎"的方式迎接汉使。天凤三年(16)"遣大使五威将王骏、西域都护李崇将戊己校尉出西域，诸国皆郊迎贡献焉。"②汉十一年(前196)陆贾出使南越，责让赵佗曰："天子闻君王王南越，不助天下诛暴逆，将相欲移兵而诛王，天子怜百姓新劳苦，故且休之，遣臣授君王印，剖符通使。君王宜郊迎，北面称臣，迺欲以新造未集之越，屈强于此。"③其中要求南越"郊迎"汉使。我们虽然没有见到这种迎使礼仪的具体记载，但是这种礼仪在当时应还是存在的。"郊迎"即"郊劳"，是周代朝觐礼中的一种迎使礼仪，诸侯觐见周王，"至于郊，王使人皮弁用璧劳。"④周王遣使郊迎来觐之诸侯。周王遣使诸侯时亦有此礼，但是级别有所差异。周襄王派遣太宰文公及内史兴出使晋国，赐晋文公命服，晋国派遣"上卿逆于境"，而晋侯则亲

① 《史记》卷一百二十三《大宛列传》，第3172—3173页。
② 《汉书》卷九十九中《王莽传中》，第4146页。
③ 《史记》卷九十七《郦生陆贾列传》，第2697页。
④ 《仪礼注疏》卷二十六下《觐礼》，第1087页。

自“郊劳”[①]之。可见诸侯对于周王朝来使的迎接礼仪，是派遣上卿为使至边境迎接，国君则于近郊迎接。后者即为“郊迎”或“郊劳”。

我们无意将上述安息是以“上卿逆于境”的礼仪迎接汉使，或者西域诸国是以“晋侯郊劳”之礼迎接汉使，但是当时世界各国、族有着大体相同或相似的迎使礼仪则是没有疑义的。

汉代的迎使礼仪较周代已较简约，一般来说很少由朝廷遣使至边境迎接来使，除非特殊情况，如悬泉汉简记载：元平元年（前74）“诏使甘□□迎天马敦煌郡”[②]，这是由朝廷遣使至敦煌迎接西域来贡献的天马。天马一般指大宛所出善马，汉王朝为了得到大宛天马曾经付出很大代价，不惜发动了征伐大宛的战争才迫使大宛屈服，答应每年向汉王朝贡献天马，故汉王朝特意遣使至敦煌郡迎接就不难理解了。不过一般的“自来”使者，基本上是由边郡派遣官吏护送入京的。

（2）迎质侍

质侍为对方君主之子弟，故其待遇规格要高于一般使节。对质侍之优礼首先体现在对其迎接方面。质侍之迎接有三种方式，一是遣使迎接，二是驻边官府派员迎接，三是“自来”者之迎接。

①遣使迎接

在汉代常见汉王朝派遣使者前往纳质方进行交涉，要求其纳质，纳质方往往是在这种情况下派遣质侍随汉使而来。西汉武帝建元六年（前135）汉方击败兴兵侵南越边境的闽越之后，乘势派遣严助出使南越，“谕意南越王”[③]，要求其入侍、入朝，于是南越王“即遣太子随（严）助入侍”[④]。东汉和帝永元元年（89）窦宪大败北匈奴，派遣军司

① 《国语集解》，《周语上》，第36页。

② 《敦煌悬泉汉简释粹》（Ⅱ0115④:37），编号138。

③ 《史记》卷一百一十三《南越列传》，第2971页。

④ 《汉书》卷六十四上《严助传》，第2786页。

马吴汜、梁讽出使北匈奴，北单于"将其众与（梁）讽俱还，到私渠海，闻汉军已入塞，乃遣弟右温禺鞮王奉贡入侍，随（梁）讽诣阙。"[1]这些都是质侍跟随汉使而来。东汉初，光武帝建武五年（29）派遣来歙劝说割据凉州一带的隗嚣遣子入侍，隗嚣乃遣长子隗恂"随（来）歙诣阙"[2]。这虽然属于中央政府与割据政权之间的纳质关系，但其迎质礼仪与南越和北匈奴之纳质礼仪基本上是一致的。一般来说这是在汉王朝兵威之下而纳质所出现的情况。由于质侍随受质方使者而来比较常见，故有时这成为纳质方纳质之要求或条件，东汉和帝元兴元年（105）北匈奴"遣使诣敦煌贡献……愿请大使，当遣子入侍。"李贤注曰："天子降大使至国，即遣子随大使入侍。"[3]北单于将汉王朝方面派遣大使前来作为其遣子入侍之条件。与质侍随受质方使者而来相类似的是质侍随军而来，西汉武帝太初四年（前101）李广利伐大宛后回师东归，"诸所过小国闻（大）宛破，皆使其子弟从军入献，见天子，因以为质焉。"[4]这是质侍随受质方军队而来。这也是在兵威之下而纳质的一种情况。

②驻边官府派员迎接

在汉代还常见驻守边疆地区官府遣使护送质侍入汉的情况。东汉制度：南匈奴"单于岁尽辄遣奉奏，送侍子入朝，中郎将从事一人将领诣阙。"[5]这里的"中郎将"即为东汉王朝专门设置于南单于廷的官职，它们是指"使匈奴中郎将"或"匈奴中郎将"。东汉光武帝建武二十四年（48）匈奴分裂为南北，次年南单于遣使诣阙，奉藩称臣，要求

① 《后汉书》卷二十三《窦宪传》，第817页。
② 《后汉书》卷十三《隗嚣传》，第524页。
③ 《后汉书》卷八十九《南匈奴传》，第2957页。
④ 《史记》卷一百二十三《大宛列传》，第3178页。
⑤ 《后汉书》卷八十九《南匈奴传》，第2944页。

汉王朝派遣使者监护。于是建武二十六年(50)"令中郎将置安集掾史将弛刑五十人,持兵弩随单于所处,参辞讼,察动静。"[①]据《续汉志》:"使匈奴中郎将一人,比二千石。本注曰:主护南单于。"[②]其下"置从事二人,有事随事增之,掾随事为员。"[③]护送南匈奴侍子入朝的"从事"即为"使匈奴中郎将"所属"从事二人"中的一位。由此可见,护送南匈奴侍子入朝是使匈奴中郎将的经常性职责之一。

负责西域事务的官府也承担这样的职责。东汉明帝永平十七年(74)乌孙表示愿意遣子入侍,戊已校尉耿恭于是"发使赍金帛,迎其侍子。"[④]这是由戊已校尉遣使至乌孙迎接其侍子。东汉章帝建初八年(83)班超被拜为将兵长史,负责西域地区的军事。适值朝廷派遣卫候李邑出使乌孙。李邑上书陈西域之功不可成,又大肆毁谤班超"拥爱妻,抱爱子,安乐外国,无内顾心。"章帝知班超忠,乃切责李邑,令李邑到班超那里接受其节度,并指示班超:"若(李)邑任在外者,便留与从事。"意即让班超留下李邑为其从事吏。班超"即遣(李)邑将乌孙侍子还京师"。这时的李邑已经不是卫候,而是将兵长史的属吏——从事。他是以从事身份护送乌孙侍子入朝,这与上述使匈奴中郎将以从事护送匈奴侍子入朝是一致的。班超的副手、军司马徐干谓班超曰:"(李)邑前亲毁君,欲败西域,今何不缘诏书留之,更遣它吏送侍子乎?"[⑤]从徐干的话可知,如果不是派遣李邑护送,还可以派遣其他吏员护送。可见护送侍子入朝也是西域将兵长史的职责之一。由此亦可推知,上述戊已校尉耿恭遣使迎接乌孙侍子,也是要负

① 《后汉书》卷八十九《南匈奴传》,第2944页。

② 《续汉书·百官志五》,见点校本《后汉书》,第3626页。

③ 《续汉书·百官志五》,见点校本《后汉书》,第3626页。

④ 《后汉书》卷十九《耿恭传》,第720页。

⑤ 《后汉书》卷四十七《班超传》,第1578—1579页。

责派员将其护送至京师的。

从上所述可见由边疆地区官府遣使护送质侍入汉，一般来说是施行于与汉王朝关系良好和密切者，如南匈奴、乌孙等为然。

③“自来”者之迎接

质侍亦有“自来”者，故有纳质方主动前来而未见受质方遣使迎护的情况。东汉光武帝建武二十一年(45)“鄯善王、车师王等十六国皆遣子入侍奉献，愿请都护。”①这是西域诸国主动纳质，以争取得到东汉王朝的保护。这时东汉王朝尚无暇顾及西域，不可能派遣使者前往西域迎接，显然属于西域诸国之主动行为，亦即此诸国侍子属于“自来”②者。东汉顺帝永建五年(130)疏勒王臣磐“遣侍子与大宛、莎车使俱诣阙贡献。”③这是疏勒侍子与大宛、莎车等西域诸国使者结伴而来。质侍与其他使者结伴而来的情况在悬泉置汉简中亦有所反映，其中有一枚：“右大将副使”、“左都尉副使”、“姑墨副使”、“危须副使”、“左大将使者”、“乌垒使者”以及“侍子”见于同一简中④，当是侍子与这些西域诸国使节在敦煌汇集以后结伴前来汉地。这类“自来”之质侍，一般是在到达边境之后，由边境地方政府派员护送入京，这在敦煌悬泉置汉简中多有反映，兹不赘述。

(3)迎君主

君主之来访，一般是来参加朝会。君主来朝又有大国与一般国家或小国的区分。在汉代，匈奴和乌孙被视为大国，其中尤以匈奴更为“百蛮大国”，故对于其来朝之接待礼仪亦格外隆重而优礼有加。这

---

① 《后汉书》卷一下《光武帝纪下》，第73页。

② 悬泉置汉简记西域诸国使节出入事项时常有“自来”一语，指其属于主动前来，并非汉方遣使迎接者。质侍派遣也有这种情况。

③ 《后汉书》卷八十八《西域传》，第2927页。

④ 《敦煌悬泉汉简释粹》(Ⅴ1410③:57)，编号190。

里我们即以大国君主来朝为中心论述迎朝者之礼。

①事先沟通

朝会之前需双方事先进行沟通。神爵元年（前61）宣帝诏称“蛮夷王侯君长当朝二年者，皆毋朝。”[①]可知在神爵二年正旦朝之前就需确定是否举行朝会，预先周知将来赴者明年无需来朝。这就意味着双方在来朝之前需要事先告知，以便双方进行相关的准备工作。匈奴呼韩邪单于拟朝甘露三年（前51）正月，于是在甘露二年（前52）即“款五原塞，愿奉国珍朝三年正月。”[②]这是事先遣使至五原塞向汉方表达希望明年来朝之意。郅支单于既诛，建昭五年（前34）“呼韩邪单于且喜且惧，上书言曰：‘常愿谒见天子，诚以郅支在西方，恐其与乌孙俱来击臣，以故未得至汉。今郅支已伏诛，愿入朝见。’”[③]也是预先上书请求明年来朝，于是次年，即竟宁元年（前33），呼韩邪单于来朝正月。成帝河平三年（前26）匈奴“单于上书愿朝河平四年正月”，次年正月“遂入朝”[④]。

对于前来朝会的请求，汉王朝方面需要进行讨论，以决定是否接受。哀帝建平四年（前3），单于遣使上书愿朝建平五年，“时哀帝被疾，或言匈奴从上游来厌人，自黄龙、竟宁时，单于朝中国辄有大故。上由是难之，以问公卿，亦以为虚费府帑，可且勿许。”汉方担心单于来朝有妨哀帝的健康，于是决定不接受单于明年来朝，“单于使辞去，未发，黄门郎扬雄上书谏曰：……今单于上书求朝，国家不许而辞之，臣愚以为汉与匈奴从此隙矣。”[⑤]认为拒绝其来朝，将损坏双方关系，

① 《汉书》卷八《宣帝纪》，第261页。

② 《汉书》卷八《宣帝纪》，第270页。

③ 《汉书》卷九十四下《匈奴传下》，第3803页。

④ 《汉书》卷九十四下《匈奴传下》，第3808页。

⑤ 《汉书》卷九十四下《匈奴传下》，第3812页。

而应当执行宣帝以来“欲朝者不距，不欲者不强”[①]的听其自然的方针政策。“书奏，天子寤焉，召还匈奴使者，更报单于书而许之。”虽然汉方重新决定接受匈奴来朝，但是“单于未发，会病，复遣使愿朝明年。”[②]单于因病而未能朝建平五年（前2，是年已改元为元寿元年）正月，于是单于再次遣使来汉，请求改朝明年正月。在请求来朝的同时，匈奴方面对于随同单于来朝的使团规模还提出了请求：“故事，单于朝，从名王以下及从者二百余人。单于又上书言：‘蒙天子神灵，人民盛壮，愿从五百人入朝，以明天子盛德。’上皆许之。”[③]于是元寿二年（前1）单于率领五百人的使团前来朝正旦。从元寿二年单于来朝正旦的交涉过程，我们可以看到：一是来朝需要事先遣使提出请求，得到汉方的批准方才能够前来参加朝会。如果来朝一方有何原因不能依时进行，可以提出终止或延期，这种交涉可能反复进行多次；二是与来朝相关之具体事项，如随行人员之规模等问题，也需要双方事先进行沟通，待双方同意之后，据以行事。元寿二年（前1），乌孙“大昆弥伊秩靡与（匈奴）单于并入朝，汉以为荣。”[④]两位“百蛮大国”君主同时参加正旦朝，故汉以为荣。乌孙大昆弥来参加正旦朝之前，双方亦曾互相遣使沟通，以落实大昆弥来朝之具体事宜。悬泉置汉简记载：“出鞫靬各二，左部骑士高谊里，建平五年二月送昆弥使者……”[⑤]建平五年即元寿元年（前2）。此简记载元寿元年二月汉方遣使护送乌孙大昆弥使者，这当与乌孙遣使来汉沟通明年大昆弥来

---

① 《汉书》卷九十四下《匈奴传下》，第3814页。

② 《汉书》卷九十四下《匈奴传下》，第3817页。

③ 《汉书》卷九十四下《匈奴传下》，第3817页。

④ 《汉书》卷九十六下《西域传下》，第3910页。

⑤ 《敦煌悬泉汉简释粹》（Ⅰ0114①:70），编号209。

朝事宜有关[1]。

②遣使迎接

对于确定前来参加正旦朝的“百蛮大国”君主，汉王朝方面将派出重要官员前往迎接。呼韩邪单于将前来参加甘露三年（前51）的正旦朝，于是汉王朝“遣车骑都尉韩昌迎”[2]。匈奴单于拟朝河平四年（前25）正月，于是河平三年汉王朝派遣班伯前往塞下迎接。班伯“家本北边，志节忼慨，数求使匈奴。河平中，单于来朝，上使伯持节迎于塞下。会定襄大姓石、李群辈报怨，杀追捕吏，伯上状，因自请愿试守期月。上遣侍中中郎将王舜驰传代伯护单于，并奉玺书印绶，即拜伯为定襄太守。”[3]班伯临时改任定襄太守，于是另派中郎将王舜代为迎接。车骑都尉为二千石高官[4]，侍中中郎将为内朝官，班伯被遣迎接匈奴单于时不言其职衔，但是从其被拜定襄太守推知当为二千石高官。

遣使迎接来朝者的情况也得到考古资料的证实。哀帝元寿二年（前1），乌孙“大昆弥伊秩靡”来朝[5]，为此，汉王朝于元寿元年（前2）即遣使迎接大昆弥，悬泉置汉简在这方面有所反映：“出麦四斗，已。建平五年闰月□□，县（悬）泉啬夫 付宜禾书佐王阳，给食传马二匹，迎昆弥。”[6]建平五年即元寿元年，闰月为十一月。这是汉王朝于元寿元年十一月遣使迎接乌孙大昆弥时，在悬泉置支付四斗麦以喂食两匹用于迎接昆弥的传马的记录。表明汉使于元寿元年十一月途经敦

---

① 参见《敦煌汉简所见汉朝与西域的关系》。

② 《汉书》卷九十四下《匈奴传下》，第3798页。

③ 《汉书》卷一百上《叙传上》，第4199页。

④ 参见《张家山汉墓竹简·二年律令释文注释·秩律》，第192页。

⑤ 《汉书》卷九十六下《西域传下》，第3910页。

⑥ 《敦煌悬泉汉简释粹》（Ⅱ0114④:53），编号210。

煌迎接乌孙大昆弥，护送其前往长安参加元寿二年之正旦朝[①]。与乌孙大昆弥同时在元寿二年来朝的匈奴单于，也是规定应在来朝前一年的十一月入塞的。《汉书·息夫躬传》记载道："单于当以十一月入塞"[②]，指的就是这种情况。由此可知来朝者提前于头年的十一月入塞是当时的普遍做法和规定。

和帝永元元年（89）窦宪破北匈奴，"遣军司马吴汜、梁讽，奉金帛遗北单于，宣明国威，而兵随其后。时虏中乖乱，汜、讽所到，辄招降之，前后万余人。遂及单于于西海上，宣国威信，致以诏赐，单于稽首拜受。讽因说宜修呼韩邪故事，保国安人之福。单于喜悦，即将其众与讽俱还，到私渠海，闻汉军已入塞，乃遣弟右温禺鞮王奉贡入侍，随讽诣阙。"[③]这是窦宪派遣其属官前往劝说并迎接北匈奴单于来朝，军司马为秩比千石，秩级不算太高，这与当时北匈奴已经溃败，势力衰落有关。

③沿途款待

来朝者途经的地方政府，负有隆重款待照拂之责。重要的来朝者，其使团规模相当庞大，以匈奴来朝为例，"故事，单于朝，从名王以下及从者二百余人。"元寿元年（前2）"单于上书言：'蒙天子神灵，人民盛壮，愿从五百人入朝，以明天子盛德。'上皆许之。"[④]由最初的二百余人增加到五百余人。可知沿途迎接任务之重要和繁忙。

首先需要发兵迎护。甘露三年（前51）匈奴呼韩邪单于来朝，于是"发过所七郡郡二千骑，为陈道上。"[⑤]注曰："所过之郡，每为发兵

① 《敦煌汉简所见汉朝与西域的关系》。
② 《汉书》卷四十五《息夫躬传》，第2182页。
③ 《后汉书》卷二十三《窦宪传》，第817页。
④ 《汉书》卷九十四下《匈奴传下》，第3817页。
⑤ 《汉书》卷九十四下《匈奴传下》，第3798页。

陈列于道,以为宠卫也。"单于所经七郡均派遣骑兵夹道欢迎。这不仅具有礼仪的性质,同时亦包含保护、防备之意涵。

其次是生活上的保障和款待。单于来朝沿途所经地方政府还需要负责招待单于及其所率领的使团。由于他们的责任很重要,故汉政府对此非常重视,往往事先对于单于所经沿途郡的长官进行人事变动,调派得力人员担任沿途郡长官。段会宗,"竟宁中,以杜陵令五府举为西域都护、骑都尉光禄大夫,西域敬其威信。三岁,更尽还,拜为沛郡太守。以单于当朝,徙为雁门太守。"①竟宁、阳朔年间唯见成帝河平四年(前25)正月匈奴复株絫若鞮单于来朝②,故段会宗之调派为雁门太守,当为迎接此次单于来朝。段会宗之被从沛郡太守调任雁门太守,是因为其有担任边吏的经历,曾任西域都护三年,而且治边有方,"西域敬其威信"之故。哀帝时匈奴单于来朝,于是汉王朝预先调派彭宏为云中太守。彭宏于"哀帝时为渔阳太守,有名于边。容貌饮食绝众。是时单于来朝,当道二千石皆选容貌饮食者,故宏徙为云中太守。"③彭宏由于有任边郡长官的官历,不仅"有名于边",而且"有威于边"④,这些条件与段会宗是相同的,但是彭宏还有一个条件,就是"容貌饮食绝众",因此特意从渔阳太守调任单于来朝所经过的云中郡担任太守。其容貌出众,是为了在接待单于时为国争光,其善于调和饮食,是为了在接待单于时能够以美味佳肴款待之。

2. 送礼

送礼是来宾完成使命之后返国时所享受之外交礼遇,与迎礼配合构成完整的迎送礼。其中送使最为繁多而普遍,而以送来朝之君主

---

① 《汉书》卷七十《段会宗传》,第3029页。

② 《汉书》卷九十四下《匈奴传下》,第3808页。

③ 《东观汉记校注》卷八《彭宠传》,第273—274页。

④ 《后汉书》卷十二《彭宠传》,第501页。

最为隆重。

(1)送使

外交使节不论是随使而来者或“自来”者，待其完成使命之后，均需要礼送其返国，是为汉代对于外交使节的又一重要礼仪。汉王朝对于送使这一环节十分重视，来使完成使命之后，必礼送其返国。汉王朝之送使礼仪，其主要内容和特点有三：一是送使使者由朝廷派出；二是送至来使所在国；三是送使与报使相结合。

①送使使者由朝廷派出

与迎接来使之使者多由边境地区派出相反，送使之使者则是由朝廷派出，经过皇帝的批准，也就是说他是代表最高统治者皇帝而送使的。

汉宣帝时，“数出使西域，多辱命不称，或贪污，为外国所苦。是时乌孙大，有击匈奴之功，而西域诸国新辑，汉方善遇，欲以安之，选可使外国者。”可知“使外国者”这样的使节是由朝廷遴选的。当时为了进一步发展与西域诸国的关系，朝廷精心选择出使西域的使者，元康元年(前65)“前将军(韩)增举(冯)奉世以卫候使持节送大宛诸国客”。冯奉世就是在这样的情况下被大臣推举为护送大宛等西域诸国来使的使者。冯奉世在送使过程中立了大功，于是宣帝召见韩增，曰：“贺将军所举得其人。”[①]东汉章帝时班超在西域的活动取得了很大成功，他建议下一步应当尽力发展与西域大国乌孙的关系，章帝接受了他的意见，于是建初八年(83)“拜(班)超为将兵长史，假鼓吹幢麾。以徐干为军司马，别遣卫候李邑护送乌孙使者，赐大小昆弥以下锦帛。”朝廷在任命班超为西域长史的同时，另派李邑为护送乌孙来使的使者。不料，李邑到了西域之后，“上书陈西域之功不可成，又盛

① 《汉书》卷七十九《冯奉世传》，第3294页。

毁(班)超拥爱妻,抱爱子,安乐外国,无内顾心。”章帝了解班超之忠心,乃切责李邑曰:“纵(班)超拥爱妻,抱爱子,思归之士千余人,何能尽与(班)超同心乎?”于是“令(李)邑诣(班)超受节度。”并诏班超曰:“若(李)邑任在外者,便留与从事。”将李邑交付班超处置。班超宽宏大量,没有乘机报复,而是“即遣(李)邑将乌孙侍子还京师”①。上述两位送使者不仅是由朝廷选拔和派遣的,而且还与皇帝有直接关系,他们在出使中的表现都被皇帝所关注,对他们的奖惩均由皇帝直接作出。

悬泉置汉简也证实了这种情况。

> 五凤四年六月丙寅,使主客散骑光禄大夫田扶韦制诏御史曰:使云中太守安国、故□未央仓龙□卫司马苏□武强,使送车师王、乌孙诸国客,与军候周充国载先俱,为驾二封轺传,二人共载。御史大夫延年□□□□承书以次为驾,当舍传舍,如律令。②
>
> 永光五年七月癸卯朔丁巳,使送于阗王诸国客,卫司马参、副卫候临移敦煌太守……③
>
> 黄龙元年六月壬申,使臣宏、给事中侍谒者臣荣……。诏传□吏甘使送康居诸国客,斥候盖典副,羌……为驾一封轺传,三月辛□……④

上述三简反映的都是当时朝廷所派遣护送来使返国的使者途经悬泉置时的情况。第一简是宣帝五凤四年(前54)六月遣使护送车

① 《后汉书》卷四十七《班超传》,第1577—1579页。
② 《敦煌悬泉汉简释粹》(Ⅱ0113③:122),编号215。
③ 《敦煌悬泉汉简释粹》(Ⅱ0216②:54),编号154。
④ 《敦煌悬泉汉简释粹》(Ⅱ0114④:277),编号149。

师、乌孙等西域诸国来使返国时途经悬泉置时的记录。由内朝官、皇帝亲信田扶韦按照汉宣帝的旨意下达命令，由御史大夫发出传文，命令沿途为送使者云中太守安国和未央仓龙□卫司马苏□武强等提供食宿和交通等便利。第二简是元帝永光五年（前39）七月派遣卫司马参和卫候临护送于阗王及其他一些西域国家来使返国的记录。卫司马和卫候是皇帝侍卫军卫尉的属官。第三简是宣帝黄龙元年（前49）六月由内朝官、皇帝亲信发出的命令，以□吏甘和斥候盖典护送康居诸国来使返国。这些简牍与上述文献记载相互补充印证，表明汉代的送使是由朝廷所派遣的。据此，则悬泉置汉简中有一些没有写明是否由朝廷派遣的送使者，有的可以推断也是由朝廷派出的，例如：

以食守属孟敞送自来鄯善王副使者卢匿等，再食，西。[①]

此简之送使者孟敞为“守属”，没有写明是中央官府还是地方政府的属吏，但是他是自东向西护送鄯善王的使者返国的，也就是说他是由京师出发的，那么他也应当是朝廷所派遣送使的中央官府的属吏。

送使之选派是由皇帝为首的最高决策集团作出的。汉王朝曾经考虑以囚徒送使，汉武帝征和四年（前89）诏中有云：“大鸿胪等又议欲募囚徒送匈奴使，明封侯之赏以报忿，五伯所弗能为也。”[②]这个建议被汉武帝否定，认为“五霸尚耻不为，况今大汉也。”[③]这个建议虽然没有被采纳，但表明当时的送使是由皇帝为首的最高统治者决策集

① 《敦煌悬泉汉简释粹》（Ⅰ0116②:15），编号136。

② 《汉书》卷九十六下《西域传》，第3913—3914页。

③ 《汉书》卷九十六下《西域传》颜师古注，第3915页。

团所决定的。

由于送使者是由朝廷派遣的，他们是“承至尊之命”[1]而出使，亦即是由皇帝派遣的，故其出使与其他外交使节之出使同样持节而使。西汉成帝时罽宾“遣使献，谢罪，汉欲遣使者报送其使。”杜钦向执政者王凤提出反对的意见，建议改变以往送至其国或送至罽宾东部边境之外的县度的惯例，但是由于当时“使者业已受节，可至皮山而还。”不得已而改取折中的办法，送至汉王朝势力范围之内的皮山而止。颜师古对此注曰：“言已立计遣之，不能即止，可至皮山也。”[2]也就是说，送使者与其他外交使节一样也是持节出使，持节出使即是代表国家的正式使者，故亦由政府相关部门编造预算，支付旅途经费。王凤接受了杜钦的意见，上报成帝，得以照办执行。

②送至来使所在之国

周代交聘中的送使礼仪，据《仪礼·聘礼》记载，来使完成使命辞归，则由“士送至于境”[3]，亦即送至边境即止。可知周代送使是并不出境的。汉代与周代不同，是一直送至来使所在之国的，可见汉代送使礼较周代更为虔敬。

汉与罽宾之间的使节往还就反映了这样的事实。“自武帝始通罽宾，自以绝远，汉兵不能至，其王乌头劳数剽杀汉使。乌头劳死，子代立，遣使奉献。汉使关都尉文忠送其使。王复欲害(文)忠，忠觉之，乃与容屈王子阴末赴共合谋，攻罽宾，杀其王，立阴末赴为罽宾王，授印绶。”[4]尽管罽宾与汉相距遥远，而且罽宾对于汉王朝并不十分友好，但是双方使节往还仍然继续不断和较为频繁。从罽宾经常

---

① 《汉书》卷九十六上《西域传上》，第3887页。

② 《汉书》卷九十六上《西域传上》，第3886—3888页。

③ 《仪礼注疏》卷二十三《聘礼》，第1067页。

④ 《汉书》卷九十六上《西域传上》，第3885—3886页。

杀害汉使可知汉方之送使者是将罽宾来使送至其国的。元帝时(前48—前33)多次杀害汉使的罽宾王乌头劳死,新王继位后遣使来汉,汉方仍然遣使礼送。这次的送使证明,汉使文忠是将罽宾来使一直护送至罽宾都城的,否则不可能演出罽宾新王谋杀汉使以及汉使与罽宾王子合谋反击并扶立其为新王的事件的。从文忠之护送罽宾使直至其国的情况,可以推知此前罽宾王乌头劳多次杀害之汉使,亦当为护送罽宾使至其国的送使者。

这个事件之后汉与罽宾之间通使中发生的情况也可以进一步反证这种事实。文忠事件之后,"后军候赵德使罽宾。与阴末赴相失,阴末赴锁琅当德,杀副已下七十余人,遣使者上书谢。孝元帝以绝域不录,放其使者于县度,绝而不通。"[①]赵德送使被杀,表明他也是将罽宾来使送至其国的。这次事件之后,元帝作出改变,决定不再送其使至国,而是"放其使者于县度"。《说文》:"放,逐也。"[②]含有放逐、抛弃之意。县度在哪里呢?县度者,"石山也,溪谷不通,以绳索相引而度云。"[③]"其处在皮山国以西,罽宾国之东也。"[④]可知县度虽然在罽宾东境,但尚未入其国。也就是说汉使只是将罽宾使者押解至其国境附近释放之,而并不进入其国境。在罽宾再次杀害汉使之后,汉方决定断绝与罽宾的通使关系,于是不再遣使护送其使至国,而只是"放其使者于县度"。那么在正常情况下是要将其护送至国的。

在对罽宾来使进行上述怠慢措施之后不久,及至成帝时,罽宾"复遣使献谢罪",在这种情况下,汉方依然"欲遣使者报送其使",也就是说汉方仍然打算将其来使护送至国,与其恢复正常关系。这个

---

① 《汉书》卷九十六上《西域传上》,第3886页。
② 《说文解字注》,第160页。
③ 《汉书》卷九十六上《西域传上》,第3882页。
④ 《后汉书》卷四十七《班超传》,第1583页。

决定遭到臣下的反对，杜钦说大将军王凤曰："前罽宾王阴末赴本汉所立，后卒畔逆。夫德莫大于有国子民，罪莫大于执杀使者，所以不报恩，不惧诛者，自知绝远，兵不至也。有求则卑辞，无欲则娇嫚，终不可怀服。凡中国所以为通厚蛮夷，惬快其求者，为壤比而为寇也。今县度之阸，非罽宾所能越也。其乡慕，不足以安西域；虽不附，不能危城郭。前亲逆节，恶暴西域，故绝而不通；今悔过来，而无亲属贵人，奉献者皆行贾贱人，欲通货市买，以献为名，故烦使者送至县度，恐失实见欺。凡遣使送客者，欲为防护寇害也。起皮山南，更不属汉之国四五，斥候士百余人，五分夜击刀斗自守，尚时为所侵盗。驴畜负粮，须诸国禀食，得以自赡。国或贫小不能食，或桀黠不肯给，拥强汉之节，馁山谷之间，乞匄无所得，离一二旬则人畜弃捐旷野而不反。又历大头痛、小头痛之山，赤土、身热之阪，令人身热无色，头痛呕吐，驴畜尽然。又有三池、盘石阪，道陿者尺六七寸，长者径三十里。临峥嵘不测之深，行者骑步相持，绳索相引，二千余里乃到县度。畜队，未半阬谷尽靡碎；人堕，势不得相收视。险阻危害，不可胜言。圣王分九州，制五服，务盛内，不求外。今遣使者承至尊之命，送蛮夷之贾，劳吏士之众，涉危难之路，罢弊所恃以事无用，非久长计也。使者业已受节，可至皮山而还。"①

杜钦的说辞揭示了汉王朝的送使制度及其与外交目的之间的不平衡性：①送使的具体目的是保护来使的安全，"凡遣使送客者，欲为防护寇害也。"送使的更高目的是为了发展与邻国的友好关系而巩固国防安全，所谓"凡中国所以为通厚蛮夷，惬快其求者，为壤比而为寇也。"消弭邻国来寇是汉方外交的重要目的。②但是，送使的代价和付出太大。一是使团规模大，为了保卫使团的安全，仅武装警卫人员

① 《汉书》卷九十六上《西域传上》，第3886—3887页。

就相当庞大，“斥候士百余人，五分夜击刀斗自守，尚时为所侵盗。”如此送使，实乃“劳吏士之众”。二是使团之财政负担沉重，“驴畜负粮，须诸国禀食，得以自赡。国或贫小不能食，或桀黠不肯给，拥强汉之节，馁山谷之间，乞匄无所得，离一二旬则人畜弃捐旷野而不反。”三是路途极其艰危，送使者“涉危难之路”。以护送罽宾使而言，“起皮山南，更不属汉之国四五”，这段旅程“又历大头痛、小头痛之山，赤土、身热之阪，令人身热无色，头痛呕吐，驴畜尽然。又有三池、盘石阪，道狭者尺六七寸，长者径三十里。临峥嵘不测之深，行者骑步相持，绳索相引，二千余里乃到县度。畜队，未半阬谷尽靡碎；人堕，势不得相收视。”故“险阻危害，不可胜言。”③罽宾来使目的不纯，与汉方的外交目的不符。一是其主要目的是为了得到自己经济上的利益，其“奉献者皆行贾贱人，欲通货市买，以献为名。”故汉方遣使护送罽宾之使，实属“遣使者承至尊之命，送蛮夷之贾。”二是其一方面遣使通汉，另一方面却对于汉方采取并不友好态度和做法，“前罽宾王阴末赴本汉所立，后卒畔逆。夫德莫大于有国子民，罪莫大于执杀使者，所以不报恩，不惧诛者，自知绝远，兵不至也。”故其“有求则卑辞，无欲则娇嫚，终不可怀服。”④罽宾在军事上对汉王朝并不构成直接威胁，“今县度之阸，非罽宾所能越也。其乡慕，不足以安西域；虽不附，不能危城郭。”⑤最后的结论是，对于罽宾实行这种送使制度实乃“罢弊所恃以事无用，非久长计也。”与实现汉方的外交目的的不平衡性十分突出，必须改变。对罽宾实行这种送使制度与汉王朝外交目的的不平衡性，不仅表现在人力、物力、财力等方面过于沉重的负担，更重要的还体现在与汉王朝的外交目的的相左，罽宾之主要目的在于经贸，“罽宾实利赏赐贾市，其使数年而壹至云。”[①]故其使者实际上

① 《汉书》卷九十六上《西域传上》，第3887页。

是一些商人所冒充，这与汉王朝之外交主要是在政治上、军事上的目的不符。

根据这种认识和结论，杜钦建议改变以往送至其国的惯例，但是由于当时“使者业已受节，可至皮山而还。”[①]改采折中的办法，既不是传统的送至其国，也不是上次所采取的送至县度的怠慢措施，而是送至皮山而还。何以送至皮山而止？因为皮山还在汉王朝势力范围之内[②]，较县度为近汉，也就是说送至汉边而还。这是比送至县度更为怠慢的措施。王凤接受了杜钦的意见，报告成帝，照此办理。综观西汉对罽宾的送使，先后经历了送至其国都→送至其边境之外的县度→送至汉边皮山的变化，送使的距离逐步缩短，也就是说送使礼意在逐步减弱。这是由于罽宾错误的外交态度所致，其责任主要在于罽宾方面。从这个个案可以反证送使至国是汉王朝正常的做法。

在汉代，送使送至边界是双方关系并不友好融洽的一种表现。汉武帝时，由于卫氏朝鲜“所诱汉亡人滋多，又未尝入见；真番旁众国欲上书见天子，又拥阏不通。”于是元封二年（前109）派遣涉何出使卫氏朝鲜，向其王右渠交涉，但右渠“终不肯奉诏”。涉何无功而返，“去至界上，临浿水，使御刺杀送（涉）何者朝鲜裨王长，即渡，驰入塞，遂归报天子曰：‘杀朝鲜将’。”[③]由此可见汉使返国时，卫氏朝鲜也曾派遣其裨王为使护送汉使返国，但是由于双方关系并不友好，故卫氏朝鲜之送使者只将汉使送至边界为止，故汉使在这里将朝鲜所遣送使杀害。

送使至国是汉代送使制度的基本惯例，故罽宾事件之后，汉方之

---

① 《汉书》卷九十六上《西域传上》，第3887页。

② 杜钦曰：“起皮山南，更不属汉之国四五……”（《汉书》卷九十六上《西域传上》，第3887页）据此则皮山之北尚属汉。

③ 《史记》卷一百一十五《朝鲜列传》，第2986页。

遣使护送来使至其国之做法并没有改变。成帝河平元年（前28）匈奴单于派遣右皋林王伊邪莫演等前来“奉献朝正月”。使命完成后，汉方派遣使者护送其返国。但是送至河东郡之蒲反时，伊邪莫提出了投降汉王朝的要求，使者将此情况上报朝廷，公卿集议后“遣中郎将王舜往问降状”。经王舜讯查，伊邪莫演改口说：“我病狂，妄言耳。”可知匈奴使并非真正打算投降，而是另有蹊跷在其中。虽然发生了这种不友好的事件，但是汉使并没有从这里折返，而是继续将其护送至单于庭。伊邪莫演“归到，官位如故，不肯令见汉使。”①可见汉使是随同匈奴使直至单于庭的。这个事件表明，即使送使途中对方有并不友好的做法，汉方仍然坚持将其护送至所在之国。

东汉亦然。章帝建初八年（83），班超“既破番辰，欲进攻龟兹。以乌孙兵强，宜因其力”，认为需要借助乌孙以制龟兹，于是建议“可遣使招慰，与共合力。”联合乌孙以进攻龟兹。章帝采纳他的意见，于是“遣卫候李邑护送乌孙使者，赐大小昆弥以下锦帛。”②李邑作为护送乌孙来使的使者，同时负责赏赐乌孙大小昆弥，可知李邑也是要将乌孙来使送达乌孙国都的。

到了东汉时期，还出现了与关系密切的南匈奴之间使节迎送更为常规化和制度化的情况。建武二十六年（50）南匈奴附汉，汉方派遣使匈奴中郎将驻单于庭监护之，此后，“单于岁尽辄遣奉奏，送侍子入朝，中郎将从事一人将领诣阙。汉遣谒者送前侍子还单于庭，交会道路。元正朝贺，拜祠陵庙毕，汉乃遣单于使，令谒者将送，赐綵缯千匹，锦四端，金十斤，太官御食酱及橙、橘、龙眼、荔支；赐单于母及诸阏氏、单于子及左右贤王、左右谷蠡王、骨都侯有功善者，缯綵合万

① 《汉书》卷九十四下《匈奴传下》，第3808页。

② 《后汉书》卷四十七《班超传》，第1577页。

匹。岁以为常。"①每年年终南匈奴即遣使以及侍子来汉,南匈奴来使在参加元正朝贺和拜祠陵庙等活动之后,返回时汉方以谒者为护送南匈奴来使之使者。汉方的送使者同时还要负责向南匈奴单于及其宗亲王侯等人赏赐礼品,可见他也是将来使送达单于庭的。这里送使的时间和送使的官员都是固定的,送至单于庭的做法已经制度化、常规化。

汉方何以不辞劳苦,不惜耗费大量人力物力送使至于来使之国呢?

首先是外交礼仪的需要。上述关于护送罽宾来使的讨论中已经涉及了这个问题。杜钦说:"凡遣使送客者,欲为防护寇害也。"即为了保证来使的人身和财产的安全。何以如此重视来使之人身安全保卫工作呢?因为来使是皇帝的客人,他们是前来朝见皇帝的,悬泉汉简中多有来使"奉献诣行在所"的记载,就表明了这一点。而秦汉统一帝国的建立,把皇帝的威权提升到空前的高度,因此在外交上也就要求与此相适应的排场和礼仪,故"赂遗赠送,万里相奉,师旅之费,不可胜计。"②其中就包括送使方面。

其次是外交目的的需要。汉代外交上的目的是为了实现汉方的国家利益,其外交利益主要体现在政治上、军事上的目的。杜钦反对护送罽宾使者至其国的理由是:"今遣使者承至尊之命,送蛮夷之贾,劳吏士之众,涉危难之路,罢弊所恃以事无用,非久长计也。"何以护送罽宾来使是"无用"的呢?因为罽宾来使是一些商贾,其目的在于进行商贸,这与汉方的外交目的有很大距离,汉方外交的主要目的在于获得政治上、军事上的利益,所谓"凡中国所以为通厚蛮夷,惬快其求者,为壤比而为寇也。今县度之阸,非罽宾所能越也。其乡慕,不足以安西域;虽不附,不能危城郭。"杜钦认为,汉王朝之所以"通厚"

① 《后汉书》卷八十九《南匈奴传》,第2944页。

② 《汉书》卷九十六下《西域传下》,第3928页。

于四方国、族，尽最大努力以使他们心满意足，主要是为了防止一些邻近国、族的进犯；而罽宾与汉疆土不相邻，距离遥远，不可能侵犯汉边，罽宾对于实现汉方的外交目的并不重要，因此可以不必遣使护送其来使至国。这就表明，汉方之所以如此郑重而隆重遣使护送来使直至其国，与汉方的外交目的有密切的关系。

汉元帝时关于如何护送匈奴郅支单于侍子返国的争论也证明了这一点。这次虽然是关于护送匈奴侍子的问题，但其与上述送使问题实际上是相同的。

初元四年（前45）匈奴郅支单于“遣使奉献，因求侍子，愿为内附。汉议遣卫司马谷吉送之。”当时御史大夫贡禹、博士匡衡提出异议，认为“今郅支单于乡化未醇，所在绝远，宜令使者送其子至塞而还。”可知前者所谓“送之”就是指送至其国；后者的主张则是送至边塞。何以送至边塞而不送至其国呢？贡禹和匡衡给出的理由有二，一方面是郅支单于对于汉王朝并不友好，另一方面则是其所在与汉相距遥远。这与上述杜钦反对护送罽宾使者至其国的原因和理由基本上相同，罽宾对于汉王朝也不友好，其与汉王朝的距离也是相当遥远。他们的意见的基本精神都是从汉王朝的外交利益着眼。卫司马谷吉则坚持按照惯例送至其国，他说：“中国与夷狄有羁縻不绝之义，今既养全其子十年，德泽甚厚，空绝而不送，近从塞还，示弃捐不畜，使无乡从之心。弃前恩，立后怨，不便。议者见前江乃始无应敌之数，知勇俱困，以致耻辱，即豫为臣忧。臣幸得建强汉之节，承明圣之诏，宣谕厚恩，不宜敢桀。若怀禽兽，加无道于臣，则单于长婴大罪，必遁逃远舍，不敢近边。没一使以安百姓，国之计，臣之愿也。愿送至庭。”①从谷吉的意见中我们可以看到，送至其国与送至边塞是有很大区别的，

① 《汉书》卷七十《陈汤传》，第3008—3009页。

前者礼隆而敬，后者礼薄而慢，前者有利于争取四方国、族的“乡从之心”，后者则导致对方之“怨”。送至其国是为了汉王朝对于四方国、族的“羁縻”政策，即外交目的服务的。

③送使与报使相结合

送使与报使相结合是汉代送使礼仪的重要特点之一。

武帝征和四年（前89）匈奴“单于遣使遗汉书”云云，于是“汉遣使者报送其使。”[①]成帝时，罽宾“复遣使献，谢罪，汉欲遣使者报送其使。”[②]前者是匈奴来使之后，汉方遣使匈奴，后者是罽宾来使之后，汉方亦拟遣使罽宾。汉方所遣之使者，一方面是护送匈奴或罽宾来使返国，这是汉方在执行送使礼仪；另一方面他们之出使，也是对于对方来使的一种回报，是则汉方又在执行报使礼仪。这里的汉使可谓一身而二任焉，他们既是送使者，又是报使者。从礼仪角度言之，则送使礼寓于报使礼之中，或曰报使礼寓于送使礼之中，故史称“报送”。

这里需要特别指出的是，这种“报送”结合的制度，并非汉王朝所独有，而是当时四方国、族通行的制度。也就是说四方国、族在与汉王朝交往中，或者四方国、族的相互交往中，一般来说也都是这样做的，这是当时通行的国际惯例。张骞出使乌孙后，返国时“乌孙发导译送（张）骞还，骞与乌孙遣使数十人，马数十匹报谢，因令窥汉，知其广大。”乌孙所派遣的这个数十人的使团，一方面是护送张骞回国，另一方面则是对于汉方遣使的报谢，也是“报送”结合。张骞在出使乌孙时，“因分遣副使使大宛、康居、大月氏、大夏、安息、身毒、于阗、扜罙及诸旁国……其后岁余，（张）骞所遣使通大夏之属者皆颇与其人

① 《汉书》卷九十四上《匈奴传上》，第3780页。

② 《汉书》卷九十六上《西域传上》，第3886页。

俱来。”[①]这些西域诸国使者跟随张骞所遣副使之来汉，也都是既执行其国之送使礼仪，也在执行其国之报使礼仪。其中出使安息的使者返国时，安息亦“发使随汉使来观汉广大，以大鸟卵及黎轩善眩人献于汉。”[②]就是这种“报送”结合礼仪的具体情况。

因此，在当时的外交使节往还中，在正常情况下双方均实行这种“报送”结合的制度。天汉元年（前100）匈奴且鞮侯单于初立，“恐汉袭之，乃曰：‘汉天子我丈人行也。’尽归汉使路充国等。”对于匈奴方面的善意，汉方给予友好的回报，于是派遣苏武出使匈奴，“送匈奴使留在汉者，因厚赂单于，答其善意。”匈奴方面“方欲发使送（苏）武等，会缑王与长水虞常等谋反匈奴中。”[③]匈奴内部发生动乱，苏武使团被牵扯其中，于是被匈奴扣留。可见苏武之出使匈奴，是汉方对于匈奴来使的回报，而苏武在执行报使任务的同时，又承担着护送匈奴来使以及护送以往被汉方扣留的匈奴使者返国的任务；苏武在完成出使任务之后，匈奴方面亦拟遣使护送其返国，这一方面是对于汉方来使予以礼送，另一方面则是对于汉方来使之回报，只是由于突发事件影响而未得以实现。

何以当时通行这种“报送”结合的制度呢？

首先，这是节约遣使成本的最佳方式。当时之遣使成本甚高，不论送使还是报使，均需要付出和消耗大量的人力物力，杜钦反对遣使护送罽宾使者返国的理由之一，认为这是“劳吏士之众，涉危难之路，罢弊所恃以事无用，非久长计也。”派出这种庞大的使团将造成“疲惫

① 《史记》卷一百二十三《大宛列传》，第3169页。
② 《史记》卷一百二十三《大宛列传》，第3173页。
③ 《汉书》卷五十四《苏武传》，第2460页。

所恃”的地步[①]，有动摇国本之虞。杜钦所论虽然是针对与罽宾关系这一特定情况，但是当时遣使负担沉重也是一个不争的事实。报使、送使均属外交礼仪所必需，不能简省，而将送使与报使相结合，合二为一，毕其功于一役，则既履行了对于对方的礼仪义务，又可以减少出使次数，大大节约出使之成本。

其次，这是对于双方使节安全的最有效的保证。使节是双方君主的代表，故保证使节往还中的安全，是对于对方君主友好、礼敬的重要体现，故杜钦曰：“凡遣使送客者，欲为防护寇害也。”[②]这种“报送”结合的制度，对于保证双方使节的安全都是有利的，来使在返国时，在所使国境内，有送使者（亦即报使者）之护送，其安全可以得到最佳保证；当到达来使所在国时，则反主为客，送使者（亦即报使者）亦可以在彼方得到最佳的安全保障。反之亦然。总之，这种“报送”结合的方式对于双方使节的安全来说都是有利的。

第三，这与汉代遣使制度的特点有关。汉王朝的对外遣使，一方面存在主动性遣使，这主要是根据其外交的急要而发生的，如刘敬之出使匈奴，是为了与匈奴和亲，张骞之通西域，是为了联络乌孙以断匈奴右臂等，均属此类；另一方面更多的是被动性、应对性遣使，主要如上述“自来”之使及随使而来之使。一般来说前者是外交上的紧急需要，后者则是非急要的，而属于一般性的长远的需要，故汉王朝对于后者之遣使，多属于被动性、应对性的遣使，即己方之遣使（报使、送使）多在对方来使之后方才启动，根据对方来使的情况在送使的同时趁便遣使回报。

---

① 《汉书》卷九十六上《西域传上》，第3887页。颜师古注曰“所恃，谓中国之人也。”

② 《汉书》卷九十六上《西域传上》，第3886页。

(2)送质侍

优礼质侍的一个重要表现是当质侍返国时,汉王朝方面均遣使护送。西汉宣帝五凤四年(前54)"汉使卫司马魏和意、副候任昌送(乌孙)侍子。"[①]这是汉王朝派遣以卫司马为正使、卫候任昌为副使的使团护送乌孙侍子返国。西汉元帝初元五年(前44)"郅支单于遣使奉献,因求侍子,愿为内附。"[②]时谷吉为卫司马,"使送郅支单于侍子"[③]。他也是以卫司马官衔而奉命出使护送侍子返国。永光元年(前43)"汉遣车骑都尉韩昌、光禄大夫张猛送呼韩邪单于侍子。"[④]这是以车骑都尉韩昌为正使、光禄大夫张猛为副使组成护送匈奴侍子的使团。出土汉简于此亦有所反映。悬泉汉简:

> 元始二年二月己亥,少傅左将军臣丰、右将军臣建,承制诏御史曰,候旦受送乌孙归义侯侍子,为驾一乘轺传,得别驾载从者二人。御七十六。大……如……[⑤]

这是西汉平帝元始二年(2)二月汉方遣使护送乌孙归义侯卑爰疐侍子返国时途经敦煌悬泉置时的记录。西汉成帝永始元年(前16)乌孙小昆弥末振将使贵人乌日领刺杀了亲汉的大昆弥雌栗靡,末振将之弟卑爰疐亦参与其事,遂将众八万余口北附康居。"至元始中,卑爰疐杀乌日领以自效,汉封为归义侯。"[⑥]大约在这种情况下卑爰疐遣子

① 《汉书》卷九十六下《西域传下》,第3906页。
② 《汉书》卷七十《陈汤传》,第3008页。
③ 《汉书》卷八十五《谷永传》,第3443页。
④ 《汉书》卷九十四下《匈奴传下》,第3801页。
⑤ 《敦煌悬泉汉简释粹》(Ⅰ0116:S.14),编号211。
⑥ 《汉书》卷九十六下《西域传下》,第3910页。

入侍,至元始二年汉方遣使护送其侍子返乌孙。此事史籍不载,赖悬泉置汉简得以补充。从上简可知,当时的命令是皇帝通过少傅左将军、右将军而下达御史大夫发布的,这里的臣丰,即甄丰,臣建即孙建①。护送使者为官“候”而名旦(或名旦受)者。大将军营五部,“部下有曲,曲有军候一人,比六百石。”②“候”为比六百石官员。这里批准他们乘坐“一乘轺传”,汉律,“四马高足为置传,四马中足为驰传,四马下足为乘传,一马二马为轺传。急者乘一乘传。”③

遣使护送侍子,也是将侍子一直护送至其君主所在地。上述初元五年(前44)护送郅支单于侍子返国前,汉王朝为此召开决策会议,讨论究竟将侍子护送至何处为宜的问题。在汉王朝议决以谷吉为使护送郅支单于侍子时,御史大夫贡禹、博士匡衡以为“今郅支单于乡化未醇,所在绝远,宜令使者送其子至塞而还。”主张将侍子送至边塞为止。而谷吉上书反对道:“今既养全其子十年,德泽甚厚,空绝而不送,近从塞还,示弃捐不畜,使无乡从之心。弃前恩,立后怨,不便。”认为如果送至边塞而还,将使汉王朝花费十年工夫培育侍子亲汉之心前功尽弃,表示为了国家的利益,甘冒风险,“愿送至庭”,主张将侍子一直护送至单于庭。汉元帝将谷吉的上书“以示朝者”,贡禹等人“复争”,而右将军冯奉世支持谷吉,“以为可遣”,于是“上许焉”④,汉元帝终于批准了谷吉的主张。这次遣使护送郅支单于侍子之所以反复争论究竟护送至何处为宜,是因为当时郅支单于对汉采取不友好的态度,他怨汉支持呼韩邪单于而不助己,又自以为距离汉远,于是“困辱汉使者江乃始等”,并遣使要求归还其侍子。在这种情况下,故

① 参见《汉书》卷十九下《百官公卿表下》,第855页。
② 《续汉书·百官志一》,见点校本《后汉书》,第3564页。
③ 《汉书》卷一下《高帝纪下》注引如淳曰,第57页
④ 《汉书》卷七十《陈汤传》,第3008—3009页。

汉王朝特别召开会议讨论究竟将其侍子送至何处为宜的问题。所以,这是在面对特定对象、特定情况下出现的问题。那么这个事件恰恰意味着在正常情况下是要将侍子护送出境至其君主所在地的。也就是说,将侍子护送至其君主所在地是符合礼数的,而将侍子护送至边塞则是怠慢失礼。将侍子护送至其君主所在地将能够使得对方满意,从而有利于双方关系发展,而将侍子护送至边塞则将导致对方不满,从而将影响双方之关系。

到了东汉时期,遣使护送侍子返回已经制度化,其中尤以对待南匈奴侍子为然。南匈奴"单于岁尽辄遣奉奏,送侍子入朝,中郎将从事一人将领诣阙。汉遣谒者送前侍子还单于庭,交会道路。"①南匈奴每届年终则向汉王朝派遣新的侍子,由使匈奴中郎将派遣从事一人护送入朝,与此同时汉王朝则派遣谒者为使护送旧侍子返回单于庭。应劭《汉官》在记述使匈奴中郎将的职掌时有云:"单于岁遣侍子来朝,谒者常送迎焉。"②可知护送匈奴侍子返回已成为谒者的专责之一。以谒者护送南匈奴侍子返回之所以制度化,是建立在南匈奴派遣侍子已经制度化的前提之上的。

综上所述,受质方对于质侍实行全过程的优礼,从质侍自其君主所在地启程,直至质侍使命完成之后返回其君主所在地,均由受质方遣使迎接和护送。

(3)送君主

汉代对于来朝君主之隆重礼遇不仅表现在迎接阶段,同时亦体现于朝罢之护送方面。汉代对于来使一般均遣使护送出境,但是其级

① 《后汉书》卷八十九《南匈奴传》,第2944页。

② 《续汉书·百官志五》注引,见点校本《后汉书》,第3626页。这个记载谓谒者常"送迎"匈奴侍子,似乎意味着谒者不仅护送侍子返回,也出使迎接侍子。但是我们没有发现谒者出使迎接侍子的其他资料能够证明这一点,故存疑。

别一般并不高,多以下中层吏员为使送之。而对于来朝之君主则派遣中高级官员护送出境。

悬泉置汉简:西汉元帝"永光五年七月癸卯朔丁巳,使送于阗王诸国客,卫司马参、副卫候临……"①,这里的正使卫司马、副使卫候均为卫尉属官,卫司马比千石,卫候六百石。此当为于阗王来朝后汉方遣使护送其回国。此为护送小国君主来朝之使的通常级别。

护送来朝大国君主,尤其对于匈奴单于来朝之后的护送,其级别更高。

甘露三年(前51)正月呼韩邪单于来朝毕,"二月,单于罢归。遣长乐卫尉高昌侯(董)忠、车骑都尉(韩)昌、骑都尉虎将万六千骑送单于。"②同时"又发边郡士马以千数,送单于出朔方鸡鹿塞。"③护送呼韩邪单于的使者级别及使团规模均较一般的护送使者出境要高。此次护送呼韩邪单于的董忠为长乐卫尉,长乐卫尉与诸卿之一的卫尉地位基本相当,负责宫廷警卫,为皇帝亲信。车骑都尉韩昌即负责迎接呼韩邪来朝之使者。骑都尉秩比二千石④。由这三位高级官员、皇帝亲信组成使团,率领中央骑兵和地方郡兵护送其返国。由于呼韩邪单于"自请愿留居光禄塞下,有急保汉受降城。"于是宣帝诏董忠等"留卫单于,助诛不服,又转边谷米糒,前后三万四千斛,给赡其食。"⑤

此后,匈奴单于再来入朝,其礼遇均"如初",即比照甘露三年之礼而一脉相承,但是"以有屯兵,故不复发骑为送。"⑥由于已经有董忠

① 《敦煌悬泉汉简释粹》(Ⅱ0216②:54),编号154。

② 《汉书》卷八《宣帝纪》,第271页。

③ 《汉书》卷九十四下《匈奴传下》,第3798页。

④ 《汉书》卷十九上《百官公卿表上》,第727—728页。

⑤ 《汉书》卷九十四下《匈奴传下》,第3798页。

⑥ 《汉书》卷九十四下《匈奴传下》,第3798—3799页。

等人率领的“屯兵”负责“留卫单于”，故后来护送单于就不再调发骑兵。及至哀帝元寿二年（前1）正月匈奴单于来朝，“既罢，遣中郎将韩况送单于。”[①]这次是派遣中郎将为使负责护送单于。中郎将为光禄勋属官，为比二千石之高官。

3. 迎送礼三层级之异同

汉代对于来宾的迎、送均分别有外交使节、质侍与君主三种层级的礼仪，虽然这三种层级的迎送礼基本程序大体是一致的，也均体现了对于来宾之礼敬，但是并非完全等同，其程序、规格以及礼仪丰杀等方面还是存在着一定的差异。

（1）礼仪程序之异同

在礼仪程序方面，三种层级的迎送礼基本上是一致的，均由接待方遣使迎接和护送，但是也存在一定的差异。其主要表现在以下几个方面。

①事先沟通方面的差异。由于受到古代通讯联络手段和交通发展水平的局限性所制约，故汉代外交上的事先沟通亦有很大的局限性，双方在外交上的事先沟通并非经常之事。一般来说外交使节的前来并不进行事先的约定、知会，加以当时紧迫的外交事务相对较少，使节之来一般并无事先沟通这一环节，故以随己方之使而来或“自来”者为多。质侍之来与使节之来稍有不同，纳质意味着对于对方的臣服，故一般来说需要事先进行交涉、谈判，对方同意纳质之后才谈得上质侍之来，这就决定了质侍之来较使节之来中的事先沟通成分略多，有些质侍就是跟随谈判之使而前来的，多数情况下是虽然经双方谈判之后确定纳质，但是何时前来则并不确定，而由纳质方根据情况确定。唯重要君主来朝则必须事先进行沟通，以确定来朝之

① 《汉书》卷九十四下《匈奴传下》，第3817页。

日程和来朝使团之规模等具体事项。君主来朝是外交上的重大事件，被视为外交上的重大胜利和荣耀，故其礼仪亦最为隆重，其准备工作亦颇为繁重，事先沟通遂成为必要的环节。从这里即体现了对于君主来朝之重视和礼仪之隆重。

②**迎使派遣的差异**。三种层级的送使均由朝廷派遣，这方面基本上没有差别，但迎使的派遣则有所差异。与前项差异以及礼遇丰杀之别相关，使节、质侍之迎使除了随使而来者之外，一般均由边境地区政府或驻外机构派遣吏员迎护入京，也就是说这些迎使是地方政府或驻外机构吏员，他们是从边境地区护送进京的；而君主来朝则一般不存在随使而来的情况，迎接君主的使节是由朝廷直接派遣的，他们是京官，他们是专程从京师衔命前往边境地区迎接来朝君主的。

（2）礼仪丰杀之差异

三种层级的迎送礼，虽然都贯穿着对于来宾优礼的精神，但是其丰杀程度是有所差异的。具体表现在以下三个方面。

①**使节职衔层级的差异**。对于君主来朝，不论迎接或护送之使节，均由皇帝亲信之高级官员，如长乐卫尉、车骑都尉、骑都尉或中郎将等二千石、比二千石官员充任，未见以中下级吏员充任者。使节与质侍之迎送使基本上相同，虽然也有以高级官员，如中郎将、光禄大夫等比二千石文武官员充任，但是多以中下级官吏，如军司马、谒者等比千石、比六百石官员充任，还有下至二百石以下小吏乃至斗食佐史为之。

②**护卫规格的差异**。为了保证来宾之安全，三种层级的送迎礼中均有相应的护卫力量，但是其规格是有差别的。君主迎送中的护卫兵力最为强劲，除了派遣中央骑兵一万六千人之外，还有地方兵员千人以上参与。使节之护卫力量，则多以"斥候士"充任，百余人至数十人不等，如杜钦所谓"凡遣使送客者，欲为防护寇害也……斥候士百

余人，五分夜击刀斗自守，尚时为所侵盗。"[①]就是这种情况的反映，这与护送君主兵力之强盛不可比拟。

③**沿途款待的差异。**汉方对于来宾自边境与京城的往返途中均给予周到、优厚的款待，这是其共同之处。但是其优遇亦有丰杀之别。悬泉置汉简表明当时对于来使及质侍之迎送，均由汉方在沿途提供传舍或郡邸等住宿，以及马匹、车辆等交通工具，以及酒食等饮馔供应，其服务可谓相当周到。但是对于君主来朝的迎送则更为隆重优渥，匈奴单于来朝时，所过之郡均需调发二千骑兵以为仪卫，夹道欢迎，同时事先选派"容貌饮食"超群的官员接任沿途郡守，以期以最佳的接待氛围与饮馔以款待之，可谓优礼有加，煞费苦心。

（二）款待礼

款待礼是指来宾入都之后至其返国之前所受到的款待礼仪。这是来宾外交活动之核心时段，这个期间的礼遇情形更能集中体现双方关系之疏密、友敌之程度，而这也往往是不同礼仪文化发生碰撞的前沿性平台。款待礼与迎送礼相同，也存在使节、质侍与君主三个层级，但是使节之礼最为多见和具有代表性，君主之礼规格最高，最能体现礼遇之隆重。款待礼的主要环节和内容有会见、集会、飨燕、游乐四个方面，其中以前两者最为重要。会见礼的核心礼仪是"拜"，集会礼的核心礼仪是"位次"，其他款待环节中的礼仪均与这两种礼仪有关。

1. 会见与拜礼

会见是来宾到达之后的第一个重要的礼仪环节，其核心礼仪是"拜"。由于四方国、族与汉王朝关系之疏密、敌友不同，以及礼仪文

① 《汉书》卷九十六上《西域传上》，第3886页。

化之差异,则其所受到的礼遇亦往往大相径庭。因此,会见礼与外交斗争有着十分直接的、紧密的关系,会见礼中的矛盾冲突也就经常发生,可以说这是双方关系的晴雨表。这种矛盾冲突的原因有外交方面的,也有礼仪文化差异方面的。

君主来访自然要受到汉皇帝的接见。河平四年(前25),匈奴"单于来朝",汉成帝即于未央宫白虎殿接见匈奴单于[①]其他来宾到达之后一般也要受到君主的接见。汉通西域之后,不少西域之国"随汉使献见天子,天子大悦。"[②]反映的就是这种情况。这里的"献见"即来使献物与受到皇帝接见之意。宣帝神爵二年(前60)匈奴"握衍朐鞮单于立,复修和亲,遣弟伊酋若王胜之入汉献见。"[③]也是指匈奴使节前来贡献而受到皇帝的接见。东汉明帝永平元年(58)护羌校尉窦林为下吏所欺,谬奏上烧当羌豪滇岸"以为大豪,承制封为归义侯,加号汉大都尉。"明年,另一羌豪滇吾复降,窦林"复奏其第一豪,与俱诣阙献见。帝怪一种两豪,疑其非实,以事诘(窦)林。(窦)林辞窘,乃伪对曰:'滇岸即滇吾,陇西语不正耳。'帝穷验知之,怒而免(窦)林官。"[④]这是护羌校尉窦林与羌豪滇吾一起"诣阙献见",即向皇帝贡献并受到接见,故皇帝得以当面揭穿窦林之谎言。这虽然是与边族首领之会见,但是这个记载也同样表明所谓"献见"即包括皇帝接见在内。来宾入汉固然如此,汉使衔命出使亦然。永平八年(65)郑众出使北匈奴,北匈奴迫使郑众拜单于,郑众不从。表明汉使郑众受到匈奴单于的接见。后来明帝再次派遣郑众出使北匈奴,郑众不同意,于是"诏切责(郑)众,追还系廷尉,会赦归家。其后帝见匈奴来者,问

① 《汉书》卷八十二《王商传》,第3370页。
② 《史记》卷一百二十三《大宛列传》,第3173页。
③ 《汉书》卷九十四上《匈奴传上》,第3789页。
④ 《后汉书》卷八十七《西羌传》,第2880页。

（郑）众与单于争礼之状，皆言匈奴中传（郑）众意气壮勇，虽苏武不过。乃复召（郑）众为军司马，使与虎贲中郎将马廖击车师。至敦煌，拜为中郎将，使护西域。”[①]这是明帝接见“匈奴来者”并与之交谈，从而得知郑众在匈奴亦得到匈奴单于的接见并与北单于争礼的具体情况。可见来使受到君主的接见，双方皆然。

君主接见之外，臣僚亦见之。元鼎四年（前113）汉遣使南越，其相吕嘉“有畔心，数称病不见汉使者。使者皆注意（吕）嘉。”[②]正常情况下臣僚亦应当会见使者，故吕嘉不见使者的反常之举引起汉使之注意。汉方亦然。河平四年（前25），匈奴复株累若鞮单于来朝，前往未央宫白虎殿拜见成帝时，途经未央宫廷中，时丞相王商坐“未央廷中，单于前，拜谒商。商起，离席与言，单于仰视商貌，大畏之，迁延却退。天子闻而叹曰：‘此真汉相矣！’”颜师古注曰：“单于将见天子，而经未央廷中过也。”[③]匈奴单于在未央廷中拜谒了丞相王商，王商魁梧的身躯与大国宰相的气度先声夺人，令匈奴单于胆怯，汉成帝得知后，不禁得意称叹，可见臣僚接见来宾是得到皇帝首肯的。此外还存在特指会见何人的情况。东汉明帝永平（58—75）中，承宫“名播匈奴。时北单于遣使求得见（承）宫，显宗敕自整饰，（承）宫对曰：‘夷狄眩名，非识实者也。臣状丑，不可以示远，宜选有威容者。’帝乃以大鸿胪魏应代之。”[④]来宾由于某种原因而求见个别官员，此事需通过外交途径经皇帝批准，又因其有外交上的影响，故需具备一定的条件，经过选拔审核，其中或包括外表和气质在内，因为个人形象也是

① 《后汉书》卷三十六《郑众传》，第1225页。

② 《史记》卷一百一十三《南越列传》，第2972页。

③ 《汉书》卷八十二《王商传》，第3370—3371页。

④ 《后汉书》卷二十七《承宫传》，第945页。注引《续汉书》曰：“夷狄闻臣虚称，故欲见臣。臣丑陋形寝，不如选长大有威容者示之也。”

外交竞争的一个方面。除了礼仪性的会见之外,还有工作性的会见。竟宁元年(前33)匈奴呼韩邪单于来朝并与汉和亲,"单于驩喜,上书愿保塞上谷以西至敦煌,传之无穷,请罢边备塞吏卒,以休天子人民。"汉方经过讨论决定不许其请,于是使大司马车骑将军许嘉口谕之:"中国四方皆有关梁障塞,非独以备塞外也,亦以防中国奸邪放纵,出为寇害,故明法度以专众心也。敬谕单于之意,朕无疑焉。为单于怪其不罢,故使大司马车骑将军(许)嘉晓单于。"单于谢曰:"愚不知大计,天子幸使大臣告语,甚厚!"①。许嘉时为大司马车骑将军,为中朝官之首,奉皇帝之命与匈奴单于会见,代表汉皇帝对他的请求进行解释、答复。

(1)引见

来宾会见君主,需要通过相关官员之沟通与引见。

元封元年(前110)汉武帝巡视北边,"至朔方,勒兵十八万骑以见武节,而使郭吉风告单于。郭吉既至匈奴,匈奴主客问所使,郭吉礼卑言好,曰:'吾见单于而口言。'单于见吉,吉曰:'南越王头已悬于汉北阙。今单于即能前与汉战,天子自将兵待边;单于即不能,即南面而臣于汉。何徒远走,亡匿于幕北寒苦无水草之地,毋为也。'语卒而单于大怒,立斩主客见者,而留郭吉不归,迁之北海上。"②

这个记载表明,汉使会见匈奴单于,需要事先通过匈奴"主客"官员的沟通,经过其审查来使的目的意图方才得以会见,并非可以直接会见匈奴单于。从郭吉需"礼卑言好"方能得到匈奴"主客"同意其会见单于观之,得到君主之接见并非易事。这时匈奴已经有了负责外交事务的官员设置。关于匈奴"主客",《史记集解》引韦昭曰:"主使

① 《汉书》卷九十四下《匈奴传下》,第3803、3805页。

② 《史记》卷一百十《匈奴列传》,第2912页。

来客官也。”是匈奴负责来客事务之官员。这种官员据《史记正义》释曰:“若鸿胪卿”,意即与唐代的鸿胪卿相似。唐代的鸿胪寺卿即汉代负责外交事务之大鸿胪之传承。汉王朝之大鸿胪负责外交事务,引见来使亦属其职责之一自不待言,但是来使之会见汉皇帝,较四方国、族为复杂,除了需要经过外朝官员之外,还需要经过内朝官员和内侍方才得以入见。

汉方为了惩罚经常杀害汉使的楼兰、龟兹,派遣傅介子出使执行刺杀其王之使命,“至楼兰,楼兰王意不亲介子,介子阳引去,至其西界,使译谓曰:‘汉使者持黄金锦绣行赐诸国,王不来受,我去之西国矣。’即出金币以示译。译还报王,王贪汉物,来见使者。介子与坐饮,陈物示之。”①这次傅介子得以亲近楼兰王,故可趁机而杀之。楼兰国王第一次会见汉使傅介子的引见情况不明,第二次会见时,其国之译者成为这次楼兰王会见汉使之中介,而且是君主前来边境屈就汉使。

一般来说会见之前对于来使当有一些体现主权和安保方面的措施和要求,以便凸显其权威和保护君主的安全。这样就有可能遇到不同礼仪文化的冲突,不同国、族的礼仪文化中在接见来使时可能有一些特殊的做法和习俗。“匈奴法,汉使非去节而以墨黥其面者不得入穹庐。”②“节”为汉使权力和尊严的体现,而匈奴却要求汉使“去节”方才准许入单于帐中会见,这是匈奴方面体现其主权的一种做法:黥面,即“以墨黥面也。”③黥面在中原王朝为一种刑罚,而在有的民族则以之为一种习俗,如东夷之倭“男子皆黥面文身,以其文左右

① 《汉书》卷七十《傅介子传》,第3002页。

② 《史记》卷一百十《匈奴列传》,第2913页。

③ 《汉书》卷九十四上《匈奴传上》颜注,第3772页。

大小别尊卑之差。”[①]匈奴则要求汉使在黥面之后方才得以入帐会见单于，这固然是不同礼俗文化使然，同时也是体现其主权的一种做法。元封四年（前107）武帝派遣王乌出使匈奴，“王乌，北地人，习胡俗，去其节，黥面，得入穹庐。单于爱之。”[②]汉使王乌顺从匈奴风俗，故得以顺利入帐会见单于，并得到他的喜欢。而后来汉使杨信使于匈奴的时候，“杨信为人刚直屈强，素非贵臣，单于不亲。单于欲召入，不肯去节，单于乃坐穹庐外见杨信。”[③]这位汉使没有顺从匈奴这一风俗要求，除了不肯去节之外，当还包括不肯黥面，于是不得进入单于帐中，只能在帐外会见。

可见在汉代这种基于不同文化和习俗的不同的外交礼仪文化的冲突有时也是很尖锐的。其中以汉与匈奴之间的矛盾冲突最为突出。汉与匈奴虽然距离不算太远，但是这是两种迥异的文化，故汉匈之间在通使中，不仅存在着双方外交方面的冲突，也存在着两种外交礼仪文化的冲突。

（2）拜

来使会见君主时首先碰到的是双方如何行见面礼的问题，在汉代，“拜”是这种见面礼的重要方式。这种见面礼节——“拜”并非只在外交使节首次会见君主时的礼节，但却是首先需要确定并施行的重要礼节。

“拜”是中国古代会见时表示恭敬对方的礼节，《周礼》“辨九拜：一曰稽首，二曰顿首，三曰空首，四曰振动，五曰吉拜，六曰凶拜，七曰奇拜，八曰褒拜，九曰肃拜。”它们是根据不同场合、不同对象而行叩

① 《后汉书》卷八十五《东夷传》，第2821页。

② 《史记》卷一百十《匈奴列传》，第2913页。

③ 《史记》卷一百十《匈奴列传》，第2913页。

头、拱手等不同礼节。其中以稽首、顿首、空首为“正拜”，郑玄注曰：“稽首，拜头至地也。顿首，拜头叩地也。空首，拜头至手，所谓拜手也……”[①]稽首为臣对君、卑对尊之礼，顿首为平辈、对等之礼，空首为君答臣之礼[②]，等。

张骞出使乌孙时，其王“昆莫见（张）骞如单于礼，骞大惭，谓曰：‘天子致赐，王不拜，则还赐。’昆莫起拜，其他如故。”[③]乌孙君主在会见汉使时，端坐不起，不对汉使行“拜”礼。张骞认为他是代表汉皇帝来赐的，乌孙这种做法很失礼，令其难以接受。经过他的交涉，乌孙昆莫方才起身并“拜”汉使。乌孙昆莫的这种做法和态度，一方面是与乌孙和汉素昧平生，并无求于汉的客观情况有关，另一方面也当是乌孙与汉的礼仪文化差异所致。

司马迁对此点评道，乌孙昆莫的这种做法是“如单于礼”。何谓“如单于礼”？颜师古释曰：“昆莫自比于单于。”据此我们可以推知匈奴单于在会见汉使时，也是不“拜”汉使的。张骞在出使乌孙前曾经在匈奴被拘留十余年，对于匈奴之礼俗是了解的。同时当时汉与匈奴之通使也是非常频繁的，匈奴单于不“拜”汉使应当是人所共知的惯常的做法。那么，为什么汉使在匈奴受到单于这样的待遇时不似张骞在乌孙的感受那么强烈，以致“大惭”呢？这是因为在西汉前期汉匈关系虽然口头上是对等的“兄弟”关系，但是实际上是匈奴处于上风，汉方则委曲求全以免匈奴之进犯，故对于匈奴方面的这种“单于礼”也是不得不接受的。

汉匈之间的使节会见礼到了西汉后期发生了变化。宣帝时以呼

① 《周礼注疏》卷二十五《春官宗伯·大祝》，第810页。

② 参见《周礼注疏》卷二十五《春官宗伯·大祝》贾公彦疏，第810页。

③ 《汉书》卷九十六下《西域传下》，第3902页。

韩邪单于朝汉为标志，汉匈之间的地位发生了颠倒，这时是汉方处于上风，而匈奴臣服于汉，于是匈奴单于对汉亦行“拜”礼了。甘露三年(前51)呼韩邪单于朝汉时，汉宣帝赐其以“殊礼”，其中在第一天朝会时“赞谒称臣而不名”，以及第二天“上登长平，诏单于毋谒。”①何谓“毋谒”？颜师古释曰：“不令拜也。”可见第一天在甘泉宫朝会时是“拜”的，但“称臣而不名”；第二天在长平阪会见时则不令其“拜”，也就是说本应当“拜”，但汉方特许其免“拜”。

此后，匈奴单于会见汉使时就行“拜”礼了。成帝时，“康居遣子侍汉，贡献，然自以绝远，独骄嫚，不肯与诸国相望。”于是西域都护郭舜上言：“康居骄黠，讫不肯拜使者……匈奴百蛮大国，今事汉甚备，闻康居不拜，且使单于有自下之意，宜归其侍子，绝勿复使，以章汉家不通无礼之国。”②这个记载向我们透露了如下一些历史信息：一是康居在接见汉使时是不拜汉使的，对此郭舜斥之为“无礼”。康居之不拜与上述乌孙之不拜有相同的原因，同时也因为其距离汉王朝遥远，认为汉王朝鞭长莫及，对其无可奈何，故敢于怠慢汉使。但是乌孙立即改变不拜为拜，而康居则是一直坚持不拜汉使的，“讫不肯拜”之说表明双方这种礼仪之争已非止一时了；二是康居这种做法是与其他国家不同的，它“不肯与诸国相望”，亦即不肯与其他与汉交往的国家那样敬事汉王朝，而是特立独行，显得高于其他国家。换言之大多数国家是拜汉使的，只有康居这样的少数国家才不拜汉使；三是这时的匈奴也已经拜汉使了，其“事汉甚备”应当包括会见礼节中拜汉使在内。故郭舜担心康居这种做法会影响匈奴，使其产生“自下之意”，颜师古对此解释道：“言单于见康居不事汉，以之为高，自以事汉为太

① 《汉书》卷九十四下《匈奴传下》，第3798页。

② 《汉书》卷九十六上《西域传上》，第3892—3893页。

卑,而欲改志也。”亦即担心匈奴效法康居而不拜汉使。由此可见在西汉后期匈奴已经改不拜汉使而为拜汉使了;四是到了西汉后期除了少数远方大国如康居等之外,大部分与汉王朝交往的国、族,包括“百蛮大国”匈奴在内,也都拜汉使了。也就是说汉王朝的礼仪文化已经随着其外交关系的发展而扩散、传播至整个东亚外交圈,并向西方外交圈发展。汉王朝的外交礼仪已经在东亚外交圈中处于支配性地位。

汉王朝的外交礼仪何以至康居而受阻呢?除了外交上他们以为距汉遥远,汉方鞭长莫及之外,还与康居及其以西是与汉文化圈不同的西方文化圈有关,这一带也是东亚外交圈与西方外交圈的重叠地区,“自大宛以西至安息,国虽颇异言,然大同俗,相知言。其人皆深眼,多须髯,善市贾,争分铢。俗贵女子,女子所言而丈夫乃决正。其地皆无丝漆,不知铸钱器[①]。及汉使亡卒降,教铸作他兵器。得汉黄白金,辄以为器,不用为币。”何以“相知言”,因其均属于印欧语系伊朗语族,其社会文化亦大体相同,基本上属于古波斯文化圈,其与汉文化有别,两者之礼仪文化亦有较大差异。故“宛以西,皆自以远,尚骄恣晏然,未可诎以礼羁縻而使也。”[②]所谓“未可诎以礼”,即汉文化圈的礼仪文化在这里受阻,除了少数被汉以武力征服者之外,如大宛为然,其余则多未能通行。这种礼仪文化的差异在唐代仍然存在,大食于“永徽二年,始遣使朝贡……开元初,遣使来朝,进马及宝钿带等方物。其使谒见,唯平立不拜,宪司欲纠之,中书令张说奏曰:‘大食殊俗,慕义远来,不可置罪。’上特许之。寻又遣使朝献,自云在本国

① 《史记》卷一百二十三《大宛列传》《集解》引徐广曰:“多作‘钱’字,又或作‘铁’字。”第3174页。

② 《史记》卷一百二十三《大宛列传》,第3173—3174页。

惟拜天神,虽见王亦无致拜之法,所司屡诘责之,其使遂请依汉法致拜。其时西域康国、石国之类,皆臣属之。"[①]大食使者之不拜唐,乃因其礼仪文化差异所致,故张说谓之"殊俗",东西方两种礼仪文化的碰撞和冲突至唐代仍然存在,汉代存在这种差异和斗争实不足为奇。

从上引《周礼》可知同为"拜",但其礼敬之程度亦有所差别。始建国元年(9)王莽遣使匈奴,使者"授单于印绂,诏令上故印绂。单于再拜受诏。"[②]一拜之后又拜,表示加敬之意。建武二十六年(50)"遣中郎将段郴、副校尉王郁使南单于,立其庭,去五原西部塞八十里。单于乃延迎使者。使者曰:'单于当伏拜受诏。'单于顾望有顷,乃伏称臣。拜讫,令译晓使者曰:'单于新立,诚惭于左右,愿使者众中无相屈折也。'骨都侯等见,皆泣下。"[③]汉方要求匈奴单于伏地而拜,故匈奴单于感到屈辱,但是南匈奴作为汉王朝的附属国而不得不屈从。和帝永元元年(89)窦宪北伐匈奴,"大破之,虏众崩溃,单于遁走。"班师还,乃"遣军司马吴汜、梁讽,奉金帛遗北单于,宣明国威,而兵随其后。时虏中乖乱,(吴)汜、(梁)讽所到,辄招降之,前后万余人。遂及单于于西海上,宣国威信,致以诏赐,单于稽首拜受。"[④]稽首为臣拜君之礼,表示臣服和敬之至。其时北匈奴大败,溃不成军,于是不得不行此礼。

此外还必须指出,《周礼》"九拜"之说未必完全符合汉代的礼仪实际。四方国、族君主对汉使并非均行用上述"稽首"之类的礼节,亦行用"顿首"之礼。文帝元年(前179)陆贾出使南越,责备南越"自立

① 《旧唐书》卷一百九十八《大食国传上》,第5317页。
② 《汉书》卷九十四下《匈奴传下》,第3820页。
③ 《后汉书》卷八十九《南匈奴传》,第2943页。
④ 《后汉书》卷二十三《窦宪传》,第817页。

为帝”，南越王赵佗“乃顿首谢，愿长为藩臣，奉贡职。”[①]武帝建元六年（前135）严助出使南越，“往谕意南越王，”南越王赵胡“顿首曰：‘天子乃为臣兴兵讨闽越，死无以报德！’遣太子婴齐入宿卫。”[②]元封三年（前108）“天子为两将未有利，乃使卫山因兵威往谕右渠。右渠见使者顿首谢：‘愿降，恐两将诈杀臣；今见信节，请服降。’遣太子入谢，献马五千匹，及馈军粮。”[③]上述诸君主之“顿首谢”，是对于汉使之责备表示认错或道歉时所行礼节。

按照《周礼》“九拜”的说法，“顿首”为“九拜”之第二，“顿首者，平敌自相拜之拜。”[④]但是在汉代事实上并非如此。元凤元年（前80）燕王旦等诬告大将军霍光“专权自恣，疑有非常。”第二天霍光知道后，“止画室中不入。上问‘大将军安在？’左将军桀对曰：‘以燕王告其罪，故不敢入。’有诏召大将军。（霍）光入，免冠顿首谢，上曰：‘将军冠。朕知是书诈也，将军亡罪。’”[⑤]武帝宠臣金日磾之两子均“为帝弄儿，常在旁侧……其后弄儿壮大，不谨，自殿下与宫人戏，（金）日磾适见之，恶其淫乱，遂杀弄儿。弄儿即日磾长子也。上闻之大怒，日磾顿首谢，具言所以杀弄儿状。”[⑥]这些都是臣对君“顿首谢”。宣帝时河南太守严延年之母来郡探儿，正好遇上其在处决囚犯，“母大惊，便止都亭，不肯入府。（严）延年出至都亭谒母，母闭阁不见。延年免冠顿首阁下，良久，母乃见之，因数责延年……延年服罪，重顿首谢，因自为母御，归府舍。”[⑦]这是子对母“顿首谢”。东平王刘宇多不

① 《史记》卷一百一十三《南越列传》，第2970页。
② 《史记》卷一百一十三《南越列传》，第2971页。
③ 《史记》卷一百一十五《朝鲜列传》，第2987页。
④ 《周礼注疏》卷二十五《春官宗伯·大祝》贾公彦疏，第810页。
⑤ 《汉书》卷六十八《霍光传》，第2935、2936页。
⑥ 《汉书》卷六十八《金日磾传》，第2960页。
⑦ 《汉书》卷九十《酷吏传》，第3671—3672页。

法，元帝遣太中大夫张子蟜奉玺书敕谕之，刘宇"惭惧，因使者顿首谢死罪，愿洒心自改。"[①]这是王对天子之代表——使者"顿首谢"。这些都是臣对君、卑对尊之礼。由此可见汉代礼仪之实际与《周礼》"九拜"之说并不完全相符。因此，汉代外交场合中的拜礼亦非千篇一律，而是与外交双方由国力大小、强弱所决定的外交上的主动与被动、强势与弱势有着密切的关系。

以上所述都是会见礼中四方国、族君主拜或不拜汉使以及如何拜的问题。一般而言，四方国、族来宾在礼拜汉天子后，汉天子亦答之以礼，张衡《东京赋》描述正旦朝礼时有云："尊卑以班，璧羔皮帛之贽既奠，天子乃以三揖之礼礼之。"[②]汉天子之"三揖之礼"为何？或谓"诸侯，心平手礼。伯男，手在心下礼。外国君，在心上礼。"[③]则汉天子答四方国、族君主之礼与汉王朝内部诸侯之礼有所区别。那么，汉使在会见所出使之国、族君主时是如何行礼，是否"拜"之呢？

东汉明帝永平八年（65）"北匈奴遣使求和亲"，于是明帝"遣（郑）众持节使匈奴。（郑）众至北庭，虏欲令拜，众不为屈。单于大怒，围守闭之，不与水火，欲胁服众。众拔刀自誓，单于恐而止，乃更发使随众还京师。"由此可见匈奴方面是要求汉使"拜"的，但是汉使坚持不拜，经过双方较量，匈奴方面只得接受汉使之不拜。郑众回来后，明帝再次令郑众出使北匈奴，郑众不同意，其中一个理由就是因礼仪之争，郑众说："臣前奉使不为匈奴拜，单于恚恨，故遣兵围臣。今复衔命，必见陵折。臣诚不忍持大汉节对毡裘独拜。如令匈奴遂能服臣，将有损大汉之强。"但是"帝不听，（郑）众不得已，既行，在路

① 《汉书》卷八十《宣元六王传》，第3323页。

② 《文选》卷三，第57页。

③ 张衡：《东京赋》薛综注，《文选》卷三，第57页。

连上书固争之。诏切责众，追还系廷尉，会赦归家。其后帝见匈奴来者，问众与单于争礼之状，皆言匈奴中传众意气壮勇，虽苏武不过。乃复召众为军司马。”[①]这个记载表明，拜与不拜是汉匈之间外交礼仪之争的一个核心问题。当时“北匈奴犹盛，数寇边，朝廷以为忧。”永平七年(64)“北单于欲合市，遣使求和亲，显宗冀其交通，不复为寇，乃许之。”[②]郑众就是在这种情况下出使北匈奴的。北匈奴虽然有与汉和好的一面，但是亦对汉持敌对态度，欲与汉分庭抗礼，故出现了上述与汉使激烈争礼的情况。

这个记载还表明，尽管汉使是不拜匈奴单于的，但是在汉匈关系发生变化，当匈奴具有与汉分庭抗礼的可能或条件时，匈奴单于也是要求汉使拜之的。这种情况早在西汉时期可能已经发生过。元帝时匈奴郅支单于“怨汉拥护呼韩邪而不助己，困辱汉使者江乃始等。”及至初元四年(前45)匈奴郅支单于“遣使奉献，因求侍子，愿为内附。汉议遣卫司马谷吉送之。”御史大夫贡禹、博士匡衡以为“今郅支单于乡化未醇，所在绝远，宜令使者送其子至塞而还。”但谷吉上书反对，认为“议者见前江乃始无应敌之数，知勇俱困，以致耻辱，即豫为臣忧。臣幸得建强汉之节，承明圣之诏，宣谕厚恩，不宜敢桀。若怀禽兽，加无道于臣，则单于长婴大罪，必遁逃远舍，不敢近边。没一使以安百姓，国之计，臣之愿也。愿送至庭。”于是元帝批准谷吉出使郅支单于，“既至，郅支单于怒，竟杀吉等。”[③]匈奴是如何“困辱”汉使江乃始的？谷吉送匈奴侍子到达郅支单于庭时，何以激怒单于而被杀的？史未明言。从上述郑众在北匈奴的遭遇可以推测他们可能也是遇到

---

① 《后汉书》卷三十六《郑众传》，第1224—1225页。
② 《后汉书》卷八十九《南匈奴传》，第2949页。
③ 《汉书》卷七十《陈汤传》，第3008页。

像郑众那样的情况，郅支单于逼令汉使拜，他们不从，因而遭到“困辱”。所谓“困辱”，当如郑众不从时“围守闭之，不与水火，欲胁服”之那样。郅支单于之怒杀谷吉，当如郑众不从时“单于大怒”之后亦遭到江乃始那样的“困辱”，由于谷吉事先即抱必死决心，其反抗必甚激烈，故被杀害。从郅支单于“自以大国，威名尊重”，对汉“骄嫚”[①]观之，其逼汉使拜之是不足为奇的。在此之前的文帝时朱建之子出使匈奴，“单于无礼，迺骂单于，遂死匈奴中。”[②]武帝时苏武出使匈奴，而“单于益骄，礼甚倨，非汉所望也。”[③]诸如此类亦当为这种礼仪上的斗争的反映，虽然史文均未明言，但其实质当与江乃始、郑众与匈奴方面的争斗相同，包含着双方外交礼仪文化上的争斗在内。匈奴之不甘屈居汉之下由来已久，更始二年(24)汉方派遣刘飒、陈遵出使匈奴时，匈奴方面就提出了改变尊汉的要求，认为汉“当复尊我”[④]。匈奴方面一再在拜礼上发难，就是这种心态的反映。

综上所述，汉与匈奴之间在两汉时期一直进行着礼仪之争，其拜与不拜的发展总体过程是：汉方基本上是不拜匈奴的，匈奴方面则在西汉前中期也是不拜汉使的，宣帝以后的西汉后期和东汉时期匈奴是拜汉使的。但是匈奴方面只要气候和条件合适就要求汉使拜之，故整个两汉时期汉匈之间一直围绕拜与不拜的问题在进行着外交上的角力、斗争。

2. 集会与位次

来宾被接见之后至返国之前，期间还将获邀参加各种大小集会。这种外交性的集会主要有礼仪性集会和政务性集会两类，以前者为

---

① 《汉书》卷七十《陈汤传》，第3008页。

② 《史记》卷九十七《郦生陆贾列传附平原君朱建传》，第2703页。

③ 《史记》卷一百十《匈奴列传》，第2917页。

④ 《汉书》卷九十四下《匈奴传下》，第3829页。

多,后者为少。集会中的核心礼仪是位次问题,四方国、族来宾主要为使节、质侍与君主三者,这三种来宾因层级有别,故他们在各种集会中的重要性和位次亦有所不同。这些集会和典礼是汉代最重要的外交活动舞台。

四方国、族接待汉使与汉王朝接待四方国、族来宾具有明显的差异,一般来说汉使在四方国、族多受到该国君主直接的、个别的或小范围的接见,而四方国、族来宾在汉则多为汉皇帝间接的、集体的会见。因此从汉王朝方面而言,我们可以说各种集会和典礼也是汉皇帝接见来宾的重要方式。从上述接见礼中我们可以看到,较多资料所反映的是汉使至四方国、族之后受到其君主接见的情况,而四方国、族来宾受到汉皇帝接见的情况则相对来说较少。这是因为四方国、族来宾不少是在参加汉王朝所举行的各种集会和典礼中,尤其是在礼仪性集会中集体地受到汉皇帝接见的。何以会有这种差异呢?这主要有三个方面的原因,一是因为当时四方国、族与汉王朝在政治制度和礼仪文化等诸多方面均存在比较大的差距,一般来说它们的政权机构简单、侍卫简约、礼仪疏率,因此汉使到达后一般均可以比较及时地、直接地得到该国君主之接见,而汉王朝的政权机构庞大、侍卫森严、礼仪繁缛,故不少来宾未必能够及时地、直接地受到汉皇帝的接见,而是在礼仪性集会中集体地被汉皇帝接见的。二是当时汉王朝是东亚外交圈的中心,为四方国、族所向,形成所谓"万国来朝"之局面,因此来宾数量多、层级繁,而四方国、族所接待的汉使相对来说数量少而单一,两者不可同日而语。在这种情况下汉皇帝比较难以对于无论重要与否的大小来宾一一接见,采取群体性的接见方式有其合理性。三是四方国、族与汉王朝国力大小、国际地位高低不同。故这种接见方式之别,实际上也是国力大小、国际地位高低在礼仪上不平等的一种反映。

(1)礼仪性集会

四方国、族来宾所参加的集会,以礼仪性集会和典礼最为常见和多样。这种礼仪性集会主要有朝会、祀典、祖会礼等。

①朝会

朝会是四方国、族来宾得到汉皇帝接见的最重要场所,朝会包括常朝与正旦朝,其中以正旦朝最为重要。正旦朝是礼仪性集会中最为隆重的典礼,也是汉王朝最为重视的一个外交舞台。班固《东都赋》描写了在这种典礼中的外交盛况:"春王三朝,会同汉京。是日也,天子受四海之图籍,膺万国之贡珍,内抚诸夏,外接百蛮。"[①]所谓"三朝",即"岁首朔日也"[②],亦即正旦朝。这一天汉皇帝除了接受中央和地方百官的朝贺之外,还要接受万国之贡献和百蛮之朝贺。外宾参加正旦朝在汉代已经制度化,故其典制明文规定:"正月旦,天子幸德阳殿,临轩。公、卿、将、大夫、百官各陪朝贺。蛮、貊、胡、羌朝贡毕,见属郡计吏,皆陛觐,庭燎。"[③]其朝贺程序为:皇帝在接受中央朝廷的公卿百官朝贺之后,又在他们的簇拥陪侍下,接受四方国、族之朝贡,最后则是地方政府之代表进行上计。这里的四方国、族"朝贡"者,实际上包括使节、质侍和君主三部分来宾。

②祀典

汉王朝举行的各种祀典也邀请四方国、族来宾参加,成为这个时期又一重要的外交舞台,其中以上陵礼和祀三雍礼最为重要,是正旦朝之外最重要的外交礼宾场合。

---

① 《后汉书》卷四十下《班彪传下》,第1364页。

② 《文选》(上册),[汉]班固:《东都赋》注,第33页。

③ 《汉官六种·汉官典职仪式选用一卷》,第210页。

上陵礼

上陵礼是在正旦朝基础上发展起来的一种祀典，其成为重要的外交礼宾场所主要是在东汉时期。东汉明帝永平元年（58）“率公卿已下朝于原陵，如元会仪。”[①]原陵为光武帝陵墓，是为东汉第一次大规模举行正式的上陵礼。上陵礼不仅其仪式与正旦朝相同，而且其举行祀典的时间是在紧接正旦朝之后，“孝明以正月旦，百官及四方来朝者，上原陵朝礼。”[②]反映的就是这种情况。因此，其所邀请的四方国、族来宾基本上也就是参加正旦朝的人员，在这个典礼中，“百官、四姓亲家妇女、公主、诸王大夫、外国朝者侍子、郡国计吏会陵。”[③]其中“外国朝者侍子”是重要的参加人员之一。这里的“外国朝者侍子”即所谓“胡客”，《东观汉纪》曰：“明旦上陵，百官、胡客悉会。”[④]

这里指出参加上陵礼的来宾为“外国朝者侍子”，所谓“外国朝者”，即包括来朝之君主、质侍和使节，故这里的外国“侍子”实际上已经包括在“朝者”之中。何以这里又单独把“侍子”提出来呢？这是因为到了东汉时期质侍已经制度化、常态化，故质侍与来朝的君主和使节存在一定的区别，君主和使节是临时性的来宾，质侍则是常驻性的来宾。

祀“三雍”礼

“三雍”指辟雍、明堂、灵台。“武帝时，献王来朝，献雅乐，对三雍宫。”注引应劭曰：“辟雍、明堂、灵台也。雍，和也，言天地君臣人民皆和也。”[⑤]汉代在这三种礼仪性建筑中亦举行隆重的朝会礼仪，故祀

---

① 《后汉书》卷二《明帝纪》，第99页。
② 《续汉书·礼仪志上》注引鱼豢曰，见点校本《后汉书》，第3104页。
③ 《续汉书·礼仪志上》，见点校本《后汉书》，第3103页。
④ 《东观汉纪校注》卷二，第58页。
⑤ 《汉书》卷五十三《景十三王传》，第2411页。

“三雍”礼又称“三朝”礼，明帝诏曰“光武皇帝建三朝之礼”，注曰：“三朝之礼谓中元元年初起明堂、辟雍、灵台也。”①此三处宫室为政治性、文化性典礼场所，其祀典则为仅次于正旦朝的礼仪性集会。

这种礼仪性集会之兴起，与汉代外交的发展及其需要有着密切关系。“今万方绝国之君奉贽献者，怀天子之盛德，而欲观中国之礼仪，故设明堂、辟雍以示之，扬干戚、昭雅、颂以风之。”②强调祀“三雍”礼的兴起与汉代外交的发展和需要有密切关系，是向四方国、族展示中国礼仪文化的重要场所和方式。永平三年（60）八月东平王刘苍议曰：“光武皇帝受命中兴，拨乱反正，武畅方外，震服百蛮，戎狄奉贡，宇内治平，登封告成，修建三雍，肃穆典祀，功德巍巍，比隆前代。”③认为“震服百蛮，戎狄奉贡”为汉代修建“三雍”并举行隆重祀典的重要原因之一，故这种祀典具有突出的外交功能，所谓“建明堂而班辟雍，和邦国而悦远人”④是也。

因此，在祀“三雍”礼中，四方国、族来宾是重要的参加者，“群僚藩辅，宗室子孙，众郡奉计，百蛮贡职，乌桓、濊貊咸来助祭，单于侍子、骨都侯亦皆陪位。”⑤除了汉王朝的公卿百官、皇亲国戚、地方官员之外，主要就是四方国、族的来宾。四方国、族的来宾除了“百蛮”这种一般的泛指者之外，特别提出“乌桓、濊貊咸来助祭”。乌桓在东汉初期曾经是与匈奴一样构成北部边境之严重威胁，“光武初，乌桓与匈奴连兵为寇”，后来乌桓的威胁逐渐得到解除，建武“二十二年，匈奴国乱，乌桓乘弱击破之，匈奴转北徙数千里，漠南地空，帝乃以币帛

① 《后汉书》卷二《明帝纪》，第102、103页。
② 《盐铁论·崇礼》，《诸子集成》（七），第40页。
③ 《东观书》，《续汉书·祭祀志》注引，见点校本《后汉书》，第3196页。
④ 《艺文类聚》卷五十七《杂文部三》引［汉］张衡《七辩》，第1027页。
⑤ 《后汉书》卷二《明帝纪》，第100页。

赂乌桓。二十五年，辽西乌桓大人郝旦等九百二十二人率众向化，诣阙朝贡，献奴婢牛马及弓虎豹貂皮。”被纳入了汉王朝的友邻之中，“是时四夷朝贺，络驿而至，天子乃命大会劳飨，赐以珍宝。乌桓或愿留宿卫，于是封其渠帅为侯王君长者八十一人，皆居塞内，布于缘边诸郡，令招来种人，给其衣食，遂为汉侦候，助击匈奴、鲜卑。”与此同时又在上谷甯城设置护乌桓校尉，“并领鲜卑，赏赐质子，岁时互市焉。”史称“及明、章、和三世，皆保塞无事。”①因此，东汉王朝特别重视乌桓之来朝。濊貊，“东夷号也”②，与乌桓、高句丽、沃沮、夫余等国、族相邻，其之前来助祭，对于东北方面诸国、族具有相当的影响。

匈奴是汉代外交的首要问题，故对于匈奴方面的来宾加以特别提出，这里除了指出必然与会之单于侍子外，还特别提出“骨都侯亦皆陪位”，何以然？匈奴在单于之下“置左右贤王，左右谷蠡王，左右大将，左右大都尉，左右大当户，左右骨都侯。”③其中自左右贤王以下至当户，均为单于子弟，掌握兵权；而左右骨都侯为“异姓大臣”④，他们既负责“辅政”⑤，亦领部众，他们与上述诸王“各以权力优劣、部众多少为高下次第焉。”⑥可见骨都侯在匈奴具有举足轻重的重要地位，他们辅佐单于并参与单于废立，同时还具有相当的对外权力，故在匈奴与汉王朝的交往中，骨都侯与单于及诸王往往一起向汉王朝贡献，并得到汉王朝相应的回赐。“单于比立九年薨，中郎将段郴将兵赴吊，祭以酒米，分兵卫护之。比弟左贤王莫立，帝遣使者赍玺书镇慰，拜

① 《后汉书》卷九十《乌桓鲜卑列传》，第2982—2983页。

② 《后汉书》卷八十上《文苑列传·杜笃传》注，第2602页。

③ 《史记》卷一百十《匈奴列传》，第2891页。

④ 《史记》卷一百十《匈奴列传》《集解》，第2891页。

⑤ 《史记》卷一百十《匈奴列传》，第2891页。

⑥ 《后汉书》卷八十九《南匈奴列传》，第2944页。

授玺绶，遗冠帻，绛单衣三袭，童子佩刀、绲带各一，又赐缯綵四千匹，令赏赐诸王、骨都侯已下。其后单于薨，吊祭慰赐，以此为常。”[①]在赏赐新单于的同时，另外赏赐诸王和骨都侯，成为定制。可见骨都侯不仅在匈奴内政中具有举足轻重的地位，在对外交往中亦有相当的权力和重要地位。故在祀“三雍”典礼固定的来宾名单中，骨都侯与匈奴侍子同时被提出并同时与会，可以说侍子是代表匈奴单于而出席，骨都侯是代表匈奴异姓大臣而出席。而这种与会人员构成，不仅是祀“三雍”礼中的情形，也应当是正旦朝中的情形。

祖会礼

有的祖会礼亦邀请在京之来宾参加。

东汉顺帝汉安二年（143）夏六月，立南匈奴守义王兜楼储为呼兰若尸逐就单于[②]。汉王朝为此特别举行了一次盛大的祖会礼。原来南匈奴自永和五年（140）由于句龙王吾斯、车纽反，使匈奴中郎将陈龟逼杀单于休利，南庭虚位多年，至是始立单于。时兜楼储在京师，于是“遣行中郎将持节护送单于归南庭。诏太常、大鸿胪与诸国侍子于广阳城门外祖会，飨赐作乐，角抵百戏。顺帝幸胡桃宫临观之。”[③]祖会，“为祖道之会也”，而“太常掌乐，大鸿胪典四夷之客，故诏使祖单于。”[④]在这一盛大、隆重的欢送典礼中，演出各种文艺节目，皇帝亲临观看；特邀四方国、族驻京师的代表——侍子出席。这一方面是向四方国、族宣布汉王朝对于新单于的支持和重视，另一方面也是通过这样的活动向四方国、族展示汉王朝的礼乐文化。

邀请四方国、族宾客参加祖会礼是汉王朝的传统做法，早在西汉

---

① 《后汉书》卷八十九《南匈奴列传》，第2948页。

② 袁宏《后汉纪》作汉安元年，范书作二年。

③ 《后汉书》卷八十九《南匈奴列传》，第2963页。

④ 《资治通鉴》卷五十二《汉纪四十四》，顺帝汉安二年胡注，第1696页。

时期即已如此。宣帝神爵二年(前60)以乌孙公主解忧弟子相夫为公主,下嫁乌孙王储元贵靡。汉王朝为其“置官属侍御百余人,舍上林中,学乌孙言。”在进行充分准备之后,派遣长罗侯、光禄大夫常惠为使,护送相夫和亲乌孙。和亲使团出发时,“天子自临平乐观,会匈奴使者、外国君长大角抵,设乐而遣之。”①平乐观即在集训和亲使团的上林苑中②。在这次欢送和亲使团的盛大集会中,在皇帝亲临的同时,四方国、族的使者、君长均被邀参加。在这种祖会中亦有各种文艺演出,其集会内容、形式与东汉欢送匈奴单于基本上是一致的。

这类祖会的共同特点是,均为涉外性的礼仪性集会,均相当盛大而隆重,皇帝亲临,公卿百官与会,在京的四方国、族来宾均被邀请出席。

(2)政务性集会

上文我们已经指出“朝会”有礼仪性与政务性之区分,上述正旦朝为礼仪性朝会之最高形式和代表,此外还有日常议政之朝会,是为政务性朝会。四方国、族来宾在被邀出席各种礼仪性朝会或集会之外,也有机会出席政务性朝会。

汉哀帝建平四年(前3),围绕匈奴与乌孙关系问题进行的一次外交决策过程中,反映了这方面的情况。其时汉哀帝宠幸董贤,皇后父特进孔乡侯傅晏、帝舅阳安侯丁明“害其宠”,于是傅晏与同乡、光禄大夫左曹给事中息夫躬合谋,“欲求居位辅政”。这时适逢匈奴“单于当来朝,遣使言病,愿朝明年。”息夫躬因是而上奏,以为“单于当以十一月入塞,后以病为解,疑有他变。乌孙两昆弥弱,卑爰疐强盛,居强煌之地,拥十万之众,东结单于,遣子往侍。如因素强之威,循乌孙就

① 《汉书》卷九十六下《西域传下》,第3905页。

② 《三辅黄图校证》,第85页。

屠之迹,举兵南伐,并乌孙之势也。乌孙并,则匈奴盛,而西域危矣。可令降胡诈为卑爰疐使者来上书曰:‘所以遣子侍单于者,非亲信之也,实畏之耳。唯天子哀,告单于归臣侍子。愿助戊己校尉保恶都奴之界。’因下其章诸将军,令匈奴客闻焉。则是所谓‘上兵伐谋,其次伐交’者也。”①他认为当时的形势是乌孙与匈奴勾结,对汉王朝构成威胁,因此设计离间他们之间的关系,其计谋是:让“降胡”假扮为乌孙使者,上书请求汉王朝让匈奴归还乌孙侍子,乌孙则出兵于与匈奴交界的恶都奴地以协助戊己校尉进行防守。这里值得注意的是,息夫躬的计谋中将乌孙使者的上书下达决策核心——“诸将军”时,匈奴使者有机会听到乌孙上书的内容。表明朝廷在宣读来使的文书时,匈奴使者和乌孙使者都出现在这种会议上,故匈奴使者可以听到乌孙使者上书的内容。这里的“诸将军”即“中朝”外交决策成员,如所周知西汉中后期决策核心是归于“中朝”的,例如,元康(前65—前61)中,匈奴遣兵击汉屯田车师者,不能下。“上与后将军赵充国等议,欲因匈奴衰弱,出兵击其右地,使不敢复扰西域。”丞相魏相上书谏曰:“今闻诸将军欲兴兵入其地,臣愚不知此兵何名者也。”②这是“诸将军”进行决策拟出兵击匈奴,而遭到外朝的丞相的反对。宣帝的亲信长乐告发中郎将杨恽的“罪状”之一是“中书谒者令宣持单于使者语,视诸将军、中朝二千石。(杨)恽曰:‘冒顿单于得汉美食好物,谓之殠恶,单于不来明甚。’”③这是将匈奴使者带来的文书向“诸将军、中朝二千石”展示,以进行决策,这里的“诸将军、中朝二千石”即“中朝”决策核心。既然哀帝时乌孙使者的上书可以让同时来汉上

---

① 《汉书》卷四十五《息夫躬传》,第2182—2183页。

② 《汉书》卷七十四《魏相传》,第3136页。

③ 《汉书》卷六十六《杨敞传》附《杨恽传》,第2891页。

书的匈奴使者听到，表明他们均出席了汉王朝的“中朝”决策会议。由此可以推知四方国、族的来使是有可能出席汉王朝的相关政务性集会的。

（3）来宾位次

举凡集会即有位次问题，在上述各种集会中，四方国、族来宾之位次是其核心问题。

位次从国内政治功能上来说，是臣僚政治地位高低以及政治上优遇程度的一种重要标志，从外交上来说，是四方国、族地位及其友好程度的一个重要表征。汉王朝内部确定位次有两个标尺和准绳，一是封建序列中的位次高低。汉王朝建国伊始即以此为先，汉五年（前202）刘邦“即皇帝位，论功行封”，待“列侯毕已受封，奏位次。”①高后二年（前186）诏曰：“今欲差次列侯功以定朝位，臧于高庙，世世勿绝，嗣子各袭其功位。”确定了“以功次定朝位”②的原则。二是行政级别序列中的位次高低。“故事，选郡国守相高第为中二千石，选中二千石为御史大夫，任职者为丞相，位次有序，所以尊圣德，重国相也。”③何武为大司空，又与丞相翟方进共奏言：“古选诸侯贤者以为州伯……今部刺史居牧伯之位，秉一州之统，选第大吏，所荐位高至九卿，所恶立退，任重职大。春秋之义，用贵治贱，不以卑临尊。刺史位下大夫，而临二千石，轻重不相准，失位次之序。臣请罢刺史，更置州牧，以应古制。”④这些都是以官位大小以定位次之高低。故曰“人君爵人以官”⑤，此即《仪礼·士冠礼》“以官爵人”之谓，贾疏曰：“爵者，

① 《汉书》卷三十九《萧何传》，第2008—2009页。
② 《汉书》卷三《高后纪》，第96页。
③ 《汉书》卷八十三《朱博传》，第3405页。
④ 《汉书》卷八十三《朱博传》，第3406页。
⑤ 《论衡·感类篇》，《诸子集成》（七），第184页。

位次高下之称也。”[①]一定意义上可以说官爵即位次之谓。四方国、族来朝者之位次，基本上是在汉王朝这种位次划分原则基础上确定的（详见下文）。

四方国、族虽然未必与汉王朝相同而有一整套系统的、严格的位次原则和标准，但是他们在进行外交活动时，同样亦有相应的位次处置及其一定的原则和标准。例如，西汉成帝时西域都护郭舜反映康居对待汉使的骄慢态度时提到："都护吏至其国，坐之乌孙诸使下，王及贵人先饮食已，乃饮啖都护吏，故为无所省以夸旁国。”这就是将汉使之位次置于乌孙使者位次之下，故汉王朝感到受到羞辱，表示强烈不满。康居之所以这样安排来使位次，是因为其在外交上亲近乌孙而疏远汉王朝，而其与汉交往主要目的在于贸易，加以“自以绝远”，故“独骄嫚，不肯与诸国相望。”[②]

汉王朝在制订相关集会的礼仪中，首先加以解决的重要问题之一即是位次问题，汉初叔孙通制订朝礼时就制订了“九宾”的礼仪，由掌礼之官“大行”负责安排与会者的位次。张家山汉简所出《朝律》亦有“宾九宾”的记载。所谓“九宾”就是对于参加朝会来宾位次的排列与确认，在此基础上于是“公、卿、将、大夫、百官各陪位朝贺。”[③]

随着汉王朝外交关系的发展，四方国、族来宾参加集会的位次问题亦随之提上日程，其基本思路和做法是根据四方国、族之大小强弱以及友好程度而逐渐将其纳入汉王朝内部的位次——“九宾”序列之中，以便安排他们在集会中的位次。至少在东汉时期已经正式将四方国、族来宾纳入汉王朝的“九宾”序列之中了。东汉举行上陵礼时

① 《仪礼注疏》卷三《士昏礼》，第959页。
② 《汉书》卷九十六上《西域传上》，第3892—3893页。
③ 《续汉书·礼仪志中》注引《汉仪》，见点校本《后汉书》，第3131页。

由"大鸿胪设九宾"，薛综曰："九宾谓王、侯、公、卿、二千石、六百石下及郎、吏、匈奴侍子，凡九等。"[①]这是文献所见首次将其他国、族来宾纳入汉王朝"九宾"序列之中。这里将"匈奴侍子"纳入"九宾"序列，必然是在匈奴纳质已经制度化、常态化之后，这只能是在西汉后期至东汉时期才有可能。这里的"匈奴侍子"也不必专指匈奴侍子，应当含有泛指四方国、族来宾之意。蔡邕谓上陵礼中"匈奴朝者、西国侍子皆会。"[②]这里的与会者与薛综所说内容有所扩大和丰富，以侍子而言，并不特指匈奴侍子，而是包括"西国"侍子，并且在侍子之外加上了"匈奴朝者"。"朝者"的范围很广，往往包括来使、君主和侍子等。袁宏《后汉纪》的记载证实了这一点，其谓上陵礼中"匈奴单于、西域三十六国侍子皆会焉。"[③]这里的与会者包括匈奴单于和西域三十六国侍子。司马彪对此的记载是"外国朝者侍子……会陵"。[④] 这里的朝者和侍子都不是特指某一国、族，而是泛指"外国"之来朝者和侍子。综合诸家的记载，我们可以知道，纳入汉王朝"九宾"序列的四方国、族与会者，并非仅仅是匈奴侍子，而是所有与会之四方国、族来宾，包括君主、质侍和使节等人员。

还必须指出，将四方国、族来宾纳入"九宾"序列，并非仅限于上陵礼，而是当时对于四方国、族来宾出席各种集会的通用礼仪，永平元年(58)明帝"率公卿已下朝于原陵，如元会仪。"[⑤]表明上陵礼执行的是与元会即正旦朝相同的礼仪，那么，正旦朝中也是实行如上陵礼一样的"九宾"礼仪，而正旦朝是汉王朝最为隆重、盛大的典礼，则这

---

① 《续汉书·礼仪志上》，见点校本《后汉书》，第3103页。

② 《太平御览》卷五百三十一《礼仪部十一·宗庙》引《汉杂事》，第2409页。

③ 《两汉纪》下册，《后汉纪·孝灵皇帝纪上卷第二十三》，第456页。

④ 《续汉书·礼仪志》，见点校本《后汉书》，第3103页。

⑤ 《后汉书》卷二《明帝纪》，第99页。

种“九宾”礼仪应当是汉王朝通行的礼仪。

那么，具体来说汉王朝是如何安排四方国、族来宾的位次的呢？这基本上是依据其在本国、族中的地位高下而分为这样的三个层级，并依据其与汉王朝的友好程度而有所差别。

使节是君主的代表，是双方建立外交关系的开路者和联系媒介，君主来朝和质侍来朝虽然重要，但是其来朝的次数和绝对人数都是相对较少的，故入汉来朝之宾客以使节最为频繁和人数最多。而且使节来朝均发生在质侍来朝和君主来朝之前，故使节来朝最为多见和常见，可以说使节是贯穿于两汉时期的朝者。但是，使节来朝也必定是双方关系和睦、友好情况下发生的，并非有了使节往还即有了与会的事实，双方关系敌对或者交战状态下是不可能发生的。以南越为例，虽然早在汉高帝时双方已经有了通使关系，但是一直未见其来朝，至高后时双方关系破裂，赵佗称帝，这时通使关系断绝，更何谈遣使来朝？文帝遣陆贾出使南越，赵佗放弃帝号，及至景帝时南越才“称臣遣使入朝请”[①]，至此我们才看到南越遣使来朝。匈奴也是经历漫长岁月方才遣使来朝的。西汉前期虽然汉匈之间的通使关系已经确立并相对来说比较频繁，但是并未见匈奴来使参与朝会的记载，汉惠帝三年（前192）匈奴遣使来汉递文书，向汉方挑衅，于是汉方“议斩其使者”[②]，虽然最后没有斩其使者，但是在这种情况下其来使也是不可能参与朝会的。其后虽然双方有时出现“使者冠盖相望，结彻于道”[③]的情况，但多是因边境紧张关系而使节往还进行交涉，也不可能参与朝会。外交之盛如汉武帝时，太始三年（前94）“春正月，行幸甘

① 《汉书》卷九十五《西南夷两粤朝鲜传》，第3853页。

② 《汉书》卷九十四上《匈奴传上》，第3755页。

③ 《汉书》卷四《文帝纪》，第129页。

泉宫，飨外国客。”[①]在飨宴参加正旦朝的“外国客”中当大多数为来使，但是这里也未必有匈奴使者，其时正处于汉匈之间两场战争之间[②]的间隙。直至呼韩邪单于臣汉之后，宣帝神爵三年（前59）“匈奴单于遣名王奉献，贺正月，始和亲。”[③]匈奴以“名王”为使参加正旦朝，这时匈奴才遣使来朝正旦。当时由于匈奴分裂，郅支单于与呼韩邪单于相争，故甘露四年（前50），郅支单于与呼韩邪单于“俱遣使朝献。”[④]形成匈奴两单于均遣使来朝正旦的情况。此后匈奴使节来朝基本上相沿不替，故成帝时光禄大夫谷永、议郎杜钦曰：“今单于诎体称臣，列为北藩，遣使朝贺”[⑤]，就是这种情况的反映。但是同为匈奴来使，“汉待呼韩邪使有加”[⑥]，其礼遇优于郅支单于来使。表明礼遇的厚薄与双方友好程度以及汉王朝的外交利益有关。

质侍基本上是君主的子弟，是代表君主常驻于汉廷的准使节，故质侍是集会中仅次于君主的重要来宾。参与各种集会亦为质侍之重要外交活动之一。质侍之来汉，必定是在“臣服”于汉、双方建立友好关系之后，否则是不可能派遣质侍来朝的。质侍之来朝一般是在君主来朝之前，亦即双方关系发展至于君主来朝之前奏。汉匈关系即经历了这样的发展过程，汉宣帝五凤四年（前54）春正月，呼韩邪单于“遣弟谷蠡王入侍”[⑦]，这是匈奴单于首次纳质并以质侍出席朝会，意

---

① 《汉书》卷六《武帝纪》，第206页。

② 天汉四年（前97）李广利、路博德、韩说、公孙敖等率二十万军击匈奴；征和三年（前90）李广利与商丘成、马通等再击匈奴。见《汉书》卷六《武帝纪》，第205、209页。

③ 《汉书》卷八《宣帝纪》，第262页。

④ 《汉书》卷九十四下《匈奴传下》，第3798页。

⑤ 《汉书》卷九十四下《匈奴传下》，第3808页。

⑥ 《汉书》卷九十四下《匈奴传下》，第3798页。

⑦ 《汉书》卷八《宣帝纪》，第268页。

味着匈奴与汉王朝建立了纳质关系。次年,即甘露元年(前53)春正月,呼韩邪单于再次"遣子右贤王铢娄渠堂入侍"①,参与朝会。在接连以弟、子入侍之后,甘露二年(前52)呼韩邪单于即遣使要求亲自入汉朝会,于是甘露三年(前51)呼韩邪单于来朝,实现了汉匈关系历史性的突破。此后匈奴质侍入汉相承不替,匈奴质侍之参与朝会亦成为一种惯例,东汉时"单于岁尽辄遣奉奏,送侍子入朝,中郎将从事一人将领诣阙。汉遣谒者送前侍子还单于庭,交会道路。元正朝贺,拜祠陵庙毕,汉乃遣单于使,令谒者将送……岁以为常。"②匈奴质侍来朝已经常态化、制度化。在集会典礼中"单于侍子、骨都侯亦皆陪位。"③这里的"骨都侯"可以归类于来使之中,表明侍子和其他来使按照不同的身份等级而有相应的位次。

集会中最重要的来宾是君主,其在众多来宾中地位最高,他们来汉之后,主要就是在这种礼仪性集会中得到汉皇帝的正式的接见的。君主来朝意味着"臣服"于汉王朝,是双方友好关系的高峰和重要标志。征和元年(前92)西域楼兰立匈奴质子为王,"汉遣使诏新王,令入朝,天子将加厚赏。楼兰王后妻,故继母也,谓王曰:'先王遣两子质汉皆不还,奈何欲往朝乎?'王用其计,谢使曰:'新立,国未定,愿待后年入见天子。'"④可见汉王朝对于四方国、族君主之来朝十分看重,甚至威逼利诱以致之,一方面体现汉王朝为万方所宗的崇高地位,另一方面也是进行外交斗争的一种手段,故君主来朝最受汉王朝之重视和礼遇。如果两个大国君主同时来朝,汉方更引以为荣,哀帝元寿

① 《汉书》卷八《宣帝纪》,第268页。

② 《后汉书》卷八十九《南匈奴传》,第2944页。

③ 《后汉书》卷二《明帝纪》,第100页。

④ 《汉书》卷九十六上《西域传上》,第3877—3878页。

二年（前1），乌孙"大昆弥伊秩靡与单于并入朝，汉以为荣。"①匈奴单于和乌孙昆弥两个"百蛮大国"的君主同时来朝，为汉代外交史上之仅见。

但是君主也有大小高低不同的等差，神爵元年（前61）因受西羌战事影响，汉王朝拟取消明年的正旦朝，宣帝诏曰："军旅暴露，转输烦劳，其令诸侯王、列侯、蛮夷王侯君长当朝二年者，皆毋朝。"注曰："朝来年之正月。"②这里的"蛮夷王侯君长"即属于"君主"之列，其中包括大国之君主，以及众多小国、族之君长、豪酋等在内。四方国、族君主虽然与使节和质侍一起已经纳入汉王朝的"九宾"序列之中，那么具体来说是如何确定其来朝之位次的呢？这基本上有两个标尺和准绳，一是比照汉王朝的行政等级序列，汉制规定："四夷国王，率众王，归义侯，邑君，邑长，皆有丞，比郡、县。"③表明"蛮夷王侯君长"基本上是按照汉王朝行政等级中的郡、县长官的级别以待之。二是比照汉王朝的封建等级序列，以之划分四方国、族君长之位次，汉制规定："凡蛮、夷、戎、狄总名四夷者，犹公、侯、伯、子、男皆号诸侯云。"④将四方国、族之君主视如汉王朝诸侯之有不同等差，按照四方国、族大小高低不同，确定他们在汉王朝的集会中的不同位次。甘露三年（前51）呼韩邪单于来朝，受到汉宣帝隆重接见，而"诸蛮夷君长王侯数万，咸迎于渭桥下，夹道陈。"⑤由于匈奴是"百蛮大国"，故享受此殊荣。与呼韩邪单于作为这次朝会中被接见的主角不同，那些众多小国、族之君长、豪酋等则处于夹道欢迎的行列之中，只是朝会中的

① 《汉书》卷九十六下《西域传下》，第3910页。
② 《汉书》卷八《宣帝纪》，第264页。
③ 《续汉书·百官志五》，见点校本《后汉书》，第3632页。
④ 《后汉书》卷八十五《东夷传》，第2810页。
⑤ 《汉书》卷九十四下《匈奴传下》，第3798页。

配角或"跑龙套",两者形成鲜明的对照。

因此,四方国、族来宾位次之安排,以君主位次的安排最为重要,而君主中又以"百蛮大国"君主位次之安排最为重要和关键。

汉宣帝甘露三年(前51)匈奴呼韩邪单于来朝的位次安排是一个标志性事件和一次重要突破。甘露二年(前52)匈奴"呼韩邪单于款五原塞,愿朝三年正月。"①于是宣帝召集公卿会议讨论其位次安排。会上有两种不同意见,一种是以丞相黄霸、御史大夫于定国为代表,认为:"其礼仪宜如诸侯王,位次在下。"另一种是以萧望之为代表,认为:"单于非正朔所加,故称敌国,宜待以不臣之礼,位在诸侯王上。"②由此可见位次问题是接待来朝君主的关键问题,尤其是对于"百蛮大国"之匈奴单于如何接待,其位次如何安排,是议题的核心,为汉王朝首次遇到的重大议题,而这一核心议题的关键集中在其位次在诸侯王之上还是之下的问题。最后汉宣帝采纳了萧望之的意见,下诏曰:"其以客礼待之,令单于位在诸侯王上,赞谒称臣而不名。"③

"位在诸侯王上"意味着什么呢?在汉王朝内部的位次排列中,诸侯王处于首位。早在汉七年正旦朝时,"大行设九宾,胪句传。于是皇帝辇出房,百官执戟传警,引诸侯王以下至吏六百石以次奉贺。自诸侯王以下莫不震恐肃敬。"④即以诸侯王为首,依次上殿朝拜皇帝。其他集会中的礼仪亦然,东汉登遐礼,"昼漏上水,大鸿胪设九宾,随立殿下。谒者引诸侯王立殿下,西面北上;宗室诸侯、四姓小侯在后,西面北上。治礼引三公就位,殿下北面;特进次中二千石;列侯次二千石;六百石、博士在后;群臣陪位者皆重行,西上。位定,大鸿

① 《汉书》卷九十四下《匈奴传下》,第3798页。

② 《汉书》卷七十八《萧望之传》,第3282页。

③ 《汉书》卷七十八《萧望之传》,第3283页。

④ 《汉书》卷四十三《叔孙通传》,第2127—2128页。

胪言具，谒者以闻。”[①]也是以诸侯王为首位。其他场合的位次排列亦然，汉昭帝元凤四年（前77）“春正月丁亥，帝加元服，见于高庙。赐诸侯王、丞相、大将军、列侯、宗室下至吏民金帛牛酒各有差。”[②]诸侯王位在丞相、大将军、列侯之上。汉元帝初元元年（前48）“春正月辛丑，孝宣皇帝葬杜陵。赐诸侯王、公主、列侯黄金，吏二千石以下钱帛，各有差。”[③]诸侯王位在公主、列侯、吏二千石等之首。汉成帝建始元年（前32）“赐诸侯王、丞相、将军、列侯、王太后、公主、王主、吏二千石黄金，宗室诸官吏千石以下至二百石及宗室子有属籍者、三老、孝弟力田、鳏寡孤独钱帛，各有差，吏民五十户牛酒。”[④]诸侯王位在丞相、将军、列侯、王太后、公主、王主、吏二千石等之首。由此可知“位在诸侯王上”是汉王朝位次排列中的极限，是最高的位次。在汉王朝内部，这种“殊礼”基本上只是少数权臣或篡位者所觊觎的，西汉末年，平帝“年幼，太后称制，委政于（王）莽。”王莽“风群臣奏（王）莽功德，称宰衡，位在诸侯王上，百官统焉。”[⑤]东汉末年，董卓专权，“讽朝廷使光禄勋宣璠持节拜（董）卓为太师，位在诸侯王上。”[⑥]或用于安抚逊位皇帝，建安二十五年（220）曹丕称帝，汉献帝退位，曹丕“奉帝为山阳公，邑一万户，位在诸侯王上，奏事不称臣，受诏不拜。”[⑦]从中可以窥知这一礼仪的特殊性。

萧望之提议、汉宣帝批准的这种接待礼仪遂成为此后汉王朝接待像匈奴单于这样的“百蛮大国”君主的礼仪惯例和标准，不仅为呼韩

---

① 《续汉书·礼仪志》，见点校本《后汉书》，第3142页。

② 《汉书》卷七《昭帝纪》，第229页。

③ 《汉书》卷九《元帝纪》，第278—279页。

④ 《汉书》卷十《成帝纪》，第303页。

⑤ 《汉书》卷八十一《孔光传》，第3362—3363页。

⑥ 《后汉书》卷七十二《董卓传》，第2329页。

⑦ 《后汉书》卷九《献帝纪》，第390页。

邪单于此后来朝之接待礼仪，而且成为呼韩邪之后匈奴单于来朝之接待礼仪，此即所谓“孝宣故事”①。呼韩邪单于所受到的这种礼遇被称为“殊礼”②，这在汉王朝的外交史上是空前的，其他四方国、族君主是不可能得到这种“殊礼”的，除了匈奴单于之外，只有乌孙昆弥来朝可能受到这种礼遇，元寿二年（前1），乌孙“大昆弥伊秩靡与（匈奴）单于并入朝，汉以为荣。”③从“汉以为荣”揆之，乌孙大昆弥可能与匈奴单于同样享受此“殊礼”。其他四方国、族君主并不能享受此“殊礼”。

3. 宴见

以上均为正式的、典礼性的接见，此外尚有非正式的、非典礼性的接见。“宴见”即属于这种性质的接见。何谓“宴见”？汉元帝时京房“尝宴见”④，颜师古注曰：“以闲宴时而入见天子。”何谓“闲宴”？建元六年（前135）“夏四月壬子，高园便殿火。”⑤颜师古注曰：“凡言便殿、便室、便坐者，皆非正大之处，所以就便安也。园者，于陵上作之，既有正寝以象平生正殿，又立便殿为休息闲宴之处耳。”是“闲宴”有休闲之意。可知“宴见”为非正式的、非典礼性的接见。因此，“宴见”中君臣可以从容讨论广泛的议题，汉元帝即位后，萧望之、周堪“以师傅见尊重，上即位，数宴见，言治乱，陈王事。”⑥汉武帝与淮南王刘安关系密切，“每宴见，谈说得失及方技赋颂，昏莫然后罢。”⑦

“宴见”亦为外交会见的形式之一。汉哀帝元寿二年（前1）“匈

① 《后汉书》卷十九《耿弇传》附《耿国传》，第716页。
② 《汉书》卷九十四下《匈奴传下》，第3798页。
③ 《汉书》卷九十六下《西域传下》，第3910页。
④ 《汉书》卷七十五《京房传》，第3161页。
⑤ 《汉书》卷六《武帝纪》，第159页。
⑥ 《汉书》卷七十八《萧望之传》，第3283页。
⑦ 《汉书》卷四十四《淮南王刘安传》，第2145页。

奴单于来朝，宴见，群臣在前。”[①]匈奴单于在参加正旦朝之外，又受到汉皇帝的“宴见”。“宴见”形式灵活，规模可大可小，时间亦不受限制。这次“宴见”匈奴单于时群臣均出席，规模就比较大。以这种方式接见外宾，更有利于双方的交流、互动，匈奴单于在受到汉哀帝“宴见”时，与会的哀帝宠臣董贤引起他的注意，“单于怪（董）贤年少，以问译，上令译报曰：‘大司马年少，以大贤居位。’单于乃起拜，贺汉得贤臣。”[②]在这种“宴见”外宾的场合中，有译者参加，便于双方交流，可以谈论一些在正式的、典礼性的会见中不便于涉及的问题。典礼性的与非典礼性的两种不同的接见方式，相互补充，各自发挥不同的功能。

有的来使可能提出会见某些特定人士，亦大体可以纳入这类会见之中。东汉承宫“数纳忠言，陈政，论议切慤，朝臣惮其节，名播匈奴。时北单于遣使求得见（承）宫，显宗敕自整饰，（承）宫对曰：‘夷狄眩名，非识实者也。臣状丑，不可以示远，宜选有威容者。’帝乃以大鸿胪魏应代之。”[③]这类会见必定是在正式的、典礼性的会见之外进行的。

4. 飨宴与游乐

如果说上述接见和集会等主要是从政治层面上款待四方国、族来宾，那么，飨宴和游乐等则主要是从物质的、精神的层面上款待四方国、族来宾，亦即将汉王朝最为优质的、丰富多彩的物质文化和精神文化以款待来宾，以期达到国家外交上的目的和利益，故后者实际上和前者一样也是为达到政治上目的的一种外交手段。

---

① 《汉书》卷九十三《董贤传》，第3737页。

② 《汉书》卷九十三《董贤传》，第3737页。

③ 《后汉书》卷二十七《承宫传》，第945页。

四方国、族来宾来汉以后，一般均能得到飨宴和游乐方面的款待，这是来宾入汉之后所受款待的重要内容。这种款待活动在西汉中期开始呈现高潮状态，这是因为张骞通西域之后，乌孙、安息等西域大国陆续遣使来汉，诸小国驩潜、大益、车师、扜罙、苏韰之属亦随汉使前来献见，天子大悦，形成西国使更来更去的盛况。于是，天子每巡狩海上，"乃悉从外国客，大都多人则过之，散财帛以赏赐，厚具以饶给之，以览示汉富厚焉。于是大觳抵，出奇戏诸怪物，多聚观者，行赏赐，酒池肉林，令外国客遍观各仓库府藏之积，见汉之广大，倾骇之。及加其眩者之工，而觳抵奇戏岁增变，甚盛益兴，自此始。"①汉武帝亲自率领"外国客"巡视中国的都会城邑、名山大川，设"酒池肉林"飨宴之，以角觝及各种"奇戏诸怪物"娱乐之，同时组织群众夹道欢迎并给予丰厚的赏赐。这种飨宴和游乐活动并非只是在巡游期间进行，四方国、族来宾在京师期间亦然，例如武帝元封三年（前108）"春，作角觝戏，以享外国朝献者，三百余里内人皆观。"②太始三年（前94）"春正月，行幸甘泉宫，飨外国客。"③或以为元封三年为汉王朝"初作角抵戏、鱼龙曼延之属"④之年。表明角抵及其他奇戏之兴起，是由于款待四方国、族来宾之需要而使然。角抵或作角觝、觳抵，"名此乐为角抵者，两两相当角力，角技艺射御，故名角抵，盖杂技乐也。"⑤而"鱼龙曼延"即属于上述"奇戏诸怪物"之类，"鱼龙者，为舍利之兽，先戏于庭极，毕乃入殿前激水，化成比目鱼，跳跃漱水。作雾障日，毕，化成黄龙八丈，出水敖戏于庭，炫耀日光。西京赋云'海鳞变而成龙'，即

① 《史记》卷一百二十三《大宛列传》，第3173页。

② 《两汉纪》上册，《汉纪·孝武皇帝纪五卷第十四》，第237页。

③ 《汉书》卷六《武帝纪》，第206页。

④ 《资治通鉴》卷二十一《汉纪十三》，武帝元封三年，第689页。

⑤ 《汉书》卷六《武帝纪》注引文颖曰，第194页。

为此色也。”[①]曼延或作漫衍，“兽名也。张衡西京赋所云‘巨兽百寻，是为曼延’。”[②]这种款待方式和内容成为两汉时期通行的做法，及至东汉光武帝，“是时四夷朝贺，络驿而至，天子乃命大会劳飨，赐以珍宝。”[③]顺帝永和元年，夫余王“来朝京师，帝作黄门鼓吹、角抵戏以遣之。”[④]也是演出角抵等戏以娱来宾。这里提到的黄门鼓吹，为汉乐四品之一，此乃“天子所以宴乐群臣”[⑤]者。由此可见这些文化项目的兴起是汉代外交所需并由之而带动起来的，可以说汉代外交的发展同时促进了汉文化的繁荣和发展。

随着汉王朝外交的发展，于是汉王朝款待来宾的文化内容日益增加而呈多种多样之势，史称“自是之后，明珠、文甲、通犀、翠羽之珍盈于后宫，蒲梢、龙文、鱼目、汗血之马充于黄门，钜象、师子、猛犬、大雀之群食于外囿。殊方异物，四面而至。于是广开上林，穿昆明池，营千门万户之宫，立神明通天之台，兴造甲乙之帐，落以随珠和璧，天子负黼依，袭翠被，冯玉几，而处其中。设酒池肉林以飨四夷之客，作巴俞都卢、海中砀极、漫衍鱼龙、角抵之戏以观视之。”[⑥]汉王朝在款待四方国、族来宾方面不仅日益丰富其文艺演出内容和项目，与此同时大力加强款待四方国、族来宾的硬件设施，大兴宫殿苑囿，向四方国、族来宾崇显汉天子的排场与威严，并展示其珍宝和奇禽异兽，引导四方国、族来宾观赏，以震骇之。屡屡被提及的“酒池肉林”并非虚饰之辞，而是实有其事。据《三辅黄图》：“秦酒池，在长安故城中，《庙记》

① 《汉书》卷九十六下《西域传下》颜注，第3929—3930页。
② 《后汉书》卷五《安帝纪》注，第206页。
③ 《后汉书》卷九十《乌桓鲜卑传》，第2982页。
④ 《后汉书》卷八十五《东夷传》，第2812页。
⑤ 《续汉书·礼仪志》注引蔡邕《礼乐志》，见点校本《后汉书》，第3132页。
⑥ 《汉书》卷九十六下《西域传下》，第3928页。

曰:‘长乐宫中有鱼池、酒池,池上有肉炙树,秦始皇造。汉武帝行舟于池中,酒池北起台,天子于上观牛饮者三千人。’又曰:‘武帝作,以夸羌胡,饮以铁杯,重不能举,皆抵牛饮。’《西征赋》云:‘酒池监于商辛,追覆车而不寤’。”[①]软件内容和项目亦日益丰富,除了上述角抵和鱼龙曼延等奇戏之外,这里还提到有“巴俞都卢、海中砀极”等演出。“巴俞”,颜师古注曰:“巴人,巴州人也。俞,水名,今渝州也。巴俞之人,所谓賨人也,劲锐善舞,本从高祖定三秦有功,高祖喜观其舞,因令乐人习之,故有巴俞之乐。”[②]“砀极”,亦“乐名也”[③]。“都卢”,此为自南海夫甘都卢国传入之杂技,“都卢国人劲捷善缘高,故张衡西京赋云‘乌获扛鼎,都卢寻橦’,又曰‘非都卢之轻趫,孰能超而究升’也”。[④]

不仅如此,汉王朝还以大校猎这样的游乐方式以款待四方国、族来宾。成帝元延三年(前10)“行幸长杨宫,从胡客大校猎。”[⑤]颜师古注曰:“校猎者,大为阑校以遮禽兽而猎取也。”关于这次大校猎,《汉书·扬雄传》有比较详细的记载。元延二年(前11)扬雄跟随成帝校猎,上《校猎赋》以讽谏之,但是成帝不仅没有收敛,反而要举行更大规模的校猎以款待四方国、族来宾,“明年,上将大诗胡人以多禽兽,秋,命右扶风发民入南山,西自褒斜,东至弘农,南敺汉中,张罗罔罝罘,捕熊罴豪猪虎豹狖玃狐菟麋鹿,载以槛车,输长杨射熊馆。以罔为周阹,纵禽兽其中,令胡人手搏之,自取其获,上亲临观焉。”[⑥]准备

① 《三辅黄图校证》卷之四引,第103页。

② 《汉书》卷九十六下《西域传下》颜注,第3929页。

③ 《汉书》卷九十六下《西域传下》注引李奇曰,第3929页。

④ 《汉书》卷二十八下《地理志下》颜注,第1671页。

⑤ 《汉书》卷十《成帝纪》,第327页。《成帝纪》系此事于元延二年,《通鉴考异》指出其误,认为应在元延三年。

⑥ 《汉书》卷八十七下《扬雄传下》,第3557页。

工作从前一年即开始，发动民众捕捉各种猛兽等兽类，集中于长杨宫之射熊馆中，圈围畜养，以备四方国、族来宾捕捉，所得即为自己之猎获物。届时成帝亲自莅临观看，此堪称“天下之穷览极观也”[①]！这类校猎活动并非单纯的游乐，而是有着重要政治的、军事的、外交的目的意义在其中，所谓“尔乃盛娱游之壮观，奋大武乎上囿，因兹以威戎夸狄，耀威而讲事。”[②]

以飨宴和乐舞款待四方国、族来宾之最高形态是在正旦朝（即元会）之中。从外交方面而言，正旦朝当然主要是从政治层面上款待四方国、族来宾并向四方国、族显示汉王朝的尊崇和威严的最重要场合，但同时也是从物质和精神方面款待四方国、族来宾以及展示汉王朝物质文化和精神文化的最集中、最重要的舞台。

飨宴和乐舞是正旦朝中重要组成部分，在这一盛会中，“百官受赐宴飨，大作乐。”[③]盛大的礼乐演奏和丰盛的宴席是这一大典中的亮点之一。

朝会之日，四方国、族的贡献物品和汉王朝主管官员准备的各种酒食多种多样，极尽丰满，“于是庭实千品，旨酒万钟，列金罍，班玉觞，嘉珍御，大牢飨。”[④]以“太牢”飨宴与会者。“太牢，牛羊豕也。”[⑤]周代为天子之食，诸侯交聘亦以之宴宾。朝会中，首先是奉汉天子饭，“御食，司徒奉羹，大司农奉饭，奏食举之乐。”[⑥]同时演奏《食举之

---

① 《汉书》卷八十七下《扬雄传下》，第 3558 页。

② 《后汉书》卷四十上《班固传》，第 1347 页。

③ 《续汉书 · 礼仪志》，见点校本《后汉书》，第 3130 页。

④ 《后汉书》卷四十下《班固传》，第 1364 页。

⑤ 《后汉书》卷四十下《班固传》注，第 1367 页。

⑥ 《晋书》卷二十一《礼志下》，第 652 页。《续汉书 · 礼仪志》谓“司空奉羹”（标点本《后汉书》第 3130 页）。

乐》,何谓《食举之乐》?“食举谓当食举乐也。”[①]蔡邕《礼乐志》曰:“大予乐郊祀陵庙殿中诸食举乐也。”[②]接着是赐与会者予酒食,“太官上食,赐群臣酒食,西入东出。”[③]太官,为少府属官,“主膳羞也。”[④]班固《两都赋》称正旦朝时“供帐置乎云龙之庭。”[⑤]宴席设置于云龙门,“德阳殿东门称云龙门,德阳殿西门称神虎门。”[⑥]“西入东出”殆即与会者依次赴云龙门入席宴饮。《东京赋》盛称“命膳夫以大飨,饔饩浃乎家陪。春醴惟醇,燔炙芬芬。君臣欢康,具醉熏熏……上下通情,式宴且盘。”[⑦]各种酒食极尽丰盛,芳香四溢,与会者开怀畅饮,“君臣皆欢乐而和悦也”[⑧]!

朝会中演奏各种乐舞,会场上“崇牙张,镛鼓设。”悬钟挂鼓。于是“撞洪钟,伐灵鼓,旁震八鄙,軯礚隐訇,若疾霆转雷而激迅风也。”[⑨]声震四面八方,其“钟鼓之声,又若雷霆之相转,亦如急风之迅疾也。”[⑩]整个朝会进行过程中,“尔乃盛礼兴乐”[⑪],以乐舞佐助礼仪和宴饮的进行。在宴饮的同时演奏各种乐舞,“尔乃食举雍彻,太师秦乐,陈金石,布丝竹,钟鼓铿锵,管弦晔煜。抗五声,极六律,歌九功,舞八佾,韶武备,太古毕。四夷间奏,德广所及,伶侏兜离,罔不具集。万乐备,百礼暨,皇欢浃,群臣醉,降烟煴,调元气,然后撞钟告罢,百僚遂

① 《后汉书》卷四十下《班固传》注,第1367页。
② 《后汉书》卷四十下《班固传》注引,第1367页。
③ 《续汉书·礼仪志》注引,见点校本《后汉书》,第3131页。
④ 《汉官六种·汉官仪卷上》,第136页。
⑤ [汉]班固:《两都赋》,《文选》卷一,第33页。
⑥ [汉]张衡:《东京赋》注,《文选》卷三,第55页。
⑦ 《东京赋》,《文选》卷三,第57—58页。
⑧ 《东京赋》注,《文选》卷三,第58页。
⑨ 《东京赋》,《文选》卷三,第57页。
⑩ 《东京赋》注,《文选》卷三,第57页。
⑪ 《两都赋》,《文选》卷一,第33页。

退。”[①]与演奏《食举之乐》宣告宴饮的开始一样，待宴饮结束则歌《雍》诗以撤席，“《雍》，诗篇名也。谓食讫歌《雍》诗以彻也。”[②]

朝会中除了演奏各种音乐之外，还有丰富多彩的杂技演出：“作九宾散乐。舍利兽从西方来，戏于庭极，乃毕入殿前，激水化为比目鱼，跳跃嗽水，作雾鄣日。毕，化成黄龙，长八丈，出水遨戏于庭，炫耀日光。以两大丝绳系两柱间，相去数丈，两倡女对舞，行于绳上，对面道逢，切肩不倾，又蹋局出身，藏形于斗中。钟磬并作，倡乐毕，作鱼龙曼延。”[③]这些杂技是汉王朝款待四方国、族来宾的传统节目。

在朝会中不仅演奏传统的雅、颂之乐，同时演奏四夷之乐，“四夷间奏，德广所及，伶侏兜离，罔不具集。”即此之谓。郑玄注《周礼》云：“四夷之乐，东方曰韎，南方曰任，西方曰株离，北方曰禁。”[④]“伶”同“禁”，北方之乐；“侏”同“韎”，东方之乐；“兜离”同“株离”，西方之乐。以四夷之乐舞演奏于朝会之中已成为两汉王朝的传统，东汉安帝永宁元年(120)，“西南夷掸国王献乐及幻人，能吐火，自支解，易牛马头。明年元会，作之于庭，安帝与群臣共观，大奇之。”虽然个别人反对，以为“帝王之庭，不宜设夷狄之技。”但当时的主流意见是不认同这种观念的，元会“后数日，尚书陈忠案《汉旧书》，乃知世宗时犛靬献见幻人，天子大悦，与俱巡狩，乃知古有此事。”[⑤]早在汉武帝时即演出域外传入之杂技。不仅如此，更早在先秦时期就已在中原王朝的庙堂中演出四夷之乐，尚书陈忠劾奏个别反对者的意见时说：“古者合欢之乐舞于堂，四夷之乐陈于门，故诗云‘以雅以南，韎任朱离’。

① 《后汉书》卷四十下《班固传》，第1364页。
② 《后汉书》卷四十下《班固传》注，第1367页。
③ 《续汉书·礼仪志》注引，见点校本《后汉书》，第3131页。
④ 《后汉书》卷四十下《班固传》注，第1368页。
⑤ 《汉书》卷六十一《张骞传》注引应劭语，第2696页。

今掸国越流沙，踰县度，万里贡献，非郑卫之声，佞人之比。”认为此反对意见乃“廷讪朝政”，反对者应遭弹劾“下狱。”①汉王朝之对外开放，于此可见一斑。

朝会行将结束，“小黄门吹三通，谒者引公卿群臣以次拜，微行出，罢。卑官在前，尊官在后。”②可以说整个朝会过程都是以音乐进行引导和指挥。

朝会结束之后，继续还有飨宴和游乐以待之，如甘露三年（前51）呼韩邪单于来朝，正旦之后，“单于就邸。置酒建章宫，飨赐单于，观以珍宝。”直至二月方才“罢归”③。

上述奢侈的款待只是汉王朝外交成本中的一小部分，此外“及赂遗赠送，万里相奉，师旅之费，不可胜计。至于用度不足，乃榷酒酤，筦盐铁，铸白金，造皮币，算至车船，租及六畜。民力屈，财用竭，因之以凶年，寇盗并起，道路不通，直指之使始出，衣绣杖斧，断斩于郡国，然后胜之。”④外交上的沉重负担导致国家财政赤字猛增，人民不堪重负，乃至动摇国本，外交对内政影响之巨，于此可见。虽然汉王朝对于朝会之丰约有时亦加以调整，西汉宣帝神爵元年（前61）因西羌战事，故诏曰：“军旅暴露，转输烦劳，其令诸侯王、列侯、蛮夷王侯君长当朝二年者，皆毋朝。”⑤东汉安帝永初四年（110）“春正月元日，会，彻乐，不陈充庭车。”⑥注曰“每大朝会，必陈乘舆法物车辇于庭，故曰充庭车也。以年饥，故不陈。”不过这在两汉时期并不多见，对于整个

① 《后汉书》卷五十一《陈禅传》，第1685页。

② 《续汉书·礼仪志》注引，见点校本《后汉书》，第3131页。

③ 《汉书》卷八《宣帝纪》，第271页。

④ 《汉书》卷九十六下《西域传下》，第3928—3929页。

⑤ 《汉书》卷八《宣帝纪》，第261页。

⑥ 《后汉书》卷五《安帝纪》，第214页。

外交成本之支出实属杯水车薪，其助益极其有限。

四方国、族亦以宴饮款待汉使。始建国二年（10）王莽派遣五威将王骏等六人出使匈奴，目的是以王莽新朝印绶替换汉王朝所授予的旧印绶。匈奴单于在接见王骏等人之后，“请使者坐穹庐，单于欲前为寿……饮食至夜乃罢。”[①]胡三省释“单于欲前为寿”曰：“奉酒为使者寿”[②]。王骏等人即利用宴饮的机会而将匈奴单于的旧印绶替换以新印绶。汉使在康居，“王及贵人先饮食已，乃饮啗都护吏，故为无所省以夸旁国。”康居接待汉使之倨傲与匈奴形成鲜明的对比，西域都护郭舜评述匈奴和康居对待汉王朝的不同态度时称：“匈奴百蛮大国，今事汉甚备。”王莽篡位之初，匈奴尚维持着汉宣帝以来对于汉王朝的友好态度，故王骏等人仍然受到有礼的款待，而康居“骄黠”，实为“无礼之国”。原因在于其“自以绝远，独骄嫚，不肯与诸国相望。”[③]而四方国、族款待汉使的情形与汉王朝款待四方国、族时的奢侈和铺张，不可同日而语。

三、外交礼仪的基本原则、精神和特点

外交礼仪贯穿于外交诸方式与诸环节之中，现在我们要探讨贯穿于这些具体礼仪或仪节中的一些基本原则、精神及其特点。外交礼仪之所以在不同程度上能够得到外交诸方的公认和遵循，外交惯例也往往大多能够被外交诸方所默认，就是因为贯穿于这些礼仪或惯例中的原则和精神是符合外交诸方的意愿乃至利益和价值取向的，

① 《汉书》卷九十四下《匈奴传下》，第3821页。

② 《资治通鉴》卷三十七《汉纪二十九》王莽始建国二年（10）胡注，第1183页。

③ 《汉书》卷九十六上《西域传上》，第3892—3893页。

因而具有普适性的特点和性质。那么,什么是贯穿于这些外交礼仪和仪节中的基本原则、精神和特点呢?对等、平衡与非对等、平衡;报答与报复;特权与特权之侵犯,这三者就是贯穿于外交礼仪和仪节中的比较重要的基本原则、精神和特点,而三者之中又以第一项是最为根本的,第二、三者由此派生、演绎而成。

中国古代对于"礼"有一个十分精辟的概括——"礼尚往来"。其基本涵义是认为"礼"就是一种由"往"、"来"关系而构成的互动过程,故曰"往而不来,非礼也;来而不往,亦非礼也。"①没有相互的往来互动就不成其为"礼",只"来"而不"往"或只"往"而不"来",均不能构成"礼",这样也就无所谓或者不存在"礼"了。只有相互往来才能够导致"礼"的存在及其价值。这种"往来"关系的实质就是"报",故曰"礼也者,报也。"②你"来"我"往"是我对于你的"报",我"往"你"来"也是你对我的"报",双方互相回报的过程就是"礼"的过程及其体现。由此可见"礼"的本质特征就是"报"。外交礼仪就是将"礼"运用于外交关系之中,以相互"往来"的形式而体现"礼"的精神,这种"往来"关系的本质特征就是"报"。"报者,天下之利也。"③以"报"为本质特征的"礼"是调和人际之间乃至国家之间关系的重要手段,将其运用于外交之中,促进了国家之间的交往,从而有利于天下国家关系的和谐,因而为"天下之利"。故外交礼仪具有促进"天下之利"的积极作用。

"礼"所强调的相互"往来"和相"报",其实质和精神就是强调外交双方的对等与平衡。外交双方的"往来"和相"报",贯穿着双方关

① 《礼记正义》卷一《曲礼上》,第1231页。

② 《礼记正义》卷三十八《乐记》,第1537页。

③ 《礼记正义》卷五十四《表记》,第1639页。

系和利益的对等与平衡。如果只“来”而不“往”或只“往”而不“来”，就是非礼，也就是双方关系和利益的不对等、不平衡；如果虽然回报了，但是回报之厚薄与礼数不对等、不平衡，也是非礼的。外交中的特权也是基于对等、平衡而得以维持其存在，而对于特权的侵犯则是对于对等、平衡关系的否定和破坏。因此，外交双方一直贯穿着“礼”与“非礼”之争，亦即对等、平衡与非对等、平衡之争，以及报答与报复、外交特权与外交特权侵犯之争。

（一）对等、平衡与非对等、平衡

外交礼仪中的对等、平衡与非对等、平衡体现于外交过程的各个方面和环节之中，可以说外交关系的发展变化就是对等、平衡与非对等、平衡关系的角逐过程。国家之间的平等与否与外交礼仪上的对等与否是两个既有联系又有区别的问题。

对等、平衡虽然是外交礼仪的基本原则和精神，但是实际上外交双方均不断在企图打破这种对等、平衡关系，而实现有利于自己的非对等、平衡关系，故外交过程就是对等、平衡与非对等、平衡关系的角逐和变化过程。汉匈之间“有卑下而承事之矣，有威服而臣畜之矣，诎伸异变，强弱相反。”[①]就是这种外交角逐的写照。对等、平衡与非对等、平衡关系的角逐贯穿于两汉时期的汉匈关系中，具有代表性和典型性。

秦汉之际匈奴崛起于北方草原地区，当时东亚地区唯有匈奴足以与汉抗衡，汉匈之间这种对等、平衡与非对等、平衡的外交角逐从西汉建国伊始即展开并激烈进行。汉七年（前200）汉匈战于平城，汉方失利，“当是时，冒顿为单于，兵强，控弦三十万，数苦北边。”高帝“患

① 《汉书》卷九十四下《匈奴传下》，第3830页。

之”,汉八年(前199)高帝“问刘敬。刘敬曰:‘天下初定,士卒罢于兵,未可以武服也。冒顿杀父代立,妻群母,以力为威,未可以仁义说也。独可以计久远子孙为臣耳,然恐陛下不能为。’上曰:‘诚可,何为不能!顾为奈何?’刘敬对曰:‘陛下诚能以适长公主妻之,厚奉遗之,彼知汉适女送厚,蛮夷必慕以为阏氏,生子必为太子,代单于。何者?贪汉重币。陛下以岁时汉所余彼所鲜数问遗,因使辩士风谕以礼节。冒顿在,固为子婿;死,则外孙为单于。岂尝闻外孙敢与大父抗礼者哉?兵可无战以渐臣也。若陛下不能遣长公主,而令宗室及后宫诈称公主,彼亦知,不肯贵近,无益也。’高帝曰:‘善。’”①这段著名的君臣对话,均以汉方制订和亲政策目之,此已为学界共识,固属不言而喻,但是实际上这也是汉王朝在建国之初对于与匈奴关系中如何实现从倾斜于匈奴的非对等、平衡关系→向对等、平衡→再向倾斜于汉方的非对等、平衡关系转化的外交战略大计。刘敬建议的核心精神就是以迂回的、长久的耐心实现“无战以渐臣”的战略目标,亦即倾斜于汉方的非对等、平衡关系。刘敬认为“和亲”是实现这一战略目标的有效手段,其第一步是“约为兄弟”,确立双方的对等、平衡关系,第二步是将汉匈关系转变为“外孙”与“大父”的关系,因为“岂尝闻外孙敢与大父抗礼者哉”,“抗礼”即对等、平衡之礼,这样就从根本上将汉匈之间的关系置于倾斜于汉方的非对等、平衡的基础之上。

西汉前期订立和亲约之后,汉匈之间基本上处于对等、平衡关系中,即所谓“兄弟之亲”、“邻国之敌”②的关系。这种对等、平衡关系首先表现在双方承认对方君主的地位及其统治的合法性,汉文帝致匈奴单于文书称:“长城以北,引弓之国,受命单于;长城以内,冠带之

① 《史记》卷九十九《刘敬列传》,第2719页。

② 《史记》卷一百十《匈奴列传》,第2896、2897、2903页。敌,对等之意。

室，朕亦制之。"[①]就是这种对等、平衡关系的体现；其次，表现在双方外交往还中的对等性方面，如：汉方致匈奴文书辞曰"皇帝敬问匈奴大单于无恙"，匈方致汉方文书辞曰"天所立匈奴大单于敬问皇帝无恙"[②]，基本上体现双方地位和礼遇的对等、平衡。

但是在这种对等、平衡的表象后面却存在着实际上的非对等、平衡，虽然汉王朝不论在国土面积、人口和经济总量等方面均超过匈奴，但是匈奴处于军事上的优势、主动地位，经常侵犯汉边或以武力相威胁，汉方不得不以大量物资供给匈奴，并以汉女出嫁单于，以换取边境和平。与此同时双方在外交礼仪方面也一直在进行着激烈的角逐，匈奴方面时时企图打破现有的对等、平衡关系，"汉遗单于书，牍以尺一寸，辞曰'皇帝敬问匈奴大单于无恙'，所遗物及言语云云。"匈奴方面则"遗汉书以尺二寸牍，及印封皆令广大长，倨傲其辞曰'天地所生日月所置匈奴大单于敬问汉皇帝无恙'，所以遗物言语亦云云。"[③]匈奴方面的傲慢，根源于当时汉匈之间实际上存在的某些非对等、平衡关系，故汉方亦时时在企图扭转这种不利于己的非对等、平衡关系。汉武帝时贾谊的言论具有代表性，他论当时的汉匈关系说："天下之势方倒县。凡天子者，天下之首，何也？上也。蛮夷者，天下之足，何也？下也。今匈奴嫚娒侵掠，至不敬也，为天下患，至亡已也，而汉岁致金絮采缯以奉之。夷狄征令，是主上之操也；天子共贡，是臣下之礼也。足反居上，首顾居下，倒县如此，莫之能解，犹为国有人乎？"[④]改变这种不利于己的非对等、平衡关系，成为当时汉王朝君臣的一致目标。

① 《史记》卷一百十《匈奴列传》，第2902页。
② 《史记》卷一百十《匈奴列传》，第2896、2897页。
③ 《史记》卷一百十《匈奴列传》，第2899页。
④ 《汉书》卷四十八《贾谊传》，第2240页。

外交礼仪中的对等、平衡与否,决定于国家的综合实力和相应的外交处境。经过汉初以来数十年之积累,及至汉武帝时,综合国力大为提高,终于在军事上战胜了匈奴这一劲敌,出现了"幕南无王庭"局面,从而扭转了汉匈之间的地位和外交处境,于是打破原先表面上的对等、平衡关系中而实际上存在的倾斜于匈奴方的非对等、平衡关系,向着倾斜于汉方的非对等、平衡关系转变提到了议事日程。实现这一转变的目标就是迫使匈奴"臣"之。"臣"之的具体步骤有三,一是"使为外臣,朝请于边。"①二是入质。三是来朝。入质、来朝被视为"臣服"对方的标志。但是每一步都遭到匈奴的抗拒,正如扬雄所总结,汉武帝"深惟社稷之计,规恢万载之策,乃大兴师数十万,使卫青、霍去病操兵,前后十余年。于是浮西河,绝大幕,破寘颜,袭王庭,穷极其地,追奔逐北,封狼居胥山,禅于姑衍,以临翰海,虏名王贵人以百数。自是之后,匈奴震怖,益求和亲,然而未肯称臣也。"②匈奴方面虽然一再要求与汉"和亲",一改西汉前期之傲慢,但是始终坚守不"臣"这一底线。这一底线的突破直到西汉后期宣帝时期方才实现。宣帝即位后,与乌孙联兵,东西夹击,"于是匈奴遂衰耗"③。后来匈奴内部分裂,国势日蹙,神爵二年(前60)"匈奴单于遣名王奉献,贺正月,始和亲。"④匈奴终于遣使来朝神爵三年之正旦大朝。这是一个标志性事件,意味着匈奴终于迈出了向汉"称臣"的第一步。从此匈奴陆续遣子弟来朝并遣子入侍,乃至甘露三年(前51)匈奴单于亲自入朝。可以说汉王朝"臣"服匈奴的战略目标至此得以实现。但是,这不是如刘敬所设想的因为匈奴与汉王朝形成"外孙"与"大父"的关系

① 《汉书》卷九十四上《匈奴传上》,第3771页。
② 《汉书》卷九十四下《匈奴传下》,第3813页。
③ 《汉书》卷九十四上《匈奴传上》,第3786页。
④ 《汉书》卷八《宣帝纪》,第262页。

而实现，而是双方长期较量之后国力消长、升沉所致。

外交礼仪上的对等、平衡或非对等、平衡虽然决定于综合国力之大小强弱，但是两者也并非完全一致的；政治上的“臣服”关系与外交礼仪上的对等、平衡与否亦并非完全等同。甘露三年呼韩邪单于来朝，以何种“礼”接待的讨论反映了这样的问题。其时匈奴已经决定“称臣入朝事汉”①，那么单于来朝行“臣礼”应当是名正言顺之事，故汉宣帝“诏公卿议其仪”时，大多数人的意见认为应当依照“臣礼”而接待呼韩邪单于。只有萧望之等少数人认为不能以“臣礼”而应以“客礼”待之。萧望之以为“单于非正朔所加，故称敌国，宜待以不臣之礼，位在诸侯王上。外夷稽首称藩，中国让而不臣，此则羁縻之谊，谦亨之福也。《书》曰‘戎狄荒服’，言其来服，荒忽亡常。如使匈奴后嗣卒有鸟窜鼠伏，阙于朝享，不为畔臣。信让行乎蛮貉，福祚流于亡穷，万世之长策也。”萧望之这一意见的核心观念是将匈奴定位为“敌国”，即对等之国，匈奴单于为对等国的首脑，故不宜以“臣礼”而应以“不臣之礼”待之。汉宣帝同意萧望之的看法，采纳了他的意见，下诏曰：“盖闻五帝三王教化所不施，不及以政。今匈奴单于称北藩，朝正朔，朕之不逮，德不能弘覆。其以客礼待之，令单于位在诸侯王上，赞谒称臣而不名。”②决定以“客礼”而非“臣礼”接待匈奴单于。这两种礼仪安排的分歧在于，是否承认匈奴单于为“敌国”之君主，亦即对等国之君主，如果认为匈奴单于并非“敌国”君主，而是“臣属”国君主，则其位次应在诸侯王之下，如果承认其为“敌国”君主，则其位次应在诸侯王之上；这两种位次有着本质的不同，前者为“臣礼”，后者为“客礼”。“客礼”即主客之礼，双方为宾主关系；“臣礼”即君臣之礼，双

① 《汉书》卷九十四下《匈奴传下》，第3797页。

② 《汉书》卷七十八《萧望之传》，第3282—3283页。

方为君臣关系。汉宣帝接纳了萧望之的意见，以“客礼”接待呼韩邪单于，位次在诸侯王之上，这就意味着当时汉王朝是将匈奴单于视为对等国之君主来访，而并非以臣属国君主来朝的。荀悦评论此事道：“望之欲待以不臣之礼，加之以王公之上，僭度失序，以乱天常，非礼也。若以权时之宜，则异论矣。”认为以“客礼”接待匈奴单于为“非礼”，根本原因在于他认为“九州之外，谓之藩国，蛮夷之君，列于五服。”故像匈奴这样的四方国、族“非敌国之谓也”①，不承认他们为“敌国”，即与汉王朝对等之国。不过荀悦认为如果作为“权时之宜”则是另一回事，何谓“权时之宜”，他说：“权时之宜，非常典也。”②萧望之的意见固然是从外交策略上考虑的，一方面是为了避免汉王朝日后的被动与尴尬。尽管当时人们的观念普遍认为“来朝”即“臣服”，但是萧望之认为这在实际上是没有十分把握的，如果视其为“臣属”，日后万一其不来“朝享”，则成为“畔臣”，将使汉王朝置于尴尬处境之中，处于被动地位。另一方面也是为了扩大汉王朝的国际影响。因此应当采取“让而不臣”的谦虚的态度和做法，这样可以达到“信让行乎蛮貉”的效果，争取四方国、族的向心，收羁縻之效，反倒可以“福祚流于亡穷”，堪称“万世之长策也”。总之这是从汉王朝外交上的最大利益出发，而不是眼前的虚荣。这一礼仪成为日后汉王朝接待匈奴单于这样的“百蛮大国”的基本礼仪，形成所谓“孝宣故事”③，而被历代汉皇帝所遵循，从这样来看，亦并非“权时之宜”而已。

虽然汉王朝在接待匈奴单于来朝时给予“客礼”的殊荣，从礼仪

① 《两汉纪》上册，《汉纪·孝宣皇帝纪四卷第二十》，第357页。

② 《两汉纪》上册，《汉纪·孝元皇帝纪中卷第二十二》，第388页。

③ 《后汉书》卷十九《耿弇传》附《耿国传》，第716页。

角度来看具有对等性，但是双方在实际上的不对等、不平衡仍然不可能改变，匈奴之在政治上依附于汉王朝，以及匈奴单方面纳质、来朝以及单于来访，而汉方并没有向匈奴纳质，更不必说汉皇帝并不回访匈奴。表明外交礼仪上的对等、平衡与双方实质上的对等、平衡与否并非完全等同的。

（二）报答与报复

"报答"是外交礼仪中的又一重要原则，是双方互相给予对方友善的、对等的回报；"报答"的反面则是"报复"，这是对于对方非友善或敌对态度和行为的一种反击，它也基本上是对等的。"报答"是对于对方发展友好关系的回报，固然为双方对等、平衡关系的体现；而"报答"之反面——"报复"，则是对于对方不友好乃至敌对态度和行为的反制，实际上也是双方对等、平衡关系的另一方面的体现。因此，报答与报复也是对等、平衡与非对等、平衡的体现。使节往还中的"报使"是"报答"的集中的、重要的体现；"留使"或"杀使"则是"报复"的集中的、重要的体现。

1. 报使

报使是外交中"报答"的经常性、普遍性的方式。这种礼仪在先秦时期已经形成，汉代外交中继承并发展了这一礼仪。使节往还中的报使礼，一方面是双方出于外交中的礼仪，另一方面则是双方外交角力的重要手段之一，即与双方关系之疏密、敌友以及利益之争等现实需要有密切关系。

（1）作为外交礼仪的报使

使节之相互回报是外交双方的基本礼仪。在汉代最为重要的外交关系为汉匈关系，汉匈之间的使节和文书往还中的回报制度最具典型性和代表性。

在西汉前期，自高帝与冒顿单于缔结和亲条约之后，汉匈之间基本上处于和平共处的时期，双方使节往还中基本上是实行相互回报的礼仪。汉初"高祖崩，孝惠、吕太后时，汉初定，故匈奴以骄。冒顿乃为书遗高后，妄言。"①汉廷决策集团经过讨论，决定以礼相报，于是"令大谒者张泽报书"，派遣亲信大臣携带回报文书出使匈奴，"冒顿得书，复使使来谢曰：'未尝闻中国礼义，陛下幸而赦之。'因献马，遂和亲。"②这个事件中的使节和文书往还，就是一种相互回报的过程：匈奴遣使致文书予汉→汉方遣使携文书回报→匈奴遣使来谢。当时的汉匈关系情势是：双方军事力量对比彼强我弱，汉处于守势而匈奴处于攻势，于是汉方对于匈奴文书中的挑衅采取了以柔克刚之外交手腕，终于化解了双方的矛盾和敌对，避免了以兵戎相见的严重后果，保持了双方的和平共处关系。汉方在这一事件中所体现的"礼义"行为，匈奴单于亦不得不加以认可。这里所谓"礼义"有两个方面的含义，一方面体现在对于匈奴方面之"无礼"，汉方采取了以"礼"回敬的态度，另一方面则是体现于双方使节往还中的相互回报，对于匈奴方面的来使、来书汉方均加以回报，这种相互回报乃外交关系中的基本礼仪。由于汉方采取以"礼"回报的做法，故匈奴方面亦相应采取了以"礼"回报的态度，遣使并致书汉方，在实际上肯定和就范于汉方的"礼义"规范之中，由前一次之"无礼"而改取"有礼"的态度和做法，从而形成一种良性的互动关系，故收到了化干戈为玉帛的效果。由此可见汉方主要是从维护自身利益着眼而采取以礼相报的态度和做法，而汉方的和好态度和做法实际上亦有利于匈奴方面，故双方取得了共识和一致。

① 《史记》卷一百十《匈奴列传》，第2895页。

② 《汉书》卷九十四上《匈奴传上》，第3755页。

在基本上处于和平共处时期的汉匈关系中，边境地区的矛盾冲突乃至战事亦时有发生，在这一状态下，双方之间的抗议、交涉、谈判、沟通等联系亦未尝止息，而这主要依赖双方使节和文书往还以进行，故双方使节之相互回报关系亦基本上延续不替。

汉文帝前三年（前177）至前六年（前174）期间与匈奴冒顿单于亦曾经有过使节往还之互动过程。先是汉文帝遣使匈奴，提出双方和好的建议，此即冒顿单于所谓"前时皇帝言和亲事，称书意，合欢"一事。文帝前六年六月匈奴派遣郎中系雩浅至汉边塞薪望之地向汉方递交复汉文帝的文书，提出："愿寝兵休士卒养马，除前事，复故约，以安边民，以应始古"的主张。汉文帝随即派遣中大夫意、谒者令肩出使匈奴并报书，在指出"倍约离兄弟之亲者，常在匈奴"的同时，表示赞同匈奴方面提出的主张[①]。这也是双方使节往还中所体现的报使过程：汉方遣使匈奴→匈奴遣使回报→汉方再遣使回报。这一使节往还事件的背景是：文帝前三年（前177）匈奴右贤王入侵河南地，汉方以兵威逼退右贤王。随后，右贤王兵锋西向，控制了西域广大地区。汉匈关系的态势仍然是匈奴处于进攻的、主动的地位，汉方处于守势的、被动的地位。汉方是在军事上处于不利地位情况下而与匈奴通使，主动提出与匈奴和亲，而当时匈奴在西域地区取得重大利益的基础上，亦暂时无继续大规模南向汉域的迫切性，故通过使节和文书往还而恢复了双方的和亲关系。

汉文帝后元二年（前162）与匈奴老上单于亦有过一段频繁的使节往还过程。当时匈奴"日以骄，岁入边"，"汉甚患之"。于是汉文帝"乃使使遗匈奴书，单于亦使当户报谢，复言和亲事。"[②]双方通过使

① 《史记》卷一百十《匈奴列传》，第2896—2897页。

② 《史记》卷一百十《匈奴列传》，第2901页。

节往还而表达了再度恢复和亲关系的共同愿望，在此基础上，双方进行了一系列的使节往还过程，以谈判恢复和亲关系的问题。汉文帝诏称当时汉方"遣使者冠盖相望，结彻于道，以谕朕志于单于。"[①]诏书意在向汉王朝子民表明为了争取与匈奴和平共处，汉方采取了诸多主动行动。实际上这种谈判、交涉的过程不可能是单方面的，匈奴亦当遣使前来，故应当是一个使节往还的互动过程，文帝诏称"今单于反古之道，计社稷之安，便万民之利，新与朕俱弃细过，偕之大道，结兄弟之义，以全天下元元之民。"[②]表明匈奴方面亦有相应之使节和文书之回报，于是是年六月双方终于达成和亲协议，故汉文帝宣布"匈奴大单于遗朕书，和亲已定。"[③]这是在匈奴不断在边境地区挑起冲突的情况下，汉方采取主动行动，通过双方使节的往还回报，终于达成恢复和亲关系的新协议。

汉匈之间处于战争状态时期，双方使节之往还和回报亦继续进行。汉武帝凭借汉初以来积聚的财富，对匈奴改取进攻、打击的政策，双方在军事上展开了长期的斗争，汉匈关系由西汉前期的和平共处进入战争状态。即使在这种情况下，双方的使节往还及其报使制度亦未尝止息，"汉连伐胡，数通使相窥观，匈奴留汉使郭吉、路充国等，前后十余辈。匈奴使来，汉亦留之以相当。"[④]这个记载表明，在战争状态下为了获取对方之情报以及其他方面的需求，双方使节往还并没有中断，从双方扣留使节必令"相当"观之，则双方使节之相报亦必相当。太初四年（前101）匈奴且鞮侯单于立。因其初立，恐汉袭之，一改骄慢态度，乃曰："汉天子我丈人行也。"遂于次年（天汉元年，

① 《汉书》卷四《文帝纪》，第129页。注引韦昭曰："使车往还，故彻如结也。"
② 《汉书》卷四《文帝纪》，第129页。
③ 《汉书》卷九十四上《匈奴传上》，第3764页。
④ 《汉书》卷五十四《苏武传》，第2459页。

前100）遣使来汉，“尽归汉使路充国等”，将过去扣押之汉使遣返。“武帝嘉其义，乃遣（苏）武以中郎将使持节送匈奴使留在汉者，因厚赂单于，答其善意。”[①]这里的“答其善意”固然主要是指报答匈奴单于主动将过去扣押之汉使遣返，故汉方亦将过去扣押于汉的匈奴使节加以遣返，以报答之。同时这也是对于匈奴主动来使之报答。故苏武之出使匈奴，一方面是负责将过去扣押之匈奴使节进行遣返，体现对于匈奴方面善意之回报，另一方面也是对于匈奴来使之报答，体现双方使节往还中的相互回报。即使对方采取不友好态度情况下，这种报使制度仍然在坚持进行。武帝征和四年（前89）匈奴“单于遣使遗汉书云：‘南有大汉，北有强胡。胡者，天之骄子也，不为小礼以自烦。今欲与汉闿大关，取汉女为妻，岁给遗我糵酒万石，稷米五千斛，杂缯万匹，它如故约，则边不相盗矣。’汉遣使者报送其使。”[②]匈奴方面以战争相威胁，提出种种苛刻乃至无礼要求的情况下，汉方仍然遣使回报。

至汉宣帝时期匈奴内乱，国势日蹙，经过五单于争立，最后形成呼韩邪单于和郅支单于对立的局面，汉匈关系因而发生了逆转。从此以后汉匈关系中以使节往还为主要外交形式转变为匈奴方面纳质、来朝等方式为主，从而使节往还亦更多地体现于双方围绕着匈方纳质、来朝等的交涉、迎送等方面而进行。宣帝甘露元年（前53）至甘露三年（前51）间围绕呼韩邪单于来朝，双方的互动过程表明了这种情况。甘露元年匈奴呼韩邪单于决定“入朝事汉”，于是“引众南近塞，遣子右贤王铢娄渠堂入侍。”同年冬，又“遣弟左贤王来朝贺”。甘露二年，“呼韩邪单于款五原塞，愿朝（甘露）三年正月。”汉方同意之后，

---

① 《汉书》卷五十四《苏武传》，第2460页。

② 《汉书》卷九十四上《匈奴传上》，第3780页。

"遣车骑都尉韩昌迎,发过所七郡郡二千骑,为陈道上。"甘露三年正月,呼韩邪单于"朝天子于甘泉宫",二月,"单于罢归。遣长乐卫尉高昌侯忠、车骑都尉昌、骑都尉虎将万六千骑送单于。"同时"又发边郡士马以千数"送之。在这三年中,围绕甘露三年呼韩邪单于来朝,汉匈双方进行了一系列的互动,其互动过程中有几个特点,一是匈奴方面多次主动遣使来汉,包括遣子入侍、遣弟来朝,以之作为单于来朝的铺垫,甚至呼韩邪单于还亲自款塞,以沟通明年单于来朝事宜;二是汉方的使者主要是承担单于来朝的迎、送使命。此事经双方确认之后,汉方遂派遣使者前往迎接,待单于朝罢,再遣使护送其返国。而且汉使之迎送任务和规格与一般的使节往还中的迎送任务和规格亦有很大差别,不仅使者为高级武官,而且率领骑兵保护,并动员所经边郡之骑兵,"陈列于道,以为宠卫。"①可以说双方使命往还均围绕单于来朝而进行,汉方之遣使迎送单于,实际上也是对于匈奴方面一再来使以及来朝之回报。

甘露三年呼韩邪单于来朝有其特殊性,对于双方来说均为历史性的首次,故与其后之单于来朝又有一定的差别。黄龙元年(前49)"呼韩邪单于复入朝,礼赐如初",其基本礼仪与甘露三年是一致的,不过,虽然双方仍然需要事先相互联系、沟通,但是已经没有单于亲自款塞这一环节,同时也没有汉方发动骑兵护送的环节了,前者已由使节沟通所代替,后者则因为甘露三年汉方护送呼韩邪单于归庭时,有"诏(董)忠等留卫单于,助诛不服。"故黄龙元年呼韩邪单于朝罢,"以有屯兵,故不复发骑为送。"②

---

① 《汉书》卷九十四下《匈奴传下》颜注,第3799页。

② 分见《汉书》卷九十四下《匈奴传下》,第3798—3799页;《汉书》卷八《宣帝纪》第273页。

总的来看，虽然西汉后期汉匈之间进入以匈奴方面纳质、来朝为主要形态之相互交往，但是使节的往还以及报使制度仍然并未中断，首先是为了单于来朝、纳质而需要使节进行联络，单于来朝之前一般均遣使来上书以商定其事，双方使节往还为必不可少。其次是在单于来朝之间的其他时段派遣子弟、贵族为使来朝，这也是使节往还的一种形式，对此汉方亦照例遣使报送。第三是遇有其他交涉事项时亦需要使节进行沟通。如平帝元始二年（2）西域车师后王句姑、去胡来王唐兜率"妻子人民亡降匈奴"，匈奴将其安置于左谷蠡地之后，"遣使上书言状曰：'臣谨已受。'"于是汉方派遣中郎将韩隆、王昌、副校尉甄阜、侍中谒者帛敞、长水校尉王歙"使匈奴，告单于曰：'西域内属，不当得受，今遣之。'"匈奴单于不得已，遣使将他们送交汉方。时王莽专权，"乃造设四条：中国人亡入匈奴者，乌孙亡降匈奴者，西域诸国佩中国印绶降匈奴者，乌桓降匈奴者，皆不得受。"于是"遣中郎将王骏、王昌、副校尉甄阜、王寻使匈奴，班四条与单于。"并"使使者以风单于，宜上书慕化，为一名，汉必加厚赏。"匈奴"单于从之，上书言：'幸得备藩臣，窃乐太平圣制，臣故名囊知牙斯，今谨更名曰知。'"王莽大悦，"遣使者答谕，厚赏赐焉。"[①]这时汉匈关系中的主导权已经转移至汉方，匈奴方面处于屈从的被动地位，汉匈关系发生了历史性的颠倒。但是这一系列使节往还中，基本上仍然贯穿着双方相互回报的制度。

东汉初年汉匈关系又经历了一次颠倒，由于西汉末年王莽之倒行逆施以及两汉之际的战乱，东汉政权建立后不可能立即扭转汉王朝的颓势，汉匈关系的主导权又一度转入匈奴手中。在这种情况下双方又回归以使节往还及其相互回报礼仪为主要形态的历史时期。

① 《汉书》卷九十四下《匈奴传下》，第3818—3819页。

"光武初,方平诸夏,未遑外事。至六年,始令归德侯刘飒使匈奴,匈奴亦遣使来献,汉复令中郎将韩统报命,赂遗金币,以通旧好。而单于骄踞,自比冒顿,对使者辞语悖慢,帝待之如初。"[①]建武六年(30)东汉恢复了与匈奴的通使关系,其后双方使节往还不断,建武十四年(38)"匈奴遣使奉献,使中郎将报命。"[②]这时汉匈关系的变化导致匈奴方面表现了对于汉王朝的骄慢态度。匈奴之采取这样的态度,早在更始二年(24)刘飒首次出使匈奴时,匈奴单于对于汉使刘飒等人的言辞即已表露无遗,声称:"匈奴本与汉为兄弟,匈奴中乱,孝宣皇帝辅立呼韩邪单于,故称臣以尊汉。今汉亦大乱,为王莽所篡,匈奴亦出兵击莽,空其边境,令天下骚动思汉,莽卒以败而汉复兴,亦我力也,当复尊我!"[③]故东汉政权建立后匈奴仍然采取这种骄慢的态度。但是,即使在这种情况下,匈奴方面对于汉王朝来使仍然加以回报,双方并没有因为政治上的竞争而废弃报使礼仪。故史称汉匈之间"及中兴之初,更通旧好,报命连属,金币载道,而单于骄踞益横,内暴滋深。世祖以用事诸华,未遑沙塞之外,忍愧思难,徒报谢而已。"[④]东汉方面采取主动而遣使匈奴,双方使命往还相继。匈奴方面虽然尚能按照外交礼仪而遣使回报,但是这种使节往还及其报使礼仪,并没有阻止匈奴的不断来犯,"单于骄倨,虽遣使报命,而寇暴如故。"[⑤]就是这种情况的反映。汉匈关系在一定意义上似乎又回到了西汉前期的状况,但是这种情况没有维持太久,随着汉室的复兴,匈奴遭受天

① 《后汉书》卷八十九《南匈奴传》,第2940页。

② 《后汉书》卷一下《光武帝纪下》,第63页。

③ 《汉书》卷九十四下《匈奴传下》,第3829页。

④ 《后汉书》卷八十九《南匈奴传》,第2966页。

⑤ 《资治通鉴》卷四十二《汉纪三十四》光武帝建武六—七年(30—31),第1352页。

灾和内部矛盾的威胁，汉匈关系又向着相反的方向逆转，建武二十二年(46)“匈奴中连年旱蝗，赤地数千里，草木尽枯，人畜饥疫，死耗太半。单于畏汉乘其敝，乃遣使诣渔阳求和亲。于是遣中郎将李茂报命。”①现在轮到匈奴方面采取主动行动了。建武二十四年(48)匈奴分裂为南北匈奴，次年南匈奴“遣使诣阙，奉藩称臣，献国珍宝，求使者监护，遣侍子，修旧约。”东汉王朝与南匈奴的外交方式由双方使节往还而转变为匈奴来朝、来质以及汉方派遣“使匈奴中郎将”常驻单于庭的方式。报使礼仪亦随之主要表现为汉方遣使迎送匈奴来朝及纳质的方式。汉匈关系特点在某些方面似乎又回到了西汉宣、元之后的情况。

报使制度亦为汉王朝与西域诸国之间的使节往还中的基本礼仪。张骞出使乌孙之后，打开了汉王朝与西域诸国使节往还的新局，待其返国时，“乌孙发译道送骞，与乌孙使数十人，马数十匹，报谢，因令窥汉，知其广大。”②这是乌孙遣使“与骞相随而来，报谢天子。”③不仅乌孙如此，其他西域诸国亦莫不如之。张骞出使乌孙时，“因分遣副使使大宛、康居、大月氏、大夏、安息、身毒、于阗、扜罙及诸旁国。”这些副使所到之国，不久亦遣使来汉报谢，“其后岁余，(张)骞所遣使通大夏之属者皆颇与其人俱来，于是西北国始通于汉矣。”④其中汉使至安息，“汉使还，而后发使随汉使来观汉广大，以大鸟卵及黎轩善眩人献于汉。及宛西小国欢潜、大益，宛东姑师、扜罙、苏韰之属，皆随汉使献见天子。天子大悦。”⑤于是汉王朝与西域诸国的使节往还和相互

① 《后汉书》卷八十九《南匈奴传》，第2942页。
② 《汉书》卷六十一《张骞传》，第2692页。
③ 《汉书》卷六十一《张骞传》颜师古注，第2692页。
④ 《史记》卷一百二十三《大宛列传》，第3169页。
⑤ 《史记》卷一百二十三《大宛列传》，第3173页。

报使形成了高潮，一方面是汉方“因益发使抵安息、奄蔡、黎轩、条枝、身毒国。而天子好宛马，使者相望于道。诸使外国一辈大者数百，少者百余人……汉率一岁中使多者十余，少者五六辈，远者八九岁，近者数岁而反。”①另一方面则是“西北外国使，更来更去。”汉王朝对于外国来使之接待亦随之盛极一时，“是时上方数巡狩海上，乃悉从外国客，大都多人则过之，散财帛以赏赐，厚具以饶给之，以览示汉富厚焉。于是大觳抵，出奇戏诸怪物，多聚观者，行赏赐，酒池肉林，令外国客遍观各仓库府藏之积，见汉之广大，倾骇之。及加其眩者之工，而觳抵奇戏岁增变，甚盛益兴，自此始。”②这些“外国客”中有不少即为前来报使者，从一个侧面反映了汉王朝与西域诸国频繁报使的情况。

后来汉王朝于西域地区设置西域都护，在西域五十余国中，除了由西域都护“督录总领”而“佩汉印绶”诸国之外，其余“康居、大月氏、安息、罽宾、乌弋之属，皆以绝远不在数中”，汉王朝对于这些国家采取“其来贡献则相与报”③的政策，只要这些国家遣使前来，一般均加以报答，报使礼仪亦通用于西域都护“督录总领”之外的西方远国。

由上所述我们可以看到，相互遣使中的报使礼仪，一方面主要施行于对等性国、族之间，如西汉前、中期以及东汉前期与匈奴之关系为然；而当匈奴势力衰败、沦为汉方臣属地位，双方处于非对等性关系时，如西汉后期和东汉建武二十五年南匈奴依附于汉王朝之后的汉匈关系中，则这种报使礼仪就不能正常进行，而以汉方迎送其来朝、质侍之方式保持双方之外交关系。而对于其他非对等性国、族，

① 《史记》卷一百二十三《大宛列传》，第3170页。

② 《史记》卷一百二十三《大宛列传》，第3173页。

③ 《汉书》卷九十六下《西域传下》，第3928页。

则这种报使礼仪亦不能正常进行，如汉与闽越关系为然，《西京杂记》记载："闽越王献高帝石蜜五斛、蜜烛二百枚、白鹇黑鹇各一双。高帝大悦，厚报遣其使。"①表明汉王朝只是向闽越报币而未曾报使。无诸于汉五年（前202）被立为闽越王，故在高帝时即有通使关系。东汉王朝与北匈奴之间，大多数时间是实行"报币"而"不报其使"的方针政策。另一方面则施行于双方没有直接利害冲突之汉与西域诸国之间，在这种关系中相互遣使中的报使礼仪亦得以正常进行，除非对方对于汉方造成重大利益侵害时才终止这种报使礼仪，如与罽宾之关系为然。

（2）作为外交角力手段的报使

报使固然是当时外交关系中的基本礼仪之一，故一般来说对于对方遣使基本上需加以报答；但是，另一方面它又往往被用来作为外交双方角力的重要手段之一，报与不报视其自身利益及双边关系之实际情况。

上文述及西汉前期与匈奴关系中，即使是匈奴方面进行挑衅，如冒顿单于之致高后书，或向汉方提出一些傲慢无礼的要求，如征和四年（前89）匈奴提出在"故约"之外增加酒、米、缯物资等一系列要求方才停止"盗边"，在这种情况下汉方仍然委曲求全遣使回报，就是因为当时匈奴方面在军事上处于强势或有利地位，汉方为了保证边境安宁而不得不如此。但是汉方亦并非不加分别地进行报使，有时为了与匈奴进行斗争，亦利用不报其使以为手段。上述汉文帝前三年（前177）至前六年（前174）期间与匈奴冒顿单于使节往还过程中，汉方就曾经不报其使。文帝前三年匈奴右贤王进犯汉边，于是汉文帝在进行军事部署的同时亦致书责让匈奴的侵略，据匈奴方面称："皇

① ［晋］葛洪：《西京杂记》卷四，中华书局1985年版，第25页

帝让书再至，发使以书报，不来，汉使不至，汉以其故不和，邻国不附。”① 颜师古注曰：“谓匈奴再得汉书，而发使将书以报汉。汉留其使不得来还，而汉又更不发使至匈奴也。”据此，则汉方遣使匈奴后，匈奴方面曾经遣使回报，但是汉方不仅扣留了匈奴来使，而且不发使回报。这是汉方为了抗议匈奴的侵略而采取的报复措施。不过在西汉时期这种方式运用并不为多。

东汉时期对于北匈奴究竟报使与否，是统治集团长期争论的问题，从总的来看是以不报其使占居主要形态，以之作为与北匈奴进行角力的重要手段。建武二十四年(48)匈奴分裂为南北之后，北匈奴独立，南匈奴投靠汉王朝，表示“愿永为蕃蔽，扞御北虏。”②成为汉王朝的附庸，并以抗击北匈奴为旗号。在这种情况下，东汉王朝对于与北匈奴的关系究竟应当采取何种方针政策？在统治集团中一直有所争议。北匈奴见南匈奴与汉建立了亲密的关系，故亦希望与东汉王朝发展关系，建武二十七年(51)“北单于遂遣使诣武威求和亲，天子召公卿廷议，不决。”可见对于是否应当发展与北匈奴的关系，在东汉统治集团中尚无明确的方针政策，故尔显得相当犹豫不决。这时，皇太子建言曰：“南单于新附，北虏惧于见伐，故倾耳而听，争欲归义耳。今未能出兵，而反交通北虏，臣恐南单于将有二心，北虏降者且不复来矣。”皇太子的意见主要着眼于稳定与南匈奴的关系，以免发展与北匈奴的关系而损害与南匈奴的关系。光武帝“然之，告武威太守勿受其使。”③也就是说为了稳定与南匈奴的关系，而不惜放弃与北匈奴的关系，将北匈奴来使拒之门外。次年，“北匈奴复遣使诣阙，贡马

① 《汉书》卷九十四上《匈奴传上》，第3756—3757页。

② 《后汉书》卷八十九《南匈奴传》，第2942页。

③ 《后汉书》卷八十九《南匈奴传》，第2945—2946页。

及裘,更乞和亲,并请音乐,又求率西域诸国胡客与俱献见。”再次遣使前来,要求发展双方的关系。这次虽然没有将北匈奴来使拒之门外,但是应当如何报之呢?光武帝“下三府议酬荅之宜。”最后,司徒掾班彪的意见得到光武帝的首肯。班彪首先指出北匈奴一再要求发展与东汉王朝关系的目的意图是:“今北匈奴见南单于来附,惧谋其国,故数乞和亲,又远驱牛马与汉合市,重遣名王,多所贡献,斯皆外示富强,以相欺诞也。臣见其献益重,知其国益虚,归亲愈数,为惧愈多。”认为北匈奴之所以急于发展与东汉王朝的关系,主要是为了改变自己在与南匈奴角力中的不利处境,希望以此加强其在与南匈奴斗争中的地位。显然,东汉王朝在这种三角关系中处于有利的、主动的地位。其次,认为尽管如此,但是不应当放弃与北匈奴发展关系,还是应当采取以礼相待的政策,“然今既未获助南,则亦不宜绝北,羁縻之义,礼无不荅。谓可颇加赏赐,略与所献相当,明加晓告以前世呼韩邪、郅支行事。”[①]班彪并起草了报答北匈奴的文书。光武帝接纳了班彪的意见及其所上草稿。班彪意见的中心精神就是对于北匈奴不能采取完全排斥的做法,应当在符合基本礼仪的范畴内维持与其关系,从而达到羁縻不绝之效。亦即在与南北匈奴关系中采取一定程度的平衡策略。那么,班彪所谓“羁縻之义,礼无不答”的含义是什么呢?这里的“答”是否包括答使在内呢?从前后文及史事观之,班彪所谓的“答”主要是指答书和报币,而并不包括答使在内。也就是说对于北匈奴来使,主要对于其所贡献物品或文书加以回报,并非遣使报答。对于北匈奴来使的这种方针政策不仅与对于南匈奴的方针政策有很大的区别,而且与对于一般的外交关系国、族的方针政策

① 《后汉书》卷八十九《南匈奴传》,第2946页。李贤注“明加晓告以前世呼韩邪、郅支行事”曰:“呼韩单于称臣受赏,郅支单于背德被诛,以此二者行事晓告之也。”

也是有所区别的，在礼尚往来基础上而不遣使回报是这一方针政策的主要特征。这是汉方在处理与南北匈奴关系中的最佳选择，一方面保持了与北匈奴的羁縻关系，另一方面又不至于损害与南匈奴的关系，从而在这种三角关系中将东汉王朝的利益最大化。不遣使报答就是实行这一方针政策的重要手段。班彪的意见成为了东汉王朝相当一段时间里对于北匈奴的基本方针政策。建武三十一年(55)，“北匈奴复遣使如前，乃玺书报答，赐以綵缯，不遣使者。”[①]对于北匈奴来使，只是给予文书和礼品方面的报答，而不答其使。这实际上就是建武二十八年对于北匈奴来使的方针政策的继续。

汉明帝时期曾经一度调整了不遣使报答北匈奴的政策。这是因为北匈奴在这个时期改变了对于东汉王朝的态度，经常侵犯汉边，“时北匈奴犹盛，数寇边，朝廷以为忧。”永平七年(64)“会北单于欲合市，遣使求和亲，显宗冀其交通，不复为寇，乃许之。”明帝希望借助于发展双方的通使关系而改变北匈奴的侵略行径，于是永平八年(65)“遣越骑司马郑众北使报命”[②]，调整了对于北匈奴不报其使的政策。明帝报使北匈奴的做法，果然引起了南匈奴的不满，“南部须卜骨都侯等知汉与北虏交使，怀嫌怨欲畔，密因北使，令遣兵迎之。”报使被视为双方关系发展或亲密的一种体现。南北匈奴相勾结的秘密被汉使郑众发觉，“郑众出塞，疑有异，伺候果得须卜使人，乃上言宜更置大将，以防二虏交通。”[③]于是汉方采取措施，设置了度辽营，屯兵五原曼柏(今内蒙古准格尔旗西北)，以防止南北匈奴交通。郑众到了北匈奴，受到非礼的对待，“(郑)众至北庭，虏欲令拜，众不为

① 《后汉书》卷八十九《南匈奴传》，第2948页。
② 《后汉书》卷八十九《南匈奴传》，第2949页。
③ 《后汉书》卷八十九《南匈奴传》，第2949页。

屈。单于大怒，围守闭之，不与水火，欲胁服众。众拔刀自誓，单于恐而止，乃更发使随众还京师。”北匈奴虽然对东汉王朝采取不友好的态度，但是其力量亦有限，还不足以形成对东汉王朝的优势，于是遣使随郑众回报。对于北匈奴之报使，东汉方面“朝议复欲遣使报之”，但是遭到郑众的坚决反对，他上疏谏曰：“臣伏闻北单于所以要致汉使者，欲以离南单于之众，坚三十六国之心也。又当扬汉和亲，夸示邻敌，令西域欲归化者局促狐疑，怀土之人绝望中国耳。汉使既到，便偃蹇自信。若复遣之，虏必自谓得谋，其群臣驳议者不敢复言。如是，南庭动摇，乌桓有离心矣。南单于久居汉地，具知形执，万分离析，旋为边害。今幸有度辽之众扬威北垂，虽勿报荅，不敢为患。”认为北匈奴之所以主动与东汉王朝发展关系，尤其希望汉方能够向其报使，有三个方面的原因，一是夸示于南匈奴，以离间南匈奴与汉方的关系，二是夸示于西域诸国，使他们更好地服从北匈奴，三是夸示于本国，在内部提高其政治地位，显示其与东汉王朝处于分庭抗礼地位，压制主张亲汉的势力，巩固其独立性。郑众认为不能落入北匈奴的算计之中，而且汉方已经在北边驻扎了度辽营，即使不报其使，匈奴亦不敢犯边。由此可见，不报其使实际上在一定意义上是一种制裁手段，是可能冒对方反抗的风险的。但是，“帝不从，复遣（郑）众。”郑众再一次上言：“臣前奉使不为匈奴拜，单于恚恨，故遣兵围臣。今复衔命，必见陵折。臣诚不忍持大汉节对毡裘独拜。如令匈奴遂能服臣，将有损大汉之强。”明帝仍然不听，郑众不得已出使北匈奴报之，“既行，在路连上书固争之。诏切责（郑）众，追还系廷尉，会赦归家。”①第二次报使北匈奴，由于郑众坚持不懈的反对而没有完全成为事实。郑众所坚持的正是建武二十八年所确定的对于北匈奴不报其

① 《后汉书》卷三十六《郑众传》，第1224—1225页。

使的方针政策。

对于北匈奴报使抑或不报其使的争论并没有一蹴而就，实际上一直在进行着。章帝建初八年(83)"北单于遣使贡献，求欲和亲，诏问群僚。"对于如何回报北匈奴来使问题进行讨论，在统治集团中仍然存在两派意见。一派反对报使，认为"匈奴变诈之国，无内向之心，徒以畏汉威灵，逼惮南虏，故希望报命，以安其离叛。今若遣使，恐失南虏亲附之欢，而成北狄猜诈之计，不可。"另一派则主张报使，此以班固为代表。班固总结两汉与匈奴外交的历史经验，认为"虽屈申无常，所因时异，然未有拒绝弃放，不与交接者也。"反对断绝交往，主张继承建武、永平以来的"羁縻之义"，继续发展与北匈奴的交往关系，"宜依故事，复遣使者"，亦即对于北匈奴实行报使，"虏使再来，然后一往，既明中国主在忠信，且知圣朝礼义有常，岂可逆诈示猜，孤其善意乎？绝之未知其利，通之不闻其害。设后北虏稍强，能为风尘，方复求为交通，将何所及？不若因今施惠，为策近长。"①班固所提不放弃与北匈奴保持联系的意见基本上继续为东汉王朝所采取，如次年"武威太守孟云上言北单于复愿与吏人合市，诏书听云遣驿使迎呼慰纳之。"②即是这种羁縻不绝政策的反映。但是其报使北匈奴的意见在事实上并没有成为东汉统治集团的共识，因此这方面未见明显的实际行动。相反的，随着北匈奴内部矛盾的不断激化，加以东汉王朝和南匈奴的不断打击下，北匈奴势衰日甚，"时北虏衰耗，党众离畔，南部攻其前，丁零寇其后，鲜卑击其左，西域侵其右，不复自立，乃远引而去。"③东汉王朝不报其使的政策更得以执行。永元十六年

① 《后汉书》卷四十下《班彪传下》，第1374页。

② 《后汉书》卷八十九《南匈奴传》，第2950页。

③ 《后汉书》卷八十九《南匈奴传》，第2950页。

(104),“北单于遣使诣阙贡献,愿和亲,修呼韩邪故约。和帝以其旧礼不备,未许之,而厚加赏赐,不荅其使。”元兴元年(105),北匈奴“重遣使诣敦煌贡献,辞以国贫未能备礼,愿请大使,当遣子入侍。时邓太后临朝,亦不荅其使,但加赐而已。”①报币而不报使仍然是这个时期汉与北匈奴关系的基本策略。其后,北匈奴在内外交困之下,一部分西迁,一部分留下融合于汉及其他民族,从而退出了东汉时期的历史舞台。

不独与匈奴关系中根据不同的条件和需要而采取报使抑或不报其使的策略,对于其他地区的国、族亦然。

西域之康居,虽然亦遣子入侍并与汉通使,但是其对汉并不友好,“自以绝远,独骄嫚,不肯与诸国相望。”成帝时西域都护郭舜曾经多次上书反对与康居通使,建议:“宜归其侍子,绝勿复使,以章汉家不通无礼之国。敦煌、酒泉小郡及南道八国,给使者往来人马驴橐驼食,皆苦之。空罢耗所过,送迎骄黠绝远之国。非至计也。”其建议之核心就是不再迎送康居使者,其中的“送使”实即“报使”。可知对于来使是否“迎送”,即意味着是否继续维持双方之外交关系。但是,“汉为其新通,重致远人,终羁縻而未绝。”②颜师古注曰:“以此声名为重也。”汉王朝为了获得“致远人”的国际声誉,仍然继续对其实行报使制度,从而得以维持双方的外交关系。

西汉时期对于西域之罽宾(今克什米尔一带)究竟报使抑或不报其使曾经有过反复,是在经历了长期的血的经验教训之后,方才决定不报其使的。罽宾自武帝时始通,“自以绝远,汉兵不能至”,故其王乌头劳多次“剽杀汉使”。即使在这种情况下,只要其遣使前来,汉方

① 《后汉书》卷八十九《南匈奴传》,第2957页。

② 《汉书》卷九十六上《西域传上》,第3892—3893页。

亦报送其使,汉元帝时乌头劳死,其子代立,“遣使奉献。汉使关都尉文忠送其使。”文忠护送其使返国,实际上就是报使的一种方式。文忠到达后,新王复欲杀害文忠,文忠觉察,遂先发制人,“与容屈王子阴末赴共合谋”,杀其王,“立阴末赴为罽宾王,授印绶。”由此可见汉王朝对于罽宾一直是采取报送其使的。直到后来军候赵德出使罽宾,“与阴末赴相失,阴末赴锁琅当德,杀副已下七十余人,遣使者上书谢。”至此汉王朝方才下决心不报其使,与其断交,“孝元帝以绝域不录,放其使者于县度,绝而不通。”①在这种情况下汉方亦不过不报其使,而并没有采取扣留乃至杀害其使的惩罚措施。汉成帝时罽宾“复遣使献谢罪,汉欲遣使者报送其使”,罽宾再次采取主动,遣使谢罪,这种情况下汉方仍然决定报送其使,“使者业已受节”,这时杜钦提出反对意见,他总结历史经验教训,认为罽宾多次杀害汉使,而且其来使并“无亲属贵人,奉献者皆行贾贱人,欲通货市买,以献为名。”其表面上似是“悔过”而来,实际上是“利赏赐贾市”②,为了其自身的经济贸易利益,而汉方对其并无直接的利害需求,因此反对报送其使;但是现在报使已经受命,故建议采取折中办法,送至汉王朝力量尚能控制的西域皮山而返回,不必出境送至其国而承担诸多风险。至此汉方再一次决定不报其使。由此可见汉方对于没有直接利害冲突而前来交往之国、族,一般均采取报送其使的友好态度和做法,只是到了其敌对态度和行为已经严重损害汉方利益时方才采取不报其使的措施以待之。

2. 留使

“报复”是与“报答”相反的,从另一方面体现双方对等、平衡的外

① 《汉书》卷九十六上《西域传上》,第3885—3886页。

② 《汉书》卷九十六上《西域传上》,第3886—3887页。

交手段。上述报使制度是在双方关系正常、友好情况下的使节往还礼仪,当双方关系处于非正常情况下时,亦即关系紧张、对立、敌对乃至战争等情况下,则上述礼仪可能不能得到贯彻执行,相反的还可能出现对于使节的非礼乃至迫害,留使或杀使即为其中的突出表现。

所谓留使即将对方来使加以扣押、截留。这种现象多发生于双方关系非正常的、敌对的情况下,作为报复或制裁的一种手段。

(1)汉匈之间的留使斗争

在汉代汉匈之间的留使斗争最为激烈,故最具有代表性。西汉前中期,特别是武帝时期,是汉匈之间以留使作为制裁、报复手段比较频繁的时期,这个时期经常呈现“汉留匈奴使,匈奴亦留汉使,必得当乃肯止”①的局面,双方都以扣留对方来使作为外交斗争的手段。“必得当”即双方对称、平衡,对方扣留多少己方使者,则己方亦扣留对方多少使者,直到双方对称、平衡为止。

这种情况早在汉文帝时期已经存在,文帝前六年(前174),匈奴冒顿单于致文帝书中提到:“皇帝让书再至,发使以书报,不来,汉使不至,汉以其故不和,邻国不附。”②颜师古在《汉书·匈奴传》中注解这句话时说:“让书,有责让之言也。谓匈奴再得汉书,而发使将书以报汉。汉留其使不得来还,而汉又更不发使至匈奴也。”③汉方何以扣留匈奴来使呢?这是由于匈奴侵边而采取的报复措施。虽然文帝即位后,即与匈奴复修和亲之事,但是文帝前三年(前177)五月,“匈奴右贤王入居河南地,侵盗上郡葆塞蛮夷,杀略人民。”于是文帝诏丞相灌婴发车骑八万五千“击右贤王。右贤王走出塞。”④匈奴方面指责汉

① 《史记》卷一百十《匈奴列传》,第2913页。

② 《史记》卷一百十《匈奴列传》,第2896页。

③ 《汉书》卷九十四上《匈奴传上》,第3757页。

④ 《史记》卷一百十《匈奴列传》,第2895页。

方扣留匈奴使节的事情，就是在双方边境地区军事斗争紧张情况下发生的一种报复措施。

到了武帝时期，汉方对于匈奴开始在军事上加以大力反击，双方进入比较长时期的战争状态，“时汉连伐胡，数通使相窥观，匈奴留汉使郭吉、路充国等，前后十余辈。匈奴使来，汉亦留之以相当。”[①]表明在战争状态下，双方使节往还不仅没有停止，反而有更为频繁之势。这是因为使节往还对于观察、了解对方的动态十分重要，而为了反制对方以及封锁情报外泄，故留使而不遣。正因为如此，故双方对于来使的防范亦随之加强，而扣留来使更成为经常采用的手段，彼来此留，此来彼亦留，形成一种恶性循环。

这个时期双方扣留来使，不仅是为了封锁情报之外泄，更重要的是配合战争而进行政治上的角逐。上文提及被匈奴扣留的有十余批汉使，而在郭吉、路充国等人之前较为著名的留使事件有任敞之被扣留，这就是双方在政治上的角力所致。元狩四年（前119）卫青、霍去病大败匈奴之后，匈奴方面有了与汉方和亲的意向，于是“遣使于汉，好辞请和亲。”汉方在讨论如何应对此事时，丞相长史任敞提出“匈奴新破，困，宜可使为外臣，朝请于边”的建议。这个建议为汉王朝统治者所肯定，故派遣任敞出使匈奴。当匈奴方面得知任敞这一计策之后，“大怒，留之不遣。”[②]这是由于匈奴不满汉方要求其屈居为汉王朝之“外臣”而以扣押来使相报复的。

上文所提及的郭吉之被扣留表明双方政治上的角力更为提升了。元封元年（前110）汉武帝勒兵十八万骑巡边至朔方，派遣郭吉出使匈奴，“风告单于”。“郭吉既至匈奴，匈奴主客问所使，郭吉礼卑言好，

① 《汉书》卷五十四《苏武传》，第2459页。

② 《史记》卷一百十《匈奴列传》，第2911页。

曰：'吾见单于而口言。'单于见吉，吉曰：'南越王头已悬于汉北阙。今单于即能前与汉战，天子自将兵待边；单于即不能，即南面而臣于汉。何徒远走，亡匿于幕北寒苦无水草之地，毋为也。'语卒而单于大怒，立斩主客见者，而留郭吉不归，迁之北海上。"①这是在"兵临城下"的情况下，汉方向匈奴在军事上摊牌的同时，在政治上提出较以前使为"外臣"更进一步的要求——南面称臣。这实际上就是要求匈奴投降。故遭到匈奴方面更为强烈的反弹，于是将汉使郭吉扣留，放逐于北海。此北海即后来汉使苏武被放逐之地，今贝加尔湖。可知被匈奴流放于北海之汉使非仅苏武，且非苏武为先。

面对汉方一波高过一波的政治攻势，匈奴方面可打的牌已经不多，军事上的败退，地域上的退守漠北，综合国力的衰落，与军事上、政治上、经济上处于强势的汉王朝已难于分庭抗礼，于是在外交上也日益处于被动和守势，采取一些拖延乃至欺骗手法，回避实质问题的谈判，而寻找一些借口以扣留汉使，就成为其外交上有限的招数之一了。汉使路充国之被扣留就是这种状况的一个反映。元封四年（前107）汉匈之间围绕着匈奴入质、入朝等问题反复进行交涉，匈奴方面表面上表示愿意来质、来朝，但实际上并不打算实行，于是提出一个要求，汉方必须派遣"贵人"为使，匈奴方面才能够与汉方认真谈判。于是双方均相应提高了使节的级别。期间发生了一个意外事件，"匈奴使其贵人至汉，病，汉予药，欲愈之，不幸而死。"于是汉方派遣"路充国佩二千石印绶往使，因送其丧，厚葬直数千金，曰'此汉贵人也'。单于以为汉杀吾贵使者，乃留路充国不归。"②这是匈奴借己方高级别的使者在汉病死一事，指责为汉方所杀害，以此为借口拖延谈判并扣

① 《史记》卷一百十《匈奴列传》，第2912页。

② 《史记》卷一百十《匈奴列传》，第2914页。

留来使路充国以报复之。

元封六年(前105)匈奴政坛发生变化,汉王朝利用这一时机发动外交攻势,匈奴亦以扣留汉使作为与汉方进行角逐的措施。匈奴乌维单于死,其子乌师庐立为单于。因其"年少,号为儿单于。"[①]于是汉方派遣两位使者出使匈奴,"一吊单于,一吊右贤王,欲以乖其国。"汉方何以在遣使儿单于的同时遣使右贤王呢?匈奴单于之下最贵者为左右贤王,这位右贤王即已故乌维单于之弟、儿单于之叔父呴犁湖。此人于儿单于三年后死去继位为单于,可见其在匈奴政坛是很有实力的;而儿单于不仅年龄小,而且"好杀伐,国人多不安。"他继位后匈奴内部矛盾激烈,以致其左大都尉欲起事杀之。汉方大概就是根据匈奴内部的这种政治形势而采取相应的外交手法,在遣使单于的同时亦遣使右贤王,以进一步离间其叔侄之间的关系。但是,汉方"使者入匈奴,匈奴悉将致单于。单于怒而尽留汉使。汉使留匈奴者前后十余辈,而匈奴使来,汉亦辄留相当。"[②]匈奴方面遂将汉方两个使团均加以扣留,以留使作为对抗汉方政治攻势的手段。

汉方使团中如有人卷入匈奴内部斗争时,则扣留使团更不在话下。天汉元年(前100)匈奴且鞮侯单于初立,担心受到汉方袭击,遂将以前所扣留的汉使路充国等人全部放还,"武帝嘉其义,乃遣(苏)武以中郎将使持节送匈奴使留在汉者,因厚赂单于,答其善意。"当苏武使团完成任务即将启程返国时,匈奴"方欲发使送(苏)武等,会缑王与长水虞常等谋反匈奴中。"因苏武的副使张胜与"虞常在汉时素……相知",故得以参与虞常之谋。事泄,"单于子弟发兵与战。缑

① 《史记》卷一百十《匈奴列传》,第2914页。

② 《史记》卷一百十《匈奴列传》,第2915页。

王等皆死，虞常生得。”[①]虞常招出了张胜，于是匈奴扣留了苏武使团。

在汉匈之间这种外交形势之下，匈奴方面不仅利用上述种种理由扣留汉使，进而利用其他借口和理由扣留汉使，双方使节辩论中未能取胜也可以成为留使的理由。征和四年（前89）匈奴单于遣使来汉，“汉遣使者报送其使，单于使左右难汉使者，曰：‘汉，礼义国也。贰师道前太子发兵反，何也？’使者曰：‘然。乃丞相私与太子争斗，太子发兵欲诛丞相，丞相诬之，故诛丞相。此子弄父兵，罪当笞，小过耳。孰与冒顿单于身杀其父代立，常妻后母，禽兽行也！’”匈奴方面利用征和二年（前91）的戾太子事件发难，汉使予以还击，于是“单于留使者，三岁乃得还。”[②]匈奴方面以辩论中汉使有侮辱匈奴的言论而扣留汉使。不宁唯是，甚至有匈奴人民降汉，匈奴方面亦以扣留汉使以为报复，史称“匈奴人民每来降汉，单于亦辄拘留汉使以相报复。”[③]留使之滥，于此可见。

汉匈之间的留使斗争不仅在汉匈之间相互遣使中进行，也在与其他国、族的遣使中进行。其中以通使西域过程中的斗争最为突出。“西域以孝武时始通，本三十六国，其后稍分至五十余，皆在匈奴之西，乌孙之南。”西汉前期西域诸国“皆役属匈奴。匈奴西边日逐王置僮仆都尉，使领西域，常居焉耆、危须、尉黎间，赋税诸国，取富给焉。”[④]因此，汉匈之间在西域地区不仅进行紧张的军事斗争，同时这里也是它们外交角逐的重要场所，拦截出使西域的汉使，就是匈奴对于汉王朝进行外交斗争的主要手段之一。

汉武帝欲通使西域月氏国以制匈奴，建元三年（前138）年间派遣张

① 《汉书》卷五十四《苏武传》，第2460页。
② 《汉书》卷九十四上《匈奴传上》，第3780页。
③ 《汉书》卷九十四下《匈奴传下》，第3831页。
④ 《汉书》卷九十六上《西域传上》，第3871—3872页。

骞出使，“经匈奴，匈奴得之，传诣单于。单于留之，曰：‘月氏在吾北，汉何以得往使？吾欲使越，汉肯听我乎？’留（张）骞十余岁。”①汉使出使月氏，需要途经匈奴，故张骞于出使途中被匈奴拦截，扣留了十余年，方才逃脱。从月氏返国途中再次被匈奴扣留，一年多方才得以逃回。

在张骞第二次通西域成功之后，汉武帝为了进一步发展与西域诸国的关系，于是大量遣使西域，“使者相望于道，一岁中多至十余辈。”匈奴于是经常勾结西域国家截留汉使，这成为匈奴对汉外交斗争的一种重要方式。当时通西域之道路，必经西域楼兰、姑师等当道之国，它们苦于应付送迎汉使之劳扰，于是“数为匈奴耳目，令其兵遮汉使。”②武、昭年间，王忠出使西国，途经楼兰时，遂“为匈奴所遮，（王）忠战死，（其副使）马宏生得，亦不肯降。”③马宏遂被扣留于匈奴。

（2）汉匈留使斗争的特点

综上所述我们可以看到汉匈之间在留使问题上的斗争具有如下一些特点。

①留使的原因和理由有较大差异

从表面上看当时汉匈双方均曾将对方来使加以扣留，而且其次数也大体是相当的，但是实际上其中存在着一些差异。其中一个表现是他们留使的原因和理由是不完全相同的，是有着较大差异的。从汉方来说，主要是在匈奴大举侵边的时候，曾经以留使作为对匈奴的抗议、报复措施。此外更多的是在匈奴方面扣留汉使之后而采取的回应性措施。

匈奴方面虽然也在汉方扣留匈奴来使之后采取回应性措施，必扣

---

① 《史记》卷一百二十三《大宛列传》，第3157页。

② 《汉书》卷九十六上《西域传上》，第3876页。

③ 《汉书》卷九十四上《匈奴传上》，第3782页。

留汉使直至完全相当。但是匈奴方面扣留汉使的原因和理由，此外尚有多种多样，其中如：当汉方要求其屈居为汉王朝之“外臣”时、当汉方要求其南面称臣时、当汉方欲以遣使而离间单于与其贵臣之关系时、当汉使卷入匈奴内部矛盾时，或者在双方辩论中认为汉使有辱匈奴时，或者借口己方高级别使者被汉方杀害，或者遇有匈奴人民投降汉方等事时，这些都可以成为扣留汉使的原因和理由，此外则汉使途经匈奴亦可成为其扣留汉使的理由，甚至不需要任何理由而明目张胆在使路中截留汉使。

②留使攻防与外交攻防的反比性

从上述汉匈双方留使的情况及其原因和理由观之，可知主动扣留对方来使这一做法，以匈奴为多，汉方为少，反映了匈奴方面不论在军事上、政治上以及外交上均处于守势和被动状态。在相互遣使往还中，匈奴方面可以说是竭力寻找各种理由以扣押汉使。何以如此呢？这里反映了汉匈双方外交上的攻防态势之不同及其变化。汉方之主动扣押匈奴来使，主要是在西汉前期汉方对于匈奴方面的军事攻势采取防守的情况下发生的；而当武帝之世汉方在军事上对匈奴逐渐取得胜利，匈奴的军事优势被大大削弱之后，政治上亦处于守势和后退的态势，在这种情况下，汉方多采取应对性措施以扣留匈奴来使；反之，匈奴方面则一再寻找各种借口和理由以扣留汉使，可以说扣留汉使已经成为其在军事上、政治上、外交上处于守势时期的重要外交手段。大体上在武帝之前，在军事上、外交上，汉方处于守势，匈奴单于攻势，武帝时期则匈奴处于守势而汉方处于攻势；而在留使问题上则相反，在武帝之前汉方采取主动而匈奴处于被动，在武帝时期则匈奴处于主动而汉方处于被动。这就表明，一再主动、频繁扣留对方来使并不是其政治上、军事上和外交上强大的反映，恰恰是其处于守势和劣势的反映，相反的被迫采取应对性留使的一方则是政治上、军事上和外交上处于攻势和优势的表现。

③留使体现的对等性精神

留使的一个重要特点就是双方之间所贯穿的对等性、均衡性精神。从上文所述我们可以看到,彼方扣留了己方使者,则己方亦必扣留彼方之使者,直至与对方所扣留之使者相当为止。外交礼仪的基本精神就是“礼尚往来”,彼来则我必往,我往彼亦必来,一来一往从而形成“礼”。“礼尚往来”的基本精神就是双方的对等性、均衡性。上述使节往来中的报使以及送使、迎使,即是这种“礼尚往来”及其对等性、均衡性的体现。这是在外交统一体中和谐往来关系中的礼仪或惯例。反之,留使则为在外交统一体中敌对往来关系中的“礼仪”或惯例。外交统一体中的和谐关系和敌对关系从性质上来说是对立的两个极端,但是其礼仪或惯例中的对等性、均衡性的基本精神却是一致的。

(三)外交特权与特权之侵犯

外交特权是指外交人员的人身安全及执行使命之自由等权利之不受侵犯,这在古代主要体现于外交使节的对待上。外交特权观念在中国古代早已有之,《周礼》有“穀圭以和难,以聘女”的记载,“穀圭”为周代使节执之以在诸侯之间排纷解难的信物。郑玄注曰:“穀圭,亦王使之瑞节。穀,善也。其饰若粟文然。难,仇雠。和之者,若《春秋》宣公及齐侯平莒及郯,晋侯使瑕嘉平戎于王。其聘女则以纳征焉。”贾公彦疏曰:“难,谓两诸侯相与为怨仇。王使人和之,则执以往也。穀,善也,故执善圭和之使善也。聘女亦是和好之事,故亦用善圭也。”[①]诸侯之间发生矛盾乃至以兵戎相见时,使者执“穀圭”得

① 《周礼注疏》卷二十《春官宗伯·典瑞》,第778页。

以在双方进行沟通、斡旋之使命，表明持此信物之使节享有人身安全之特权。不仅如此，在国家产生之前，氏族部落之间往往相互戒备，故相互联姻亦赖使者持之以进行沟通，使得相互联姻得以实现。由此可知使节特权观念是一种十分古老的观念，并非后世突然产生的。到了春秋时期这方面已经有了更为明确的记载，“兵交，使在其间可也。”[①]即使双方在交战状态下，使节的人身安全及执行使命之自由等权利亦受到保护。这在古代世界的东、西方均有类似的规定，古罗马的“万民法认为，即使是敌国派遣的使节，也是神圣的和自由的，对使节施加暴行是违法行为。”[②]在罗马帝国时代，“甚至敌国公使的权利，仍被认为是神圣不可侵犯的。破坏公使的权利就是破坏国际法。关于这个问题，法律家邦坡尼（Pomponii）这样说：‘如果有谁侵害敌国的公使，这就应该看作破坏国际法，因为公使就是神圣的贵人（Sancti habentbur Legati）”[③]汉代对于外交使节必派遣官员和士卒加以迎接和护送，不仅是一种外交礼仪，实质上也是外交特权的反映，表明接受国对于来使人身和财产安全的保障。

与外交特权存在的同时则是对于外交特权的侵犯，两者可谓如同孪生兄弟，这在古代外交中尤为明显和突出。留使和杀使就是对于外交特权侵犯的比较常见的现象。但是，从中我们又可以从反面窥知外交特权的某些情形。

1. 留使所反映的外交使节特权

汉代外交使节的特权没有明确的记载，但是从留使的遭遇及其遣返过程中，可以从反面窥知这方面的一些情形。留使是对于外交礼

① 《春秋左传正义》卷二十六，成公九年，第1905页。

② 《国际法辞典》，第147页。

③ Digesta，L，Ⅶ，17。引自《世界外交史》第一分册，第64页。

仪和外交使节特权的破坏和侵犯，因此在古代即已受到谴责，被认为是非法的。鲁襄公十一年（前562）晋与诸侯伐郑，“郑人使良霄、大宰石臭如楚，告将服于晋”，而“楚人执之”。《春秋》讥之，记作：“楚人执郑行人良霄”。杜注曰：“书行人，言非使人之罪。古者兵交，使在其间，所以通命示整。或执杀之，皆以为讥也。”[①]《春秋》鲁昭公二十三年（前519）“晋人执我行人叔孙婼”。杜注“称行人，讥晋执使人。”孔颖达《正义》曰：“《传》说鲁取郲师，则是鲁有罪矣。而讥晋执者，凡诸侯有罪，盟主当以师讨之，不宜执其使人，故讥之。”[②]可见在春秋时期扣留外交使节是受到舆论谴责的。虽然外交使节之被扣留与上述正常情况下礼待外交使节相反，是对于外交礼仪和外交使节特权的破坏和侵犯，但是我们仍然可以从外交使节之被扣留这一反面，亦即从另一个视觉来观察外交礼仪与使节的特权问题。外交使节被扣留之后，他们的境遇如何？从其遭遇和遣返过程中可以反映出哪些外交使节的特权呢？

（1）人身安全及自由

人身安全是外交使节最为基本的特权。留使是双方处于非正常关系，即并不友好，甚至敌对情况下对于使节的非法扣留，这无疑是对于正常外交礼仪的破坏以及对于外交使节特权的侵犯。但是，从他们的遭遇也可以推知正常关系中使节的特权。外交使节的人身安全问题，在留使的遭遇及其遣返中即有所反映。汉匈之间虽然经常相互将对方来使加以扣留，但是并没有将他们加以杀害，故在双方为了改善关系时，即将所扣留之使者遣返。天汉元年（前100）匈奴“且鞮侯单于初立，恐汉袭之，乃曰：‘汉天子我丈人行也。’尽归汉使路充

---

① 《春秋左传正义》卷三十一，襄公十一年，第1950、1949页。

② 《春秋左传正义》卷五十，昭公二十三年《经》，第2100—2101页。

国等。武帝嘉其义，乃遣（苏）武以中郎将使持节送匈奴使留在汉者，因厚赂单于，答其善意。”[①]这是双方进行的一次大规模遣返留使，匈奴方面将以前所扣留的汉使路充国等人遣返，汉方亦报以善意，将以前所扣留的匈奴来使加以遣返，表明双方都没有将这些被扣留的使节加以杀害，故得以在适当时候集中遣返。

苏武在完成遣送汉方所留匈奴来使之后，因其副使卷入匈奴内部矛盾之中，于是苏武及其使团又被匈奴扣留，十九年后的始元六年（前81）又因为匈奴方面“单于年少初立，母阏氏不正，国内乖离，常恐汉兵袭之……乃更谋归汉使不降者苏武、马宏等。”苏武被扣留近二十年之后仍然得以遣返。与苏武同时遣归的马宏，“前副光禄大夫王忠使西国，为匈奴所遮，忠战死，马宏生得，亦不肯降。故匈奴归此二人，欲以通善意。”[②]马宏是作为王忠的副使出使西域诸国途中被匈奴袭击而遭扣留的。可知他们被扣留之后也是没有被杀害的。与苏武同时遣返的还有其使团成员，除了投降和已经死亡者之外，尚有常惠、徐圣、赵终根等九人[③]。表明不仅使团团长之人身安全有保障，使团之其他成员亦享有这种特权。

留使不仅人身安全得以保障，而且还享有一定的自由。张骞之两次被匈奴扣留均得以逃脱并最后得以返国，证明了这一点。张骞第一次出使西域时，途经匈奴被扣留十余年，“居匈奴中，益宽，（张）骞因与其属亡乡月氏，西走数十日至大宛。”[④]表明其在匈奴被拘留期间虽然受到监视，但是人身还有一定自由，故得以趁机逃脱。而且与张骞一同逃脱的还包括其使团中的其他一些成员。张骞在西域诸国

① 《汉书》卷五十四《苏武传》，第2459—2460页。

② 《汉书》卷九十四上《匈奴传上》，第3782页。

③ 《汉书》卷五十四《苏武传》，第2467页。

④ 《史记》卷一百二十三《大宛列传》，第3158页。

“留岁余,还,并南山,欲从羌中归,复为匈奴所得。留岁余,单于死,左谷蠡王攻其太子自立,国内乱,骞与胡妻及堂邑父俱亡归汉。”①张骞再次被扣留,仍然没有被杀害,故又得以趁机逃脱而回到国内。跟随张骞逃脱的还有使团成员堂邑父。

外交使节被扣留期间,还可以娶妻生子,组织家庭,过正常的家庭生活。张骞在被匈奴扣留期间,匈奴方面主动以匈奴妇女妻之,而且有了子女,故他第二次从匈奴逃脱时,还携带其匈奴妻子一起回国。苏武在被扣留期间亦曾娶匈奴女为妻,并育有一子。苏武回国后,“年老,子前坐事死,上闵之,问左右:‘(苏)武在匈奴久,岂有子乎?’(苏)武因平恩侯自白:‘前发匈奴时,胡妇适产一子通国,有声问来,愿因使者致金帛赎之。’上许焉。后通国随使者至,上以为郎。”②苏武在北海流放期间之家庭生活,史籍还有比较具体的叙述:“(苏)武既至海上,廪食不至,掘野鼠去草实而食之。杖汉节牧羊,卧起操持,节旄尽落。积五六年,单于弟於靬王弋射海上。(苏)武能网纺缴,檠弓弩,於靬王爱之,给其衣食。三岁余,王病,赐武马畜服匿穹庐。王死后,人众徙去。其冬,丁令盗武牛羊,(苏)武复穷厄。”③原先匈奴方面还以“廪食”供应苏武,后来供应不济,主要依靠自己放牧或渔猎以维持;在这里他还结交了单于之弟於靬王,双方友情甚笃。南朝萧齐竟陵王萧子良“得古器,小口方腹而底平,可将七八升,以问(陆)澄,澄曰:‘北名服匿,单于以与苏武。’(萧)子良后详视器底,有字仿佛可识,如(陆)澄所言。”④陆澄世称硕学,时为国子祭酒。《汉书》注引孟

① 《史记》卷一百二十三《大宛列传》,第3159页。
② 《汉书》卷五十四《苏武传》,第2468页。
③ 《汉书》卷五十四《苏武传》,第2463页。
④ 《南齐书》卷三十九《陆澄传》,第685页。

康曰:"服匿如罂,小口大腹方底,用受酒酪。"[①]萧子良所存"古器"之形状与孟康所描述基本一致,看来苏武返国后将匈奴所赠带回,得以流传后世,为汉匈友谊史添一见证。

(2)违法行为之惩处

外交使节如有违反接受国之法的行为,将如何处置?苏武使团之遭遇提供了这方面的案例。

苏武使团在匈奴时,恰逢匈奴"缑王与长水虞常等谋反匈奴中"。缑王是匈奴昆邪王姊子,曾与昆邪王俱降汉,后随浞野侯赵破奴击匈奴而被俘。虞常也是从汉方投降匈奴者[②]。他们"阴相与谋劫单于母阏氏归汉"。苏武等人至匈奴后,其副使张胜卷入这一事件中,因"虞常在汉时素与副张胜相知,私候(张)胜曰:'闻汉天子甚怨卫律,(虞)常能为汉伏弩射杀之。吾母与弟在汉,幸蒙其赏赐。'张胜许之,以货物与常。"卫律本是长水胡人,但他"生长汉,善协律都尉李延年,延年荐言律使匈奴。使还,会延年家收,律惧并诛,亡还降匈奴。匈奴爱之,常在单于左右。"也是从汉方投降匈奴者。此事之后月余,"单于出猎,独阏氏子弟在。虞常等七十余人欲发,其一人夜亡,告之。单于子弟发兵与战。缑王等皆死,虞常生得。"[③]阴谋泄露被镇压。这是干涉他国内政的严重事件。那么,匈奴方面如何处置这一事件中的汉使呢?匈奴单于召集诸贵人会议,决定不杀汉使,而要求他们投降。但是苏武以死明志,决不投降,于是"单于壮其节,朝夕遣人候问(苏)武,而收系张胜。"[④]匈奴方面对于直接卷入此事的副使

① 《汉书》卷五十四《苏武传》注引,第2464页。

② 《资治通鉴》卷二《汉纪十三》武帝太初四年(前101)胡注"虞常盖亦先没于匈奴",第708页。

③ 《汉书》卷五十四《苏武传》,第2460页。

④ 《汉书》卷五十四《苏武传》,第2461页。

张胜与没有卷入此事的正使苏武及使团其他成员是区别对待的，只将张胜逮捕，其余人员则没有这样。

对于他们的惩罚也是不同的。对于直接卷入其中的张胜，匈奴方面负责办案官员卫律向其宣布："汉使张胜谋杀单于近臣，当死，单于募降者赦罪。"一方面肯定其罪当死。应当说这是按照匈奴的法律行事，因为匈奴方面参与谋杀的虞常已经被处死；另一方面又对张胜网开一面，只要投降即可免死。从这一点观之，对于汉使的惩罚要优于匈奴内部人员。卫律"举剑欲击之，(张)胜请降。"①最后张胜以投降而获免。

关于苏武，匈奴方面宣称："副有罪，当相坐。"苏武虽然没有参与其事，但是匈奴方面以连坐胁迫之，苏武反驳道："本无谋，又非亲属，何谓相坐?"苏武义正词严，威武不屈。经过反复威迫利诱，苏武坚不投降，匈奴方面无奈，只得将其远徙于"北海上无人处，使牧羝，羝乳乃得归。"②由此可见，对于正使苏武的惩罚与副使张胜有很大区别，对于苏武他们唯一的目的是迫使他投降，这一方面是他毕竟没有卷入阴谋之中，另一方面也是匈奴方面欲借此达到外交上制胜汉方的目的。

不仅对使团团长苏武作了这样的处置，使团其他成员亦然，苏武的其他官属常惠等人，被"各置他所"③，也没有加以杀害。

苏武在被扣留的近二十年中，匈奴方面一直千方百计威迫利诱其投降，但是苏武始终没有动摇，匈奴方面也只得遵从其意志，而没有采取其他强制措施，应当说，苏武的选择还是得到尊重的。

从苏武事件的处置中可见，一方面当时匈奴方面是以其国内法处

① 《汉书》卷五十四《苏武传》，第2462页。
② 《汉书》卷五十四《苏武传》，第2462—2463页。
③ 《汉书》卷五十四《苏武传》，第2463页。

置来使之违法行为的，这与所谓属地性法有类似之处；但是另一方面它又不完全与其国内法等同，而对于来使之惩罚优于其本国臣民，反映了对于外交使节特权的一定程度的依循。

（3）使节之尊严问题

外交使节之特权还表现在对于其尊严之尊重与维护。外交使节是国家及其君主的代表和象征，故接受国需尊重和维护其尊严。在汉代，使者所持之“节”是其得到派遣国授权的象征，也是其尊严和权威的体现。外交使节之出使乃“建强汉之节，承明圣之诏”①，是代表皇帝及其国家而出使。元封三年（前108）汉武帝派遣楼船将军和右将军讨伐朝鲜王右渠，“天子为两将未有利”，于是派遣卫山“因兵威”出使朝鲜，右渠“见使者顿首谢：‘愿降，恐两将诈杀臣；今见信节，请服降。’遣太子入谢，献马五千匹，及馈军粮。”②汉方兵临城下而朝鲜王不降，见汉使即降，因汉使持有汉皇帝所授之“节”，这被称为“信节”，是权威、尊严和诚信之表征，故“服降”。武帝元鼎五年（前112）南越吕嘉叛乱，“攻杀王、太后及汉使者。”韩千秋所将二千兵亦被歼灭，然后“使人函封汉使者节置塞上，好为谩辞谢罪，发兵守要害处。”③即使是在将汉使杀尽、决心与汉断交的情况下，仍然不敢亵渎、冒犯汉“节”，而是将其通过边塞封还汉方。如有“盗取”等亵渎、冒犯汉使之“节”的行为，即属“甚逆天理”④之大罪。

故对于使者所持之“节”的对待，是接受国对于派遣国及其代表——外交使节是否尊重的重要表征。张骞被匈奴扣留之后，虽然历

① 《汉书》卷七十《陈汤传》，第3008页。

② 《史记》卷一百一十五《朝鲜列传》，第2987页。

③ 《史记》卷一百一十三《南越列传》，第2974页。

④ 《汉书》卷七十《傅介子传》，第3002页。

经十余年，然而一直“持汉节不失”[①]这不仅体现了张骞之忠于职守，同时表明匈奴方面并没有将其使“节”加以剥夺，故张骞得以持“节”不失。苏武被扣留之后亦依然持“节”不失，被放逐北海时仍然“杖汉节牧羊，卧起操持，节旄尽落。”[②]这同样不仅表现了苏武的忠贞不屈，同时也是匈奴方面并没有冒犯或剥夺其所持汉“节”的事实。

张骞、苏武在被扣留期间，长期持汉“节”不失，反映了即使在被扣留十几二十年的情况下接受国仍然不敢剥夺、冒犯汉“节”，表明对于使者所持之“节”的慎重态度，在当时东亚外交圈中是将“节”视为派遣国及其外交使节尊严之体现，在当时国际上是得到广泛遵循的。这是外交使节特权的一个重要表征。

2. 杀使对于外交特权的侵犯

杀使是较留使更为严重的对于外交礼仪和使者特权的破坏和侵犯，这在两汉时期还是屡见不鲜的，表明当时外交领域中文明与野蛮的矛盾冲突仍然处于相当尖锐和激烈的阶段，是古典外交发展中的一种常见现象。

(1)杀使的原因和理由

外交使节之被杀，其具体原因和理由可谓多种多样，大略有如下几个方面。

①政治上

由于政治上的原因导致杀使，其具体情况有下述两端。

内争。汉宣帝时，解忧公主之子万年，为莎车王所爱。“莎车王无子死，死时万年在汉。莎车国人计欲自托于汉，又欲得乌孙心，即上书请万年为莎车王。汉许之，遣使者奚充国送万年。”但是，“万年

① 《史记》卷一百二十三《大宛列传》，第3157页。

② 《汉书》卷五十四《苏武传》，第246页。

初立,暴恶,国人不说。莎车王弟呼屠征杀万年,并杀汉使者,自立为王,约诸国背汉。"[1]汉使奚充国之被杀,是由于莎车王位纷争所致,也是莎车国内反汉势力战胜亲汉势力的结果。

坚持独立。元鼎四年(前113),汉武帝派遣安国少季等出使南越,"往谕王、王太后以入朝,比内诸侯。"[2]南越相吕嘉反对,坚持独立,于是发动政变,"攻杀太后、王,尽杀汉使者。"[3]汉使之被杀,也是南越国内反汉势力战胜亲汉势力所致。

②外交上

由于外交上的原因导致杀使,其具体情况有下述三端。

怨汉不助己。汉宣帝时匈奴乖乱,五单于争立,呼韩邪单于与郅支单于俱遣子入侍,汉两受之。后来呼韩邪单于朝汉,汉方发兵辅助之,于是郅支单于"怨汉拥护呼韩邪而不助己",遂在外交上与汉方对抗,先是"困辱汉使者江乃始等",后又向汉方索要侍子。汉遣卫司马谷吉送之,"既至,郅支单于怒,竟杀(谷)吉等。"[4]郅支单于先后"因杀使者、吏士以百数。"[5]对汉使既有扣留,又有杀害。

为称汉意。在汉方大力辅助呼韩邪单于的情况下,郅支单于"自度力不能定匈奴,乃益西近乌孙,欲与并力,遣使见小昆弥乌就屠。"郅支单于企图联合乌孙以与呼韩邪单于抗衡。"乌就屠见呼韩邪为汉所拥,郅支亡虏,欲攻之以称汉,乃杀郅支使,持头送都护在所。"[6]乌孙小昆弥之杀郅支单于使,是为了向汉王朝表示自己是站在汉方

① 《汉书》卷九十六上《西域传上》,第3897—3898页。

② 《史记》卷一百一十三《南越列传》,第2972页。

③ 《汉书》卷九十五《西南夷两粤朝鲜传》,第3856页。

④ 《汉书》卷七十《陈汤传》,第3008—3009页。

⑤ 《汉书》卷七十《陈汤传》,第3017页。

⑥ 《汉书》卷九十四下《匈奴传下》,第3800页。颜师古注"称汉"曰:"称汉朝之意也。"

一边的。

联汉以抗霸。建武二十一年(45)冬,鄯善、焉耆等西域十八国俱遣子入侍,请求汉王朝派遣西域都护,以保护他们免致当时欲称霸西域诸国之莎车王贤的威逼。光武帝"以中国初定,北边未服,皆还其侍子,厚赏赐之。"是时莎车王贤"自负兵强,欲并兼西域,攻击益甚。诸国闻都护不出,而侍子皆还,大忧恐,乃与敦煌太守檄,愿留侍子以示莎车,言侍子见留,都护寻出,冀且息其兵。"建武二十二年(46)莎车王贤"知都护不至,遂遗鄯善王安书,令绝通汉道。安不纳而杀其使。"[①]鄯善之杀莎车使,是为了联汉以反抗莎车王贤称霸西域的企图。

③地理上

由于地理上的原因导致杀使,其具体情况有下述三端。

恃远不忌汉兵。罽宾自汉武帝时始相通,"自以绝远,汉兵不能至,其王乌头劳数剽杀汉使。乌头劳死,子代立,遣使奉献。汉使关都尉文忠送其使。王复欲害忠,忠觉之,乃与容屈王子阴末赴共合谋,攻罽宾,杀其王,立阴末赴为罽宾王,授印绶。后军候赵德使罽宾。与阴末赴相失,阴末赴锁琅当(赵)德,杀副已下七十余人,遣使者上书谢。孝元帝以绝域不录,放其使者于县度,绝而不通。"[②]罽宾在今克什米尔,其与汉并不存在多少外交上、军事上的利益冲突,主要就是因为距离遥远而致其敢于肆意杀害汉使,其地不仅与汉距离遥远,而且隔着帕米尔高原天险难度。"自知绝远,兵不至也。"[③]故有恃无恐,多次杀害汉使。

① 《后汉书》卷八十八《西域传》,第2924页。
② 《汉书》卷九十六上《西域传上》,第3885—3886页。
③ 《汉书》卷九十六上《西域传上》,第3886页。

上述大宛之杀汉使与此亦有关系。汉武帝“既好宛马”，于是遣使求之，“宛国饶汉物，相与谋曰：‘汉去我远，而盐水中数败，出其北有胡寇，出其南乏水草。又且往往而绝邑，乏食者多。汉使数百人为辈来，而常乏食，死者过半，是安能致大军乎？无奈我何……’遂不肯予汉使。”后大宛“遣汉使去，令其东边郁成遮攻杀汉使，取其财物。”[①]大宛以为杀害汉使之后，汉方兵力不能及之，故有恃无恐，于是杀害汉使。

上述匈奴郅支单于之杀害汉使，除了“怨汉拥护呼韩邪而不助己”之外，还因为其地“所在绝远”[②]，故其亦“自以道远”[③]而肆无忌惮杀害汉使。

东汉建武年间妫塞国之杀害莎车使者亦与恃远有关，莎车王贤遣使妫塞国，“妫塞王自以国远，遂杀（莎车王）贤使者。”[④]

不堪送迎重负。汉通西域之后，外交使节西使时，需要西域沿途诸国送往迎来，其中以楼兰、姑师等当道小国为甚。他们苦于送往迎来，故经常拦截杀害汉使。“初，武帝感张骞之言，甘心欲通大宛诸国，使者相望于道，一岁中多至十余辈。楼兰、姑师当道，苦之，攻劫汉使王恢等，又数为匈奴耳目，令其兵遮汉使。”[⑤]其中以楼兰最为典型，“楼兰国最在东垂，近汉，当白龙堆，乏水草，常主发导，负水儋粮，送迎汉使，又数为吏卒所寇，惩艾不便与汉通。后复为匈奴反间，数

① 《史记》卷一百二十三《大宛列传》，第3174页。

② 《汉书》卷七十《陈汤传》，第3008页。

③ 《汉书》卷九十四下《匈奴传下》，第3801页。

④ 《后汉书》卷八十八《西域传》，第2924页。《资治通鉴》胡注：“妫塞国，塞种，临妫水而居者，因以为国名。”（卷四十四《汉纪三十六》明帝永平三年（60），第1441页。）

⑤ 《汉书》卷九十六上《西域传上》，第3876页。颜师古注“苦之”曰：“每供给使者受其劳费，故厌苦之。”

遮杀汉使。”[①]加以匈奴在其中的作用，故经常截杀汉使。

途中袭击。外交使节在出使的道路上处于易受攻击的地位，因此敌对者往往利用这个机会袭击使节，使团虽然一般均配备有武装警卫人员，但仍然不能防备这种袭击。上述楼兰、姑师等西域沿途小国就是利用汉使路经其国而进行袭击的。他们还勾结匈奴拦截、袭击汉使。匈奴不仅指使西域诸国遮杀汉使，而且还直接拦截、杀害汉使。光禄大夫王忠出使西国时，就“为匈奴所遮，(王)忠战死。”[②]其副使马宏则被俘虏至匈奴。上述大宛之杀害汉使也是利用途中的机会进行，他们不是在本国将汉使杀掉，而是“遣汉使去，令其东边郁成遮攻杀汉使，取其财物。”[③]

汉方也有利用这一方式袭杀对方使者的情形。永元二年(90)，月氏遣其副王谢将兵七万攻班超。当时班超兵众少，人心惶惶。班超对军士分析道：“月氏兵虽多，然数千里逾葱领来，非有运输，何足忧邪？但当收谷坚守，彼饥穷自降，不过数十日决矣。”月氏副王谢攻班超不下，又钞掠无所得。班超“度其粮将尽，必从龟兹求救，乃遣兵数百于东界要之。谢果遣骑赍金银珠玉以赂龟兹。(班)超伏兵遮击，尽杀之，持其使首以示谢。”班超也是在途中袭杀月氏使者的。于是月氏副王谢“大惊，即遣使请罪，愿得生归。(班)超纵遣之。月氏由是大震，岁奉贡献。”[④]

④文化上

由于文化上的原因导致杀使，其具体情况有下述两端。

礼仪冲突。接受国与来使在礼仪方面的矛盾、冲突也可能导致来

① 《汉书》卷九十六上《西域传上》，第3878页。

② 《汉书》卷九十四上《匈奴传上》，第3782页。

③ 《史记》卷一百二十三《大宛列传》，第3174页。

④ 《后汉书》卷四十七《班超传》，第1580页。

使之被杀害。文帝时，平原君朱建之子被“拜为中大夫。使匈奴，单于无礼，迺骂单于，遂死匈奴中。”①这是双方在礼仪方面发生冲突而导致来使之被杀害。汉武帝派遣车令等“持千金及金马”出使大宛求其善马，导致汉使之被杀，除了大宛不愿意将其宝马奉献汉方等原因之外，还因为汉使之无礼而激怒了大宛。当大宛方面表示不肯将其宝马给予汉使时，“汉使怒，妄言，椎金马而去。宛贵人怒曰：‘汉使至轻我！’”②于是决定杀害汉使。汉使之被杀，与汉使在外交上的盛气凌人也有关系。这也是外交礼仪冲突而导致的杀使事件。

意见冲突。双方意见冲突也有可能导致杀使事件的发生。上述罽宾之屡次杀害汉使，固然主要是因为其地与汉相距遥远，不惧汉兵前来讨伐。但是其中也有因为双方意见冲突而导致者。汉使赵德之被罽宾王阴末赴所杀即因此。“军候赵德使罽宾。与阴末赴相失，阴末赴锁琅当（赵）德，杀副已下七十余人，遣使者上书谢。孝元帝以绝域不录，放其使者于县度，绝而不通。”③颜师古注“相失”曰：“相失意也。”罽宾王阴末赴为汉所立，被汉方授予印绶，这种情况下罽宾似没有理由杀害汉使。两国相距遥远，没有直接的利益冲突，但是双方文化上的差异很大，故当时双方之间的冲突，当与这种差异有关；从阴末赴杀害赵德之后还遣使“上书谢”观之，双方的相失意可能是赵德方面的责任大一些。

⑤军事上

由于军事上的原因导致杀使，其突出表现为汉匈之间的战略性争夺上面。

---

① 《史记》卷九十七《郦生陆贾列传附平原君朱建传》，第2703页。

② 《史记》卷一百二十三《大宛列传》，第3174页。“妄言”，《集解》引如淳曰：“骂詈。”

③ 《汉书》卷九十六上《西域传上》，第3886页。

战略性争夺导致杀使，以汉匈之间在西域地区的争夺为典型。两汉时期，西域地区是汉匈相互争夺的战略要地，在这个舞台上，不仅有军事上的争夺，同时还有外交上的争夺。这种争夺的重要表现之一是相互在这里劫杀对方的使节。上述楼兰等西域当道小国之经常遮杀汉使，背后就有匈奴的身影和黑手。

汉方亦以此方式反击匈奴。西域诸国如龟兹、楼兰等当道之国"皆尝杀汉使者"，至元凤（前80—前75）中，傅介子出使大宛，"因诏令责楼兰、龟兹国。"傅介子至楼兰，"责其王教匈奴遮杀汉使"，至龟兹，"复责其王，王亦服罪。"后傅介子"从大宛还到龟兹，龟兹言'匈奴使从乌孙还，在此。'（傅）介子因率其吏士共诛斩匈奴使者。"傅介子的行动得到了最高统治者的肯定和嘉奖，"诏拜（附）介子为中郎，迁平乐监。"①

其中又以班超父子为突出。永平十六年（73）窦固出击匈奴时，派遣其假司马班超出使西域。班超等人到达鄯善后，鄯善王广原来接待班超等人"礼敬甚备"，但是"后忽更疏懈"。于是班超谓其官属曰："宁觉（鄯善王）广礼意薄乎？此必有北虏使来，狐疑未知所从故也。"认为鄯善王态度的转变很可能是有匈奴使到来之故。班超经过调查得知确有匈奴使团来到鄯善，于是"悉会其吏士三十六人，与共饮，酒酣，因激怒之曰：'卿曹与我俱在绝域，欲立大功，以求富贵。今虏使到裁数日，而王广礼敬即废；如令鄯善收吾属送匈奴，骸骨长为豺狼食矣。为之奈何？'官属皆曰：'今在危亡之地，死生从司马。'超曰：'不入虎穴，不得虎子。当今之计，独有因夜以火攻虏，使彼不知我多少，必大震怖，可殄尽也。灭此虏，则鄯善破胆，功成事立矣。'"班超的提议得到大家的支持，入夜后班超"遂将吏士往奔虏营"。会

① 《汉书》卷七十《傅介子传》，第3001页。

天大风，班超“乃顺风纵火，前后鼓噪。虏众惊乱，(班)超手格杀三人，吏兵斩其使及从士三十余级，余众百许人悉烧死。”①班超所杀三人中，有“匈奴节使屋赖带、副使比离支首及节”②。歼灭匈奴使团之后，班超“于是召鄯善王广，以虏使首示之，一国震怖。(班)超晓告抚慰，遂纳子为质。”汉方在鄯善与匈奴的争夺中取得了胜利。事后，班超“还奏于窦固，固大喜，具上(班)超功效，并求更选使使西域。帝壮(班)超节，诏固曰：‘吏如班超，何故不遣而更选乎？今以(班)超为军司马，令遂前功。’(班)超复受使。”③班超的行动得到了最高统治者的肯定和嘉奖。

班超之歼灭匈奴使团，进而促使于阗随之亦杀匈奴使。班超从鄯善西使至于阗，于阗王广德“礼意甚疏”。何以然？原来“是时于阗王广德新攻破莎车，遂雄张南道，而匈奴遣使监护其国。”于阗一方面强梁于南道诸国，一方面则依附于匈奴，匈奴方面派有使团监护其国。显然，这里又成了汉匈之间争夺的一个阵地。于是班超严词责让于阗王广德，“广德素闻(班)超在鄯善诛灭虏使，大惶恐，即攻杀匈奴使者而降(班)超。(班)超重赐其王以下，因镇抚焉。”④班超挟在鄯善杀匈奴使团之威势，迫使于阗王杀匈奴使以降汉。

班超之子班勇亦继承乃父之作为。安帝元初六年(119)“敦煌太守曹宗遣长史索班将千余人屯伊吾，车师前王及鄯善王皆来降(索)班。后数月，北单于与车师后部遂共攻没(索)班，进击走前王，略有北道。”⑤北匈奴与车师后部联合攻杀汉方官员索班，并将汉方势力驱

① 《后汉书》卷四十七《班超传》，第1572—1573页。
② 《后汉书》卷四十七《班超传》注引《东观记》，第1573页。
③ 《后汉书》卷四十七《班超传》，第1573页。
④ 《后汉书》卷四十七《班超传》，第1573页。
⑤ 《后汉书》卷四十七《班勇传》，第1587页。

逐出北道。延光四年(125)西域长史班勇"发敦煌、张掖、酒泉六千骑及鄯善、疏勒、车师前部兵击后部王军就,大破之……捕得军就及匈奴持节使者,将至索班没处斩之,以报其耻,传首京师。"[①]其中被俘的匈奴使者亦被杀,汉方又在北道取得对匈奴的胜利。

⑥经济上

由于经济上的原因导致杀使,以汉与大宛之间的索宝冲突较为突出。

大宛所产善马深为汉武帝所喜爱,因而"使壮士车令等持千金及金马以请宛王贰师城善马",大宛以为"'贰师马,宛宝马也。'遂不肯予汉使。"[②]大宛于是杀害汉使。

(2)杀使必报

上述杀使的具体原因和理由虽然多种多样,但是一言以蔽之基本上是双方利益的矛盾、冲突达于临界点所致。因此,杀使就往往成为双边关系的转折点,即从交往向绝交、从和平向敌对或战争的转折。何以然?因为使者是国家及其君主的代表,杀使就是对于对方国家及其君主的冒犯,是不可原谅的,"罪莫大于执杀使者"[③],为双方关系中极其严重的事件,故杀使必报。因此,杀使的后果是十分严重的。苏武在被匈奴扣留,匈奴方面以死逼迫其投降时,苏武斥责道:"南越杀汉使者,屠为九郡;宛王杀汉使者,头县北阙;朝鲜杀汉使者,即时诛灭。独匈奴未耳。若知我不降明,欲令两国相攻,匈奴之祸从我始矣。"[④]苏武这段话是对于杀使的严重后果的历史性概括,指出凡杀害汉使者莫不身死国灭。杀使必报,这里的"报"与留使之"报"不同,正

① 《后汉书》卷四十七《班勇传》,第1589—1590页。

② 《史记》卷一百二十三《大宛列传》,第3174页。

③ 《汉书》卷九十六上《西域传上》,第3886页。

④ 《汉书》卷五十四《苏武传》,第2462页。

如杀使之性质较留使大为严重，故杀使之“报”亦大为升级。

①诉诸武力

对于杀使之加害国之报复，一般均采取诉诸武力这种手段。

大宛杀害汉使之后，“天子大怒”，于是发动两次伐大宛之战。当然，汉王朝与大宛的冲突不仅在于杀使，主要还是求宛马而不得，杀使不过是其导火线。第一次“拜李广利为贰师将军，发属国六千骑，及郡国恶少年数万人，以往伐宛。期至贰师城取善马，故号‘贰师将军’。”李广利失利，退回敦煌，“天子闻之，大怒，而使使遮玉门，曰军有敢入者辄斩之！”汉武帝更发大军，几乎动员举国之力，第二次伐大宛。经四十余天战斗迫使大宛降服，订立城下之盟，“宛乃出其善马，令汉自择之，而多出食食给汉军。汉军取其善马数十匹。中马以下牡牝三千余匹”，汉方“与盟而罢兵。”①

原先汉方对于南越的方针是要求其“入朝，比内诸侯。”②但是其相吕嘉反对，尽杀汉使，发动政变，谋求独立，于是汉方以“楼船十万师往讨之”③，于元鼎六年（前111）灭其国。汉王朝对南越用兵，主要是遏止其独立，杀使亦为战争之导火线。

楼兰、姑师等西域当道小国攻劫汉使后，“于是武帝遣从票侯赵破奴将属国骑及郡兵数万击姑师。王恢数为楼兰所苦，上令恢佐破奴将兵。破奴与轻骑七百人先至，虏楼兰王，遂破姑师，因暴兵威以动乌孙、大宛之属。”④

建昭三年（前36），西域副都护陈汤与西域都护骑都尉甘延寿“发

① 《史记》卷一百二十三《大宛列传》，第3174—3177页。
② 《史记》卷一百一十三《南越列传》，第2972页。
③ 《史记》卷一百一十三《南越列传》，第2974页。
④ 《汉书》卷九十六上《西域传上》，第3876页。

城郭诸国兵、车师戊己校尉屯田吏士……汉兵胡兵合四万余人"[①],围郅支单于城,郅支单于"被创死。军候假丞杜勋斩单于首,得汉使节二及谷吉等所赍帛书……凡斩阏氏、太子、名王以下千五百一十八级,生虏百四十五人,降虏千余人。"[②]可见不仅汉使被杀害,而且汉王朝的使节和外交文书亦被没收,这是对于汉王朝极其严重的冒犯。朝廷在讨论陈汤等人的功劳时,故宗正刘向上疏曰:"郅支单于囚杀使者吏士以百数,事暴扬外国,伤威毁重,群臣皆闵焉。陛下赫然欲诛之,意未尝有忘。西域都护延寿、副校尉汤承圣指,倚神灵,总百蛮之君,揽城郭之兵,出百死,入绝域,遂蹈康居,屠五重城,搴歙侯之旗,斩郅支之首,县旌万里之外,扬威昆山之西,扫谷吉之耻,立昭明之功,万夷慴伏,莫不惧震。"[③]郅支所杀汉使及其成员多达百人,可见其杀使之甚。元帝下诏述及陈汤等人的功劳时说:"匈奴郅支单于背畔礼义,留杀汉使者、吏士,甚逆道理,朕岂忘之哉!所以优游而不征者,重动师众,劳将帅,故隐忍而未有云也。今延寿、汤睹便宜,乘时利,结城郭诸国,擅兴师矫制而征之,赖天地宗庙之灵,诛讨郅支单于,斩获其首,及阏氏贵人名王以下千数。"[④]

不仅汉使被杀后往往以武力相报,其他国家遇此情况亦然。

郅支单于之使遭乌孙杀害后亦以武力相报。郅支单于在向西发展的过程中,"乃益西近乌孙,欲与并力,遣使见小昆弥乌就屠。乌就屠见呼韩邪为汉所拥,郅支亡虏,欲攻之以称汉,乃杀郅支使,持头送都护在所,发八千骑迎郅支。郅支见乌孙兵多,其使又不反,勒兵逢

① 《汉书》卷七十《陈汤传》,第3010—3011页。

② 《汉书》卷七十《陈汤传》,第3014页。

③ 《汉书》卷七十《陈汤传》,第3017页。

④ 《汉书》卷七十《陈汤传》,第3019页。

击乌孙，破之。”其后又“数遣兵击乌孙，常胜之。”①

建武二十二年（46），鄯善王安杀莎车使者之后，莎车王贤“大怒，发兵攻鄯善。（鄯善王）安迎战，兵败，亡入山中。（莎车王）贤杀略千余人而去。”②妫塞国王杀莎车王贤的使者之后，亦被莎车王贤发兵“击灭之”③。

由此可见，杀使的后果是严重的，一般来说意味着双方关系由和平转变为战争，由交往转变为敌对，但是其表现亦非一律，而有三种不同情况。第一种是大国、强国与小国、弱国之间的情况。如果杀害了国力强大的国家的使节，则国小力弱者将遭受灭顶之灾，以致社稷倾覆。如汉王朝之与大宛、郅支单于，与南越，与楼兰、姑师、龟兹等西域小国为然；或如莎车之与妫塞为然。当然，这类争战并非完全由于杀使所致，还有其他原因，但是杀使为其原因之一则是无疑的。第二种是势均力敌者之间，如汉与匈奴之间虽然频见相互杀使，但是并非立即以战争相报，而是从其他领域和更长的时段中加以报复，如从助纣为虐之一些西域诸国中排除匈奴势力，以期釜底抽薪，或等待时机相互杀使等。第三种是与远国之间的情况。罽宾之杀害汉使之后，汉方没有对其发动战争，这是因为距离遥远，受制于当时的交通运输发展水平，无法输送兵力，只得隐忍，“孝元帝以绝域不录”④即此之谓。班超之杀月氏使者之后，月氏副王谢“大惊，即遣使请罪，愿得生归。（班）超纵遣之。月氏由是大震，岁奉贡献。”⑤则不仅没有导致双方进一步的战争，反而化干戈为玉帛，建立了更为密切的外交关

① 《汉书》卷九十四下《匈奴传下》，第3800页。
② 《后汉书》卷八十八《西域传》，第2924页。
③ 《后汉书》卷八十八《西域传》，第2924页。
④ 《汉书》卷九十六上《西域传上》，第3886页。
⑤ 《后汉书》卷四十七《班超传》，第1580页。

系。这是因为月氏虽然是西方大国,但是远在葱岭之外,双方均鞭长莫及。

②斩首

杀使必报还体现在对于该国君主或加害者必加以严惩,必斩其首而后快,这在汉代已经成为法律,许慎引《汉令》曰:"蛮夷长有罪当殊之"。《说文》:"殊,死也。"段注:"凡汉诏云殊死者,皆谓死罪也。死罪者,首身分离。"①故曰"犯强汉者,虽远必诛。"②。因为外交使节实际上是双方君主的代表和联络者,杀死对方来使就是对于对方君主的侵犯,故其报复对象即为加害国之君主或加害者本人。有的远国自以为距汉遥远,汉兵不能至而杀害汉使,但是实际上汉方还是有办法对这些加害国君主或加害者进行报复。施行这类报复除了采取军事行动,如远征大宛之外,更多的是派遣一介之使加以实施。当然,一般来说只有国力强大者可能实现,弱小者则不可能做到。汉元帝时群臣反对派遣使者送郅支单于侍子至单于庭,谷吉则主张送至单于庭,他在上书中有这样的说法:"臣幸得建强汉之节,承明圣之诏,宣谕厚恩,不宜敢桀。若怀禽兽,加无道于臣,则单于长婴大罪。"③所谓"若怀禽兽,加无道于臣",即指杀使之意。认为如果匈奴敢于杀害汉使,则其单于将背下大罪。

杀使之后发生的争战,其主要目的就在于斩获该国君主。汉军围宛城四十余日后,大宛"贵人相与谋曰:'汉所为攻宛,以王毋寡匿善马而杀汉使。今杀王毋寡而出善马,汉兵宜解;即不解,乃力战而死,未晚也。'宛贵人皆以为然,共杀其王毋寡,持其头遣贵人使贰师,约

---

① 《说文解字注》,第161—162页。"殊"字另一义"曰断也。"段注:"按殊之者,绝之也。所谓别异蛮夷……夫蛮夷有罪,非能必执而杀之也。"

② 《汉书》卷七十《陈汤传》,第3015页。

③ 《汉书》卷七十《陈汤传》,第3008页。

曰:'汉毋攻我。我尽出善马,恣所取,而给汉军食。'"可见大宛方面也知道汉方军事目的在于斩大宛王之首。在得到大宛王首级之后,汉军相与计曰:"所为来,诛首恶者毋寡。毋寡头已至,如此而不许解兵,则坚守,而康居候汉罢而来救宛,破汉军必矣。"汉方认为已经得到大宛王的首级,则战争主要目的已经达到,故可以接受大宛方面的投降条件,于是汉"军吏皆以为然,许宛之约……而立宛贵人之故待遇汉使善者名昧蔡以为宛王,与盟而罢兵。"①这场战争以大宛王毋寡被杀,另立亲汉的新王而告终。南越杀汉使之后,汉军讨之,俘斩始作俑者吕嘉及其所立新君赵建德,南越亡。

有的汉使被杀之后,没有发动战争报复,则遣使袭杀其君主以"报"之。对于西域当道国"皆尝杀汉使者"的楼兰等国即如此。傅介子向大将军霍光建议曰:"楼兰、龟兹数反覆而不诛,无所惩艾。介子过龟兹时,其王近就人,易得也,愿往刺之,以威示诸国。"大将军曰:"龟兹道远,且验之于楼兰。"于是"白遣之"。傅介子至楼兰,诱楼兰王来见,"饮酒皆醉,(傅)介子谓王曰:'天子使我私报王。'王起随(傅)介子入帐中,屏语,壮士二人从后刺之,刃交胸,立死。其贵人左右皆散走。(傅)介子告谕以'王负汉罪,天子遣我来诛王,当更立前太子质在汉者。汉兵方至,毋敢动,动,灭国矣!'"傅介子完成使命后,"遂持王首还诣阙。公卿将军议者咸嘉其功。上乃下诏曰:'楼兰王安归尝为匈奴间,候遮汉使者,发兵杀略卫司马安乐、光禄大夫忠、期门郎遂成等三辈,及安息、大宛使,盗取节印献物,甚逆天理。平乐监傅介子持节使诛斩楼兰王安归首,县之北阙,以直报怨,不烦师众。其封介子为义阳侯,食邑七百户。士刺王者皆补侍郎。'"②楼兰王安

① 《史记》卷一百二十三《大宛列传》,第3177页。

② 《汉书》卷七十《傅介子传》,第3001—3002页。

归被杀后，汉立安归之弟尉屠耆为王，“更名其国为鄯善”[1]。匈奴郅支单于杀汉使谷吉之后，陈汤、甘延寿出使西域时，发兵围其都，斩其首，并被“县头槀街蛮夷邸间，以示万里，明犯强汉者，虽远必诛。”[2]莎车王呼屠征杀汉使之后，“会卫候冯奉世使送大宛客，即以便宜发诸国兵击杀之，更立它昆弟子为莎车王。”[3]冯奉世还，被拜为光禄大夫。罽宾王乌头劳数剽杀汉使，由于道远而汉兵不能至，故一直未报复。乌头劳死后，其子继位为王，“遣使奉献。汉使关都尉文忠送其使。王复欲害忠，忠觉之，乃与容屈王子阴末赴共合谋，攻罽宾，杀其王，立阴末赴为罽宾王，授印绶。”这次汉方终于得到机会，汉使就地发兵，斩其王首，并改立新王。但是对于罽宾这样的远国之杀使，汉方多莫可奈何，其成功报复者不多。

不仅汉方如此，它国亦如之。妫塞王杀莎车王贤使者之后，莎车王贤“击灭之，立其国贵人驷鞬为妫塞王。”[4]亦将妫塞王斩首而另立新王。

第二节　外交法纪

外交作为汉王朝重要的国家职能和政治制度的组成部分，与其他政治制度同样有相应的法纪以保证其贯彻执行，顺利运作。汉代并没有专门的外事法纪记载，因此，我们只能通过外事实践中的法纪运用和功罪处置而窥知其大略情形。

① 《汉书》卷九十六上《西域传上》，第 3878 页。

② 《汉书》卷七十《陈汤传》，第 3015 页。

③ 《汉书》卷九十六上《西域传上》，第 3898 页。

④ 《后汉书》卷八十八《西域传》，第 2924 页。

汉代的外事法纪大略而言由两个部分组成，一是对外方面的，是处理与四方国、族关系的法令，即所谓国际惯例或国际法；一是对内方面的，是处理汉王朝外事官员功过奖惩的相关法纪。

一、国际惯例和国际法

国家产生之后，随之而有了调整、规范国家之间关系的原则和规章，是为国际惯例或国际法。正如古代国家与近现代国家性质不同，古代国际法与近现代国际法亦有所不同，近现代有调整、规范近现代国家关系的原则和规章的近现代国际法，古代亦有调整、规范古代国家关系的原则和规章的古代国际法。古代世界尚无通行于全球的世界性的国际法，其时东西方并存着若干区域性外交圈，在这些外交圈中处理国际关系的原则和规章虽然大同小异，但也有相当的区域性特色，在这些不同的外交圈中往往是以各自外交圈中文明最发达、居于外交关系核心地位的国家的对外、对内法令作为基因，在外交实践中与其他国、族的互动中逐渐积累，而成为双方或大多数国家依从之原则和规章，从而产生了具有地区性特色的国际惯例或国际法。汉王朝是东亚地区文明最发达、居于东亚外交圈核心地位的大国，故汉代东亚外交圈中的国际惯例和国际法，基本上是在汉王朝对外、对内法令和礼俗基础上，结合其他国、族的相关法令和礼俗而形成发展起来的，从而深深打上了汉王朝国内法的烙印。其最具特色者为中国古代传统文化之核心——“礼”之渗透于国际法之中，周礼以降的传统礼仪深深影响了古代外交礼仪，上述汉代外交礼仪中的对等、平衡与非对等、平衡；报答与报复；外交特权与特权之侵犯等方面的原则、规章无不蕴涵着丰富的古典国际法的原则和规章，一定意义上中国古代的“礼”就是东亚外交圈中的国际法的胚胎，“礼”与“法”有着相生相成的内在关系。

以外交圈中的强势和处于中心地位一方之国内法或惯例延伸于外而逐渐成为国际惯例或国际法，这是古代国际惯例或国际法形成发展的一个普遍规律。例如国际法中的约誓就是如此，汉匈之间的边界条约在最初是由汉方主动提出并遣使匈奴而达成的，在西汉前期匈奴方面经常无视或破坏这个条约，到了西汉后期则不仅习惯，而且完全接受了，乃至汉方如果对于此条约有所违反之处，匈奴还据此向汉方提出交涉，如绥和（前8—前7）、建平（前6—前3）年间汉匈之间的领土之争中，匈奴方面就是以条约规定而拒绝汉方的领土要求的。条约遂成为东亚外交圈中的国际法组成之一。汉代外交中使者持节出使这一惯例，也是由汉王朝内部而扩展于其他国、族的。持节出使是中原王朝的一个传统，原来这种使者主要是中央政府派遣至其他部门和地方执行特定任务者，随着外交关系的发展，外交使者也同样持节出使，于是这成为汉代外交的惯例。但是其他国、族未必有这种制度，例如匈奴就没有这样的惯例。因此，在西汉前期匈奴对于汉节并不接受，西汉时“匈奴法，汉使不去节，不以墨黥其面，不得入穹庐。”①但是经过汉匈之间长期的磨合，到了东汉时期，匈奴对于使“节”则已完全接受并自己也实行了。东汉明帝永平十六年（73）班超在西域鄯善夜袭匈奴使团，“斩得匈奴节使屋赖带、副使比离支首及节。”②可见匈奴使者也已持节，并把正使称为“节使”。安帝延光四年（125）西域长史班勇发兵攻车师后部王军就，“捕得军就及匈奴持节使者”③，则匈奴的使者与汉使同样被称为“持节使者”了。这一变

① 《汉书》卷九十四上《匈奴传上》，第3772页。

② 《后汉书》卷四十七《班超传》注引《东观记》，第1573页。

③ 《后汉书》卷四十七《班勇传》，第1589页。

化过程表明,持节出使在东亚外交圈中已经得到普遍的承认和广泛的遵循。这虽然是外交使节的凭证问题,但也从一个侧面证明外交惯例或国际法之由国内惯例或国内法延伸于外,逐渐成为普遍接受和通行的国际惯例或国际法的过程。

汉代国际惯例或国际法内容涉及当时国际关系诸方面,内容十分丰富。兹略述其要:

(一)国家的承认、领土与疆界

国际法的主体是国家,故国家的相互承认是国际法的重要内容。汉代东亚外交圈中,以汉王朝与匈奴为两个最重要的大国,他们之间的相互承认具有代表性。汉七年(前200)平城之战,汉不敌匈奴,"高帝乃使使间厚遗阏氏,阏氏乃谓冒顿曰:'两主不相困。今得汉地,而单于终非能居之也。且汉王亦有神,单于察之。'"[①]于是双方退兵,表明这时双方均不能灭亡对方,只能承认对方而和平共处。"于是汉患之,高帝乃使刘敬奉宗室女公主为单于阏氏,岁奉匈奴絮缯酒米食物各有数,约为昆弟以和亲。"[②]双方将这种相互承认加以条约化并建立了外交关系。这种条约化的相互承认,在日后汉皇帝和匈奴单于的文书交换中一再得到重申和肯定,汉文帝后二年(前162)匈奴老上单于致汉文帝文书曰:"二国已和亲,两主欢说,寝兵休卒养马,世世昌乐,闟然更始。"[③]汉文帝致匈奴老上单于的文书中对此加以肯定并回应说:"先帝制:长城以北,引弓之国,受命单于;长城以内,冠带之室,朕亦制之。使万民耕织射猎衣食,父子无离,臣主相安,俱无

① 《史记》卷一百十《匈奴列传》,第2894页。
② 《史记》卷一百十《匈奴列传》,第2895页。
③ 《史记》卷一百十《匈奴列传》,第2902页。

暴逆……朕与单于俱由此道，顺天恤民，世世相传，施之无穷，天下莫不咸便。汉与匈奴邻国之敌……今天下大安，万民熙熙，朕与单于为之父母。”[①]汉文帝的这段回信包含四个方面的内容：一是重申汉初高帝与冒顿单于所订条约，双方以长城为界，长城以北属匈奴，长城以南属汉；二是双方承认对方君主为本国最高统治者，汉方承认单于为匈奴君主，匈方承认皇帝为汉君主；三是两位君主各自统治所辖境内之民众；四是两国平等，和平共处。在君主制的古代，承认对方君主为本国领土内的人民的最高统治者，即意味着对于对方国家的承认。这一承认是通过双方订立的条约和君主之间的文书交换而得以法典化。或以为游牧民族在国际法上不构成国家，此与古代东亚外交圈中的实际情况并不符合，国家构成三要素之主权、领土、人民，秦汉时代的游牧民族匈奴均已具备。

领土是国家构成要素之一，有了国家必有其所辖之领土，故领土问题亦为国际法之重要内容。中国古代领土观念一脉相承，“古有分土，亡分民。”[②]颜师古注曰：“有分土者，谓立封疆也。无分民者，谓通往来不常厥居也。”周代分封诸侯，必先为之立封疆，孟子曰：“诸侯之宝三：土地、人民、政事。”注曰：“诸侯正其封疆，不侵邻国，邻国不犯，宝土地也。”[③]土地为诸侯“三宝”之首。为周代分封制所催生的领土观念，在春秋战国时期进一步强化了从分封制中崛起的独立国家的领土观念，“国之有封疆，犹家之有垣墙。”[④]故“建国诸侯之君分土而

① 《史记》卷一百十《匈奴列传》，第2902—2903页。

② 《汉书》卷二十八下《地理志下》，第1660页。

③ 《孟子正义》卷十四《尽心下》，《诸子集成》(一)，第588页。

④ 《战国策新校注》卷三十一《燕三》，下册，第1107页。

守”[①],务须“固封疆,备边境,完要塞,谨关梁,塞徯径。”[②]先秦时期已将领土主权纳入国际法中,其时诸侯、列国在交聘中必须遵守“假道”之礼即为领土主权不可侵犯之体现。到了春秋时期,不独诸侯之间为然,周天子的使者途经诸侯国时也需要遵守“假道”礼仪,“是时,天子微弱,故以诸侯相聘之礼假道也。”[③]。这些在本书前文关于周代交聘礼仪中已经作了详细的论述,兹不赘述。

秦汉时代的领土观念继承了这一悠久传统。这个时期在东亚外交圈中,以秦汉帝国和匈奴帝国最为大国,这一传统观念不仅为秦汉帝国所继承发扬,而且同样为其时崛起的匈奴所有。秦汉之际匈奴冒顿单于继位,时东胡强盛,闻冒顿杀父自立,先后遣使匈奴求匈奴宝马——头曼单于千里马乃至单于阏氏,虽然其群臣均激烈反对,冒顿单于还是一一满足了对方的要求,于是“东胡王愈益骄,西侵……东胡使使谓冒顿曰:‘匈奴所与我界瓯脱外弃地,匈奴非能至也,吾欲有之。”东胡与匈奴之间“有弃地,莫居,千余里,各居其边为瓯脱。”何谓“瓯脱”?《史记集解》引韦昭曰:“界上屯守处。”《史记正义》谓:“境上斥候之室为瓯脱也。”当东胡提出这一要求时,冒顿单于照例征求群臣意见,“群臣或曰:‘此弃地,予之亦可,勿予亦可。’于是冒顿大怒曰:‘地者,国之本也,奈何予之!’诸言予之者,皆斩之。冒顿上马,令国中有后者斩,遂东袭击东胡。东胡初轻冒顿,不为备。及冒顿以兵至,击,大破灭东胡王,而虏其民人及畜产。”[④]在冒顿单于心目中什

① 王先谦:《荀子集解》卷七《王霸篇》,《诸子集成》(二),中华书局1954年版,第139页。

② 《礼记正义》卷十七《月令》,第1381页。

③ 《国语集解》,《周语中》韦昭注,第61页。

④ 《史记》卷一百十《匈奴列传》,第2889页。关于“瓯脱”的解释,又见《汉书》卷五十四《李广苏建传》注引服虔曰:“区脱,土室,胡儿所作以候汉者也。”颜师古曰:“匈奴边境为候望之室。”(第2565—2566页)

么都可以让步，唯土地作为"国之本"而绝不可以让步，表明匈奴对于领土及其主权之不可侵犯已经有了相当深刻的认识和强烈的坚持。这个记载表明，当时匈奴与东胡这两个游牧民族国家之间是有边界的，边界上有屯守、警戒的哨位及哨兵，虽然由于草原地域辽阔，在哨位之外还有一段空地为双方缓冲地带，但是这一缓冲地带仍然为匈奴领土，也是绝对不能割让的。

领土主权不可侵犯是汉代国际法的重要原则之一。周代交聘使节途经别国时必须遵守"假道"礼仪，亦为秦汉时期的外交惯例，其他国家的外交使节不得随意通过本国。张骞出使西域大月氏时，"经匈奴，匈奴得之，传诣单于。单于留之，曰：'月氏在吾北，汉何以得往使？吾欲使越，汉肯听我乎？'"于是扣留张骞十余年始得以逃脱。返国时"复为匈奴所得"[①]，被扣留一年余逃脱至国。不独匈奴为然，其他国家亦然。如朝鲜，西汉前期惠帝、高后时，"辽东太守即约（卫）满为外臣，保塞外蛮夷，无使盗边；诸蛮夷君长欲入见天子，勿得禁止。以闻，上许之。"这个条约是经过汉皇帝批准的，可以视为汉与朝鲜的双边条约，其中规定朝鲜周边国、族出使汉王朝途经朝鲜时，朝鲜不得阻拦。但是朝鲜方面并没有遵守这个条约，"真番旁众国欲上书见天子，又拥阏不通。"[②]仍然阻拦其他国、族途经朝鲜出使汉王朝。

领土之争是领土主权不可侵犯的重要表现，不独匈奴与东胡之间存在领土之争，匈奴与汉王朝之间亦然。在这种强烈的领土观念支配下，汉匈双方长期的领土冲突和争夺就是可以理解的了。疆界是两国之间领土的分界线，疆界之内是各自领土的范围，故领土主权不可侵犯集中体现于疆界之不可侵犯及其相互争夺。

① 《史记》卷一百二十三《大宛列传》第3157—3159页。

② 《史记》卷一百一十五《朝鲜列传》，第2986页。

汉与匈奴的疆界有一个发展过程，战国时期，秦国“有陇西、北地、上郡，筑长城以拒胡。”赵国亦“筑长城，自代并阴山下，至高阙为塞。”燕国“亦筑长城，自造阳至襄平。置上谷、渔阳、右北平、辽西、辽东郡以拒胡。”故“当是之时，冠带战国七，而三国边于匈奴。”①秦始皇统一之后，“使蒙恬将十万之众北击胡，悉收河南地。因河为塞，筑四十四县城临河，徙适戍以充之。”并将三国旧长城连接起来，西“起临洮至辽东万余里”②，是为中原王朝与匈奴的疆界。秦末战乱，匈奴“复稍度河南与中国界于故塞”③。汉承秦制，亦以长城为汉匈之间的边界。

汉王朝建立后，汉匈之间长期在边界展开争夺战，可以说边境冲突与争夺几乎贯穿于汉匈关系之始终。论者多谓匈奴之侵犯边境是为了掠夺财物、人口。这固然是事实，但是还应当看到，领土的争夺也是其中的因素之一。平城之战中匈奴阏氏劝谏冒顿单于休战，有云：“两主不相困。今得汉地，而单于终非能居之也。”④汉方亦认为“得匈奴地，泽卤，非可居也。”⑤表明领土争夺亦为双方考量之内容，但是由于匈奴为游牧经济，汉为农耕经济，长城恰恰为两种经济形态之分界线，越过这个分界线对于双方经济来说均并不十分适应和有利，故双方不约而同认为得到对方土地未必有重要价值。但这并不表明双方对于领土的无视或轻视。汉高帝与冒顿单于所订立“和亲约”，论者多视其内容为汉方以女妻匈奴单于，实际上以长城为界划

① 《史记》卷一百十《匈奴列传》，第2885—2886页。
② 《史记》卷一百十《匈奴列传》，第2886页。
③ 《史记》卷一百十《匈奴列传》，第2887—2888页。
④ 《史记》卷一百十《匈奴列传》，第2894页。
⑤ 《史记》卷一百十《匈奴列传》，第2896页。

定双方边界，互不侵犯，方为该条约之核心内容①，以汉女妻之不过是为了保证匈方遵守条约、不侵犯边境的条件之一。虽然这一条约其后不断为双方所打破，但是仍然一直是双方谈判、交涉的法律依据。汉文帝三年（前 177）匈奴右贤王突破边界入侵河南地，于是文帝抗议道："汉与匈奴约为昆弟，无侵害边境，所以输遗匈奴甚厚。今右贤王离其国，将众居河南地，非常故。往来入塞，捕杀吏卒，敺侵上郡保塞蛮夷，令不得居其故。陵轹边吏，入盗，甚骜无道，非约也。"②其主要根据就是高帝时期双方所订这一边界条约，认为匈奴方面违反了条约规定，侵犯了汉边。匈奴单于虽然对此进行辩解，说这是因为"汉边吏侵侮右贤王"所致，"右贤王不请，听后义卢侯难氏等计"而擅自采取的行动，将责任推给汉方和其下属，但是也不能不承认这是"绝二主之约，离兄弟之亲"的行为，表示要"除前事，复故约。"③到了汉武帝时，随着汉方国力的增长，开始反击匈奴的侵犯，"于是汉遂取河南地，筑朔方，复缮故秦时蒙恬所为塞，因河而为固。汉亦弃上谷之斗辟县造阳地以予胡。"颜师古注曰："斗，绝也。县之斗曲入匈奴界者，其中造阳地也。"而"匈奴右贤王怨汉夺之河南地而筑朔方，数寇盗边，及入河南，侵扰朔方，杀略吏民甚众。"④匈奴与汉进行领土争夺中，双方互有得失，史称"匈奴失阴山之后，过之未尝不哭也。"何以然？阴山"东西千余里，草木茂盛，多禽兽，本冒顿单于依阻其中，治

① 《北堂书钞》卷十四《艺文部十 · 券契五十四》引《三辅故事》云："娄敬为高车使者，持节至匈奴，与其分土界，作丹书铁券曰：'自海以南，冠盖之士处焉；自海以北，丰强之士处焉。'"（第 437 页）《太平御览》卷七百七十九《奉使部三 · 奉使下》亦引此记载，内容基本相同，个别文字有异，如"丰强之士"为"控弦之士"（第 3452 页）。

② 《汉书》卷九十四上《匈奴传上》，第 3756 页。

③ 《史记》卷一百十《匈奴列传》，第 2896 页。

④ 《汉书》卷九十四上《匈奴传上》，第 3766—3767 页。

作弓矢，来出为寇，是其苑囿也。”[①]匈奴领土观念之强烈于此可见。

西汉中后期汉匈关系发生了巨大变化，双方边界情况亦相应发生了巨大变化。经过汉武帝的大力反击，“是后匈奴远遁，而幕南无王庭。汉度河自朔方以西至令居，往往通渠置田，官吏卒五六万人，稍蚕食，地接匈奴以北。”[②]《史记正义》曰：“匈奴旧以幕为王庭。今远徙幕北，更蚕食之，汉境连接匈奴旧地以北也。”汉匈边界线向北推移。后来匈奴发生内乱，国力大为削弱，呼韩邪单于臣汉，汉方许其傍塞而居，并承袭西汉前期协议，双方仍然以长城为界，故乌珠留单于曰：“孝宣、孝元皇帝哀怜，为作约束，自长城以南天子有之，长城以北单于有之。有犯塞，辄以状闻；有降者，不得受。”[③]虽然双方仍然以长城为界，但是这与西汉前期的情况已经有了很大不同，汉初的边界条约是双方平等协商制订的，现在是出于强势一方对于弱势一方的“哀怜”而作出的让步，这是汉皇帝单方面向匈奴方面发布的“约束”所规定的。虽然如此，这种边界协议即使含有汉方对于匈奴方的某些赠予或让步的成分，也是属于国际法的范畴而确认的领土。因此双方仍然以此作为边界争夺的法律依据，双方对于领土主权的坚持和保卫边境的戒备并没有随之而受到影响。竟宁元年（前33）匈奴呼韩邪单于朝汉，“上书愿保塞上谷以西至敦煌，传之无穷，请罢边备塞吏卒，以休天子人民。”[④]经过讨论，汉方还是决定保持边塞的警卫而不变，并不因呼韩邪单于亲汉而放松警惕。汉匈之间在绥和（前8—前7）、建平（前6—前3）年间发生的一场领土之争，则表明匈奴方面尽管处于弱势地位，却仍然表现了对于领土主权的坚持。汉成帝绥

① 《汉书》卷九十四下《匈奴传下》，第3803页。

② 《史记》卷一百十《匈奴列传》，第2911页。

③ 《汉书》卷九十四下《匈奴传下》，第3818页。

④ 《汉书》卷九十四下《匈奴传下》，第3803页。

和元年(前8)"汉遣中郎将夏侯藩、副校尉韩容使匈奴。"时帝舅大司马骠骑将军王根领尚书事,或说王根曰:"匈奴有斗入汉地,直张掖郡,生奇材木,箭竿就羽,如得之,于边甚饶,国家有广地之实,将军显功,垂于无穷。"此地斗曲而入汉之境。王根向成帝言其利,成帝打算直接向匈奴单于求此地,但担心"为有不得,伤命损威。"亦即担心遭到匈奴的拒绝,而有损天子之威。于是王根即"但以上指晓(夏侯)藩,令从藩所说而求之。"即以夏侯藩已意劝说匈奴单于。夏侯藩至匈奴,交谈中顺势对单于曰:"窃见匈奴斗入汉地,直张掖郡。汉三都尉居塞上,士卒数百人寒苦,候望久劳。单于宜上书献此地,直断阏之,省两都尉士卒数百人,以复天子厚恩,其报必大。"单于反问道:"此天子诏语邪,将从使者所求也?"夏侯藩曰:"诏指也,然藩亦为单于画善计耳。"单于曰:"孝宣、孝元皇帝哀怜父呼韩邪单于,从长城以北匈奴有之。此温偶駼王所居地也,未晓其形状所生,请遣使问之。"第一次求地没有成功。后来夏侯藩再次出使匈奴,又向匈奴求地。单于断然拒绝道:"父兄传五世,汉不求此地,至知(引者案:此匈奴单于名)独求,何也?已问温偶駼王,匈奴西边诸侯作穹庐及车,皆仰此山材木,且先父地,不敢失也。"夏侯藩两次向匈奴求地均遭到拒绝,后来被汉方加以惩罚。先是迁为太原太守,后匈奴"遣使上书,以藩求地状闻。"汉方再一次作出惩罚姿态,"诏报单于曰:'(夏侯)藩擅称诏从单于求地,法当死,更大赦二,今徙藩为济南太守,不令当匈奴。'"①这个事件表明,尽管匈奴方面已经处于劣势,但是仍然坚持自己的领土主权,其与汉方抗争的主要依据是宣、元时期的"约束";尽管汉方处于强势地位,也不敢违反此"约束"肆意"求地"而强夺匈奴的土地,自知理亏,因而不得不以惩罚使者的办法消弭匈奴方面的不

① 《汉书》卷九十四下《匈奴传》,第3810页。

满，尽管这种惩罚更多的是一种姿态，但表明汉匈之间有关领土划分的“约束”是双方都必须遵守的，是不能单方面违反的，可见这种“约束”对于双方来说都是一个“约束”，因而是具有国际法效力的。

（二）条约

条约也是国际法的重要内容。现代国际法认为：“称‘条约’者，谓国家间所缔结而以国际法为准之国际书面协定，不论其载于一项单独文书或两项以上相互有关之文书内，亦不论其特定名称如何。”①自国家和国与国之间外交关系产生以后，古代国家间的条约就有可能随之而产生。中国古代表示条约的名称很多，大体可以“约誓”而名之。所谓约誓，包括约、誓、盟等大抵相关、相通之各种形态在内。《说文》：“约，缠束也。”段注：“束者，缚也。”②“誓，约束也。”段注：“《周礼》五戒，一曰誓，用之于军旅。按凡自表不食言之辞皆曰誓。亦约束之意也。”③可见约誓之内涵有二，一为当事双方作出承诺，二为当事双方受此承诺之束缚。两者均有约束之义，而由“约”之义而派生。故郑玄《周礼》注曰：“约，言语之约束。”④《礼记》谓“约信曰‘誓’”⑤。而“盟”则为在此基础上之又一具体形态，郑玄《周礼》注曰：“盟，以约辞告神，杀牲歃血，明著其信也。”⑥可知“盟”即以杀牲歃血方式向神明宣读约辞，故《礼记》谓“莅牲曰‘盟’”⑦。可见“盟”

---

① 《维也纳条约法公约》（1969 年 5 月 23 日）第一编第二条《用语》，国际问题研究所编译：《国际条约集》（1969—1971），商务印书馆 1980 年版，第 43 页。

② 《说文解字注》，第 647 页。

③ 《说文解字注》，第 92 页。

④ 《周礼注疏》卷三十四《秋官司寇 · 司约》，中华书局 1980 年版，第 867 页。

⑤ 《礼记正义》卷五《曲礼下》，第 1266 页。

⑥ 《周礼注疏》卷三十四《秋官司寇 · 司盟》，第 868 页。

⑦ 《礼记正义》卷五《曲礼下》，第 1266 页。

与“约”、“誓”也是相通的。

“约誓”在古代通行于民间以至国家、民族及其他政治实体之间，周官“司约”：“凡大约剂，书于宗彝。小约剂，书于丹图。”郑注：“剂，谓券书也。”可知“约誓”需形诸文字，类似现在的条约之类文本。这两类“约誓”分别为国家性质和民间性质的，郑注：“大约剂，邦国约也……小约剂，万民约也。”①我们所要探讨的是前者，即国家之间在相互关系中的“约誓”。周官“司盟”：“凡邦国有疑会同，则掌其盟约之载及其礼仪，北面诏明神。既盟，则贰之。”郑注：“有疑，不协也。”②国与国之间如果有了“不协”，即矛盾、分歧，则通过谈判、协商，以达成协议和共识，形诸书面，为当事各方所共同遵守，是为“约誓”之基本特征。

综上所述，我们可以将“约”、“誓”、“盟”等统视之为“约”。为了称呼的方便，我们不做具体的分别，统称之为“约誓”。同时，这种“约誓”与近代以来的“条约”一词亦类似，条约是“国家和国家签订的有关政治、军事、经济或文化等方面的权利和义务的文书。”③因此，我们在行文中有时也将其称之为“条约”。

汉代继承先秦以来传统，亦将约誓运用于外交关系之中，成为汉代国际法重要内容之一。

1. 约誓类别

约誓在外交关系中运用于诸多方面，其主要者有如下几个类别。

(1)和亲条约

和亲为汉代重要外交方式之一，在这一方式中，和亲关系的确立

① 《周礼注疏》卷三十六《秋官司寇·司盟》，第881页。

② 《周礼注疏》卷三十六《秋官司寇·司盟》，第881页。

③ 中国社会科学院语言研究所词典编辑室编：《现代汉语词典(修订本)》，商务印书馆1996年版，第1251页。

和存续，由约誓而生成和体现。和亲条约为汉代约誓中最为重要者。

汉代的和亲条约，最早为汉九年（前198）与匈奴所签订的“和亲约”，是年高帝“使刘敬往结和亲约”①。是为汉代第一个，也是最重要的和亲条约。这个条约的主要内容有三项，一是“奉宗室女公主为单于阏氏”，二是“岁奉匈奴絮缯酒米食物各有数”，三是“约为昆弟以和亲”②。作为一项条约，它应当包含当事国双方的权利和义务。从上述三条来看，第一、二条主要为汉方对匈奴方的义务，那么，匈奴方面的义务何在呢？主要包括在第三条之中，所谓“约为昆弟以和亲”，除了含有双方平等、对等之意外，还含有匈奴不再进攻汉边，从而保持边境和平的条款在内。从保持边境和平来说，主要是针对匈奴而言，因为在边境地区发动进攻的主要是匈奴方面。因此，匈奴在享有汉方奉献和亲女以及各种物资赂遗的权利的同时，需要尽停止侵犯边境的义务。

从和亲约缔结之后的事态发展，可进而推知双方的权利、义务关系。史称和亲约缔结后，“冒顿乃少止”③，表明其受到和亲条约一定的束缚，故侵边气焰有所收敛。到了文帝三年（前177）双方发生了一次大的对抗，“匈奴右贤王入居河南地，侵盗上郡葆塞蛮夷，杀略人民。于是孝文帝诏丞相灌婴发车骑八万五千，诣高奴，击右贤王。右贤王走出塞。”④这次边境对抗事件之后汉匈双方对于这一事件的表述是：文帝六年（前174）冒顿单于致汉文帝文书称：“右贤王不请，听后义卢侯难氏等计，与汉吏相距，绝二主之约，离兄弟之亲……今以小吏之败约故，罚右贤王，使之西求月氏击之……愿寝兵休士卒养

---

① 《史记》卷九十九《刘敬列传》，第2719页。
② 《史记》卷一百十《匈奴列传》，第2895页。
③ 《史记》卷一百十《匈奴列传》，第2895页。
④ 《史记》卷一百十《匈奴列传》，第2895页。

马,除前事,复故约,以安边民,以应始古。”[①]匈奴方面承认右贤王之侵边为“败约”,是“绝二主之约,离兄弟之亲”,即破坏、背离了双方的约定;提出了“复故约”的建议,具体来说就是“寝兵”、“安边民”。汉文帝在复函中,同意冒顿单于的上述说法,说:“朕甚嘉之,此古圣主之意也。”同时指出“倍约离兄弟之亲者,常在匈奴。”认为匈奴方面经常违背条约而犯边,希望匈奴方面“明告诸吏,使无负约,有信。”[②]信守承诺而不再违反条约。总之,双方都认为边境对抗事件是违反双方条约规定的,而现在应当恢复“故约”。表明在“故约”中是有双方保持边境和平规定在内的。其后,文帝后二年(前162)致匈奴老上单于文书中又说:“先帝制:长城以北,引弓之国,受命单于;长城以内,冠带之室,朕亦制之。”[③]这里所谓“先帝”应当是指高帝,表明在汉九年的和亲约中,还对双方之边界划分有比较具体的规定,越过边境而侵犯对方,即属违约行为。

还应当指出,和亲约并非在汉九年一次性完善,而是陆续有所补充、增益。文帝后二年(前162)致匈奴老上单于文书后,通过双方的交涉、谈判,双方对于和亲约的补充和增益达成了共识,汉文帝在制诏御史中说:“匈奴大单于遗朕书,言和亲已定,亡人不足以益众广地,匈奴无入塞,汉无出塞,犯今约者杀之,可以久亲,后无咎,俱便。朕已许之。其布告天下,使明知之。”[④]在这里将“匈奴无入塞,汉无出塞”作为“今约”而布告天下,表明这是在“故约”基础上的新条款。其后又还有继续修订,这在关于和亲的章节中已经有所论述,亦不再赘述。

① 《史记》卷一百十《匈奴列传》,第2896页。
② 《史记》卷一百十《匈奴列传》,第2897页。
③ 《史记》卷一百十《匈奴列传》,第2902页。
④ 《史记》卷一百十《匈奴列传》,第2903—2904页。

汉与乌孙的和亲也是订有条约的，虽然我们没有看到像与匈奴和亲那样比较详细的记载，但是从宣帝时期以少主相夫出嫁乌孙元贵靡事件中可以窥知一二。神爵二年（前60）汉宣帝“以乌孙主解忧弟子相夫为公主”①下嫁元贵靡，派遣长罗侯常惠“使送公主配元贵靡。未出塞，翁归靡死，其兄子狂王背约自立。”②这里所谓“背约”，是指违背了乌孙方面在提亲时“以汉外孙元贵靡为嗣”的约定，而狂王自立为乌孙昆弥。常惠得到这一消息之后，立即“从塞下上书，愿留少主敦煌郡。（常）惠至乌孙，责以负约，因立元贵靡，还迎少主。”③常惠前往乌孙，主要是责备乌孙方面“负约”，如果他们能够依照前约而立元贵靡为昆弥，再返回敦煌迎接少主前往乌孙完婚。汉朝廷在接到常惠的上书后，公卿进行廷议，萧望之持反对态度，其主要理由是认为“乌孙持两端，亡坚约。”指出乌孙不能够坚持执行条约。故“今少主以元贵靡不得立而还，信无负于四夷。”认为是乌孙方面首先违反了条约，中止这桩婚事的责任在乌孙而不在汉。于是“天子从其议，征少主还。”④由此可知汉乌和亲亦有相关之条约。

（2）臣属条约

四方国、族与汉确立臣属关系，接受汉的封拜，亦通过订立条约以确定这种关系。

汉初，赵佗割据于岭南，高帝十一年（前196），汉“遣陆贾因立佗为南越王，与剖符通使，和集百越，毋为南边患害，与长沙接境。”⑤是为南越与汉臣属关系之确立，而这种臣属关系之确立是通过订立条

① 《汉书》卷九十六下《西域传下》，第3905页。

② 《汉书》卷七十六《萧望之传》，第3279页。

③ 《汉书》卷七十六《萧望之传》，第3279页。

④ 《汉书》卷七十六《萧望之传》，第3279页。

⑤ 《史记》卷一百一十三《南越列传》，第2967—2968页。

约而确认的，这在《史记·陆贾列传》中有所透露：陆贾“卒拜尉他为南越王，令称臣奉汉约。归报，高祖大悦。”①可知赵佗在称臣并接受汉王朝封拜为南越王时，与汉方订有条约，同意“奉汉约”。这里没有说明这项条约的具体内容，但上引《史记·南越列传》所载“剖符通使，和集百越，毋为南边患害，与长沙接境。”即为这项条约之内容。它包括四个方面的权利义务规定，一是南越向汉称臣，双方“剖符通使”；二是汉方同意南越有“和集百越”的权利，亦即在百越之中称雄的权利；三是南越需承担“毋为南边患害”之义务，主要是不许侵犯汉边；四是边界规定，双方“与长沙接境”，即南越之北部边界与汉王朝之“内诸侯”长沙王之边境相接。

从其后的汉、越关系发展事件中，我们还可以知道这项条约还有其他一些规定。一是关于边境互市的规定。高后时，“有司请禁南越关市铁器”，赵佗提出抗议，曰：“高帝立我，通使物，今高后听谗臣，别异蛮夷，隔绝器物，此必长沙王计也，欲倚中国，击灭南越而并王之，自为功也。”②赵佗的抗议中提出“高帝立我，通使物”，所谓“通使物”，包括“通使”和通“物”，通使即上述“剖符通使”，但没有言及通“物”，现在从南越提出的抗议中得知，当时的条约中实际上还有通“物”之规定。所谓通“物”即边境互市。而高后禁止向“南越关市铁器”、“隔绝器物”，即违反了高帝时期双方的约定。由此可见高帝时期，陆贾与赵佗所订条约中是有双方开展边境互市一项内容的。二是关于不得“擅兴兵相攻击”之规定。武帝建元四年（前137）赵佗卒，其孙赵胡为南越王，建元六年（前135）“闽越王郢兴兵击南越边

① 《史记》卷六十七《陆贾列传》，第2698页。

② 《史记》卷一百一十三《南越列传》，第2969页。笔者案：“高帝立我，通使物”一句中，“使”与“物”之间可加一顿号，则语意更明。

邑,(赵)胡使人上书曰;'两越俱为藩臣,毋得擅兴兵相攻击。今闽越兴兵侵臣,臣不敢兴兵,唯天子诏之。'于是天子多南越义,守职约,为兴师,遣两将军往讨闽越。"[①]南越遭到闽越的进攻,但是他不敢起兵反抗,因为"两越俱为藩臣,毋得擅兴兵相攻击",而是上书汉皇帝,听候裁示;汉武帝认为南越这样做是"守职约",亦即遵守条约的行为,因此"多"其"义",给予充分肯定,故而为之兴兵。可见南越与汉确立臣属关系时,条约中是有这方面规定的,而且这项内容不仅是对南越的要求,也是对于其他臣属关系方的要求,如这里提到的闽越。司马光亦谓南越王此举为"守天子约"[②]。

西南夷之内属过程中亦有约定这一环节。武帝元光五年(前130)拜唐蒙为郎中将出使夜郎,"遂见夜郎侯多同。(唐)蒙厚赐,喻以威德,约为置吏,使其子为令。"[③]唐蒙与夜郎侯多同达成协定,在夜郎地区"置吏",而以其子为"令",《汉书》颜师古注曰:"比之于汉县也"[④],相当于汉的县级。唐蒙与夜郎侯达成协定之后,"夜郎旁小邑皆贪汉缯帛,以为汉道险,终不能有也,乃且听蒙约。"夜郎邻近之小邑君长也纷纷接受唐蒙的约定。唐蒙"还报,乃以为犍为郡。"[⑤]由此可见,一些徼外边族,通过协定可以达致其内属,从而开疆拓境。

朝鲜之为汉外臣,亦通过条约而达致。"会孝惠、高后时天下初定,辽东太守即约满为外臣,保塞外蛮夷,无使盗边;诸蛮夷君长欲入见天子,勿得禁止。"[⑥]这是边境长官与朝鲜王满达成的协定,这项协

① 《史记》卷一百一十三《南越列传》,第2970—2971页。

② 《资治通鉴》卷十七《汉纪九》武帝建元六年(前135),第568页。

③ 《史记》卷一百一十六《西南夷列传》,第2994页。

④ 《汉书》卷九十五《西南夷两粤朝鲜传》,第3840页。

⑤ 《史记》卷一百一十六《西南夷列传》,第2994页。

⑥ 《史记》卷一百一十五《朝鲜列传》,第2986页。

定内容有三，一是朝鲜承认与汉王朝确立"外臣"关系；二是朝鲜需承担保证"塞外蛮夷"不侵犯汉边的义务；三是朝鲜需承担不阻碍"诸蛮夷君长"前来朝见汉皇帝的义务。

（3）边界及引渡条约

汉匈之间由于边境相接，长期存在诸多矛盾冲突，因而双方曾经多次签订并修改有关边界及遣返、引渡等方面的条约，我们在关于"和亲"问题、领土问题等章节中已经有所述及。汉文帝后二年（前162）致匈奴单于书中提到："先帝制：长城以北，引弓之国，受命单于；长城以内，冠带之室，朕亦制之。"①这就是汉匈之间关于边界问题最早的条约。这项条约到了汉宣帝时期又曾经加以修订。汉成帝绥和元年（前8）汉遣中郎将夏侯藩、副校尉韩容出使匈奴时，要求匈奴将插入张掖郡的一块"斗入"地割让与汉，遭到匈奴乌珠留单于的拒绝，其根据就是"孝宣、孝元皇帝哀怜父呼韩邪单于，从长城以北匈奴有之。"②故此地为匈奴所有。这里提到的汉宣帝、元帝与匈奴达成的以长城为界的协定，不久又被提到，汉平帝元始二年（2）汉匈之间发生引渡问题争执时，乌珠留单于又援引这项条约与汉使谈判。"会西域车师后王句姑、去胡来王唐兜皆怨恨都护校尉，将妻子人民亡降匈奴"，于是匈奴"单于受置左谷蠡地，遣使上书言状曰：'臣谨已受。'"汉方遣使"告单于曰：'西域内属，不当得受，今遣之。'"乌珠留单于反驳道："孝宣、孝元皇帝哀怜，为作约束，自长城以南天子有之，长城以北单于有之。有犯塞，辄以状闻；有降者，不得受。"同时指出其父呼韩邪单于死前曾经有遗嘱，"曰：'有从中国来降者，勿受，辄送至塞，

① 《史记》卷一百十《匈奴列传》，第2902页。

② 《汉书》卷九十四下《匈奴传下》，第3810页。

以报天子厚恩。'此外国也,得受之。"[①]乌珠留单于与汉方的争执涉及两个问题:一是边界问题,二是遣返、引渡问题。关于边界问题,乌珠留单于两次与汉使谈判中都加以援引,谓宣帝、元帝曾经与呼韩邪单于有过以长城为界的条约;关于遣返、引渡问题,一方面是条约规定:"有犯塞,辄以状闻;有降者,不得受。"另一方面则是其父呼韩邪单于的遗嘱,强调其限制是"有从中国来降者,勿受",故他认为匈奴方面接受西域车师后国之逃亡者,并不违反条约规定,因为他们属于"外国"。而呼韩邪单于的遗嘱一定是根据与汉方的条约精神而立的。由此可见在汉宣帝、元帝时期曾经与呼韩邪单于签订关于边界问题和遣返、引渡等方面的条约。

当时正值王莽当权的时期,在其错误的对外政策指导下,于是汉方根据这次引渡事件而暴露出来的问题,单方面修改条约,"乃造设四条",颁布于匈奴,这四条内容是:"中国人亡入匈奴者,乌孙亡降匈奴者,西域诸国佩中国印绶降匈奴者,乌桓降匈奴者,皆不得受。"其引渡范围超越原来条约规定的汉匈双方,而扩大及乌孙、西域诸国以及乌桓等国、族。

从这个事件中我们可以看到,一是当汉匈之间发生问题和争执时,是以条约为根据进行交涉、谈判,断定其是非曲直。可见这项条约对于双方当事国均具有约束力,当事国有履行条约的义务。二是王莽所修改的新条约,没有经过双方的协商和同意,而是单方面进行修改,违反了有汉一代条约签订之协商、同意原则,因而导致双方矛盾冲突的激化。

(4)友好互信盟约

外交双方在建立友好关系之后,亦有可能缔结条约以巩固这一关

① 《汉书》卷九十四下《匈奴传下》,第3818页。

系，尤其是当某些可能不利于双方关系发展的事项发生时，缔结这样的条约有助于采取共同行动，以消除妨碍双方关系的一些因素。汉匈之间就曾经缔结过这样的盟约。呼韩邪单于朝汉以后，双方建立了友好关系。但是妨碍双方友好关系巩固和发展的因素仍然存在。元帝初元五年（前44）汉派遣谷吉护送郅支单于侍子返国，被郅支单于杀害。汉方多方打听亦不知其下落，而得到传言是被呼韩邪单于的部众在边界地区杀害的，于是呼韩邪单于使者来汉时，汉方追究之甚急。次年——永光元年（前43）汉遣车骑都尉韩昌、光禄大夫张猛送呼韩邪单于侍子返国时，继续求问谷吉等人下落；韩昌、张猛在匈奴期间，"见单于民众益盛，塞下禽兽尽，单于足以自卫，不畏郅支。闻其大臣多劝单于北归者，恐北去后难约束。"韩昌、张猛担心呼韩邪单于北归，可能导致与汉的疏离，于是他们即与呼韩邪单于订立盟约，其辞曰："自今以来，汉与匈奴合为一家，世世毋得相诈相攻。有窃盗者，相报，行其诛，偿其物；有寇，发兵相助。汉与匈奴敢先背约者，受天不祥。令其世世子孙尽如盟。"盟约的主要条款，一是汉匈继续保持世代友好关系，不得相互欺诈和攻击；二是如有双方民众越界盗窃，相互通报并加以惩处、赔偿；如有叛乱者，双方发兵相助镇压。其核心精神是建立边境地区的互信关系。这个盟约对于巩固和发展双方边境和平以及全面的友好关系，均具有积极意义。

（5）城下之盟

战争的一方在不利情况下，亦可能被迫签订城下之盟，这一般来说是四方国、族在与汉交战失败时这样做，答应汉方要求，以结束战争。

汉武帝为了得到珍贵的大宛善马，于是发动了伐大宛之战。汉武帝太初三年（前102）贰师将军李广利回师大宛，"围其城，攻之四十余日，其外城坏，虏宛贵人勇将煎靡。宛大恐，走入中城。宛贵人相与谋曰:'汉所为攻宛,以王毋寡匿善马而杀汉使。今杀王毋寡而出善马,汉兵宜解;即不解,乃力战而死,未晚也。'宛贵人皆以为然,共杀其王毋寡,持其头遣贵人使贰师,约曰:'汉毋攻我。我尽出善马,恣所取,而给汉军食。即不听,我尽杀善马,而康居之救且至。至,我居内,康居居外,与汉军战。汉军熟计之,何从?'"这是大宛被汉军围困、处于不利情况下,决定满足汉方要求,一是杀死杀害汉使以及不肯将大宛善马给汉的国王;二是愿意出示所有善马,任凭汉方挑选;三是供应汉军之食用。他们以此三项条件,遣使出城与汉方谈判,在谈判中,大宛使者软中有硬,表示如果这些条件汉方仍不满足,则准备决一死战。他们已经请来康居的救兵,里外夹击,请汉方考虑抉择。当时康居的救兵确实已经到达,但是他们"候视汉兵,汉兵尚盛,不敢进。"在这种情况下,贰师将军与其军吏赵始成、李哆等合计:"闻宛城中新得秦人,知穿井,而其内食尚多。所为来,诛首恶者毋寡。毋寡头已至,如此而不许解兵,则坚守,而康居候汉罢而来救宛,破汉军必矣。"军吏皆以为然,于是"许宛之约。宛乃出其善马,令汉自择之,而多出食食给汉军。汉军取其善马数十匹。中马以下牡牝三千余匹,而立宛贵人之故待遇汉使善者名昧蔡以为宛王,与盟而罢兵。"双方达成了城下之盟。但汉军亦"终不得入中城。乃罢而引归。"①大宛虽然被汉军打败,满足了汉方的种种要求,但是总算保存了社稷,汉军也没有进入其都城核心地区,这次战争就以签订双方都能够接受的盟约而宣告结束,这对于双方来说都是有利的。

武帝伐朝鲜时,双方在军事斗争的同时也展开约誓之争。元封二年(前109)派遣楼船将军杨仆从齐渡渤海、左将军荀彘出辽东,合击朝鲜,朝鲜王右渠发兵坚守其都城王险城,两将军战事均不利。次

① 《史记》卷一百二十三《大宛列传》,第3177页。

年,“天子为两将未有利,乃使卫山因兵威往谕右渠。右渠见使者顿首谢:‘愿降,恐两将诈杀臣;今见信节,请服降。’遣太子入谢,献马五千匹,及馈军粮。”在军事不利的情况下采用谈判方式以缔结停战协议,朝鲜遂与汉达成城下之盟。但是当朝鲜方面派遣太子入汉履约时,“人众万余,持兵,方渡浿水,使者及左将军疑其为变,谓太子已服降,宜命人毋持兵。太子亦疑使者左将军诈杀之,遂不渡浿水,复引归。”卫山与左将军不许朝鲜方面人员持兵器,朝鲜方面更怀疑卫山和左将军乃设计诱骗以杀害他们,于是太子率众退回,导致盟约失败。卫山“还报天子,天子诛山。”①汉武帝认为这次与朝鲜的城下之盟之所以失败,乃因卫山作为汉方特使而“不能剸决,与左将军计相误,卒沮约。”②卫山不能专决,又不能与左将军配合默契,导致盟约失败。当时左将军围王险城西北,楼船将军驻其城南,“右渠遂坚守城,数月未能下。”汉方两将军意见不合,左将军主张急攻,楼船将军主和。右渠遂利用他们之间的矛盾,“朝鲜大臣乃阴间使人私约降楼船,往来言,尚未肯决。左将军数与楼船期战,楼船欲急就其约,不会;左将军亦使人求间郤降下朝鲜,朝鲜不肯,心附楼船:以故两将不相能。”朝鲜方面单独与楼船将军谈判投降条约,在双方尚未达成协议时,左将军要求与楼船将军协同发起进攻,楼船将军为了与朝鲜达成投降条约而不与左将军配合;左将军也派人与朝鲜谈判,但是朝鲜不与其谈判,而与楼船将军谈判。两位将军的矛盾愈益尖锐,导致围城“以故久不决”③。城下之盟终于未能达成,最后还是以战争解决问题。本来朝鲜方面有意以缔结城下之盟结束战争,但因汉方将领处

① 《史记》卷一百一十五《朝鲜列传》,第2987—2988页。

② 《史记》卷一百一十五《朝鲜列传》,第2988页。

③ 《史记》卷一百一十五《朝鲜列传》,第2988页。

置不当以及内部矛盾而导致盟约不成，从而付出了更多代价。

2. 约誓方式与程序

约誓是两个主体，即国家及其他政治实体之间缔结的对于双方均具有约束力的协定，因此它是国家及其他政治实体意志和利益的体现，其严肃性是不言而喻的。约誓的作用与性质，在约誓签订的方式与程序中有比较集中的反映，体现了约誓之国家政治行为及其所具有的严肃性。约誓的签订，大略而言，可分为事先授权与事后批准，以及双方君主直接协商而达成等方式。

(1)事先授权

有的约誓是使者事先得到授权而与对方谈判，将条约或协定带回之后经皇帝的认可。高帝与冒顿单于签订的“和亲约”以及南越与汉确立臣属关系的条约均属此类。汉九年(前198)刘敬受高帝之命，前往匈奴，与冒顿单于“结和亲约”，这项条约是在此前刘敬与高帝君臣事先反复商讨、深思熟虑之后签订的，我们从“和亲约”之基本条款均为高帝与刘敬君臣在缔约之前已经讨论过的情况中就可以知道。不仅这项条约中的“厚奉遗之”为他们君臣之间事先所商定，而且其中的“取家人子名为长公主，妻单于。”①亦经过与高后妥协之后方才确定的，也就是说在这个问题上，是在高帝、高后和刘敬三人均取得共识之后，才派遣刘敬前往匈奴缔约的。

汉与南越的臣属关系条约亦然。“高帝已定天下，为中国劳苦，故释(赵)佗弗诛。汉十一年，遣陆贾因立佗为南越王，与剖符通使，和集百越，毋为南边患害，与长沙接境。”②这里的“立佗为南越王，与剖符通使，和集百越，毋为南边患害，与长沙接境”等项条款，应当基

① 《史记》卷九十九《刘敬列传》，第2719页。

② 《史记》卷一百一十三《南越列传》，第2967页。

本上是在陆贾出发前得到高帝批准的。然后陆贾奉命出使南越，经过他与赵佗艰苦的谈判，历时一月，终于达成协定，陆贾“卒拜尉（赵）他为南越王，令称臣奉汉约。归报，高祖大悦，拜贾为太中大夫。”①这项臣属关系条约是在陆贾从南越回到长安之后，高帝听取其报告之后才知道其具体内容的，高帝之所以在得知条约内容之后“大悦”并为陆贾加官晋爵，就是因为条约完全符合高帝、陆贾君臣事先的共识，完全达到了他们的预定目标。

（2）事后批准

也有一些条约是在事后批准的。汉初与朝鲜的臣属条约就属于这一类。“会孝惠、高后时天下初定，辽东太守即约满为外臣，保塞外蛮夷，无使盗边；诸蛮夷君长欲入见天子，勿得禁止。以闻，上许之。”②这是地方长官与朝鲜王满事先达成了协议，然后报告朝廷，得到皇帝的批准。

上述元帝永光元年（前43）车骑都尉韩昌、光禄大夫张猛出使匈奴时与匈奴达成的盟约亦属此类。本来他们的使命是护送呼韩邪单于侍子，以及调查出使郅支单于的汉使谷吉等人的下落，但是在匈奴期间，他们“见单于民众益盛，塞下禽兽尽，单于足以自卫，不畏郅支。闻其大臣多劝单于北归者，恐北去后难约束。”于是他们二人便决定与呼韩邪单于缔结盟约，以牵制呼韩邪单于所统治的匈奴，以免他们与郅支单于勾结而背汉。缔盟的仪式相当隆重，韩昌、张猛与呼韩邪单于及大臣“俱登匈奴诺水东山，刑白马，单于以径路刀金留犁挠酒，以老上单于所破月氏王头为饮器者共饮血盟。”③此即所谓歃血为盟。

① 《史记》卷六十七《陆贾列传》，第2698页。

② 《史记》卷一百一十五《朝鲜列传》，第2986页。

③ 《汉书》卷九十四下《匈奴传下》，第3801页。注引应劭曰：“径路，匈奴宝刀也。金，契金也。留犁，饭匕也。挠，和也。契金著酒中，挠搅饮之。”

盟约内容和誓词均为韩昌、张猛与匈奴方面谈判所决定的。事后，他们二人“还奏事，公卿议者以为‘单于保塞为藩，虽欲北去，犹不能为危害。昌、猛擅以汉国世世子孙与夷狄诅盟，令单于得以恶言上告于天，羞国家，伤威重，不可得行。宜遣使往告祠天，与解盟。昌、猛奉使无状，罪至不道。’”但是，“上薄其过，有诏昌、猛以赎论，勿解盟。”[①]这项条约的缔结过程所反映的程序是：①汉使在没有得到皇帝授权的情况下，径自与出使国君主缔盟；②盟约的盟辞规定了双方的共同意愿“自今以来，汉与匈奴合为一家”；共同遵守的承诺，“世世毋得相诈相攻。有窃盗者，相报，行其诛，偿其物；有寇，发兵相助。”亦即共同遵守的权利和义务；三是对于违反条约者的惩罚，“敢先背约者，受天不祥”；四是双方对于遵守条约的保证，“令其世世子孙尽如盟”[②]。③这项条约采取了古老的歃血为盟的方式。《周礼》“司盟掌盟载之法”，郑玄注曰：“载，盟辞也。盟者书其辞于策，杀牲取血，坎其牲，加书于上而埋之，谓之载书。”[③]这种方式是“以约辞告神，杀牲歃血，明著其信也。”[④]也就是说，这种方式是直接向明神起誓，以强调其诚信度和约束力。④使者回朝之后向朝廷报告，朝廷为此召开决策会议，以讨论该盟约之是否可以批准。从与会公卿一致认为两位使者径自与匈奴单于盟誓，是一种越权行为，可知条约之签订，一般应当以事先受命为宜，否则为擅权行为，违反程序。⑤条约可以被否决，而否决亦需按照程序进行，即“遣使往告祠天，与解盟。”仍然派遣使者前往匈奴，举行祠天仪式，向明神宣誓解除原来的约定。解除条约也是严肃的事情，需经双方重新宣誓。⑥条约的批准权力最后集

① 《汉书》卷九十四下《匈奴传下》，第3801页。

② 《汉书》卷九十四下《匈奴传下》，第3801页。

③ 《周礼注疏》卷三十六《秋官司寇·司盟》，第881页。

④ 《周礼注疏》卷三十五《秋官司寇·司盟》，第868页。

中于皇帝。尽管公卿一致反对批准这项条约，并均认为韩昌、张猛的行为不合程序，应加以惩罚，但是皇帝从条约本身的价值，即从国家政治利益考量，认为于国家利益有积极意义，因此否决了公卿的意见，减轻了对于韩昌、张蒙的处罚，批准了这项盟约。

(3)君主直接协商

由双方君主直接协商而达成条约，亦为条约形成之重要方式之一。汉匈之间的条约，有的是不通过使节或其他官员，而由汉皇帝和匈奴单于直接协商而达成的。由于古代交通条件及安全保障等方面的限制，双方君主之互访及直接会谈的情况很少，故双方君主协商条约，是通过互通文书这一方式而进行的。汉文帝后二年(前162)汉匈之间的和亲新约就是由汉文帝和匈奴老上单于直接协商而达成的。是年，汉文帝使使遗匈奴老上单于书曰："今闻渫恶民贪降其进取之利，倍义绝约，忘万民之命，离两主之欢……今天下大安，万民熙熙，朕与单于为之父母。朕追念前事，薄物细故，谋臣计失，皆不足以离兄弟之欢……朕与单于皆捐往细故，俱蹈大道，堕坏前恶，以图长久，使两国之民若一家子……故来者不止，天之道也。俱去前事：朕释逃虏民，单于无言章尼等。朕闻古之帝王，约分明而无食言。单于留志，天下大安，和亲之后，汉过不先。单于其察之。"①汉文帝的信函主要强调既往不咎，抛弃前嫌，重构边境和平。这里应当指出，汉文帝的这封信函是对匈奴单于来函的答复，一方面通报对方："使当户且居雕渠难、郎中韩辽遗朕马二匹，已至，敬受。"②表明是匈奴使者雕渠难、韩辽携带匈奴单于致汉文帝的书信，故汉文帝此信函是对于匈奴单于来函的答复；另一方面汉文帝的复函中引用了匈奴单于来函中

① 《史记》卷一百十《匈奴列传》，第2902—2903页。

② 《史记》卷一百十《匈奴列传》，第2902页。

的内容:“二国已和亲,两主欢说,寝兵休卒养马,世世昌乐,闟然更始。”汉文帝表示同意他的意见:“朕甚嘉之”①。可见双方就重构边境和平、再缔和亲新约进行了直接的沟通。匈奴单于在接获汉文帝的复函之后又致函汉文帝,匈奴单于复函的内容,从汉文帝的诏书中可以看到:“匈奴大单于遗朕书,言和亲已定,亡人不足以益众广地,匈奴无入塞,汉无出塞,犯今约者杀之,可以久亲,后无咎,俱便。”这就是匈奴单于对于汉文帝意见的答复,表示同意汉方所提诸项。汉文帝对于匈奴单于的复函内容表示同意,曰:“朕已许之”②,即同意匈奴单于的意见。在此基础上,双方达成了和亲新约(即“今约”)。于是汉文帝发布诏书:“其布告天下,使明知之。”③汉方将此和亲新约布告于天下,令天下吏民遵守执行。由此可见,这项新约是由汉文帝和匈奴老上单于直接通过多次书信往来而达成的。

上述汉文帝后二年汉匈之间的和亲新约,是通过汉匈之间君主在平等协商的基础上达成的。之所以能够在平等协商基础上缔结条约,是因为这个时期汉匈之间是势均力敌的、对等的关系。但是,当双方力量对比发生变化之后,亦即汉强匈弱的时候,条约的缔结情形就发生变化了,就有可能不以平等协商精神来缔结条约了。汉平帝元始二年(2)汉“班四条与单于”即属这种情况。上文我们已经谈及是年汉匈之间发生了遣返、引渡方面的争执,汉方执意要求匈奴方面将逃亡至匈奴那里的西域车师后王句姑、去胡来王唐兜引渡回汉,引起匈奴方面的不满,匈奴方面认为有违汉匈之间原有的条约规定。虽然匈奴方面还是顺从汉方意志而将二王交给汉方,但是汉方并不

① 《史记》卷一百十《匈奴列传》,第2902页。
② 《史记》卷一百十《匈奴列传》,第2903页。
③ 《史记》卷一百十《匈奴列传》,第2904页。

满足于这一个案之解决，而是进而将汉匈之间原有的条约加以大幅度的修改，单方面将条约强加于匈奴方面，“乃造设四条：中国人亡入匈奴者，乌孙亡降匈奴者，西域诸国佩中国印绶降匈奴者，乌桓降匈奴者，皆不得受。”将原来汉匈之间的遣返、引渡关系扩及乌孙、西域诸国和乌桓。这种单方面将条约强加于对方的做法，与西汉前期通过平等协商达成协议的做法已经大相径庭，不可同日而语了。何以会发生如此巨大的变化？这有两个方面的原因，一是这个时期汉匈之间的国力对比、地位关系已经与西汉前期不同，不是对等的、平等的关系，而是汉强匈弱，匈奴已经臣服于汉；二是这个时候已经是王莽当权的时期，他执行的是一种民族压迫的政策，一种霸权主义的对外政策。王莽单方面制订条约之后，遣使匈奴，“班四条与单于，杂函封，付单于，令奉行，因收故宣帝所为约束封函还。”①所谓“杂函封”，颜师古注曰：“与玺书同一函而封之”，亦即新条约文本以及皇帝命令匈奴照此新条约执行的诏书封在同一函中交付匈奴。同时将原来汉宣帝时期的条约文本封函带回汉方。这虽然是一个违反常规的条约签订程序的事件，但是其中也透露了一些条约签订程序中的实际环节。它告诉我们，当时重要的条约是形诸文字的，记载在书面上的，是有文本的；这种文本除了汉方保留之外，匈奴方面亦有副本，保留于匈奴那里。这个条约原为呼韩邪单于于甘露三年（前51）朝汉时所签订，距汉平帝元始二年（2）已近半个世纪，这时匈奴方面仍然保存着。当新的条约颁布后，这种旧条约即原封收回。由此可见当时条约的签订是相当严肃和规范的。

不论采取何种方式签订条约，其制订程序的核心精神基本上是一致的，就是对等的协商，按照这一精神所制订的条约，其履行程度和

---

① 《汉书》卷九十四下《匈奴传下》，第3819页。

效果就较好，反之则不可能很好。上述汉平帝元始二年（2）王莽单方面修改汉宣帝时期汉匈之间缔结的边界和引渡条约，“班四条”于匈奴，命令其执行，就从反面说明了这个问题。这个条约实际上没有也不可能得到很好的履行，其结果是导致汉匈之间以及北方诸族之间矛盾的激化和冲突。“汉既班四条，后护乌桓使者告乌桓民，毋得复与匈奴皮布税。”也就是说，汉方护乌桓使者又将这四条加以扩大化，令乌桓断绝与匈奴原有的关系，故“匈奴以故事遣使者责乌桓税，匈奴人民妇女欲贾贩者皆随往焉。乌桓距曰：‘奉天子诏条，不当予匈奴税。’匈奴使怒，收乌桓酋豪，缚到悬之。酋豪昆弟怒，共杀匈奴使及其官属，收略妇女马牛。单于闻之，遣使发左贤王兵入乌桓责杀使者，因攻击之。乌桓分散，或走上山，或东保塞。匈奴颇杀人民，敺妇女弱小且千人去，置左地，告乌桓曰：‘持马畜皮布来赎之。’乌桓见略者亲属二千余人持财畜往赎，匈奴受，留不遣。”①王莽所颁四条中，有一条规定是如有“乌桓降匈奴者”，匈奴不得接受。后来汉方又命令乌桓不得向匈奴交纳皮布税，并且不与匈奴交市。其结果导致匈奴与乌桓矛盾的激化，于是匈奴驱赶、掠夺乌桓民众置于匈奴左地，并将前来赎取家属的更多乌桓民众扣押在匈奴。也就是说，四条所要限制的乌桓“降”匈奴者不仅没有减少，反而大大增加了。而匈奴方面更将这些“来降”者大量留置于匈奴。其结果是适得其反。始建国元年（9），王莽派遣其将率为使于匈奴，“将率还到左犁汗王咸所居地，见乌桓民多，以问咸。咸具言状，将率曰：‘前封四条，不得受乌桓降者，亟还之。’咸曰：‘请密与单于相闻，得语，归之。’单于使咸报曰：‘当从塞内还之邪，从塞外还之邪？’将率不敢颛决，以闻。诏报，从塞外还之。”王莽的使者所看到的大量乌桓民众，就是那些被匈奴驱掠

① 《汉书》卷九十四下《匈奴传下》，第3820页。

得到的妇女弱小，以及那些前来赎取家属而被扣押下来的乌桓民众。当王莽的使者按照四条规定而要求匈奴方面归还这些乌桓民众时，匈奴采取虚与委蛇的拖延策略，以应付王莽方面提出的要求，并不是真正去履行条约。王莽对于条约所采取的错误做法以及他的一系列其他错误政策，导致汉匈关系的破坏，史称“单于始用夏侯藩求地有距汉语，后以求税乌桓不得，因寇略其人民，衅由是生，重以印文改易，故怨恨。乃遣右大且渠蒲呼卢訾等十余人将兵众万骑，以护送乌桓为名，勒兵朔方塞下。”①所谓“护送乌桓”，实际上是“阳言云护送乌桓人众，实来为寇。”②这种条约不仅不能够得到有效的实施，反而起了破坏双边关系的恶劣后果。

3. 约誓的作用

王钦若等人在总结约誓的历史作用时写道：“若乃要荒之俗，凶悍成性，置之度外，斯为匪人，先王于是羁縻而不绝之也。然而威力有所不及，德义有所不怀，姑务息民，非可黩武，繇是申以诅誓，质于神明，达之以诚心，要之以祸福，然后边鄙不耸，保障以宁，倒载干戈，而阜安生齿，兹亦长辔远御之一术也。”③强调约誓对于加强与四方国、族之关系，保障边境之和平，维护各族人民安乐，具有积极意义。

约誓的核心精神就是双方作出承诺，并以此承诺约束双方的行动，以建立互信关系，达到和平相处的目的。因此，约誓之遵守就成为检验其作用的试金石。但是，约誓之是否得到遵守，并非由约誓本身的约束力而可以完全达到的，同时取决于双方力量的对比和各自国家的利益等诸多因素。

① 《汉书》卷九十四下《匈奴传下》，第3822页。

② 《汉书》卷九十四下《匈奴传下》颜师古注曰，第3822页。

③ 《册府元龟》卷九百八十一《外臣部·盟誓》，第11524页。

汉匈之间的和亲条约是汉代最为重要的双边条约，西汉前期与匈奴签订的“和亲约”，对于维护当时的边境和平起了积极作用，导致汉初以来“七十年间，国家亡事”①的和平安定局面的出现，为西汉前期赢得了恢复、发展经济，提升综合国力的宝贵时间，为“文景之治”的出现和武帝时期国力的强盛创造了有利条件。也就是说汉初所签订的和亲条约，基本上是得到实施并发挥了其积极作用的。但是在这里我们需要提出的是，西汉前期这种长时期的和平安定局面并非仅靠条约就能够得来的，而是依靠国家实力的保障，亦即作为实施条约之后盾的强大和有力，没有这个后盾和实力是不可能得到的。每当匈奴“背约”犯边时，汉方均以相应之武力加以抵抗、驱逐，并以条约为依据向匈奴方面提出交涉、抗议，方才保持了边境地区比较长时期的和平安定局面。故班固论和亲约曰：“若不置质，空约和亲，是袭孝文既往之悔，而长匈奴无已之诈也。夫边城不选守境武略之臣，修障隧备塞之具，厉长戟劲弩之械，恃吾所以待边寇。而务赋敛于民，远行货赂，割剥百姓，以奉寇雠。信甘言，守空约，而几胡马之不窥，不已过乎！”②指出没有武力为后盾的条约是为“空约”；以武力为后盾才能够保证条约之实施。

汉与大宛所签订的条约，也得到了较好的实施。汉武帝太初三年（前102）伐大宛时，大宛与汉签订了城下之盟，答应了汉方的条件，献出其善马。大宛方面不仅在条约签订之后履行了条约，“出其善马，令汉自择之，而多出食食给汉军。”③而且后来新王继位后，仍然承认原来所签订的条约，继续履行。伐大宛战争胜利后，汉扶立与汉友好

① 《汉书》卷二十四上《食货志上》，第1135页。

② 《汉书》卷九十四下《匈奴传下》，第3832页。

③ 《史记》卷一百二十三《大宛列传》，第3177页。

的昧蔡为王，但是“后岁余，宛贵人以为昧蔡謟，使我国遇屠，相与共杀昧蔡，立毋寡弟蝉封为王，遣子入侍，质于汉，汉因使使赂赐镇抚之。”毋寡就是不肯以善马给汉、后被大宛贵人杀死以献李广利的前王。蝉封继位为宛王后，“与汉约，岁献天马二匹。”这位新王又与汉签订新约，保证每年贡献天马两匹。此后，“天子以天马多，又外国使来众，益种蒲陶、目宿离宫馆旁，极望焉。”①由此亦可见大宛很好的履行了贡献天马的条约。而且在其后的长时期中，大宛继续履行条约，向汉方贡献天马。悬泉置出土汉简发现了这方面的证据。

> 元平元年十一月己酉，□□诏使甘□□迎天马敦煌郡。为驾一乘传，载御一人。御史大夫广明下右扶风，以次为驾，当舍传舍，如律令。②

元平元年(前74)为汉昭帝年号，是年四月昭帝崩，七月宣帝即位，故十一月宣帝已经在位。这是御史大夫田广明下达的文书，派遣诏使甘□□前往敦煌郡“迎天马”，为此，命令右扶风以西的传舍为其提供“驾一乘传”、“舍传舍”等条件。这里的“天马”即大宛之善马。大宛“多善马，马汗血，其先天马子也。”③汉通西域后，“得乌孙马好，名曰‘天马’。及得大宛汗血马，益壮，更名乌孙马曰‘西极’，名大宛马曰‘天马’云。”④这个资料表明，太初三年(前102)汉与大宛签订贡献天马的条约之后，到元平元年(前74)大宛方面仍然在履行条约，继

① 《汉书》卷九十六上《西域传上》，第3895页。

② 《敦煌悬泉汉简释粹》(Ⅱ0115④:37)，编号138。

③ 《史记》卷一百二十三《大宛列传》，第3160页。《集解》引《汉书音义》曰：“大宛国有高山，其上有马，不可得，因取五色母马置其下，与交，生驹汗血，因号曰天马子。”

④ 《史记》卷一百二十三《大宛列传》，第3170页。

续向汉方贡献天马。也就是说自从条约签订以来的近30年间，大宛一直在履行条约。东汉章帝建初三年（78）特赐东平宪王苍及琅邪王京书，其中有曰："并遗宛马一匹，血从前髆上小孔中出。常闻武帝歌天马，沾赤汗，今亲见其然也。"[①]这里的"宛马"即大宛"天马"。看来直到东汉时期大宛可能仍然向汉贡献天马。

汉与大宛的条约为什么能够得到较好的执行呢？这是因为西域是汉王朝经营的重点所在，同样的，汉对于大宛也是下了很大力气的。一方面，伐大宛的兵威给大宛留下了深刻影响，原先，"宛王以汉绝远，大兵不能至，爱其宝马不肯与。"[②]经过这次战役，大宛对于其与汉的军事关系有了不同的认识，史称"汉既诛大宛，威震外国"[③]，作为当事国的大宛之感受自然超过其他外国。故伐宛之后，汉方"又发使十余辈，抵宛西诸国四求奇物，因风谕以伐宛之威。"[④]仍然借助伐宛之威开拓其外交关系。可以说伐大宛是当时震动东亚外交圈乃至西方（西域）外交圈的大事。其次，大宛周边国家之向汉，如西域大国乌孙与汉建立了和亲关系，亦有一定关系。第三，更重要的是伐宛之后汉方加强了与大宛的关系，"使使赂赐镇抚之"，对于大宛进行直接的控制；大宛方面亦"遣子入侍，质于汉。"[⑤]双方建立了密切的外交关系。悬泉置汉简反映了这方面的情况。

1）以食使大宛车骑将军长史□[⑥]

---

① 《后汉书》卷四十一《光武十王传》，第1439页。

② 《汉书》卷九十六上《西域传上》，第3895页。

③ 《汉书》卷九十五上《匈奴传上》，第3776页。

④ 《汉书》卷九十六上《西域传上》，第3895页。

⑤ 《汉书》卷九十六上《西域传上》，第3895页。

⑥ 《敦煌悬泉汉简释粹》（Ⅰ0112③:30），编号139。

2）大宛贵人乌莫塞献橐他一匹，黄，乘，须两耳，絜一丈，死县（悬）泉置……①

3）建平五年十一月庚申，遣卒史赵平，送自来大宛使者侯陵奉献，诣□□以……（A）②

4）客大月氏、大宛、踈（疏）勒、于阗、莎车、渠勒、精绝、杆弥王使者十八人，贵人□人……③

简1记载的是汉方派遣车骑将军长史某人出使大宛；简2记载的是大宛贵人名乌莫塞者来汉奉献骆驼一匹，死于悬泉置；简3记载的是哀帝建平五年（前2），汉方派遣卒史赵平护送大宛使者名侯陵者前来汉方奉献；简4是大宛使者与大月氏、疏勒等八国使者一起途经悬泉置的记录。这些记载表明，自从汉与大宛签订条约之后，双方外交关系十分密切，汉方或遣使前往大宛，或遣使护送大宛来使；大宛方面，则除了条约规定的奉献天马之外，还有其他方面的奉献，双方互动相当频繁。由此亦可推知大宛之所以较好的履行条约，不是一个孤立的现象，而是兵威之后双方关系一直保持密切的反映。

但是，有些条约则并没有得到很好的履行，汉与朝鲜签订的条约就是属于这样的情形。西汉惠帝、高后时，与朝鲜签订了臣属关系条约，规定朝鲜"保塞外蛮夷，无使盗边；诸蛮夷君长欲入见天子，勿得禁止"④等条款。但是朝鲜方面并没有很好的遵守这些条款，相反，朝鲜王满借助这个条约，"得兵威财物侵降其旁小邑，真番、临屯皆来服属，方数千里。"大力扩展其势力范围。"传子至孙右渠，所诱汉亡人

① 《敦煌悬泉汉简释粹》（Ⅱ0214②:53），编号142。

② 《敦煌悬泉汉简释粹》（Ⅱ0114④:57），编号148。

③ 《敦煌悬泉汉简释粹》（Ⅰ0309③:97），编号189。

④ 《史记》卷一百一十五《朝鲜列传》，第2986页。

滋多，又未尝入见；真番旁众国欲上书见天子，又拥阏不通。"实际上其所作所为完全违反当初的条约规定。汉武帝元封二年（前109），"汉使涉何谯谕右渠，终不肯奉诏。"[①]公然与汉敌对。朝鲜对于臣属关系条约的这种态度，根本上在于汉王朝对其经营远不及大宛，双方没有密切的外交关系，当时朝鲜问题并不在汉方关注的重点之中，而且鞭长莫及，任其自然，故不可能很好的履行条约。后来汉武帝以武力平定之，才最终解决了这一问题。

汉与乌孙的条约虽然不像与朝鲜的条约那么无效，但其效用也仍然存在问题，故萧望之说：乌孙"难约结"[②]、"亡坚约"[③]。神爵二年（前60）汉宣帝以相夫妻乌孙元贵靡时，原来与乌孙约定以元贵靡继承乌孙昆弥，但是当汉使护送相夫至敦煌时得知乌孙废约而改立泥靡为昆弥。此其无"坚约"之具体表现。乌孙在西域诸国中是与汉关系最为密切的国家之一，也是保持友好关系最为长久的国家之一，尚且如此。何以然？主要就是因为乌孙"远汉"[④]，故一贯"持两端"[⑤]，而在汉与匈奴之间玩弄平衡之术。

条约之能否得到很好的实施，归根结底是双方国家利益和综合国力的角逐与较量。综观西汉一代的汉匈关系，我们可以看到这样一个景象，即西汉前期主要是匈奴方面违反条约，而西汉后期则汉方违反条约的情况相对增多。我们先看西汉前期的情况，汉九年（前198）"约为昆弟以和亲，冒顿乃少止。"[⑥]和亲约签订之初还是有一些效果，

① 《史记》卷一百一十五《朝鲜列传》，第2986页。

② 《汉书》卷九十六下《西域传下》，第3906页。

③ 《汉书》卷七十六《萧望之传》，第3279页。

④ 《汉书》卷九十六下《西域传下》，第3902页。

⑤ 《汉书》卷七十六《萧望之传》，第3279页。

⑥ 《史记》卷一百十《匈奴列传》，第2895页。

但是不久,"高祖崩,孝惠、吕太后时,汉初定,故匈奴以骄。"到了汉文帝三年(前177)五月,"匈奴右贤王入居河南地,侵盗上郡葆塞蛮夷,杀略人民。"[①]公然撕毁条约,兴兵犯塞。经汉方反击,匈奴退出。于是汉文帝六年(前174)冒顿单于向汉方提出"除前事,复故约"的要求,而"汉许之"[②]。但是,"复故约"不久,汉文帝十四年(前166)匈奴再次撕毁条约,以十四万骑兵入侵汉边,经汉方反击后退出,"汉逐出塞即还,不能有所杀。匈奴日已骄,岁入边,杀略人民畜产甚多,云中、辽东最甚,至代郡万余人。汉患之,乃使使遗匈奴书。单于亦使当户报谢,复言和亲事。"[③]于是双方又开展新一轮的和亲条约谈判,至汉文帝后二年双方再次达成和亲条约——"今约"[④]。这项新约墨迹未干,汉文帝后六年(前158)"匈奴复绝和亲,大入上郡、云中各三万骑,所杀略甚众而去。"[⑤]匈奴方面第三次撕毁条约。不久汉文帝死,汉景帝继位,"孝景帝复与匈奴和亲,通关市,给遗匈奴,遣公主,如故约。"[⑥]双方又一次恢复和亲条约。可以说双方一直在进行着毁约与复约的争竞和较量,循环往复。这个时期匈奴始终处于主动地位,"倍约离兄弟之亲者,常在匈奴。"[⑦]"匈奴数和亲,而常先犯约,贪侵盗驱,长诈之国也。反复无信,百约百叛。"[⑧]这种状况维持了60多年,直到汉武帝元光二年(前133)马邑事件后才发生了改变。这一事件是汉方主动发起对匈奴的进攻,那么,这实际上就是汉方撕毁了和

① 《史记》卷一百十《匈奴列传》,第2895页。
② 《史记》卷一百十《匈奴列传》,第2896页。
③ 《史记》卷一百十《匈奴列传》,第2901页。
④ 《史记》卷一百十《匈奴列传》,第2903页。
⑤ 《史记》卷一百十《匈奴列传》,第2904页。
⑥ 《史记》卷一百十《匈奴列传》,第2904页。
⑦ 《史记》卷一百十《匈奴列传》,第2897页。
⑧ 《盐铁论·和亲》,《诸子集成》(七),第50页。

亲条约，“自是之后，匈奴绝和亲”①，和亲条约废止，双方进入战争状态。经过汉方的有力打击，至汉武帝元狩四年（前119）卫青、霍去病远征漠北，“是后匈奴远遁，而幕南无王庭。”②汉匈力量对比发生了根本性逆转，变为汉方对于匈奴处于主动地位。此后，双方对于条约的态度也随之而发生变化，匈奴方面由原来的一再撕毁条约变为一再要求恢复条约，汉方则由原来的一再要求匈奴遵守条约，变为对于恢复条约的虚与委蛇态度，乃至发生违反条约的情况。这个时候，处于弱势地位的匈奴，又重新捡起和亲条约，一再向汉方“好辞请和亲”③、“好辞甘言求请和亲”④。而汉方对此或并不积极，或则提出令其为“外臣，朝请于边”⑤，或遣子入质等被匈奴方面认为违反“故约”⑥的要求。到了汉宣帝时期，经过本始二三年（前72—71）汉、乌联军大败匈奴，“于是匈奴遂衰耗”⑦，此后匈奴更加迫切希望与汉恢复和亲条约，“兹欲乡和亲”⑧。直到汉宣帝甘露三年（前51）呼韩邪单于朝汉之后，双方才签订新的边境和平友好条约⑨。而此后汉方违反条约的行为开始出现，汉成帝绥和元年（前8）汉使向匈奴要求将“斗入”于张掖郡的一块土地割让与汉，就是违反了双方在汉宣帝时期所签订的边界协定，遭到匈奴乌珠留单于的拒绝⑩。汉平帝元始二年（2）“西域车师后王句姑、去胡来王唐兜皆怨恨都护校尉，将妻子人民亡

① 《史记》卷一百十《匈奴列传》，第2905页。
② 《史记》卷一百十《匈奴列传》，第2911页。
③ 《史记》卷一百十《匈奴列传》，第2911页。
④ 《史记》卷一百十《匈奴列传》，第2912页。
⑤ 《史记》卷一百十《匈奴列传》，第2911页。
⑥ 《史记》卷一百十《匈奴列传》，第2913页。
⑦ 《汉书》卷九十四上《匈奴传上》，第3786页。
⑧ 《汉书》卷九十四上《匈奴传上》，第3787页。
⑨ 参见：《汉书》卷九十四下《匈奴传下》，第3810、3818、3819页。
⑩ 参见：《汉书》卷九十四下《匈奴传下》，第3810页。

降匈奴。”匈奴乌珠留单于将他们安置于左谷蠡王之地，然后“遣使上书言状曰：‘臣谨已受。’”①应当指出，匈奴方面这样做，并不违反条约规定，甚至可以说是在遵守条约规定，即根据“有犯塞，辄以状闻；有降者，不得受。”的规定行事。但是汉方却对此加以反对，遣使告单于曰：“西域内属，不当得受，今遣之。”要求匈奴向汉方引渡此二人，匈奴方面认为汉方的要求违反了条约，故抗议道：“此外国也，得受之。”②但是在汉方的压力下，最后匈奴不得不将此二人引渡与汉。

西汉前后期汉匈双方对于条约的态度何以会发生如此的差异和变化呢？这主要就是双方的力量对比和地位发生了变化，西汉前期汉匈之间是势均力敌的、对等的关系，西汉后期则完全逆转，形成了汉强匈弱、匈奴臣服于汉的非对称关系，因此他们对于边境和平条约的态度就随之而完全颠倒过来。下面这个事实或许有助于我们更具体地认识这种变化的原因。更始二年（24）冬，汉遣中郎将归德侯刘飒、大司马护军陈遵出使匈奴，将王莽时期所夺走的“单于汉旧制玺绶，王侯以下印绶”，重新授予匈奴，并将王莽时期所胁迫留在汉廷的王昭君女儿伊墨居次云夫妇尚存之亲属贵人从者，送回匈奴。然而匈奴对于汉方采取的友好态度并不领情，匈奴“单于舆骄，谓（陈）遵、（刘）飒曰：‘匈奴本与汉为兄弟，匈奴中乱，孝宣皇帝辅立呼韩邪单于，故称臣以尊汉。今汉亦大乱，为王莽所篡，匈奴亦出兵击莽，空其边境，令天下骚动思汉，莽卒以败而汉复兴，亦我力也，当复尊我！’（陈）遵与相掌距，单于终持此言。”③这位匈奴单于也是在总结西汉一代汉匈关系的历史及其变化原因，认为原来汉匈之间是平等的兄

① 《汉书》卷九十四下《匈奴传下》，第3818页。

② 《汉书》卷九十四下《匈奴传下》，第3818页。

③ 《汉书》卷九十四下《匈奴传下》，第3829页。

弟关系，中间因匈奴内部衰乱，故匈奴称臣于汉，现在汉也遭遇大乱，因此汉也要尊奉我。为此，汉使与匈奴僵持了半年之久互不相让，不得要领而归。由此可见，西汉一代汉匈对于条约的态度的变化，其根本原因就在于双方国力的强弱大小的变化所决定和制约的。条约的约束力不会自然而然发挥作用，而是受到作为条约后盾的实力大小所决定和制约的。

（三）涉外犯罪

在国际交往中发生的违法犯罪行为如何进行惩处，也是国际法的内容之一。中国古代是如何惩处涉外犯罪行为的呢？在汉代基本上是以汉王朝的法令为依据进行惩处，有类所谓"国际私法"。

许慎引《汉令》曰："蛮夷长有罪当殊之"[①]。何谓"殊"？《说文》谓"殊"字有二义，一曰"殊，死也。"段注："凡汉诏云殊死者，皆谓死罪也。死罪者，首身分离，故曰殊死。"另一义曰"断也"，许慎引上述《汉令》以释之。段玉裁注曰："按殊之者，绝之也，所谓别异蛮夷，此举《汉令》证断义。而裴骃以来皆谓殊之为诛死。夫蛮夷有罪非能必执而杀之也，而顾著为令哉？"[②]据此则"蛮夷长有罪当殊之"并非指斩之，而是断绝之。段氏所谓裴骃之说，指《史记·苏秦列传》所载："苏秦详为得罪于燕而亡走齐，齐宣王以为客卿……其后齐大夫多与苏秦争宠者，而使人刺苏秦，不死，殊而走。"[③]《史记集解》引《风俗通义》称《汉令》"蛮夷戎狄有罪当殊"，释曰："殊者，死也，与诛同指。而此云'不死，殊而走'者，苏秦时虽不即死，然是死创，故云'殊'。"

① 《说文解字注》，第162页。
② 《说文解字注》，第161—162页。
③ 《史记》卷六十九《苏秦列传》，第2265页。

《说文》又引《汉令》曰:“蛮夷卒有颏”,段注曰:“疑有夺字。‘殊’下云‘蛮夷长有罪当殊之’,此应云‘蛮夷卒有罪当颏之’。”《说文》:“颏,绊㚇两足也。”段注曰:“《庄子·马蹄篇》:‘连之以羁颏’。崔云:‘绊前两足也’。《吴都赋》:‘颏麋麖’,刘注同。”①

据上述两则《汉令》,则“蛮夷长”与“蛮夷卒”有罪,其惩罚是有区别的,前者重,后者较轻。但是,前者之“殊”究竟如何惩治?按照上引《说文》、段注及《集解》的解释,或断绝,或死创,或诛死,其义不明。根据汉代的外交实践,对于“蛮夷长”或其他“蛮夷”有罪的惩处并非一律,诛死之罚亦为常见,并不因其为蛮夷而不能执而杀之,对于杀害汉使的“蛮夷长”基本上采取“虽远必诛”的方针政策,这在“外交礼仪”一节关于杀使必报问题中已经谈到,兹不赘述。此外而“诛死”者亦有之,《张家山汉简·二年律令》规定:“徼外人来入盗者,腰斩。”②腰斩即属于“首身分离”之“诛死”。东汉权臣梁冀“起菟苑于河南城西,经亘数十里,发属县卒徒,缮修楼观,数年乃成。移檄所在,调发生菟,刻其毛以为识,人有犯者,罪至刑死。尝有西域贾胡,不知禁忌,误杀一兔,转相告言,坐死者十余人。”③西域贾胡未必即属“蛮夷长”,但是亦以诛死而惩之。汉代四方国、族多遣子入侍,侍子在汉期间如有违法之事,亦以汉法处置。东汉末年,“车师王侍子为董卓所爱,数犯法。”被司隶校尉赵谦“收杀之”④,亦以“诛死”处之。“诛死”之外者亦有之。征和元年(前92),“楼兰王死,国人来请质子在汉者,欲立之。质子常坐汉法,下蚕室宫刑,故不遣。”⑤此以汉

① 《说文解字注》,第658页。

② 《张家山汉墓竹简·二年律令释文注释·盗律》,第142页。

③ 《后汉书》卷三十四《梁冀传》,第1182页。

④ 《后汉书》卷二十七《赵谦传》,第949页。

⑤ 《汉书》卷九十六上《西域传上》,第3877页。

法宫刑处之。

以国内法处理涉外犯罪，不独汉王朝为然，其他国、族亦有所见。匈奴虽然没有成文法，“毋文书，以言语为约束。”而有习惯法，“其法，拔刃尺者死，坐盗者没入其家；有罪小者轧，大者死。狱久者不过十日，一国之囚不过数人。”①苏武率领使团出使匈奴时，其副使张胜卷入匈奴内部矛盾之中，匈奴对于苏武使团就是用匈奴法令加以惩处的，在外交礼仪中的“违法行为之惩处”一则中已经谈到，兹不赘述。

由此可见，汉代在处理涉外犯罪时，其基本特征就是“用汉法”，即以汉家之法惩处不论在其辖境内外之违法犯罪者。实际上在汉代东亚外交圈中的国际法在很大程度上是以汉法为中心和母体，在与四方国、族的外交活动中积累而形成的，这是因为汉王朝是当时东亚外交圈的核心，其综合国力无可匹敌者，其法律体系之完备亦无出其右者。在与四方国、族外交关系的互动中，基本上是汉王朝处于强势地位，故各种外交谈判和协议、条约中汉王朝处于优势和主动地位，令其基本外交意愿和政策得以遂行。

以汉法为母体运用于对外关系，实属渊源有自，西周时期以周礼、周法施行于诸侯，以之规范诸侯与周王室以及诸侯之间关系。汉代继承这一传统，不仅以汉礼、汉法施行于境内诸侯，进而扩展施行于四方国、族关系之中。汉王朝的外交观念，继承先秦以来的传统观念，将四方国、族基本上置于诸侯的位置上，故汉代的国际法基本上是以汉王朝对待其境内诸侯之态度而处理外交关系和涉外事务的，亦即将施行于境内诸侯之法令作为依据而行之于四方国、族关系之中的。汉代诸侯必须行用汉法，淮南王刘长“骄恣，不用汉法，出入称警跸，称制，自为法令，拟于天子。”遭到群臣弹劾，斥责其“擅为法令，

① 《史记》卷一百十《匈奴列传》，第2879、2892页。

不用汉法。”汉文帝虽然以“最亲”之故而不忍处置，但是亦不得不下令：“朕不忍致法于王，其赦(刘)长死罪，废勿王。”①南越王婴齐继位后，汉方“数使使者风谕婴齐，婴齐尚乐擅杀生自恣，惧入见要用汉法，比内诸侯，固称病，遂不入见。”可见婴齐之所以不肯来朝，是担心来朝之后南越需改用汉法。婴齐死后，其子兴继位，在汉王朝兵威之下决定臣汉，于是“除其故黥劓刑，用汉法，比内诸侯。”②由割据政权变为内诸侯的标志之一是是否“用汉法”。但是这只是南越处理其内部关系时是否“用汉法”的问题，而在其与汉王朝的关系中，则不可能以其内部法，而不得不以汉法为准，“高后时，有司请禁粤关市铁器。”遂出令曰：“毋予蛮夷外粤金铁田器；马牛羊即予，予牡，毋与牝。”③此即以汉王朝之关市法规范南越与汉的关市贸易。

二、外事法纪

外交既然是汉代国家的重要职能和政府重要职责，故与其他国家职能和政府职责一样，外交工作和外事官员需接受国家和政府的法律和相关规章制度的管束，以分别是非功过，保证外事工作的顺利开展并最大限度维护国家利益。赏功罚罪是汉代对于百官进行考课的核心措施，“有功者赏，有罪者罚，功盛者赏显，罪多者罚重……则百官劝职，争进其功。”④故曰“法令赏罚者，诚治乱之枢机也。”⑤外交作

① 《史记》卷一百一十八《淮南衡山列传》，第3076、3077、3079页。

② 《史记》卷一百一十三《南越列传》，第2971、2972页。

③ 《汉书》卷九十五《西南夷两粤朝鲜传》，第3848、3851页。

④ [汉]董仲舒撰，[清]凌曙注：《春秋繁露》卷七《考功名第二十一》，中华书局1975年版，第223页。

⑤ [汉]王符：《潜夫论·三式第十七》，《诸子集成》(八)，第87页。

为国家和政府重要职能之一，不能脱离这种考课方式。故汉代对于外交工作的管理，亦主要是通过赏功罚罪这样两手以保证其有效贯彻执行和顺畅运作。

（一）赏功

赏功是国家机器运作中重要的激励机制，“夫褒有德，赏有功，古今之通义也。”[①]对于外交工作，汉王朝亦主要通过这一机制加以推动，如同于其他政府官员一样，外交官员亦根据其功劳之大小而加以相应的奖赏。

外交领域的赏功有着各种不同类别。

1. 奉使如旨

外交权力归国家及其代表皇帝所专，故外交使节必须秉承诏旨而行事，忠实执行和完成使命。奉使如旨即出色地完成使命，这是外交官员立功的重要指标，这种情况下一般来说均能够得到相应的奖赏。

汉初，尉佗割据南越，汉十一年（前196）“高祖使陆贾赐尉他印为南越王。”经过谈判，“陆生卒拜尉他为南越王，令称臣奉汉约。归报，高祖大悦，拜贾为太中大夫。”[②]陆贾出使前没有具体官职，为刘邦的幕僚——“客”，出使之后所拜太中大夫为秩比千石的郎中令属官。

汉昭帝元凤四年（前77）傅介子以骏马监出使大宛，因楼兰、龟兹“皆尝杀汉使者”，昭帝遂命令傅介子在出使大宛的同时顺道“责楼兰、龟兹国。”傅介子不仅完成了谴责楼兰、龟兹的使命，而且根据龟兹方面提供的情报，“率其吏士共诛斩匈奴使者”，因为匈奴是楼兰、龟兹等西域当道小国袭击、杀害汉使的幕后黑手。傅介子“还奏事，

---

① 《汉书》卷五十九《张安世传》，第2647—2648页。

② 《史记》卷九十七《陆贾列传》，第2697—2698页。

诏拜介子为中郎，迁平乐监。”[①]傅介子出使时为骏马监，完成使命之后拜为中郎，这也是提升，因为骏马监为太仆属官[②]，属于外朝官，而中郎为郎中令属官，“掌守门户，出充车骑”[③]，为皇帝侍卫，属于宫内官[④]。也就是说傅介子出使之后已经由宫外官跻身宫内官，成为皇帝的近臣了。

傅介子根据这次出使西域所得的情报：“过龟兹时，其王近就人，易得也。”提出“愿往刺之，以威示诸国”的建议，大将军霍光同意他的建议，但认为龟兹道远，不如先拿楼兰开刀，于是“白遣之”。元凤四年（前77）傅介子出使西域，遂斩楼兰王，“持王首还诣阙，公卿将军议者咸嘉其功。”昭帝乃下诏曰：“楼兰王安归尝为匈奴间，候遮汉使者，发兵杀略卫司马安乐、光禄大夫忠、期门郎遂成等三辈，及安息、大宛使，盗取节印献物，甚逆天理。平乐监傅介子持节使诛斩楼兰王安归首，县之北阙，以直报怨，不烦师众。其封介子为义阳侯，食邑七百户。士刺王者皆补侍郎。”[⑤]傅介子这次使命具有很大危险性，而他出色完成，功劳更超过以往，故所得奖赏亦高于上次，得到封侯食邑的优遇。不仅他本人得到奖赏，其从行负责执行刺杀任务的两位壮士也被补为郎中令属官——秩比四百石的侍郎。

成帝元延二年（前11）派遣段会宗出使乌孙，“发戊己校尉诸国兵，即诛末振将太子番丘。”末振将为乌孙小昆弥，他在杀害解忧公主曾孙、大昆弥雌栗靡之后死去，“汉恨诛不加”，于是特派遣段会宗刺杀其太子番丘以雪此恨。段会宗圆满完成这一使命，“还奏事，公卿

① 《汉书》卷七十《傅介子传》，第3001页。
② 《汉书》卷十九上《百官公卿表上》，第729页。
③ 《汉书》卷十九上《百官公卿表上》，第727页。
④ 关于宫内、外官问题，参见《汉魏制度丛考·宫省制度》，第1—13页。
⑤ 《汉书》卷七十《傅介子传》，第3001—3002页。

议（段）会宗权得便宜，以轻兵深入乌孙，即诛番丘，宣明国威，宜加重赏。天子赐会宗爵关内侯，黄金百斤。”①

汉武帝时续相如出使西域，“发外王子弟，诛斩扶乐王首，虏二千五百人。”太始三年（前94）被封为承父侯，食邑一千百五十户②。西域出土汉简：“出粟一斗二升以食使莎车续相如上书良家子二人，八月癸卯□□”③。简文记载续相如出使莎车时，派遣其部属二人携带其给朝廷的报告，在驿置得到禀给款待。此简与文献所记当为一事，准此，则续相如所斩扶乐王当为莎车王。续相如当类似上述诛斩敌国君主之功而被封侯。

2. 便宜从事

虽然外交使节必须按照旨意忠实执行和完成使命，但是奉命出使往往会遇到难于逆料的情况，因此在一定情况下使节又需要善于随机应变，便宜行事，因此而立功者亦得以褒赏。

江充得汉武帝赏识，“自请，愿使匈奴。诏问其状，充对曰：‘因变制宜，以敌为师，事不可豫图。’上以（江）充为谒者，使匈奴还，拜为直指绣衣使者，督三辅盗贼，禁察逾侈。”④这是在出使之前即表明将便宜从事之意，并得到皇帝的首肯。出使回来后即被拜官，委以要任，说明其在奉使期间之便宜从事亦得到了汉武帝的肯定。

汉宣帝时，“莎车王弟呼屠征杀万年，并杀汉使者，自立为王，约诸国背汉。”万年为解忧公主之子，其即位为莎车王是应莎车之请并得到汉皇帝同意的。时卫候冯奉世出使护送大宛使节，途经莎车，“即以便宜发诸国兵击杀之，更立它昆弟子为莎车王。还，拜（冯）奉

① 《汉书》卷七十《段会宗传》，第3030—3031页。

② 《汉书》卷十七《景武昭宣元成功臣表》，第662页。

③ 《疏勒河流域出土汉简》391号，第56页。

④ 《汉书》卷四十五《江充传》，第2177页。

世为光禄大夫。"①表明冯奉世的行动属于便宜从事，从而得到朝廷的认可，故得以拜官。

汉宣帝本始三年（前71）派遣常惠"持金币还赐乌孙贵人有功者"，常惠"因奏请龟兹国尝杀校尉赖丹，未伏诛，请便道击之"，但是"宣帝不许。大将军霍光风（常）惠以便宜从事。"时霍光专权，故敢于越过皇帝而如此示意常惠。于是常惠"与吏士五百人俱至乌孙，还过，发西国兵二万人，令副使发龟兹东国二万人，乌孙兵七千人，从三面攻龟兹，兵未合，先遣人责其王以前杀汉使状。王谢曰：'乃我先王时为贵人姑翼所误耳，我无罪。'（常）惠曰：'即如此，缚姑翼来，吾置王。'王执姑翼诣（常）惠，惠斩之而还。"②常惠的使命是前往乌孙向夹击匈奴有功者颁奖，但是常惠根据西域的具体情况建议增加顺便报复龟兹杀害汉使之罪的任务，此事没有得到汉宣帝批准，但是得到了权臣霍光的首肯，故常惠得以便宜从事，并取得成功。常惠的举动不仅没有被视为矫制，反而"后代苏武为典属国……后将军赵充国薨，天子遂以（常）惠为右将军，典属国如故。"他的升迁是因其"明习外国事，勤劳数有功。"③可见这次便宜从事也被纳入其"勤劳数有功"之中。

汉成帝元延二年（前11）派遣段会宗出使乌孙，"发戊己校尉诸国兵"，杀乌孙小昆弥末振将之太子番丘。到了西域之后，段会宗"恐大兵入乌孙，惊番丘，亡逃不可得"，于是他"即留所发兵垫娄地，选精兵三十弩，径至昆弥所在，召番丘。"手剑击杀之。段会宗"还奏事，公卿议（段）会宗权得便宜，以轻兵深入乌孙，即诛番丘，宣明国威，宜加重

① 《汉书》卷九十六上《西域传上》，第3897—3898页。

② 《汉书》卷七十《常惠传》，第3004页。

③ 《汉书》卷七十《常惠传》，第3005页。

赏。天子赐会宗爵关内侯，黄金百斤。”①段会宗的使命是发大军征讨以诛番丘，但是待他到达西域并调发兵力之后，根据具体情况而改变了原定计划，改以少数随从突袭的方式，顺利完成使命。他之所以得到重赏就是因其“权得便宜”以从事，既省去了劳师远征，又完成了使命。

3. 奉使全节

是否出色地完成使命，不完全表现在某一项具体使命之完成情况，也体现于使节在履行使命中的表现和对于国家整体外交利益的贡献等方面。如果说上述受到奖赏者都是圆满完成具体的使命，或属于事功具体、明确者，那么对于一些表面上看来并没有完成使命，或事功并不具体、明确者，但其在出使过程中坚忍不拔、气节可嘉，即“奉使全节”者，从而对于国家整体外交利益作出杰出贡献者也可能得到嘉奖。张骞和苏武可以视为这方面的代表。

汉武帝建元三年（前138）年间，张骞被派遣出使西域的月氏国，回国后“汉拜（张）骞为太中大夫，堂邑父为奉使君。”②张骞虽然到达了奉使目的地——月氏，但是其具体的使命——联络月氏以制匈奴的目的并没有达到，当时“大月氏王已为胡所杀，立其太子为王。既臣大夏而居，地肥饶，少寇，志安乐，又自以远汉，殊无报胡之心。（张）骞从月氏至大夏，竟不能得月氏要领。”③所谓“不能得月氏要领”，意即“不能得月氏意趣，无以持归于汉。”④这种情况下张骞仍然得到嘉奖，从出使时的“郎”官被升迁为太中大夫，两者虽然都属于郎中令属官，但是郎为比三百石至六百石的中级官员，而太中大夫为比千石的

① 《汉书》卷七十《段会宗传》，第3030—3031页。
② 《史记》卷一百二十三《大宛列传》第3159页。
③ 《史记》卷一百二十三《大宛列传》第3158页。
④ 《汉书》卷六十一《张骞传》注，第2689页。

高级官员。其随从堂邑父亦被授予“奉使君”之官号。那么张骞何以得到这一丰厚的奖赏呢？首先，是他的出使历经艰难险阻，途中先后两次被匈奴扣留合十余年，但他矢志不移，“持汉节不失”，伺机摆脱匈奴羁押，终于到达西域诸国；其次，他的具体使命虽然没有达到，但是他是汉王朝与西域诸国外交之开路先锋，打开了汉与西域交通的大门，故被誉为“凿空”之举，一方面使西域诸国得以了解汉王朝，另一方面又使汉王朝了解了西域诸国的情况，从而为汉王朝与西域诸国的外交关系发展开了先河，奠定了基础。可以说张骞的出使功绩已经远远超过他当时奉使的具体使命，而为汉代外交开创了一个历史性的新局面。

张骞后来继续因这次出使的功绩而得到嘉奖，元朔六年（前123）他以校尉从大将军卫青击匈奴，“知水道，及前使绝域大夏功”而封为博望侯①。

张骞第二次出使西域的具体使命是联络乌孙，“招以益东，居故浑邪之地，与汉结昆弟”，从而“断匈奴右臂”。但是其时“乌孙国分，王老，而远汉，未知其大小，素服属匈奴日久矣，且又近之，其大臣皆畏胡，不欲移徙，王不能专制。（张）骞不得其要领。”乌孙“昆莫亦以此不敢专约于（张）骞”。这一次张骞仍然“不得其要领”。但是张骞“还到，拜为大行，列于九卿。”②成为掌管汉王朝外交和民族事务的中二千石高官。同第一次出使西域之事相同，虽然没有完全完成具体的出使使命，但是其功劳仍然是巨大的，他更广泛的、大规模的在西域开展外交工作，“分遣副使使大宛、康居、大月氏、大夏、安息、身毒、于阗、扜罙及诸旁国。乌孙发导译送骞还，骞与乌孙遣使数十人，马

① 《史记》卷二十《建元以来侯者年表》，第1037—1038页。

② 《史记》卷一百二十三《大宛列传》，第3168—3169页。

数十匹报谢，因令窥汉，知其广大。”一方面“乌孙使既见汉人众富厚，归报其国，其国乃益重汉。”另一方面“其后岁余，(张)骞所遣使通大夏之属者皆颇与其人俱来，于是西北国始通于汉矣。”不仅发展了与乌孙的外交关系，同时开拓了汉王朝与西域诸国的外交关系。由此可见张骞两次出使西域的具体使命均没有达到，均不得其“要领”。但是他对汉王朝外交的贡献和影响却是十分巨大的，故史家评论曰：“然张骞凿空，其后使往者皆称博望侯，以为质于外国，外国由此信之。”①不仅汉代的外交由此推进到一个新的台阶，而且也是中国古典外交的开拓者和第一人。

与张骞类似的还有苏武。苏武在一定意义上也可以说并没有完全完成使命，天汉元年(前100)派遣苏武出使匈奴，“送匈奴使留在汉者，因厚赂单于，答其善意。”但是苏武“既至匈奴，置币遗单于。单于益骄，非汉所望也。”②可见苏武的使命完成得也并不理想。不仅如此，苏武使团的副使张胜还卷入匈奴内部政治矛盾之中，导致整个使团被匈奴扣留，副使张胜被“收系”。但是苏武在这场突然发生的变故中，大义凛然，表现出色。他拒绝匈奴的威逼利诱，坚不投降；被匈奴放逐于北海，过着艰难困苦的生活，始终维护“汉节”，“卧起操持，节旄尽落”仍不放弃。坚持十九年，直至汉昭帝即位后，经过汉匈之间的交涉，匈奴方面方才答应遣返汉使。原来一百余人的使团，至此“前以降及物故，凡随(苏)武还者九人。”苏武等人于始元六年(前81)春至京师，他“始以强壮出，及还，须发尽白。”汉昭帝诏苏武“奉一太牢谒武帝园庙，拜为典属国，秩中二千石，赐钱二百万，公田二顷，宅一区。”他与张骞一样被拜为“九卿”高官。此外，使团成员“常惠、

---

① 《史记》卷一百二十三《大宛列传》，第3169页。

② 《汉书》卷五十四《苏武传》，第2460页。

徐圣、赵终根皆拜为中郎，赐帛各二百匹。其余六人老归家，赐钱人十万，复终身。”①其成员中的常惠，还被拜为光禄大夫，他“自奋应募，随移中监苏武使匈奴，并见拘留十余年，昭帝时乃还。汉嘉其勤劳，拜为光禄大夫。”②常惠之被嘉奖，主要是他长期的“勤劳”奉献。

显然，苏武之受到汉王朝的隆重嘉奖，主要是他在遭遇突然变故中的气节和精神，以及持久不懈的坚守，为外交使者树立了一个光辉的楷模，“留单于庭十九岁乃还，奉使全节”③就是当时汉王朝对于他的评价。“孔子称‘志士仁人，有杀身以成仁，无求生以害仁’，‘使于四方，不辱君命’，苏武有之矣。”④这是史家对他的评价。

对苏武的嘉奖，除了上述政治上、经济上的之外，还有精神上的。及至宣帝时，“卫将军张安世荐（苏）武明习故事，奉使不辱命，先帝以为遗言。宣帝即时召（苏）武待诏宦者署，数进见，复为右曹典属国。以（苏）武著节老臣，令朝朔望，号称祭酒，甚优宠之。”⑤宦者署为少府属官，“以其署亲近，故令于此待诏也。”又“加祭酒之号，所以示优尊也。”⑥苏武之所以得到汉宣帝如此尊崇，虽然与他参与辅立有关，但是其外交上的贡献和崇高威望还是主要的。而且对苏武之优宠，还泽及后嗣。苏武返国后，其子苏元因牵涉上官安等人谋反案坐死。时“（苏）武年老，子前坐事死，上闵之，问左右：‘（苏）武在匈奴久，岂有子乎？’”苏武向宣帝报告：“前发匈奴时，胡妇适产一子通国，有声问来，愿因使者致金帛赎之。”经过宣帝的批准，“后通国随使者至，上

① 《汉书》卷五十四《苏武传》，第2466—2467页。
② 《汉书》卷七十《常惠传》，第3003页。
③ 《汉书》卷七《昭帝纪》，第223页。
④ 《汉书》卷五十四《苏武传》，第2469页。
⑤ 《汉书》卷五十四《苏武传》，第2468页。
⑥ 《汉书》卷五十四《苏武传》颜师古注，第2468页。

以为郎。又以（苏）武弟子为右曹。（苏）武年八十余，神爵二年病卒。"[①]苏武死后九年的甘露三年（前51），匈奴单于来朝，标志着汉匈关系发生了历史性的转变。于是"上思股肱之美，乃图画其人于麒麟阁，法其形貌，署其官爵姓名。"一共有十一人入选，其中就有典属国苏武。他们"皆有功德，知名当世，是以表而扬之，明著中兴辅佐，列于方叔、召虎、仲山甫焉。"[②]苏武被尊崇为中兴功臣，而其功主要在于对匈奴关系方面。

4. 奉使明察

外交使节还有一项重要任务是进行调研，即了解对方的情况以利于己方之决策。汉代外交使节也经常担当这样的使命。

汉武帝时，"汉连伐胡，数通使相窥观。"[③]双方在进行战争的同时也经常互通使节，而搜集情报则为这类使节的重要任务。这种性质的使节往还，早在西汉建国之初，汉匈之间就已经有过实施。汉七年（前200）高帝亲征匈奴，于是"使人使匈奴"，其目的就是刺探匈奴的情报。匈奴方面亦明知汉使意图，于是"匿其壮士肥牛马，但见老弱及羸畜。"高帝前后派遣十余批使者前往匈奴，这些使者回来后，"皆言匈奴可击"。最后高帝派遣刘敬出使匈奴，以期验证上述使者的报告是否准确。刘敬回来后报告说："两国相击，此宜夸矜见所长。今臣往，徒见羸瘠老弱，此必欲见短，伏奇兵以争利。愚以为匈奴不可击也。"然而"是时汉兵已踰句注，二十余万兵已业行。"高帝不禁大怒，骂刘敬曰："齐虏！以口舌得官，今迺妄言沮吾军。"遂"械系"刘敬于广武。高帝"遂往，至平城，匈奴果出奇兵围高帝白登，七日然后得

---

① 《汉书》卷五十四《苏武传》，第2468页。

② 《汉书》卷五十四《苏武传》，第2468—2469页。

③ 《汉书》卷五十四《苏武传》，第2459页。

解。”战败归来，“高帝至广武，赦(刘)敬，曰：‘吾不用公言，以困平城。吾皆已斩前使十辈言可击者矣。’迺封(刘)敬二千户，为关内侯，号为建信侯。”①刘敬先受罚，后得赏。其得赏的原因在于汉高帝从血的教训中认识到刘敬所反映的情况是真相，而那些认为匈奴可击的十余批使者反映的情况是假象。外交是智慧的竞逐和较量，尤其在双方进行战争的情况下，制造假象迷惑对方乃常用的手法，这就要求外交使节必须善于透过表象以探求真相，具有明察的眼光和智慧。刘敬可谓奉使明察之典型，宜其得到高帝之重赏。高帝之勇于承认自己的错误并切实加以改正，也是令人敬佩的。与刘敬形成鲜明对照的是那十余批使者，他们被匈奴的假象所蒙蔽，没有提供真实的、确切的情报，导致决策失误，故被高帝严刑惩处。

5.“得远夷之和”

外交官员的功绩除了体现于完成专项具体的使命之外，还表现在其长期的付出对于加强汉王朝与四方国、族关系的贡献方面。对于那些毕生献身于外交事业并作出了重要贡献，从而“得远夷之和”者，亦可以得到嘉奖。西汉的郑吉和东汉的班超可以说是这方面的典型。

会稽人郑吉“以卒伍从军，数出西域，由是为郎。(郑)吉为人强执，习外国事。”②可见他从年轻时入伍从军就与西域有关，几乎终身任职于西域地区。所谓“习外国事”也主要是指其对于西域诸国的熟悉。由于他在与匈奴争夺西域诸国、加强汉与西域关系中功勋卓著，得到汉王朝的嘉奖，宣帝“嘉其功效，乃下诏曰：‘都护西域骑都尉郑吉，拊循外蛮，宣明威信，迎匈奴单于从兄日逐王众，击破车师兜訾城，功效茂著。其封(郑)吉为安远侯，食邑千户。’”在郑吉的努力下，

① 《史记》卷九十九《刘敬列传》，第2718页。

② 《汉书》卷七十《郑吉传》，第3005页。

汉王朝的势力终于涵盖了西域的南北二道,“威震西域,遂并护车师以西北道,故号都护。都护之置自(郑)吉始焉。”从此“汉之号令班西域矣”,史称汉王朝与匈奴争夺西域的战略计划,“始自张骞而成于郑吉”①。

班超从永平十六年(73)出使西域,至永元十四年(102)告老回到洛阳,历时三十年,一直献身于西域事业。和帝永元七年(95)下诏曰:“往者匈奴独擅西域,寇盗河西,永平之末,城门昼闭。先帝深愍边萌婴罗寇害,乃命将帅击右地,破白山,临蒲类,取车师,城郭诸国震慴响应,遂开西域,置都护。而焉耆王舜、舜子忠独谋悖逆,持其险隘,覆没都护,并及吏士。先帝重元元之命,惮兵役之兴,故使军司马班超安集于阗以西。(班)超遂踰葱领,迄县度,出入二十二年,莫不宾从。改立其王,而绥其人。不动中国,不烦戎士,得远夷之和,同异俗之心,而致天诛,蠲宿耻,以报将士之雠。司马法曰:‘赏不踰月,欲人速睹为善之利也。’其封(班)超为定远侯,邑千户。”②班超和郑吉一样将自己的毕生奉献于经营西域的事业,他的历史功绩主要在于只身深入西域地区,带领少数随从,不费汉王朝之兵卒,纵横捭阖,文武并用,扭转西域的局势,将其从匈奴控制下转变为向汉友好之邦,故汉王朝对其奖励有加,“特蒙重赏,爵列通侯,位二千石。”“备侯伯之位”③。永元十四年回到洛阳后,班超被拜为射声校尉。他“素有匈胁疾,既至,病遂加。帝遣中黄门问疾,赐医药。其年九月卒,年七十一。朝廷愍惜焉,使者吊祭,赠赗甚厚。”④史家赞其“奋西域之略,卒

① 《汉书》卷七十《郑吉传》,第3006页。

② 《后汉书》卷四十七《班梁列传》,第1582页。

③ 《后汉书》卷四十七《班梁列传》,第1584—1585页。

④ 《后汉书》卷四十七《班梁列传》,第1586页。

能成功立名,享受爵位,荐功祖庙,勒勋于后,亦一时之志士也。”①

他们两位都是长期献身于西域,为加强汉王朝与西域诸国的友好关系作出了巨大的、卓越的贡献,从而得到高度的荣誉和奖赏。

6. **献策有功**

除了这些在外交第一线出色完成和履行使命而获得高度的荣誉和奖赏者外,对于一些在幕后作出重要贡献者也能够得到相应的嘉奖。扬雄就是因为对于外交决策提出了有益的建议而得到嘉奖的。建平四年(前3),匈奴乌珠留若鞮单于上书请求于明年来朝,但是汉哀帝因为生病担心“匈奴从上游来厌人”而犹豫不决,咨询于公卿,多顺水推舟认为“虚费府帑,可且勿许。”哀帝遂决定予以推辞。“单于使辞去,未发,黄门郎扬雄上书谏”,提出反对意见,认为拒绝匈奴单于之请,将导致双方的芥蒂和隔阂,不利于双方关系的发展,而应当实行“欲朝者不距,不欲者不强”的政策,允许其所请。“书奏,天子寤焉。召还匈奴使者,更报单于书而许之。赐(扬)雄帛五十匹,黄金十斤。”②

(二)罚罪

与上述受到嘉奖的情况相反,违反或破坏外交法纪,导致外交使命不达,影响国家外交利益者,将遭到相应的惩处。

1. **矫制与便宜**

外交权力集中于国家及其总代表皇帝手中,外交使命从本质上来说就是贯彻执行国家及其总代表皇帝的旨意,诈称或假托这一旨意的行为均属于犯罪,都将受到相应的惩处。这一旨意被称为“制”或

① 《后汉书》卷四十七《班梁列传》,第1594页。

② 《汉书》卷九十四下《匈奴传下》,第3812—3817页。

“诏”，而“诈称曰矫”[①]，故这种犯罪被称为“矫制”或“矫诏”。史称“汉家之法有矫制”[②]，颜师古注曰：“汉家之法，擅矫诏命，虽有功劳不加赏也。”这一律令入于《贼律》之中[③]。但是外交使节到达四方国、族之后情况往往不能如主观预期，这又要求使节根据具体情况随机应变，因此便宜从事也是外交使节所允许和必须的。兵法：将在外君命有所不受，“将任兵在外，便宜有守，以安国家。”[④]颜师古注曰：“言为将之道，受任行兵于外，虽受诏命，若有便宜，则当固守以取安利也。”外交使节亦然，故“《春秋》之义，大夫出疆，有专命之事，苟所以利社稷安国家而已。”[⑤]外交官员在履行使命时，一方面需要严格遵循旨意行事，忠实完成使命，另一方面如果遇到特殊情况，又需要随机应变，便宜从事。故汉王朝对于外交官员既要求其尊奉诏旨，又允许其一定情况下便宜行事。

但是遵旨行事与便宜从事有时会存在矛盾，故如何把握和区分矫制与便宜的界线就成为一个复杂的难题。在汉代的外交实践中经常遇到这样的难题，以致长期争论不休。

汉元帝建昭三年（前36）陈汤以副校尉、甘延寿以骑都尉出使西域，其时匈奴郅支单于率部西迁，企图称霸西域，对抗汉王朝，经常拦截、杀害汉使。陈汤“既领外国，与（甘）延寿谋曰：‘……西域本属匈奴，今郅支单于威名远闻，侵陵乌孙、大宛，常为康居画计，欲降服之。如得此二国，北击伊列，西取安息，南排月氏、山离乌弋，数年之间，城

① 《春秋公羊传注疏》卷十二，僖公三十三年何休注，第2264页。

② 《汉书》卷七十九《冯奉世传》，第3300页。

③ 《晋书》卷三十《刑法志》，第924页。《张家山汉墓竹简·二年律令释文注释》亦以矫制入于《贼律》之中（见第135页）。

④ 《汉书》卷六十九《赵充国传》，第2981页。

⑤ 《三国志》卷一《武帝纪》注引孔衍《汉魏春秋》，第46页。

郭诸国危矣。且其人剽悍，好战伐，数取胜，久畜之，必为西域患。'”认为必须除掉郅支单于才能安定西域，他进而分析打败郅支单于的可能性及其意义，说："郅支单于虽所在绝远，蛮夷无金城强弩之守，如发屯田吏士，敺从乌孙众兵，直指其城下，彼亡则无所之，守则不足自保，千载之功可一朝而成也。"甘延寿亦以为然，"欲奏请之"，陈汤曰："国家与公卿议，大策非凡所见，事必不从。"甘延寿"犹与不听"。陈汤利用甘延寿生病的机会，"独矫制发城郭诸国兵、车师戊己校尉屯田吏士。"甘延寿得知后企图阻止他，遭到陈汤的斥责，甘延寿只得从之。他们一共调发"汉兵胡兵合四万余人"，然后才"上疏自劾奏矫制，陈言兵状。"他们随即率部西征，大获全胜，攻克郅支单于城，"单于被创死。军候假丞杜勋斩单于首，得汉使节二及谷吉等所赍帛书。诸卤获以畀得者。凡斩阏氏、太子、名王以下千五百一十八级，生虏百四十五人，降虏千余人，赋予城郭诸国所发十五王。"①郅支单于首级被送回长安，悬稾街十日。

使节在外无论兴师、发兵均需要奉旨而行，陈汤、甘延寿在没有请示并得到朝廷同意的情况下而为之，故他们这一行为显然属于"矫制"。尽管陈汤等人的功劳很大，但是否属于"便宜"而应当得到嘉奖，在朝廷引起了激烈的争论。"既至，论功，石显、匡衡以为'延寿、汤擅兴师矫制，幸得不诛，如复加爵土，则后奉使者争欲乘危徼幸，生事于蛮夷，为国招难，渐不可开。'元帝内嘉延寿、汤功，而重违衡、显之议，议久不决。"②尽管汉元帝内心希望奖赏他们，但是当时朝臣中的重量级人物中书令石显、丞相匡衡、御史大夫繁延寿等均坚决反对。由此可见在这个问题上，皇帝也不能独断专行。反对者主要根

① 《汉书》卷七十《陈汤传》第3010—3014页。
② 《汉书》卷七十《陈汤传》，第3016页。

据是否“矫制”作为赏罚的原则和准绳，而赞成奖励者则主要是根据其功劳为考量，也就是认为其行为属于“便宜从事”。这一争论的实质就是陈汤、甘延寿的行为是否属于“便宜从事”的问题，也就是说朝廷旨意是否在任何情况下均高于其他一切的问题，具体来说就是“矫制”与功劳孰者为先的问题，是否维护对于“矫制”行为加以惩罚这一最高原则的问题。但是两者之间的拿捏并非易事，故尔议久不决。

在这场争论中，故宗正刘向对于两者的关系作了比较深入的阐述，他首先充分肯定陈汤等人的功劳，说：“郅支单于囚杀使者吏士以百数，事暴扬外国，伤威毁重，群臣皆闵焉。陛下赫然欲诛之，意未尝有忘。西域都护（甘）延寿、副校尉（陈）汤承圣指，倚神灵，总百蛮之君，揽城郭之兵，出百死，入绝域，遂蹈康居，屠五重城，搴歙侯之旗，斩郅支之首，县旌万里之外，扬威昆山之西，扫谷吉之耻，立昭明之功，万夷慴伏，莫不惧震。呼韩邪单于见郅支已诛，且喜且惧，乡风驰义，稽首来宾，愿守北藩，累世称臣。立千载之功，建万世之安，群臣之勋莫大焉。”其次对于如何看待他们功过的轻重和关系作了分析，提出了自己的见解，说：“论大功者不录小过，举大美者不疵细瑕。司马法曰‘军赏不踰月’，欲民速得为善之利也。盖急武功，重用人也……延寿、汤既未获受祉之报，反屈捐命之功，久挫于刀笔之前，非所以劝有功厉戎士也。昔齐桓公前有尊周之功，后有灭项之罪，君子以功覆过而为之讳行事。贰师将军李广利捐五万之师，靡亿万之费，经四年之劳，而廑获骏马三十匹，虽斩宛王毋鼓之首，犹不足以复费，其私罪恶甚多。孝武以为万里征伐，不录其过，遂封拜两侯、三卿、二千石百有余人。今康居国强于大宛，郅支之号重于宛王，杀使者罪甚于留马，而延寿、汤不烦汉士，不费斗粮，比于贰师，功德百之。且常惠随欲击之乌孙，郑吉迎自来之日逐，犹皆裂土受爵。故言威武勤劳则大于方叔、吉甫，列功覆过则优于齐桓、贰师，近事之功则高于安远、长罗，而大功未著，小恶数布，臣窃痛之！宜以时解县通籍，除过勿治，尊宠爵位，以劝有功。”[①]其中心精神就是认为不能以“小过”而掩盖“大功”。也就是说陈汤等人打败康居，斩郅支单于首级对于汉王朝的外交利益贡献巨大，应当得到嘉奖，而矫制为小过，不足以掩盖其贡献和功劳。

刘向之敢于公然认为矫制为小过，也是有法理依据的，汉律“矫诏大害，要斩。有矫诏害，矫诏不害。”[②]《二年律令》：“矫制，害者，弃市；不害，罚金四两。”[③]汉代法律将“矫制”区分为有害与不害，前者是因矫制而给国家造成重大损失，后者是虽然矫制但是并没有给国家造成损失。王恢“坐使酒泉矫制害，当死，赎罪，免。”[④]此属于“矫制害”，而陈汤等人的作为应当属于后者，不仅没有给国家造成损失，反而是为国家立了大功。

汉元帝采纳了刘向的意见，下诏曰：“匈奴郅支单于背畔礼义，留杀汉使者、吏士，甚逆道理，朕岂忘之哉！所以优游而不征者，重动师众，劳将帅，故隐忍而未有云也。今（甘）延寿、（陈）汤睹便宜，乘时利，结城郭诸国，擅兴师矫制而征之，赖天地宗庙之灵，诛讨郅支单于，斩获其首，及阏氏贵人名王以下千数。虽踰义干法，内不烦一夫之役，不开府库之臧，因敌之粮以赡军用，立功万里之外，威震百蛮，名显四海。为国除残，兵革之原息，边境得以安。然犹不免死亡之患，罪当在于奉宪，朕甚闵之！其赦延寿、汤罪，勿治。”诏书虽然认为陈汤等人之矫制为“踰义干法”，但是同时也明确肯定他们属于“便宜”从事，因而为国家立下大功。故通过赦免其罪的方式而加以奖

① 《汉书》卷七十《陈汤传》第3017—3018页。
② 《汉书》卷十七《景武昭宣元成功臣表》，第660页。
③ 《张家山汉墓竹简·二年律令释文注释》，第135页。
④ 《汉书》卷十七《景武昭宣元成功臣表》，第660页。

赏，遂“诏公卿议封焉”①。

具体如何奖励，统治集团仍然存在分歧。“议者皆以为宜如《军法·捕斩单于令》”加以奖赏。但是匡衡、石显以为“郅支本亡逃失国，窃号绝域，非真单于。”反对按照《军法》中的《捕斩单于令》进行嘉奖。于是元帝“取安远侯郑吉故事，封千户，（匡）衡、（石）显复争。乃封（甘）延寿为义成侯，赐（陈）汤爵关内侯，食邑各三百户，加赐黄金百斤。告上帝、宗庙，大赦天下。拜延寿为长水校尉，汤为射声校尉。”②

经过统治集团激烈的争论，陈汤、甘延寿虽然没有完全按照“矫制”罪加以惩处，也没有完全按照“便宜”从事之功得到嘉奖。按照“便宜”从事之功，他们可以比照《军法·捕斩单于令》得到封爵，他们不仅没有得到这种嘉奖，连“封千户”的折中方案也没有通过，最后得到的是远远低于上述奖励的食邑三百户的关内侯。元封六年（前105）骐侯驹幾“以属国骑击匈奴，捕单于兄侯，五百二十户。”③可知其封户还低于“捕单于兄”之功的封户。

我们不知道《捕斩单于令》中规定的封户是多少，但是可以从其他爵赏中的封户情况略窥其情。陈汤“死后数年，王莽为安汉公秉政，既内德（陈）汤旧恩，又欲谄皇太后，以讨郅支功尊元帝庙称高宗。以（陈）汤、（甘）延寿前功大赏薄，及候丞杜勋不赏，乃益封（甘）延寿孙（甘）迁千六百户，追谥（陈）汤曰破胡壮侯，封（陈）汤子（陈）冯为破胡侯，（杜）勋为讨狄侯。”④甘迁益封千六百户之后，则义成侯封户

① 《汉书》卷七十《陈汤传》，第3019—3020页。

② 《汉书》卷七十《陈汤传》，第3020页。据《汉书·景武昭宣元成功臣表》，甘延寿封户四百，第673页。

③ 《汉书》卷十七《景武昭宣元成功臣表》，第654页。

④ 《汉书》卷七十《陈汤传》，第3028—3029页。

为二千户①;破胡侯陈冯“以父汤前为副校尉讨郅支单于侯,千四百户。”讨狄侯杜勳“以前为军假丞手斩郅支单于首侯,千户。”②由此可见,当时陈汤等人如果按照捕斩单于之功,其封户当在二千户或其上。

冯奉世案与陈汤案有相似之处。汉宣帝元康元年(前65)冯奉世奉命“使持节送大宛诸国客”,途经鄯善国伊修城时,得知莎车杀害了汉朝所立国王、解忧公主之子万年以及汉使奚充国,并“攻劫南道,与歃盟畔汉,从鄯善以西皆绝不通。”冯奉世遂与其副使严昌商议,“以为不亟击之则莎车日强,其势难制,必危西域。”于是“以节谕告诸国王,因发其兵,南北道合万五千人进击莎车,攻拔其城。莎车王自杀,传其首诣长安。诸国悉平,威振西域。奉世乃罢兵以闻。”宣帝得知后甚悦,遂“下议封(冯)奉世”,丞相、将军皆曰:“春秋之义,大夫出疆,有可以安国家,则颛之可也。(冯)奉世功效尤著,宜加爵土之赏。”但是少府萧望之独以冯奉世“奉使有指,而擅矫制违命,发诸国兵,虽有功效,不可以为后法。即封(冯)奉世,开后奉使者利,以(冯)奉世为比,争逐发兵,要功万里之外,为国家生事于夷狄。渐不可长,(冯)奉世不宜受封。”最后宣帝接受了萧望之的意见,没有给冯奉世封爵,只是给予拜官,“以奉世为光禄大夫、水衡都尉。”③汉宣帝以及丞相、将军等决策集团多认为冯奉世便宜从事,立下大功,应当嘉奖。以萧望之为代表的反对者是少数,认为冯奉世虽然功劳很大,但是背离了其原定之使命——护送大宛使节返国,而属于擅自矫制行事。冯奉世虽然没有被定罪惩罚,但最后还是以擅自矫制行事为由而不予

① 《汉书》卷十七《景武昭宣元成功臣表》,第673页。

② 《汉书》卷十八《外戚恩泽侯表》,第719页。

③ 《汉书》卷七十九《冯奉世传》,第3294—3295页。

封爵。这一最终裁决表明，按照旨意行事是最高原则，违反了这一条，即使功劳大也不能得到相应的嘉奖。

冯奉世案和陈汤（甘延寿）案一样，也是终其一生均争议不决。冯奉世死后二年，“西域都护甘延寿以诛郅支单于封为列侯。时丞相匡衡亦用（甘）延寿矫制生事，据萧望之前议，以为不当封，而议者咸美其功，上从众而侯之。”甘延寿案即陈汤案。于是杜钦上疏，“追讼（冯）奉世前功曰：‘前莎车王杀汉使者，约诸国背畔。左将军（冯）奉世以卫候便宜发兵诛莎车王，策定城郭，功施边境。议者以（冯）奉世奉使有指，春秋之义亡遂事，汉家之法有矫制，故不得侯。今匈奴郅支单于杀汉使者，亡保康居，都护（甘）延寿发城郭兵屯田吏士四万余人以诛斩之，封为列侯。臣愚以为比罪则郅支薄，量敌则莎车众，用师则（冯）奉世寡，计胜则（冯）奉世为功于边境安，虑败则（甘）延寿为祸于国家深。其违命而擅生事同，（甘）延寿割地封，而（冯）奉世独不录。臣闻功同赏异则劳臣疑，罪钧刑殊则百姓惑；疑生无常，惑生不知所从；亡常则节趋不立，不知所从则百姓无所措手足。（冯）奉世图难忘死，信命殊俗，威功白著，为世使表，独抑厌而不扬，非圣主所以塞疑厉节之意也。愿下有司议。’”杜钦的上诉，强调冯奉世与甘延寿、陈汤虽有矫制之嫌，但是均以便宜从事立下大功，但是处置却不同，并不公平。“上以先帝时事，不复录。”①汉元帝之所以采取了回避的态度，原因之一是矫制与便宜之界线划分是一个争议很大、不易决断的问题。

2. 专决与专擅

外交使节奉命出使于外，一方面需要面对一些复杂情况独立作出判断和决定，具有专决的能力，另一方面又不能专断擅为，这也是容

---

① 《汉书》卷七十九《冯奉世传》，第3300—3301页。

易模糊而不易拿捏的一对矛盾。

元封三年(前108)因楼船将军杨仆与左将军荀彘击朝鲜不利,朝鲜王右渠发兵坚守其都城王险城对抗,“天子为两将未有利,乃使卫山因兵威往谕右渠。右渠见使者顿首谢:‘愿降,恐两将诈杀臣;今见信节,请服降。’遣太子入谢,献马五千匹,及馈军粮。”其时朝鲜方面“人众万余,持兵,方渡浿水,使者及左将军疑其为变,谓太子已服降,宜命人毋持兵。太子亦疑使者左将军诈杀之,遂不渡浿水,复引归。”朝鲜太子遂率众返回,导致汉方降服朝鲜的目的不达。卫山“还报天子,天子诛山。”卫山何以被杀?因其“不能剸决,与左将军计相误,卒沮约。”①“剸决”即“专决”,由于卫山决断有误,导致这次使命失败,故加以惩处。

汉武帝元鼎四年(前113)派遣安国少季等人出使南越,“往谕王、王太后以入朝,比内诸侯。”南越王赵兴和太后已经同意,但是其相吕嘉反对,南越太后与汉使合谋于酒宴中杀吕嘉,“酒行,太后谓(吕)嘉曰:‘南越内属,国之利也,而相君苦不便者,何也?’以激怒使者。使者狐疑相杖,遂莫敢发。(吕)嘉见耳目非是,即起而出。太后怒,欲鏦(吕)嘉以矛,王止太后。(吕)嘉遂出,分其弟兵就舍,称病,不肯见王及使者。乃阴与大臣作乱。”②这次行动失败,导致南越内属一事失败以及日后吕嘉发动叛乱。此事报告至朝廷,“天子闻之,罪使者怯亡决。”③这次使者的罪过是怯懦而犹豫不决。

但是,专决而超越了一定的界线也是不允许的,这个界线就是是否违反了外交权力集中于中央,即是否违背诏旨的问题,超越这个界

① 《史记》卷一百一十五《朝鲜列传》,第2987—2988页。

② 《史记》卷一百一十三《南越列传》,第2972—2973页。

③ 《汉书》卷九十五《西南夷两粤朝鲜传》,第3856页。

线就可能成为专擅[1]。外交官员之外的其他官员亦有专擅之罪。永初五年(111)安定、北地、上郡遭到羌人的进攻,谷贵人流,不能自立。于是诏度辽将军梁慬"发边兵迎三郡太守,使将吏人徙扶风界。(梁)慬即遣南单于兄子优孤涂奴将兵迎之。既还,(梁)慬以涂奴接其家属有劳,辄授以羌侯印绶,坐专擅,征下狱,抵罪。"[2]博士杨伦为清河王傅,"是岁,安帝崩,(杨)伦辄弃官奔丧,号泣阙下不绝声。阎太后以其专擅去职,坐抵罪。顺帝即位,诏免伦刑。"[3]

外交使节如果专擅亦属违法。车骑都尉韩昌、光禄大夫张猛于永光元年(前43)出使匈奴,其使命有二,一是护送呼韩邪单于侍子,二是探听汉使谷吉被害情况,因谷吉于初元五年(前44)出使送郅支单于侍子而被杀害。韩昌、张猛到了呼韩邪单于处,看到"单于民众益盛,塞下禽兽尽,单于足以自卫,不畏郅支。"同时又"闻其大臣多劝单于北归者,恐北去后难约束。"于是韩昌、张猛在使命之外增加了一个重要项目,与匈奴进行盟誓,其盟约曰:"自今以来,汉与匈奴合为一家,世世毋得相诈相攻。有窃盗者,相报,行其诛,偿其物;有寇,发兵相助。汉与匈奴敢先背约者,受天不祥。令其世世子孙尽如盟。"韩昌、张猛与呼韩邪单于及大臣"俱登匈奴诺水东山,刑白马,单于以径路刀金留犁挠酒,以老上单于所破月氏王头为饮器者共饮血盟。"事毕,二人"还奏事,公卿议者以为'单于保塞为藩,虽欲北去,犹不能为危害。(韩)昌、(张)猛擅以汉国世世子孙与夷狄诅盟,令单于得以恶言上告于天,羞国家,伤威重,不可得行。宜遣使往告祠天,与解盟。(韩)昌、(张)猛奉使无状,罪至不道。'"一致认为韩昌、张猛在使命

① [晋]葛洪:《抱朴子》:"官贤任能,唯忠是与,事无专擅,请而后行。"(《诸子集成》(八),《抱朴子·外篇》卷七《良规》,第119页。)

② 《后汉书》卷四十七《梁慬传》,第1593页。

③ 《后汉书》卷七十九上《儒林传·杨伦传》,第2564页。

之外擅自以汉国名义与匈奴盟誓，应当解除这个盟约，二人属于奉使无状，应当以“不道”罪治之。但是汉元帝“薄其过”，诏令他们二人“以赎论，勿解盟。”①虽然这个盟约没有被解除，韩昌、张猛二人也没有被处以重罚，但是这一案件表明外交必须在中央政府统一指挥下进行，使节在没有得到朝廷指示或同意的情况下是不能擅自行动的。

夏侯藩、韩容亦被视为“擅称诏”而受到惩罚。绥和元年（前8）汉遣中郎将夏侯藩、副校尉韩容出使匈奴，“时帝舅大司马骠骑将军王根领尚书事，或说（王）根曰：‘匈奴有斗入汉地，直张掖郡，生奇材木，箭竿就羽，如得之，于边甚饶，国家有广地之实，将军显功，垂于无穷。’（王）根为上言其利，上直欲从单于求之，为有不得，伤命损威。（王）根即但以上指晓（夏侯）藩，令从（王）藩所说而求之。”可见向匈奴求地之事，汉成帝和权臣王根是满心赞成的，只是由于担心被匈奴拒绝有损汉皇帝威望，因而示意夏侯藩以自己的意思向匈奴提出。当夏侯藩向匈奴单于提出此要求时，单于反问道：“此天子诏语邪，将从使者所求也？”夏侯藩答曰：“诏指也，然藩亦为单于画善计耳。”匈奴单于许诺进行调查了解之后再给予答复。当夏侯藩等第二次出使匈奴提出这个要求时，遭到匈奴的拒绝，于是汉方将夏侯藩迁为太原太守。不久匈奴“遣使上书，以（夏侯）藩求地状闻。”汉方遂不得不诏报单于曰：“（夏侯）藩擅称诏从单于求地，法当死，更大赦二，今徙（夏侯）藩为济南太守，不令当匈奴。”②这是一次失败的使命，汉方不仅没有得到匈奴的土地，反而影响了汉匈关系，最后不得不追究责任，实际上是把全部责任推到使节身上，其罪名是“擅称诏”。这个罪名也还算可以成立，那就是夏侯藩在回答匈奴单于追问究竟是谁的意思

① 《汉书》卷九十四下《匈奴传下》，第3801页。

② 《汉书》卷九十四下《匈奴传》，第3810页。

时，回答称“诏旨也”，尽管他也说自己也是这个意思。这样一来，就将汉皇帝有意向匈奴求地的内情暴露在匈奴面前，并且把汉皇帝置于汉匈冲突的首位。夏侯藩被轻罪发落，一方面是为了应付匈奴，另一方面也是为了开脱汉王朝统治集团的责任。

3. 乏兴

“乏兴”也是外事工作中常见的罪名，“未赐虎符而擅发兵，此弄兵也，厥罪乏兴。”①颜师古注曰：“擅发之罪，与乏军兴同科也。”乏军兴简称“乏兴”。

阳朔四年（前21）康居太子保苏匿率众万余人欲降，汉遣卫司马前往迎接。西域都护段会宗“发戊己校尉兵随司马受降。司马畏其众，欲令降者皆自缚，保苏匿怨望，举众亡去。”段会宗不仅擅自发兵，且因之而导致来降之康居太子反悔逃亡，致使这次使命以失败告终。段会宗“更尽还，以擅发戊己校尉之兵乏兴，有诏赎论。拜为金城太守，以病免。”②

怠于职守也属于“乏兴”。据《汉书·百官公卿表下》，元封六年（前105）“成安侯韩延年为太常，二年坐留外国使人，入粟赎论。”③而《汉书·景武昭宣元成功臣表》则记为：成安侯韩延年“坐为太常行大行令事留外国书一月，乏兴，入谷赎，完为城旦。”④颜师古注曰：“当有所兴发，因其迟留故阙乏。”⑤韩延年并非以太常而管理外事，而是在代理大行令职务时，因滞留外交文书一个月之久，并非“留外国使人”而触犯“乏兴”之罪，故遭到惩处。

---

① 《汉书》卷九十九下《王莽传下》，第4172页。
② 《汉书》卷七十《段会宗传》，第3030页。
③ 《汉书》卷十九下《百官公卿表下》，第782页。
④ 《汉书》卷十七《景武昭宣元成功臣表》，第653页。
⑤ 《汉书》卷十七《景武昭宣元成功臣表》，第654页。

4. 欺谩

《魏律序》:"旧律因秦法经……贼律有欺谩、诈伪、踰封、矫制。"①欺谩矫制均入于《贼律》。

明帝永平元年(58)护羌校尉窦林奏上烧当羌豪滇岸"以为大豪,承制封为归义侯,加号汉大都尉。"次年,又有羌豪滇吾来降,窦林"复奏其第一豪,与俱诣阙献见。帝怪一种两豪,疑其非实,以事诘(窦)林。(窦)林辞窘,乃伪对曰:'滇岸即滇吾,陇西语不正耳。'帝穷验知之,怒而免(窦)林官。"②此即属于欺谩之罪。《张家山汉简·二年律令》:"诸上书及有言也而谩,完为城旦舂;其误不审,罚金四两。"③张斐《律表》曰:"违忠欺上谓之谩"④

宣帝本始三年(前71)乌孙与汉联军东西夹击匈奴,汉方五将军之一"祁连将军出塞千六百里,至鸡秩山,斩首捕虏十九级,获牛马羊百余。逢汉使匈奴还者冉弘等,言鸡秩山西有虏众,祁连(将军)即戒(冉)弘,使言无虏,欲还兵。御史属公孙益寿谏,以为不可,祁连不听,遂引兵还。"祁连将军因"知虏在前,逗遛不进,皆下吏自杀。擢公孙益寿为侍御史。"⑤史文没有交代汉使冉弘是否按照祁连将军的意思而隐瞒实情并在事后与祁连将军等一起遭到惩处,但是从祁连将军敢于退兵推之,冉弘可能配合了祁连将军退兵之事,那么他也就可能一起被惩处。

5. 言事非是

言事非是即所言不实,汉宣帝时盖宽饶"坐举奏大臣非是,左迁

① 《晋书》卷三十《刑法志》,第924页。
② 《后汉书》卷八十七《西羌传》,第2880页。
③ 《张家山汉墓竹简·二年律令释文注释·贼律》,第135页。
④ 《晋书》卷三十《刑法志》,第928页。
⑤ 《汉书》卷九十四上《匈奴传上》,第3786页。

为卫司马。”[①]颜师古注“非是”曰：“不以实也。”

西汉成帝时陈汤“上书言康居王侍子非王子也”，后经“按验，实王子也。（陈）汤下狱当死。”陈汤曾经与甘延寿诛郅支单于，立下大功，可是一直遭到贬责，这次又因此事而可能面临死刑。太中大夫谷永上疏为陈汤抱打不平，申诉道：“今（陈）汤坐言事非是，幽囚久系，历时不决，执宪之吏欲致之大辟……非所以厉死难之臣也。”谷永虽然承认陈汤“言事非是”，但是认为他的功劳和贡献远远超过其所犯罪过。“书奏，天子出（陈）汤，夺爵为士伍。”[②]陈汤虽然没有被处以严刑，但还是遭到贬黜。

6. **辱命**

辱命即有辱君命之谓，意即于汉皇帝及汉王朝之声威、形象有所玷污、损伤。苏武被誉为“使于四方，不辱君命”，为“奉使不辱命”之楷模。与此相反者则谓之奉使辱命。

征和四年（前89）汉使至匈奴，在双方会谈中匈奴单于问汉使道：“闻汉新拜丞相，何用得之？”使者曰：“以上书言事故。”此指田千秋拜相一事，史称田千秋“无他材能术学，又无伐阅功劳，特以一言寤意，旬月取宰相封侯，世未尝有也。”匈奴单于当是事先了解这一内幕，遂有意诘难此事，以折辱汉使，待汉使回答后单于即反唇相讥曰：“苟如是，汉置丞相，非用贤也，妄一男子上书即得之矣。”事毕，“使者还，道单于语。武帝以为辱命，欲下之吏。良久，乃贳之。”[③]此事之被视为“辱命”，乃因汉使不能有力地抵挡、反击匈奴单于的挑衅，在双方辩难中处于下风和被动局面，导致外交上失分。待事后冷静下来，汉武

① 《汉书》卷七十七《传盖宽饶》，第3243页。
② 《汉书》卷七十《陈汤传》，第3020、3021页。
③ 《汉书》卷六十六《田千秋传》，第2884页。

帝可能认识到此事的主要责任还在于自己在提拔田千秋问题上有不妥之处，从而招致匈奴的攻击。这时的汉武帝正在发布其《悔征伐诏》，反思自己在对外等方面的诸问题，在这种政治氛围下他作出对于使者的这种谅解态度应在情理之中。

始建国元年（9）王莽派遣五威将王骏等六人出使匈奴，以新莽之印更换单于原来的汉印。匈奴左姑夕侯苏怀疑新旧印的印文有所变化，坚持要看过印文之后才能更换，在王骏等人一再催促下，单于终于将旧印交出，接受了新印。回到使团住地后，使团成员之一右率陈饶对其他成员说："乡者姑夕侯疑印文，几令单于不与人。如令视印，见其变改，必求故印，此非辞说所能距也。既得而复失之，辱命莫大焉。不如椎破故印，以绝祸根。"[①]这里将已经得到的旧印被对方追回去为"辱命"，亦即此次出使的目的没有完成。

本始二年（前72）常惠出使乌孙，"持节护乌孙兵"，与东线的五路汉军配合，东西夹击匈奴。乌孙军大胜，常惠遂"从吏卒十余人随昆弥还，未至乌孙，乌孙人盗（常）惠印绶节。（常）惠还，自以当诛。"颜师古注曰："谓失印绶及节为辱命。"这里将遗失印绶和使节称为"辱命"，而且其刑罚可至于诛死。《二年律令·贼律》："亡印，罚金四两，而布告县官，毋听亡印。"[②]而对于使节遗失信物之惩罚要苛重得多。后来常惠并没有被处于诛死之刑，因其时"汉五将皆无功，天子以（常）惠奉使克获，遂封惠为长罗侯。"[③]将功折罪而得以封侯。

7. 不至而还

不至而还指奉命出使而未能到达目的地。这有不同情况和原因，

① 《汉书》卷九十四下《匈奴传下》，第3821页。
② 《张家山汉墓竹简·二年律令释文注释·贼律》，第141页。
③ 《汉书》卷七十《常惠传》，第3004页。

有的是因为对于使命的必要性有分歧而使然，有的是因使节自身的错误而致。

郑众出使匈奴不至而还属于前者。汉明帝永平八年（65）郑众出使北匈奴，“虏欲令拜，（郑）众不为屈。单于大怒，围守闭之，不与水火，欲胁服（郑）众。（郑）众拔刀自誓，单于恐而止，乃更发使随（郑）众还京师。”郑众回来后，“朝议复欲遣使报之”，郑众上疏坚决反对，说：“北单于所以要致汉使者，欲以离南单于之众，坚三十六国之心也。又当扬汉和亲，夸示邻敌，令西城欲归化者局促狐疑，怀土之人绝望中国耳。”认为北匈奴与汉发展关系是为了离间南匈奴与汉的关系，并借以巩固其在西域的声威，以利于其控制西域。但是“帝不听，（郑）众不得已，既行，在路连上书固争之。诏切责（郑）众，追还系廷尉，会赦归家。”这是由于使者的反对而导致遣使中途废止。“其后帝见匈奴来者，问（郑）众与单于争礼之状，皆言匈奴中传（郑）众意气壮勇，虽苏武不过。乃复召（郑）众为军司马，使与虎贲中郎将马廖击车师。”①当明帝了解到郑众在匈奴威武不屈的表现之后，更正了对于郑众的处罚。

与郑众因对于遣使利弊与必要性之分歧导致使命中止不同，有的是因为其他原因不至而还的。

汉武帝时，中大夫宋忠出使匈奴，“不至而还，抵罪。”宋忠被处于何等刑罚史文不明，但是从《史记索隐》“言宋忠、贾谊皆务华而丧其身，是绝其根本也。”②可以推知当为死刑。史文也没有说明宋忠何以不至而还，但是从其因此而遭到重刑可以推知当是因怯懦之类重罪

① 《后汉书》卷三十六《郑众传》，第1224—1225页。

② 《史记》卷一百二十七《日者列传》，第3220—3221页。

而致。如淳曰:"军法,行逗留畏懦者要斩。"①

东汉章帝建初八年(83),"遣卫候李邑护送乌孙使者,赐大小昆弥以下锦帛。李邑始到于阗,而值龟兹攻疏勒,恐惧不敢前,因上书陈西域之功不可成。"并趁机攻击负责西域事务的西域将兵长史班超。李邑企图通过让汉王朝撤出西域来达到其本人早日返回内地的目的。章帝得知后,严词斥责李邑,并"令(李)邑诣(班)超受节度",诏班超曰:"若(李)邑任在外者,便留与从事。"②将李邑交班超处理。

东汉和帝永元二年(90)北匈奴单于遣使表示希望入朝,于是窦宪"上遣(班)固行中郎将事,将数百骑与虏使俱出居延塞迎之。"适值南匈奴出鸡鹿塞击北匈奴于河云,大破之。班固等人"至私渠海,闻虏中乱,引还。及窦宪败,(班)固先坐免官。"③

8. 不能

汉武帝建元元年(前140),"天子初即位,招贤良文学之士。是时(公孙)弘年六十,征以贤良为博士。使匈奴,还报,不合上意,上怒,以为不能,(公孙)弘迺病免归。"④外交使节均需要按照皇帝的旨意完成使命,符合"上意",固不待言,而公孙弘之所以没有完成使命,因而"不合上意",主要是因其无能而造成的。故外交使节不仅需要有忠于国家、忠于职守的品质,还要有完成使命的相关能力。

9. 奉使不敬

所谓"奉使不敬"是一种比较宽泛的法律范畴,汉宣帝时"光禄大夫义渠安国使行诸羌,先零豪言愿时渡湟水北,逐民所不田处畜牧。

① 《汉书》卷六《武帝纪》,第204页。

② 《后汉书》卷四十七《班超传》,第1577、1579页。

③ 《后汉书》卷四十下《班固传》,第1385—1386页。

④ 《史记》卷一百一十二《平津侯主父列传》,第2949页。

安国以闻。”后将军赵充国“劾安国奉使不敬。”①《唐律疏议》解释“不敬”之意乃“皆无肃敬之心”②，大抵指对于皇帝和最高统治者的诸多不敬、不谨和失误。西汉成帝时司隶校尉王尊劾奏丞相匡衡、御史大夫张谭种种罪过之后，认为他们“无怵惕肃敬之心，骄慢不谨。皆不敬。”但成帝“以新即位，重伤大臣，乃下御史丞问状。”反过来“劾奏（王）尊‘妄诋欺非谤赦前事，猥历奏大臣，无正法，饰成小过，以涂污宰相，摧辱公卿，轻薄国家，奉使不敬。’”③义渠安国这次奉使诸羌一事何以被赵充国弹劾为“奉使不敬”呢？先零羌豪向他提出渡湟水之北无人耕种居处之地畜牧的要求时，义渠安国不仅没有当场驳回，反而将其奏闻。后来“羌人旁缘前言，抵冒渡湟水，郡县不能禁。”④羌人利用此事而不断侵蚀湟北汉地。原来汉武帝“开河西四郡，隔绝羌与匈奴相通之路，斥逐诸羌，不使居湟中地。”⑤羌依南山，湟水之北是汉地，所以隔绝羌与匈奴通之路正在此。“羌意欲稍北迁，与匈奴合而为寇。安国不知其情，故受其词。”⑥义渠安国没有明察对方的图谋，从而使国家利益受到损害，故曰“奉使不敬”，受到弹劾。

10. 贪渎

外交领域的贪渎行为有着不同的表现，侵盗币物为其比较常见者，因外交使节出使时国家为其准备大量的财物以为礼品，是为“币物”，外交使节就有可能利用职务方便而加以侵盗。汉武帝时，“自博望侯开外国道以尊贵，其后从吏卒皆争上书言外国奇怪利害，求使。

① 《汉书》卷六十九《赵充国辛庆忌传》，第2972页。

② ［唐］长孙无忌等撰：《唐律疏议》卷一《名例》，中华书局1983年版，第10页。

③ 《汉书》卷七十六《王尊传》，第3232页。

④ 《汉书》卷六十九《赵充国辛庆忌传》，第2972页。

⑤ 《资治通鉴》卷二十五《汉纪十七》宣帝元康四年（前62），第836页。

⑥ 《资治通鉴》卷二十五《汉纪十七》宣帝元康四年（前62）胡注引仲冯曰，第836—837页。

天子为其绝远，非人所乐往，听其言，予节，募吏民毋问所从来，为具备人众遣之，以广其道。来还不能毋侵盗币物，及使失指，天子为其习之，辄覆案致重罪，以激怒令赎，复求使。使端无穷，而轻犯法。其吏卒亦辄复盛推外国所有，言大者予节，言小者为副，故妄言无行之徒皆争效之。其使皆贫人子，私县官赍物，欲贱市以私其利外国。"①这里包含两种情况，一是直接从所携带之币物中窃取，二是擅自以币物在外国牟利以中饱私囊。这些都属于侵盗币物的罪行。而"盗臧有多少，罪名不可豫定。"②《二年律令·盗律》："盗臧直过六百六十钱，黥为城旦舂；六百六十到二百廿钱，完为城旦舂；不盈二百廿到百一十钱，耐为隶臣妾；不盈百一十到廿二钱，罚金四两；不盈廿二钱到一钱，罚金一两。"③

与此相类者还有侵盗虏获物的情况，因为古代的外交使节经常会执行一些军事任务，或与军事行动有着密切关系，故虏获物即可能为其所侵盗。汉元帝时陈汤以西域副校尉发兵袭击郅支单于和支持他的康居国，立下大功，但是陈汤"素贪，所卤获财物入塞多不法。司隶校尉移书道上，系吏士按验之。"这里所谓"不法"，颜师古曰："不法者，私自取之，不依军法。"④胡三省认为是指"以外国财物阑入边关也"⑤。朝廷在讨论陈汤等人的奖励问题时，中书令石显和丞相匡衡等以陈汤矫制的罪名加以压制，最后只给予陈汤关内侯、食邑三百户以及拜官射声校尉以为奖励。元帝死后成帝初即位，丞相匡衡复奏"（陈）汤以吏二千石奉使，颛命蛮夷中，不正身以先下，而盗所收康居

① 《史记》卷一百二十三《大宛列传》，第3171页。

② 《汉书》卷一《高帝纪》注引李奇曰，第24页。

③ 《张家山汉墓竹简·二年律令释文注释·盗律》，第141页。

④ 《汉书》卷七十《陈汤传》，第3016页。

⑤ 《资治通鉴》卷二十九《汉纪二十一》元帝竟宁元年（前33）胡注，第946页。

财物，戒官属曰绝域事不覆校。虽在赦前，不宜处位。”[①]于是陈汤坐免射声校尉之官。

汉王朝对于外交使节出使期间所接受的奉使国、族的礼品——“币物”，一般来说是允许使者自受的。汉初陆贾出使南越时，南越王“赐陆生橐中装直千金，他送亦千金。陆生卒拜尉他为南越王，令称臣奉汉约。归报，高祖大悦，拜贾为太中大夫。”[②]何谓“橐中装”？《汉书》颜师古注曰：“有底曰囊，无底曰橐。言其宝物质轻而价重，可入囊橐以赍行，故曰橐中装也。”具体是些什么宝物呢？颜师古注引张晏曰：“珠玉之宝也。装，裹也。”如淳曰：“明月珠之属也。”[③]此外之“他送”为何？《史记集解》引苏林曰：“非橐中物，故曰‘他送’也。”[④]这个材料表明陆贾在出使南越时曾经得到南越王所赠送的许多珍宝和其他财物。那么，这些宝物归谁所有了呢？汉高帝并没有向他索要这些财物，直到后来惠帝、吕后时期这些宝物仍然保存在陆贾手中，“孝惠帝时，吕太后用事，欲王诸吕，畏大臣有口者，陆生自度不能争之，迺病免家居。以好畤田地善，可以家焉。有五男，迺出所使越得橐中装卖千金，分其子，子二百金，令为生产。陆生常安车驷马，从歌舞鼓琴瑟侍者十人，宝剑直百金，谓其子曰：‘与汝约：过汝，汝给吾人马酒食，极欲，十日而更。所死家，得宝剑车骑侍从者……’”[⑤]由此可见陆贾出使南越时所得到的“橐中装”一直保存在他自己手里，现在为了回避吕后时期的政治而告病回乡，遂拿出来将其变卖为金钱分给诸子；此外自己还留有直百金的宝剑和足资安享

① 《汉书》卷七十《陈汤传》，第 3020 页。
② 《史记》卷九十七《陆贾列传》，第 2698 页。
③ 《汉书》卷四十三《陆贾传》，第 2112 页。
④ 《史记》卷九十七《陆贾列传》，第 2699 页。
⑤ 《史记》卷九十七《陆贾列传》，第 2699—2700 页。

晚年的车骑、歌舞侍从等排场。他对于南越所赐之宝物有充分的支配权，并且是公然加以处分，可见这些宝物属于正当收入，不是贪污窃据，他的行为并没有触犯法律。

礼品自受在汉代还载入典章制度之中。东汉时，南匈奴每至年末即派遣侍子来朝，汉方则遣使迎送。据应劭《汉官仪》记载："单于岁遣侍子来朝，谒者常送迎焉，得赂弓马毡罽他物百余万。谒者事讫，还具表付帑藏，诏书敕自受。"①负责迎送匈奴侍子的谒者，从匈奴那里得到丰厚的礼品，他们在将这些礼品携带回来之后，将礼品清单呈上并将礼品上交国库，但是皇帝却让他们"自受"。上述陆贾所得南越所赐，可能也是经过了这么一个程序从而"自受"的。据此，则上述陈汤所谓"绝域事不覆校"（意谓"外域之事，汉朝务存宽大，必不考覆也。"②）并非空穴来风，当为其时惯例。

但是司马相如出使时却因"受金"而受到"失官"的惩处，他曾经奉使西南夷，"其后人有上书言（司马）相如使时受金，失官。居岁余，复召为郎。"③司马相如"受金"为何？是受所使国、族之金还是汉王朝内部其他人之金？由上所述，可见其"受金"与上述情况不同，并非允许"自受"之礼品，亦即并非出使国、族所赠予的礼品，而应当是收受了汉王朝内部其他方面或其他人的钱财，因而触犯律令。史称司马相如出使西夷时，"因巴蜀吏币物以赂西夷。至蜀，蜀太守以下郊迎，县令负弩矢先驱，蜀人以为宠。于是卓王孙、临邛诸公皆因门下献牛酒以交欢。"④可知其为了完成使命，从当地政府官员那里接受了大量财物，在用于赂遗西夷的同时也可能有所沾染；当地政府官员和

① 《续汉书·百官志》注引应劭《汉官》，见点校本《后汉书》，第3626页。

② 《资治通鉴》卷三十《汉纪二十二》成帝建始四年（前29）胡注，第965页。

③ 《史记》卷一百一十七《司马相如列传》，第3053页。

④ 《史记》卷一百一十七《司马相如列传》，第3047页。

头面人物，以司马相如出使为荣，纷纷“因门下献牛酒以交欢”的同时，也可能有金钱之献。汉二年（前205）陈平自楚投汉，汉王刘邦重用之，绛侯、灌婴等咸谗陈平曰：“臣闻（陈）平受诸将金，金多者得善处，金少者得恶处……愿王察之。”刘邦责让陈平，陈平辩解道：“臣躶身来，不受金无以为资。诚臣计画有可采者，愿大王用之；使无可用者，金具在，请封输官，得请骸骨。”汉王“乃谢，厚赐，拜为护军中尉，尽护诸将。诸将乃不敢复言。”①陈平利用自己为都尉的职位而接受诸将的钱财。主父偃因上书得到汉武帝信任，“一岁中四迁”其官职。赵王担心主父偃揭发他的问题，元朔二年（前127）主父偃被拜为齐相，待其出关赴齐，赵王即趁机使人上书“言其阴事”，“告言主父偃受诸侯金，以故诸侯子弟多以得封者。”②主父偃利用自己在朝廷任职的便利而接受诸侯的金钱。以上事例表明“受金”即任职者接受别人钱财以枉法，亦即“吏受财枉法”之罪。《二年律令》：“受赇以枉法，及行赇者，皆坐其臧为盗。罪重于盗者，以重者论之。”③汉成帝时，“是时刑书烦多，上诏曰：‘……及伤人，盗，吏受财枉法者，皆从古刑，诋欺文致细微之法，悉蠲除之。’”④司马相如之“受金”当属“吏受财枉法”或“受赇以枉法”之罪。

11. 谋反与“外交”

中国古代有“外交”罪。这里的“外交”与现代汉语中的“外交”一词涵义不同，是指臣属越过君主而与境外交往，如西周时期臣属越过周天子而与诸侯交往为然。“外交”被视为对君主不忠，故“为人臣

① 《史记》卷五十六《陈丞相世家》，第2054页。
② 《史记》卷一百一十二《平津侯主父列传》，第2960、2962页。
③ 《张家山汉墓竹简·二年律令释文注释·盗律》，第142页。
④ 《两汉纪》上册，《汉纪·孝成皇帝纪一卷第二十四》，第424、426页。

者无外交，不敢贰君也。”①汉代继承这一传统。汉哀帝时，外戚王氏专权，司隶校尉解光上书揭发曲阳侯王根诸罪，其中有“蔽上壅下，内塞王路，外交藩臣，骄奢僭上，坏乱制度。”②因此“外交”罪多与僭上、谋反等罪相关。

元封六年（前105），繺侯张路“使朝鲜，谋反，死，国除。”他是如何通过出使朝鲜而进行谋反，史文不明，不过，他是于元封三年（前108）“以朝鲜王子汉兵围朝鲜降”③之而封侯的，其立功与谋反均与朝鲜有关。

因谋反而“外交”者，在汉代并不罕见。早在汉初北边王侯、将领即不乏“外交”匈奴以谋反者。汉六年（前201）徙韩王信王太原以北，备御匈奴，都晋阳，后又徙治马邑。“秋，匈奴冒顿大围（韩王）信，（韩王）信数使使胡求和解。汉发兵救之，疑（韩王）信数间使，有二心，使人责让（韩王）信。（韩王）信恐诛，因与匈奴约共攻汉，反，以马邑降胡，击太原。”④此由暗中与匈奴通使而至公开投降匈奴。

汉十年（前197）阳夏侯陈豨与韩王信之将王黄等勾结，反于代地。次年汉高帝与燕王卢绾合击陈豨，“当是时，陈豨使王黄求救匈奴。燕王绾亦使其臣张胜于匈奴，言（陈）豨等军破。”张胜到匈奴后，流亡在匈奴的故燕王臧荼子衍对张胜曰：“公所以重于燕者，以习胡事也。燕所以久存者，以诸侯数反，兵连不决也。今公为燕欲急灭（陈）豨等，豨等已尽，次亦至燕，公等亦且为虏矣。公何不令燕且缓陈豨而与胡和？事宽，得长王燕；即有汉急，可以安国。”张胜以为然，卢绾遂又与陈豨勾结。后来汉高帝“得匈奴降者，降者言张胜亡在匈

---

① 《礼记正义》卷二十五《郊特牲》，第1447页。
② 《汉书》卷九十八《元后传》，第4028页。
③ 《史记》卷二十《建元以来侯者年表》，第1057页。“汉”为朝鲜王子之名。
④ 《史记》卷九十三《韩信卢绾列传》，第2633页。

奴，为燕使。于是上曰：‘卢绾果反矣！’使樊哙击燕。燕王绾悉将其宫人家属骑数千居长城下，候伺，幸上病愈，自入谢。四月，高祖崩，卢绾遂将其众亡入匈奴，匈奴以为东胡卢王。（卢）绾为蛮夷所侵夺，常思复归。居岁余，死胡中。”①

司马迁评论韩信、卢绾“外交”匈奴之事时，认为此二人“遭汉初定，故得列地，南面称孤。内见疑强大，外倚蛮貊以为援，是以日疏自危，事穷智困，卒赴匈奴，岂不哀哉！”②但是此后因谋反而“外交”者仍不乏其人。

汉文帝六年（前174），淮南王刘长“令男子但等七十人与棘蒲侯柴武太子奇谋，以辇车四十乘反谷口，令人使闽越、匈奴。事觉，治之，使使召淮南王。”淮南王到长安之后，丞相张仓、典客冯敬等上书历数刘长之罪过，关于其派人通使闽越、匈奴一事有云：“大夫但、士五开章等七十人与棘蒲侯太子奇谋反，欲以危宗庙社稷。使开章阴告（刘）长，与谋使闽越及匈奴发其兵。”可知其遣使闽越、匈奴是为了借助外兵以谋反。张仓等人最后建议“（刘）长当弃市，臣请论如法。”汉文帝以亲故，曰：“朕不忍致法于王，其赦长死罪，废勿王。”发配于蜀郡严道县之邛邮，死于途中。③

汉景帝三年（前154）吴楚七国之乱爆发，赵王刘遂与合谋起兵，“发兵屯其西界，欲待吴与俱西。北使匈奴，与连和攻汉。”刘遂亦企图借匈奴兵力以反汉。汉景帝使曲周侯郦寄击之，赵王刘遂退守邯郸，相距七月。“吴楚败于梁，不能西。匈奴闻之，亦止，不肯入汉边。”于是“赵王自杀，邯郸遂降。”④

① 《史记》卷九十三《韩信卢绾列传》，第2638—2639页。
② 《史记》卷九十三《韩信卢绾列传》，第2642页。
③ 《史记》卷一百一十八《淮南衡山列传》，第3076—3079页。
④ 《史记》卷五十《楚元王世家》，第1990页。

汉武帝太始三年（前94）续相如出使西域，因“发外王子弟，诛斩扶乐王首，虏二千五百人。”而被封为承父侯。征和四年（前89）四月癸亥，“坐贼杀军吏，谋入蛮夷，祝诅上，要斩。”①

汉代“外交”者多与谋反有关，企图通过勾结境外力量以图事，但是可以说没有成功者。

（三）外事赏罚的特点

从上述外交官员和涉外事务的奖惩中我们可以看到外交赏罚的一些特点。

1. 外交功罪的最高原则——是否遵行诏旨

在皇权制的中国古代，皇帝是国家的最高统治者和国家的代表与象征，外交作为国家重要职能之一，其权力集中于皇帝手中，从而决定了是否遵行诏旨遂成为外交功罪的最高原则。其具体表现在以下三个方面：

一是外交在一定意义上就是贯彻执行皇帝的旨意。外交事务决策以及外交官员及使节之从选拔、任用至功罪赏罚最终均由皇帝决定、拍板，体现了外交权力集中于皇帝之手。外交官员和使节就是代表皇帝行使外交权力和奉命出使。外交使节在外执行使命时公开以皇帝的代表行事，张骞出使乌孙时，“乌孙王昆莫见汉使如单于礼，（张）骞大惭，知蛮夷贪，乃曰：‘天子致赐，王不拜则还赐。’昆莫起拜赐。”②这是以皇帝的名义向乌孙赠送礼币。外交使节不仅以皇帝名义“致赐”，而且以皇帝名义“谕指”。史称外交使节至所在国“致赐

① 《汉书》卷十七《景武昭宣元成功臣表》，第662页。

② 《史记》卷一百二十三《大宛列传》，第3168—3169页。

谕指”[①]，颜师古注曰：“以天子意指晓告之。”傅介子奉命出使楼兰刺杀其王，在其宴请楼兰王时称“天子使我私报王”，从而诱使其离席入帐中被杀；待其刺王之后，告谕楼兰曰：“天子遣我来诛王，当更立前太子质在汉者。”[②]无不以皇帝代表的身份行事。夏侯藩、韩容向匈奴求地时，以献此地可以“复天子厚恩，其报必大”游说之，匈奴单于则以“此天子诏语邪，将从使者所求也?”[③]反问之。不仅汉使以皇帝旨意游说匈奴，匈奴方面亦以是否“诏旨”而反诘汉使。表明主客双方均十分明确，外交乃按照汉皇帝旨意行事。外交官员和使节代表汉皇帝而与四方国、族交往和发展关系，其成败得失事关汉皇帝的权威、尊严和形象。“高祖使陆贾赐尉他印为南越王……陆生卒拜尉他为南越王，令称臣奉汉约。归报，高祖大悦，拜（陆）贾为太中大夫。”[④]汉武帝派遣张骞通西域，其后西域诸国“皆随汉使献见天子。天子大悦。”[⑤]汉武帝“遣（终）军使南越，说其王，欲令入朝，比内诸侯。（终）军自请：‘愿受长缨，必羁南越王而致之阙下。’（终）军遂往说越王，越王听许，请举国内属。天子大说。”[⑥]这些使者之所以得到皇帝的欢心并受到嘉奖，就因为他们很好的实现了皇帝的旨意。反之则受到惩罚，史称“奉使者不称”，颜师古注曰：“不副上意。”[⑦]是否符合“上意”为汉王朝检验使者是否称职的标准。公孙弘出使匈奴之后遭到惩罚，就是因其“不合上意”，故被视为“不能”[⑧]。

---

① 《汉书》卷六十一《张骞传》，第 2692 页。

② 《汉书》卷七十《傅介子传》，第 3002 页。

③ 《汉书》卷九十四下《匈奴传下》，第 3810 页。

④ 《史记》卷九十七《郦生陆贾列传》，第 2697—2698 页。

⑤ 《史记》卷一百二十三《大宛列传》，第 3173 页。

⑥ 《汉书》卷六十四下《终军传》第 2821 页。

⑦ 《汉书》卷十《成帝纪》，第 313 页。

⑧ 《史记》卷一百一十二《平津侯主父列传》，第 2949 页。

二是由前者决定，是否忠于君主和遵奉诏旨就成为衡量外交功罪的一个最高原则。上述因功受奖或因罪受惩者，莫不由此而定其功罪。张骞被匈奴拘留两次十余年而持汉节不失，因为汉节为汉皇帝所授予，是汉皇帝的象征，历尽艰辛完成使命，体现了对于汉皇帝的忠贞不渝。苏武更有过之无不及，他之被誉为"使于四方，不辱君命"，被奉为外交使节之楷模，就是因为在他那威武不屈、坚忍不拔的气节中贯穿着一条忠君的鲜明主线。他之所以不在匈奴长期的威逼利诱下投降，就是因为他坚守忠君的信念不动摇，匈奴使卫律劝降，苏武痛斥其"为人臣子，不顾恩义，畔主背亲。"①匈奴方面看准了苏武坚持不降的关键所在，于是派遣李陵至苏武北海牧羊地劝降，李陵也正是从"忠君"是否还有意义入手劝降的，他列举苏武兄弟均已因侍奉汉武帝出错而死等情况后，说："且陛下春秋高，法令亡常，大臣亡罪夷灭者数十家，安危不可知，子卿尚复谁为乎？"苏武答曰："（苏）武父子亡功德，皆为陛下所成就，位列将，爵通侯，兄弟亲近，常愿肝脑涂地。今得杀身自效，虽蒙斧钺汤镬，诚甘乐之。臣事君，犹子事父也，子为父死亡所恨。愿勿复再言。"②后来苏武得知汉武帝去世消息，"南乡号哭，欧血，旦夕临。"③及至汉昭帝即位苏武被遣返回国后，"至京师。诏（苏）武奉一太牢谒武帝园庙。"④何以返国后第一件事就是去拜祭汉武帝陵墓？就是因为他对于汉武帝的忠贞已经受住了历史的考验。在中国古代的皇权制时代，忠于皇帝与忠于国家是一致的。这是古代外交使节的最重要品质。

三是由前两者决定，外交官员和外交使节必须坚持遵行诏旨。因

---

① 《汉书》卷五十四《苏武传》，第2462页。
② 《汉书》卷五十四《苏武传》，第2464页。
③ 《汉书》卷五十四《苏武传》，第2465页。
④ 《汉书》卷五十四《苏武传》，第2467页。

此，矫制与否就成为外交官员和使节功罪的最高的、最后的区分标准，不论其实际上的功劳有多大，如果触犯了这条红线，则将被视为不法，而受到惩处。尽管陈汤、甘延寿“出百死，入绝域，遂蹈康居，屠五重城，搴歙侯之旗，斩郅支之首，县旌万里之外，扬威昆山之西，扫谷吉之耻，立昭明之功，万夷慑伏，莫不惧震。”影响所及，“呼韩邪单于见郅支已诛，且喜且惧，乡风驰义，稽首来宾，愿守北藩，累世称臣。”堪称“立千载之功，建万世之安，群臣之勋莫大焉。”[①]但是就因为他们触犯了“矫制”这条红线，故被斥为“踰义干法”[②]，不得赏副其功。冯奉世出使西域，目睹“莎车日强，其势难制，必危西域”之形势，“遂以节谕告诸国王，因发其兵，南北道合万五千人进击莎车，攻拔其城。莎车王自杀，传其首诣长安。诸国悉平，威振西域。”被普遍认为其“功效尤著，宜加爵土之赏。”但终因属于“擅矫制违命”[③]而不得受封。“矫制”或“矫诏”成为外交官员和使节不可逾越的红线。

2. 外交功罪的核心——是否符合国家整体外交利益

外交功罪虽然表现于多个方面，但是其核心是维护国家整体外交利益。

五凤四年（前54）遣使乌孙的系列案件反映了这个核心原则的运用情况。是年“汉使卫司马魏和意、副候任昌送侍子，公主言狂王为乌孙所患苦，易诛也。遂谋置酒会，罢，使士拔剑击之。”此前，解忧公主第二任丈夫、乌孙昆弥翁归靡死，翁归靡匈奴妻所生子狂王继位为昆弥，解忧公主之子元贵靡不得立，乌孙由向汉而倒向匈奴，而且狂王“不与主和，又暴恶失众”，故汉使与解忧公主合谋刺杀狂王，这就

---

① 《汉书》卷七十《陈汤传》，第3017页。

② 《汉书》卷七十《陈汤传》，第3019页。

③ 《汉书》卷七十九《冯奉世传》，第3294页。

是便宜从事。但此次行动失败,“剑旁下,狂王伤,上马驰去。”导致乌孙发生动乱,政局骤变,狂王之子“细沈瘦会兵围和意、昌及公主于赤谷城。数月,都护郑吉发诸国兵救之,乃解去。”于是汉方再次遣使乌孙,意图收拾乱局,解决这一被动局面,“汉遣中郎将张遵持医药治狂王,赐金二十斤,采缯。因收和意、昌系琐,从尉犁槛车至长安,斩之。车骑将军长史张翁留验公主与使者谋杀狂王状,主不服,叩头谢,张翁捽主头骂詈。主上书,翁还,坐死。副使季都别将医养视狂王,狂王从十余骑送之。都还,坐知狂王当诛,见便不发,下蚕室。”①张遵所率使团任务有三,一是携带医药医治乌孙狂王;二是对此事件进行调查;三是逮捕前使者魏和意、任昌回汉治罪。这次事件导致汉使接二连三被杀或治罪,先是前使魏和意、任昌被押解回京后被斩;然后是张遵所率使团中负责调查刺杀狂王事件的张翁因粗暴审讯解忧公主被杀,负责医治狂王的副使季都在狂王送他回国时没有趁机杀死狂王,而被处以宫刑。他们之获罪,根本原因在于有损于国家整体外交利益。魏和意、任昌之使命是护送乌孙侍子返国,当他们在乌孙了解到狂王的情况之后与解忧公主合谋刺杀狂王,如果其行动成功,将有利于扭转乌孙政局由向匈而向汉,则属于便宜从事,可能受到嘉奖,但因其“便宜”行动失败,导致乌孙向匈政局不仅没有改善,反而加深与汉的裂痕,导致双方兵戎相见,使汉王朝在外交上陷于被动局面。故汉方将其处斩,一方面是对其损害汉王朝外交利益之惩罚,另一方面也是借此缓和乌孙的敌对情绪。张翁在审讯解忧公主时的粗暴做法,表明他对于汉王朝在乌孙的利益所在没有足够的认识,“公主、(魏)和意谋杀狂王,固汉意也。”而张翁之获罪,乃“不知朝廷之

① 《汉书》卷九十六下《西域传下》,第3906页。

意”①。季都之获罪，在于应当便宜从事时没有行动，坐失除掉不利于汉匈关系的狂王的有利时机。总之，他们都没有维护好汉王朝的外交利益，故而获罪。

国家整体外交利益之维护，其表现可谓多种多样，既可表现为各项具体使命之完成，也可表现为外交官员个人的使命感和气节的坚守以及国家荣誉之维护与弘扬等方面；既有眼前的利益，如双方交战时刺探军情之是否准确，杀害汉使之人是否得以伏法等，亦有长远的利益，如对于双方长远的友好关系之维护与促进，以及国家长远利益的维护与促进等方面；既可以是在外交第一线之建功立业，亦可以是在幕后之出谋献策等方面。由此可见外交之“功”是由不同层面、不同大小轻重的各个方面构成的，这些大大小小的、有形无形的事功，围绕着一个基本核心就是国家的整体外交利益。因此，功绩的赏赐亦表现为厚薄、轻重的不同。最高者或可以官至九卿，跻身中二千石高官，如张骞“开外国道以尊贵”②为然，或可以食邑封侯，最少者可以是钱帛或复除之赐。而不论赏赐之厚薄、轻重，均经过公卿集议决策并由皇帝诏旨发出，表现了外交赏功所具有的庄重性和严肃性，这是外交作为国家行为的性质在赏功中的体现。

但是维护国家整体外交利益与上述维护皇帝的意志和诏旨，既有一致的时候，如外交使命达成之后的皇帝“大悦”以及公卿群臣意见一致为然，但是也有相互矛盾、抵触的时候，如我们在上文中所述矫制与便宜从事、专擅与专决等不易划分，成为功罪评判中的难题时候，往往就是两者相互矛盾和抵触的时候。虽然如此，我们仍然可以看到，在遇到这样的难题的时候，国家整体外交利益仍然被充分考

① 《汉书补注》卷六十六下《西域传下》引徐松语，第1628页。

② 《史记》卷一百二十三《大宛列传》，第3171页。

虑，终究得以伸张。在讨论陈汤、甘延寿功过问题时，虽然石显、匡衡等人坚持以陈汤、甘延寿“矫制”为由反对奖赏，但是连皇帝本人亦“内嘉（甘）延寿、（陈）汤功”[①]，更不必说其他大臣多支持奖赏他们二人，主张“除过勿治，尊宠爵位，以劝有功。”[②]最后汉元帝还是下诏“其赦（甘）延寿、（陈）汤罪，勿治。”并“诏公卿议封”[③]。表明国家整体外交利益毕竟是外交的核心利益所在。

这里还应当指出，在外交功罪的评判中，也会受到人为因素的干扰，而有违公平合理。上述陈汤、甘延寿案之所以从皇帝到群臣均主张将功折罪予以重奖，均遭到石显、匡衡等少数人的反对与压制，乃至终其一生不得宽贷，一再遭到清算，除了矫制与便宜、专决与专擅之政策界线不易区分之外，还与他们将私人恩怨掺入其中有关。原来“中书令石显尝欲以姊妻（甘）延寿，延寿不取。及丞相、御史亦恶其矫制，皆不与（陈）汤。”[④]为了报复甘延寿，就必须贬抑陈汤。于是中书令石显与丞相匡衡、御史大夫繁延寿勾结起来一再压制陈汤、甘延寿。加以陈汤也有触犯他们的地方，例如甘延寿提出此事应先上报朝廷时，陈汤出言不逊，说：“国家与公卿议，大策非凡所见，事必不从。”[⑤]颜师古注曰：“言凡庸之人，不能远见，故坏其事也。”而丞相、御史大夫、中书令等正是公卿中的头面人物。所以，陈汤、甘延寿立功之后遂一再遭到贬抑，当陈汤、甘延寿提出将所斩郅支单于及诸名王首级宜悬于槀街蛮夷邸间时，丞相匡衡、御史大夫繁延寿以为“郅支及名王首更历诸国，蛮夷莫不闻知。《月令》春‘掩骼埋胔’之时，宜

① 《汉书》卷七十《陈汤传》，第3016页。
② 《汉书》卷七十《陈汤传》，第3018页。
③ 《汉书》卷七十《陈汤传》，第3020页。
④ 《汉书》卷七十《陈汤传》，第3016页。
⑤ 《汉书》卷七十《陈汤传》，第3010页。

勿县。”反对悬挂，主张掩埋。经车骑将军许嘉、右将军王商提出折中方案，最后决定“宜县十日乃埋之”①。接着他们又利用陈汤“所卤获财物入塞多不法”，指使司隶校尉“移书道上，系吏士按验之。”经陈汤等人上书提出异议方才撤销这一做法。待陈汤等人到达京师之后论功行赏之时，他们更一再反对和贬抑，汉元帝虽然内心希望嘉奖他们，然而“重违（匡）衡、（石）显之议”，以致“议久不决”②。会元帝寝疾，“然犹垂意不忘，数使尚书责问丞相，趣立其功。独丞相匡衡排而不予，封（甘）延寿、（陈）汤数百户，此功臣战士所以失望也。”③直到汉元帝去世、成帝即位之后，丞相匡衡还翻出旧账，复奏“（陈）汤以吏二千石奉使，颛命蛮夷中，不正身以先下，而盗所收康居财物，戒官属曰绝域事不覆校。虽在赦前，不宜处位。”④将陈汤先前所得射声校尉官职免掉。然而为陈汤等人的冤案申诉者亦不绝如缕，先有故宗正刘向，后有议郎耿育，乃至安汉公王莽，经历元、成、哀、平四世而不辍。荀悦论曰：“夫矫制之事，先王之所慎也，不得已而行之。若矫大而功小者，罪之可也；矫小而功大者，赏之可也；功过相敌，如斯而已可也。权其轻重而为之制宜焉。”⑤陈汤案表明，任何规章制度都可以被人上下其手，如果执政者不从国家利益出发而掺入个人恩怨与好恶，则难于“权其轻重而为之制宜”。

3. 外交赏功的基本趋向——由外而内

外交赏功有政治的、经济的和精神的诸方面，政治上的奖赏主要是晋官封爵，经济上的奖赏除了体现于俸禄、食邑之外，还体现于赏

---

① 《汉书》卷七十《陈汤传》，第3015页。
② 《汉书》卷七十《陈汤传》，第3016页。
③ 《汉书》卷七十《陈汤传》，第3027页。
④ 《汉书》卷七十《陈汤传》，第3020页。
⑤ 《两汉纪》上册，《汉纪·孝元皇帝纪下卷第二十三》，第403页。

赐金钱和田宅等,精神上则体现于政治上的表彰和荣誉以及社会地位的提升等方面。三者之中以政治上的赏功——晋官封爵为其核心,晋官封爵既是政治上的嘉奖,也是经济上的一种嘉奖,因为封爵则意味着食邑的赐予,而官位的升迁则意味着俸禄的提高,从而构成经济上嘉奖的重要内容;同时封官晋爵也是一种精神上的嘉奖,是荣誉和地位的一种社会标签。但是政治上的赏功又以晋官为其基本形态。封爵固然是赏功的重要项目,但是这一奖赏基本上是赐予少数在外交上有重大功绩者,一般的立功者或职位微贱者无缘于此。因此,因外交上立功而得以封爵者毕竟是少数,大多数是获得官位或官位之升迁。那些原已有官位者固然可以得到职级的提升,那些原来并无官位者也有可能获得一官半职,跟随张骞出使西域的堂邑父之被拜为奉使君,苏武使团中的假吏常惠以及徐圣、赵终根等被拜为中郎,傅介子使团中负责刺杀楼兰王的两位"士"之被补侍郎等,均属此类,表明了这一赏赐形态之普遍性。赐予钱帛虽然可以上至立大功者,下至微贱者,但是有不少立功者之获赐并不表现为钱帛之赐,故其普遍性尚在晋官之下。

晋官之在外交赏功中居于基本形态之重要地位,还体现于这一赏赐形态之基本趋向之由下而上、由外而内方面。所谓由下而上是指出使立功者之官位一般均由低而高获得提升,这在外交使节章节中已经谈及,兹不赘。所谓由外而内,是指出使立功者所晋之官多由宫外官而宫内官,或外朝官而内朝官,体现了外交赏功之突出特色。

汉代官职有宫外官与宫内官之别①,宫内官较宫外官与皇帝亲近,故宫内官较宫外官处于优势地位。外交官员立功之后多得晋官,其官位多由宫外官而宫内官。前已指出外交使节多从宫内官大夫、

① 参见《汉魏制度丛考·宫省制度》,第1—13页。

郎官及郎将中遴选，使命完成之后，原为宫内官者仍为宫内官并得以由下而上升迁，原来非宫内官者则升迁为宫内官，实属顺理成章之事。故使节立功之后，最常见者乃晋为郎官或大夫，如陆贾、张骞之拜为太中大夫，冯奉世之拜为光禄大夫；常惠、徐圣、赵终根、傅介子之拜为中郎，其随从人员之补侍郎等。甚至苏武之胡妇子通国回汉后亦以为郎。大夫或郎官为郎中令——光禄勋之属官，郎中令——光禄勋负责宫中警卫侍从，为皇帝近臣。其中又以任郎官者为多，这一职位表明其与皇帝关系较出使前更为亲近，从而为日后升迁它官创造了更为宽阔的前景。有的还被拜为“绣衣直指”这类更为皇帝所亲信的官职，如江充自请出使匈奴，武帝以江充为谒者，“使匈奴还，拜为直指绣衣使者。”[①]谒者已经是宫内官，而由谒者拜为“直指绣衣使者”又更加接近皇帝了。所谓“直指绣衣使者”又称为“绣衣直指”，为给事殿中之侍御史属官，武帝时所置。其职掌“出讨奸猾，治大狱。”[②]注引服虔曰：“指事而行，无阿私也。”颜师古曰：“衣以绣者，尊宠之也。”江充任职后，负责“督三辅盗贼，禁察踰侈。贵戚近臣多奢僭，（江）充皆举劾，奏请没入车马，令身待北军击匈奴。奏可。（江）充即移书光禄勋中黄门，逮名近臣侍中诸当诣北军者，移劾门卫，禁止无令得出入宫殿。于是贵戚子弟惶恐，皆见上叩头求哀，愿得入钱赎罪。上许之，令各以秩次输钱北军，凡数千万。上以（江）充忠直，奉法不阿，所言中意。”[③]其与皇帝关系之亲近由此可见。

外交官员立功之后晋官，或由外朝官而内朝官。西汉中后期有内外朝之别，内朝官较外朝官与皇帝亲近，参与决策，更处于优势地位。

① 《汉书》卷四十五《江充传》，第2177页。
② 《汉书》卷十九上《百官公卿表上》，第725—726页。
③ 《汉书》卷四十五《江充传》，第2177页。

苏武于昭帝时从匈奴中返国，被拜为典属国，昭帝去世后，因与谋立宣帝，又以“奉使不辱命”而受到宣帝信重，“待诏宦者署，数进见，复为右曹典属国。”[①]这里称苏武“复为”此官职，表明在此之前他已经任此职，即以典属国而加右曹。右曹即内朝官，“右曹日上朝谒，秩二千石。”[②]不仅苏武本人加右曹，其弟子亦被任命为右曹[③]。苏武使团成员常惠返国后，先是被拜为光禄大夫，后因出使西域有功，代苏武为典属国，后又被拜为右将军，而“典属国如故”[④]。右将军亦为中朝官。

外交赏功基本趋向之由外而内，是外交权力集中于皇帝手中在奖励制度中的一种体现。外交使节多由皇帝近侍、近臣中派出，待他们建功立业之后再回到皇帝身边，加以重用，形成拱卫于皇帝左右的外交官员群体，周而复始，从而进一步加强了皇帝对于外交的掌控。

---

① 《汉书》卷五十四《苏武传》，第2468页。
② 《汉官六种·汉官旧仪卷上》，第33页。
③ 《汉书》卷五十四《苏武传》，第2468页。
④ 《汉书》卷七十《常惠传》，第3005页。

跋　语

在上述体系恢宏、结构严密的外交体制的协同作用下，两汉四百年的历史中展现了一幅幅波澜壮阔、绚丽多彩的外交图景："张骞怀致远之略，班超奋封侯之志，终能立功西遐，羁服外域。自兵威之所肃服，财赂之所怀诱，莫不献方奇，纳爱质，露顶肘行，东向而朝天子。""驰命走驿，不绝于时月；商胡贩客，日款于塞下。"①于是"设酒池肉林以飨四夷之客"，"赂遗赠送，万里相奉。"②"龙驾帝服，鸣钟传鼓于清渭之上，南面而朝单于。""报命连属，金币载道。"③在中国古代历史上继春秋战国时期掀起了又一波外交高潮，并突破了前朝而开辟了空前的外交新局，将中国古代外交从华夏阃域中突破而第一次走向世界性舞台。这是汉王朝对于中国历史发展所作出的历史性贡献之一。

汉王朝所取得的这一历史性贡献的原因以及它所能够给予我们的启示是什么呢？这当然是一个极其复杂的重大问题，非可以一言以蔽之。兹从另一角度略述一二，以窥其一斑。

① 《后汉书》卷八十八《西域传》，第2931页。
② 《汉书》卷九十六下《西域传下》，第3928页。
③ 《后汉书》卷八十九《南匈奴传》，第2966页。

一、"人性"、"国性"与汉代外交

我们在全书中已经反复强调指出，汉代外交关系的发展是历史发展的结果，是统一大帝国的建立及其强大的结果，是当时的社会经济、政治、军事和文化等综合国力发展的结果。现在我们还要进一步指出，汉代外交的发展与"人性"和"国性"也是有密切关系的。何谓"人性"？何谓"国性"？我们所说的"人性"是指人的本能及其内在精神因素，所谓"国性"是指"人性"之体现于国家的本能及其内在精神因素。而"国性"这个词我们是借用梁启超先生的概念。清季、民初的学者喜欢说"国于天地，必有与立"这样一句话，梁启超对此阐发道："国于天地，必有与立。国之所以与立者何？吾无以名之，名之曰国性。国之有性，如人之有性然。"[①]认为"国性"与"人性"是相通的。历史是人类的历史，国家是人类历史发展的产物，是一定范围内的人群所形成的共同体形式，在一定意义上可以说国家是一种人群的组织。故"人性"与"国性"是相通相关并相互影响的。

"外交"既是"人性"也是"国性"的重要属性之一。人的本质是其社会性，人不能脱离社会而自闭独处，故人与人之间相互交往是人的"本性"之一；推而广之，邻里之间、家庭之间、氏族部落之间，乃至国家产生之后的国与国之间，无不需要相互交往而不能自闭独处。相互交往即"外交"之原始，交相访问亦为外交之原始。人类的这种社会"本性"不能不反映在国家的属性之中，故国家职能亦有"交往职

① 《梁启超文集之二十九·国性篇》，第82页，梁启超：《饮冰室合集》第二册，中华书局1989年版。

能”。因此我们可以说外交也是国家的“本性”，亦即为“国性”内涵之一。

从我们对于先秦时期聘礼的产生及其渊源的探索中可以看到，从人类诞生伊始，即已具有相互交往之本能，这种本能及至国家诞生之后，遂由社会性外交而发展为政治性外交，而成为国家政治上层建筑组成之外交及反映这种政治属性之外交文化。这种与国家诞生与生俱来的政治上层建筑组成之一的外交，在周代得到了第一次大规模的推行，成为其封建国家体制赖以维系和发展的重要政治功能之一。历经春秋、战国时期的不断发展变化，及至汉代而进入了第二个发展新阶段——突破华夏地域性外交而迈入世界性的外交舞台，突破东亚外交圈而迈入西方（西域）外交圈。而从上述汉代外交体制中我们可以看到，从皇帝到臣民，从朝廷至关塞，上自三公九卿，下及斗食小吏，无不动员起来为发展外交关系而效力尽责，外交更加成为国家不可或缺的重要职能之一。这种现象，用我们今天的话来说，就是国家对外职能中的“交往职能”的体现。因此我们可以说，汉代外交关系的空前发展，是其“交往职能”得到发挥而开始迈入发展阶段的反映。

从汉代的外交关系发展中我们可以看到，外交关系的发展一方面是充满创新精神，需要不断探索外部世界和未知世界；另一方面是充满大无畏精神，需要克服无数艰难险阻乃至付出生命的代价。因此，外交在很大程度上就是开拓和探险，汉代的某些皇帝和不少官员以及外交使节充满开拓进取和探险精神，堪称开拓者和探险家。这是汉代突出的时代精神，也是这个时代的“人性”和“国性”中的亮点。

（一）利欲“本性”的发挥

人的社会性还表现在人所具有的经济、政治、思想和文化的倾向、需要和欲望方面，亦即利益追求的社会性本能。国家亦然，政治、军事、经济和文化等方面的利益追求是外交发展的强大推动力。汉代随着统一国家的再建及其强盛，不仅其利益追求的本能空前膨胀，而且具备了追求更大利益的条件和可能，史称“遭值文、景玄默，养民五世，天下殷富，财力有余，士马强盛。故能睹犀布、瑇瑁则建珠崖七郡，感枸酱、竹杖则开牂柯、越巂，闻天马、蒲陶则通大宛、安息。”[①]汉武帝在听取张骞通使西域的报告之后，“既闻大宛及大夏、安息之属皆大国，多奇物，土著，颇与中国同业，而兵弱，贵汉财物；其北有大月氏、康居之属，兵强，可以赂遗设利朝也。且诚得而以义属之，则广地万里，重九译，致殊俗，威德遍于四海。天子欣然，以骞言为然。”通过外交而可以得到的这些异域的政治、经济、文化利益，极大地刺激了汉皇帝的欲望，吊起了他的胃口，于是在第一次派遣张骞从北路通西域失败的情况下，随即遣使通西南夷，希望从西南方面打开通西域的道路。“初，汉欲通西南夷，费多，道不通，罢之。及张骞言可以通大夏，乃复事西南夷。”[②]在第一次通西南夷失败的情况下，再次遣使通西南夷。但是，第二次通西南夷又没有达到预期目的，而这接二连三的失败并没有挫折汉武帝的欲望追求，“是后天子数问(张)骞大夏之属。”于是张骞提出建议，再次从北路通乌孙以达到通大夏的目的：“今单于新困于汉，而故浑邪地空无人。蛮夷俗贪汉财物，今诚以此时而厚币赂乌孙，招以益东，居故浑邪之地，与汉结昆弟，其势宜听，听则是断匈奴右臂也。既连乌孙，自其西大夏之属皆可招来而为外臣。”这个计划的核心是以乌孙为跳板，在得到通乌孙的政治、军事利益的基础上，进而通大夏之属，从而将外交利益最大限度加以扩张。于是“天子以为然，拜(张)骞为中郎将，将三百人，马各二匹，牛羊以

① 《汉书》卷九十六下《西域传下》，第3928页。

② 《史记》卷一百二十三《大宛列传》，第3166页。

万数，赍金币帛直数千巨万，多持节副使，道可使，使遗之他旁国。”[①]汉方以“利益”为开辟外交关系的手段，因而派遣了如此庞大而富厚的外交使团。这一手段果然奏效，张骞到达乌孙时，“乌孙王昆莫见汉使如单于礼，骞大惭，知蛮夷贪，乃曰：‘天子致赐，王不拜则还赐。’昆莫起拜赐。”张骞利用对方亦具有的利益追求的“本性”而使蔑视汉使的乌孙王改变态度，以礼相待。张骞肩负的劝说乌孙东归故地的使命虽然没有完成，但是毕竟与乌孙建立起了外交关系，张骞返国时，“乌孙发导译送骞还，骞与乌孙遣使数十人，马数十匹报谢，因令窥汉，知其广大。”“乌孙使既见汉人众富厚，归报其国，其国乃益重汉。”汉地的物质财富对于乌孙产生了极大的吸引力，从此乌孙与汉的关系日益发展；同时张骞“所遣使通大夏之属者皆颇与其人俱来，于是西北国始通于汉矣。”[②]这一系列事件的发展进程向人们提供了准确无误的信息，对于利益追求的“本性”是外交发展的强大推动力，在这一利益追求“本性”的推动下，人类克服艰难险阻的毅力和能力是多么惊人，这无论对于汉方还是四方国、族皆然。

（二）好奇心“本性”的发挥

人类的又一本能是不满足，而不满足的驱动力是好奇心。好奇心不仅是人类探索科学奥秘、钻研学问的强大推动力，也是外交发展的强大推动力。外交是对于外部世界的认识和开辟交往关系的过程。何以随着社会历史的发展，人类的外交空间日益扩大，无所底极？这就是人类的不满足的“本性”使然。而探索、开拓精神的驱动力，除了对于社会国家的责任感之外，还有人类所具有的心理因素——好奇

① 《史记》卷一百二十三《大宛列传》，第3168页。

② 《史记》卷一百二十三《大宛列传》，第3168—3169页。

心。汉代外交关系发展中所展现的探索、开拓精神是极其鲜明突出的，那是一个充满探索、开拓精神的伟大时代，作为最高统治者的皇帝的好奇心就是十分突出的，汉武帝就是一位极具好奇心的人物，史称“汉使穷河源，河源出于阗，其山多玉石，采来，天子案古图书，名河所出山曰昆仑云。”①汉使固然表现了探索未知世界的强烈好奇心，而且将所采集的玉石带回供汉武帝观看，汉武帝为此而查阅古图书，并命名所发现之山。张骞出使西域回国后，汉武帝一再向他详细询问西域的情况，“骞身所至者大宛、大月氏、大夏、康居，而传闻其旁大国五六，具为天子言之。”②张骞向他详细汇报了他所亲至及传闻的西域诸国国情和风土人情，其中包括大宛、乌孙、奄蔡、大月氏、安息、条枝、大夏等几乎西域之重要国家，可见君臣之间为此进行了长时间的交谈，这对于日理万机的汉皇帝来说是非常特殊和突出的。不仅如此，“是后天子数问骞大夏之属。”③可知汉武帝对于西域问题具有何等浓烈的兴趣。许多外交方略就是在这种了解情况中作出的，如通西南夷、乌孙等决策就是在这个基础上施行的。可以说汉代君臣上下均为充满好奇心的探索者。范晔评论汉通西域曰：“西域风土之载，前古未闻也。汉世张骞怀致远之略，班超奋封侯之志，终能立功西遐，羁服外域。”他们胸怀的“致远之略”、“封侯之志”除了对于国家责任的高远之志之外，还有他们的探索和开拓进取精神。“其后甘英乃抵条支而历安息，临西海以望大秦，拒玉门、阳关者四万余里，靡不周尽焉。若其境俗性智之优薄，产载物类之区品，川河领障之基源，气节凉暑之通隔，梯山栈谷绳行沙度之道，身热首痛风灾鬼难之

① 《史记》卷一百二十三《大宛列传》，第3173页。

② 《史记》卷一百二十三《大宛列传》，第3160页。

③ 《史记》卷一百二十三《大宛列传》，第3168页。

域，莫不备写情形，审求根实。"[①]以甘英为代表的汉使何以"临西海以望大秦"？当时汉与大秦并没有直接的利害关系，这里无疑向人们传达了他们所怀抱的强烈的好奇心和探索、开拓精神的信息。他们对于这些遥远的国度、艰难险阻的山岭、河流、沙漠以及恶劣的自然条件和环境的全面、深入地调查研究并将其记录下来，不能说与他们的好奇心没有关系。我们可以说汉代的外交使节不少是极具好奇心的探险家。这是一个弥漫着"立功异域"的"大志"[②]的伟大时代。君臣上下对于外部世界的好奇心历久不衰，东汉灵帝熹平（172—178）年间，使匈奴中郎将臧旻"还京师，太尉袁逢问其西域诸国土地风俗人物种数，（臧）旻具荅言西域本三十六国，后分为五十五，稍散至百余国。大小，道里近远，人数多少，风俗燥湿，山川草木鸟兽异物名种不与中国同者，口陈其状，手画地形。（袁）逢奇其才，叹息言：'虽班固作《西域传》，何以加此乎？'"[③]他们对于西域情况的浓厚兴趣和熟悉掌握，固然与其职务有关，但也不能说与他们的好奇心无关。

（三）想象力"本性"的发挥

探索、开拓的另一重要心理因素是想象力。想象力是在已有知识基础上的创造性思维，从而产生出更高、更新的观念或事物。故爱因斯坦说："想象力比知识更重要"。汉代人在外交发展过程中所表现出来的想象力也是十分令人赞叹的。汉武帝就是充满想象力的杰出的皇帝，"是时天子问匈奴降者，皆言匈奴破月氏王，以其头为饮器，月氏遁逃而常怨仇匈奴，无与共击之。汉方欲事灭胡，闻此言，因欲

---

① 《后汉书》卷八十八《西域传》，第 2931 页。

② 《后汉书》卷四十七《班超传》，第 1571 页。

③ 《后汉书》卷五十八《臧洪传》注引谢承《后汉书》，第 1884 页。

通使。"①他根据匈奴降者提供的匈奴以月氏王头为饮器这一信息，产生了通使月氏以从东西两面夹击匈奴的战略计划。张骞也是极富想象力的杰出外交使节，张骞在接受汉武帝的垂询时说道："臣在大夏时，见邛竹杖、蜀布。问曰：'安得此？'大夏国人曰：'吾贾人往市之身毒。身毒在大夏东南可数千里。其俗土著，大与大夏同，而卑湿暑热云。其人民乘象以战。其国临大水焉。'以骞度之，大夏去汉万二千里，居汉西南。今身毒国又居大夏东南数千里，有蜀物，此其去蜀不远矣。今使大夏，从羌中，险，羌人恶之；少北，则为匈奴所得；从蜀宜径，又无寇。"②这个记载十分生动地反映了张骞所具有的想象力，他从大夏市场上出售的竹杖和布是从西南邛、蜀转贩而来的信息，提出了从西南地区经印度而通大夏这样一条比较北路更安全和近便的通道的设想。唐蒙也是这样一位富有想象力的外交使节。他在出使南越时因吃到了夜郎的土产枸酱，通过了解其来源所自之后，提出了一个通夜郎以制南越的计划，他向汉武帝报告说："南越王黄屋左纛，地东西万余里，名为外臣，实一州主也。今以长沙、豫章往，水道多绝，难行。窃闻夜郎所有精兵，可得十余万，浮船牂柯江，出其不意，此制越一奇也。诚以汉之强，巴蜀之饶，通夜郎道，为置吏，易甚。"这也是一个充满想象力的外交谋略，他的建议立即被汉武帝所接受，"乃拜(唐)蒙为郎中将，将千人，食重万余人"③出使夜郎，翻开了汉代外交的另一新篇章。

① 《史记》卷一百二十三《大宛列传》，第3157页。

② 《史记》卷一百二十三《大宛列传》，第3166页。

③ 《史记》卷一百一十六《西南夷列传》，第2994页。

二、“软实力”与汉代外交

汉代进入中国古代外交史上的崭新阶段，其主要表现是外交对象之空前扩大，首次突破以往局限于华夏地区诸侯、列国之间的外交而及于其外之四方国、族，乃至四方远国亦纷纷纳入其外交关系之中。这一辉煌成就之取得，主要是因为汉代综合国力之空前强盛，尤以其中经济、军事等“硬实力”空前强大所致，此已毋庸赘述。与此同时则还与其“软实力”亦有相当关系①。兹借用这一概念来研究汉代外交关系的发展及其原因，探讨“软实力”在外交中所扮演的角色，其在外交中的运用和作用等方面的问题。

（一）“德”——中国古代外交“软实力”核心

在国家的综合实力中，广义而言，经济、军事、领土和人口等方面是其主要之“硬实力”，而政治、文化等方面则是其主要之“软实力”。外交作为国家政治之组成要素之一，本身就是国家“软实力”的重要构成和体现。但是在外交的运作过程中，既需要依靠国家“硬实力”为后盾以支持、推动之，亦需要依靠国家“软实力”为灵魂以发挥其协和、吸附之功效。在外交关系中运用“软实力”是中国古代外交史上

① “软实力”（Soft Power）这一概念是由美国哈佛大学教授约瑟夫·奈提出来的（1990 年，他分别在《政治学季刊》、《外交政策》杂志上发表《变化中的世界力量的本质》、《软实力》等一系列论文，并在此基础上出版了 Bound to Lead: The Changing Nature of American Power〔中译本《美国定能领导世界吗》〕一书，提出了“软实力”的概念），认为一个国家的综合国力既包括由经济、科技、军事实力等表现出来的“硬实力”，也包括以文化、价值观念、社会制度等吸引力体现出来的“软实力”。我们借用这个概念，但并非完全照搬，而是根据中国历史的实际加以运用。

一个古老的传统，自古以来一以贯之，内容十分丰富多彩。那么所谓“软实力”在中国古代外交关系中究竟具体指什么？表现于哪些地方呢？

“德”可以说是中国古代外交关系中“软实力”的重要表现之一。其基本理念是认为中原王朝应通过修“德”以吸引四方国、族，即所谓“以德来远”。“德”是一个极其宽泛的概念，是世界观、政治观、伦理观的总和[①]，也是政治制度、思想文化的总和。可以说“德”是汉文化的集中体现与总和。将“德”运用于中国古代外交关系可谓源远流长。

传说舜曾命禹伐三苗，而苗民不服，于是“益赞于禹曰：‘惟德动天，无远弗届……’禹拜昌言曰：‘俞！’班师振旅。帝乃诞敷文德，舞干羽于两阶。七旬，有苗格。”[②]益佐助禹，提出以“德”服之的主张，劝其修“德”以致远。禹接受了益的意见，撤回军队。帝舜亦改变方针，大力推行“文德”，舞“干羽”[③]于庙堂，礼待四方宾客。于是苗民主动来亲附。此即“先王耀德不观兵”[④]之谓。从这里我们可以看到，所谓“德”包含从对待四方国、族的和平友好方针政策以至具体的文化事项——音乐舞蹈等在内。这种修“德”以致远的外交理念贯穿于中国古代历史，而这一理念实渊源于“五服”的理论。

《尚书·禹贡》将天下区分为“五服”，以天子所居王城周围五百里的甸服为中心，逐渐向外扩展，依次为侯服、绥服，此三者是服从于

---

① 参见：《周代交聘礼中的对等性原则》，《史学集刊》2010年第2期，第27—28页。

② 《尚书正义》卷四《大禹谟》，第137页。

③ 干羽，“干，楯。羽，翳也。皆舞者所执。”（《尚书正义》卷四《大禹谟》孔氏传，第137页。）前者即盾，后者为树雉尾之竿。

④ 《国语集解》，《周语上》，第1－2页。

天子的地方，其外尚有两者则为蛮夷戎狄所居的要服和荒服①。天子对于这五服的政策有所不同，甸服“为天子服治田”，侯服“斥候而服事”，绥服“安服王者之政教”，要服“要束以文教”，荒服“言荒又简略”②。前面三服需要为王或治田，或服事，或履行天子政教。后面两服则以“文教”约束之，而对于荒服的约束较要服更为简略。所谓“文教”亦属于“德”的范畴。穆王将征犬戎，祭公谋父反对，其谏言有曰：“甸服者祭，侯服者祀，宾服者享，要服者贡，荒服者王。”如有违反上述规定者，“于是乎有刑不祭，伐不祀，征不享，让不贡，告不王。于是乎有刑罚之辟，有攻伐之兵，有征讨之备，有威让之令，有文告之辞。布令陈辞而又不至，则增修于德而无勤民于远，是以近无不听，远无不服。”③对于前三服分别采取“刑”、“伐”、“征”等强制的、暴力的手段；而对于后二者，则分别采取“让”、“告”，即发布“威让之令”或“文告之辞”这样的“文教”手段，这些“文教”的手段仍然不奏效的话，则“增修于德”，进一步加大“德”的力度，以达到“远无不服”之效。也就是说对于蛮夷戎狄这些边远的四方国、族基本上是采取以“德”服人的外交方针政策。孔子将这种外交方针政策概述为“远人不服，则修文德以来之。”④所谓“文德”即软实力，“来”指其吸引力，依靠自身软实力所具有的吸引力以招致四方国、族前来交往，是中国古代外交理念中的最高境界。

因此，“德”愈盛则吸引力愈大，“德”衰则吸引力削弱。下面这个传说反映了这个规律：“交趾之南有越裳国，周公居摄六年，制礼作乐，天下和平；越裳以三象重译而献白雉，曰：‘道路悠远，山川阻深，

① 见《尚书正义》卷六《禹贡》，第153页。

② 《尚书正义》卷六《禹贡》孔氏传，第153页。

③ 《国语集解》，《周语上》，第7—8页。

④ 《论语注疏》卷十六《季氏》，第2520页。

音使不通,故重译而朝。'成王以归周公,曰:'德不加焉,则君子不飨其质;政不施焉,则君子不臣其人;吾何以获此赐也?'其使请曰:'吾受命吾国之黄耇曰:久矣,天之无烈风注雨,意者,中国有圣人乎?有则盍往朝之。'周公乃归之于王,称先王之神致,以荐于宗庙。周德既衰,于是稍绝。"①西周前期由于"德"盛,于是遥远的越裳国主动来朝,后来周"德"衰,于是外交遂绝。这里的"德"不仅在于实行"制礼作乐"的文化政策以及和平友好的外交方针政策,还表现为"圣人"治国,内政清明,以致"天下和平",风调雨顺。"柔远能迩,惇德允元,而难任人,蛮夷率服。"即此之谓。孔氏传曰:"言当安远,乃能安近。厚行德信,使足长善。""佞人斥远之,则忠信昭于四夷,皆相率而来服。"②内政清明则四夷来服,内政与外交互为因果。故"明王慎德,四夷咸宾。无有远迩,毕献方物。"③孔氏传曰:"言明王慎德以怀远,故四夷皆宾服。"

"德"不仅是和平友好的外交方针政策和清明的政治,同时体现于具体的文化事项之中。春秋鲁襄公四年(前569),山戎族的无终国遣使至晋求好,晋悼公欲拒之而诉诸武力,晋卿魏绛劝其采取"和戎"政策,认为"以德绥戎,师徒不勤,甲兵不顿。"和戎可以不必兴师动众、损兵折将,"而用德度,远至迩安。"④以"德"抚之可使国家安定而远人自来。晋悼公采纳了魏绛的意见而实行"和戎"政策。鲁襄公十一年(前562),郑国送给晋悼公兵车百乘以及乐师三人、女乐十六人和各种乐器,晋悼公"以乐之半赐魏绛,曰:'子教寡人,和诸戎狄,以正诸华。八年之中,九合诸侯,如乐之和,无所不谐。请与子乐之。'"

① 《尚书大传》,《太平御览》卷七百八十五引,第3475页。

② 《尚书正义》卷三《舜典》,第130页。

③ 《尚书正义》卷十三《旅獒》,第194页。

④ 《春秋左传正义》卷二十九,襄公四年,第1933页。

认为“和戎”政策犹如音乐可以奏出和谐之音那样，使晋国与四方国、族建立起和平友好的关系，故将音乐之半赐之。魏绛辞曰：“夫和戎狄，国之福也……夫乐以安德，义以处之，礼以行之，信以守之，仁以厉之，而后可以殿邦国，同福禄，来远人，所谓乐也。”①魏绛借机发挥，将音乐赋予深刻的涵义，认为音乐蕴涵着“德”、“义”、“礼”、“信”、“仁”等美德，“言五德皆备，乃为乐，非但金石。”②音乐不仅仅是金石所发出的音响，而且是这些美德的体现，有了这些美德便可以内安邦国而外“来远人”。故古人将音乐与各种美德联系起来，所谓“礼、乐，德之则也。德、义，利之本也。”③认为它们都是利民之本。《礼记·乐记》对于“德”、“乐”与“金石”三者之间的关系作了如此阐释：“德者，性之端也。乐者，德之华也。金石丝竹，乐之器也。”④认为“德”为人性之本，“乐”为“德”之外在体现，而“金石”等只是演奏音乐的器具而已。也就是说“德”是音乐的灵魂，音乐是“德”的外在体现。

在这种以“德”来远的发挥软实力作用的外交理念指导下，于是在外交管理机构中遂有“怀方氏”的设置，贾疏：“怀，来也。”其职“掌来远方之民。”郑玄注曰：“远方之民，四夷之民也。谕德延誉以来之。”⑤这个机构名称贯穿的就是以“德”怀柔四方国、族，俾其自动前来交往的精神。这种“怀远以德”⑥的外交理念贯穿于中国古代外交史中，故能“得远夷之和，同异俗之心。”⑦

汉代继承先秦“以德来远”的外交理念，积极发挥软实力在外交

① 《春秋左传正义》卷三十一，襄公十一年，第1951页。
② 《春秋左传正义》卷三十一，襄公十一年孔氏传，第1951页。
③ 《春秋左传正义》卷十六，僖公二十七年，第1822页。
④ 《礼记正义》卷三十八《乐记》，第1536页。
⑤ 《周礼注疏》卷三十三《夏官司马·怀方氏》，第864页。
⑥ 《春秋左传正义》卷十三，僖公七年，第1798页。
⑦ 《后汉书》卷四十七《班梁列传》，第1582页。

中的作用。故汉代人的基本外交理念是："春秋'王者无敌。'言其仁厚，其德美，天下宾服，莫敢受交也。德行延及方外，舟车所臻，足迹所及，莫不被泽。蛮、貊异国，重译自至。"只要能够做到"诚信著乎天下，醇德流乎四海，则近者哥讴而乐之，远者执禽而朝之。"[①]于是"汉德隆盛，远人宾服。"[②]"远人慕化，实由有德。"[③]诸如此类的表述充斥于汉代史乘。

所谓"德"，首先是传统汉文化中的"礼"。汉初制订和亲政策时即已提出"以岁时汉所余彼所鲜数问遗，因使辩士风谕以礼节"[④]的外交方针，在以汉方丰富的物资赠送匈奴的同时，还需以"礼节"感化之。和亲不仅是物质上的交流，也是文化上的浸润。此后汉方在与匈奴交往中就一直致力于以"礼"化之的做法，可以说汉匈之间的外交中一直围绕着"礼"而展开争竞、角逐，这在下文中将有所涉及。陈禅拜为辽东太守，"胡惮其威强，退还数百里。（陈）禅不加兵，但使吏卒往晓慰之，单于随使还郡。（陈）禅于学行礼，为说道义以感化之。单于怀服，遗以胡中珍货而去。"[⑤]这就是以"礼"化之的生动事实。表明对匈奴进行以"礼"化之，不仅外交官员，地方政府和官员亦肩负其责并有不同程度的贡献。

其次是体现于对外政策方面。软实力在汉代对外政策方面的重要体现是其"羁縻"政策。"天子之于夷狄也，其义羁縻勿绝而已。"[⑥]如何羁縻之？主要是根据"五服"论而采取以德来远的方针政策以加

① 《盐铁论·世务》，《诸子集成》（七），第49页。

② 《汉书》卷七十《段会宗传》，第3029页。

③ 《后汉书》卷二《明帝纪》，第121页。

④ 《史记》卷九十九《刘敬列传》，第2719页。

⑤ 《后汉书》卷五十一《陈禅传》，第1685页。

⑥ 《史记》卷一百一十七《司马相如列传》，第3049页。《索隐》案："羁，马络头也。縻，牛纼也。《汉官仪》云：'马云羁，牛云縻。'言制四夷如牛马之受羁縻也。"

强四方国、族的向心力。班固在《汉书·匈奴传》中阐发了这个方针政策，“先王度土，中立封畿，分九州，列五服，物土贡，制外内，或修刑政，或昭文德，远近之势异也。是以春秋内诸夏而外夷狄。”亦即上文已经提到的三服之内用“刑政”，其外两服之蛮夷戎狄则用“文德”。“是以外而不内，疏而不戚，政教不及其人，正朔不加其国；来则惩而御之，去则备而守之。其慕义而贡献，则接之以礼让，羁縻不绝，使曲在彼，盖圣王制御蛮夷之常道也。”①羁縻政策的特征是不以暴力而以“文德”这种软性的做法所产生的吸引力，使四方国、族主动“慕义而贡献”，是为“制御蛮夷之常道”。汉王朝于西域所设官职，“既为胡虏节度，又禁汉人不得有所侵扰。故外夷归心，匈奴畏威……宣威布德，以系诸国内向之心，以疑匈奴觊觎之情。”②就是这种羁縻政策在与匈奴争夺西域向心力的具体表现。

第三是各种具体的文化事项。汉方对于来使、来访者，均不遗余力给予盛情款待，其中包括邀请他们欣赏各种音乐、舞蹈、杂技等表演。汉武帝时为了适应外交的大发展，“而觳抵奇戏岁增变，甚盛益兴，自此始。”就是企图以此“倾骇之”③。

还必须指出，“德”是建立在“威”的基础上方才奏效的，“威”是“德”的后盾。因此汉代在外交实践中并非一味施行“德”，而是将“德”与“威”紧密结合起来，“威”、“德”并用。“汉兴至于孝武，事征四夷，广威德，而张骞始开西域之迹。”④这里的“威”是指武力和强大的国力，它是与“德”相对应的硬实力，“德”之施行有赖于“威”为后盾，两者不可分离。“天子既闻大宛及大夏、安息之属皆大国，多奇

① 《汉书》卷九十四下《匈奴传下》，第3833—3834页。
② 《后汉书》卷四十七《班梁列传》，第1588—1589页。
③ 《史记》卷一百二十《大宛列传》，第3173页。
④ 《汉书》卷九十六上《西域传上》，第3873页。

物，土著，颇与中国同俗，而兵弱，贵汉财物；其北则大月氏、康居之属，兵强，可以赂遗设利朝也。诚得而以义属之，则广地万里，重九译，致殊俗，威德遍于四海。天子欣欣以骞言为然。”①这里的“威”主要是指“财物”，亦属硬实力之重要组成，运用汉王朝雄厚的财物以吸引四夷来朝也是一个重要手段，可见对于四夷的吸引力不仅倚靠软实力，同时包括硬实力；四夷既已来朝，则“以义属之”，此即“不以兵革”②之谓。这里的“义”即包含于“德”的范畴之中，故曰“宣威布德，以系诸国内向之心。”③只有“威”而无“德”，或“德”不及人，在国际上亦缺乏竞争力。史称西域诸国“虽属匈奴，不相亲附。匈奴能得其马畜旃罽，而不能统率与之进退。与汉隔绝，道里又远，得之不为益，弃之不为损。盛德在我，无取于彼。故自建武以来，西域思汉威德，咸乐内属。”④汉与匈奴长期在西域竞争，匈奴从原先占优势而逐渐处于劣势，汉则反之，其原因当然是复杂的，但是这与匈奴在软实力方面不及汉方有重要关系。匈奴在军事上并不逊于汉，但是西域诸国对其“不相亲附”，亦即不能得西域诸国之民心，其重要原因是其软实力，特别是其中的“德”不及汉方，班固评论此事认为是汉方之“盛德”为匈奴所不及，故西域诸国“思汉威德”，而“咸乐内属”。西域诸属中以乌孙“最为强国”，它“故服匈奴，及盛，取其羁属，不肯往朝会焉。”⑤匈奴虽然能够将乌孙“羁属”之，但却始终不能使乌孙来“朝会”，亦即一直没有与乌孙建立“朝”关系，不过“羁縻属之而已”⑥，这

① 《汉书》卷六十一《张骞传》，第2690页。

② 《汉书》卷六十一《张骞传》颜师古注语，第2691页。

③ 《后汉书》卷四十七《班梁列传》，第1589页。

④ 《汉书》卷九十六下《西域传下》，第3930页。

⑤ 《史记》卷一百二十三《大宛列传》，第3161页。

⑥ 《汉书》卷九十六下《西域传下》颜师古注，第3902页。

是其“不相亲附”的重要标志。这一事实表明匈奴虽然可以“硬实力”控制乌孙,但却不能以“软实力”使乌孙亲附。从公元前 200 年白登之围开始的汉匈较量,至公元前 1 年的匈奴、乌孙两个“百蛮大国”联袂“来朝”,标志着汉匈之间经历二百年的较量、角逐,最后以汉方的胜利而告终,其原因不仅在于双方“硬实力”之消长变化,同时也与双方“软实力”方面的差异有密切关系。这是汉王朝外交历史性的、最高成就的重要标志,无怪乎“汉以为荣。”①“威”、“德”并用不仅施于西域诸国,同样适用于匈奴和其他国家或地区,“至孝宣之世,承武帝奋击之威,直匈奴百年之运,因其坏乱几亡之阸,权时施宜,覆以威德,然后单于稽首臣服,遣子入侍,三世称藩,宾于汉庭。”②匈奴之从敌对而演变为“宾于汉庭”,也是“威”、“德”并用的结果。

职是之故,汉代外交使节所赖即为汉王朝之“威”、“德”,使节之基本使命亦主要是宣扬汉王朝之“威”、“德”。汉发使十余辈至大宛以西诸外国求奇物时,即“因风览以伐(大)宛之威德。”③唐蒙之出使夜郎,亦“喻以威德”④,梁讽之出使北匈奴,亦“宣国威德”⑤,均其明证。

作为软实力的“德”究竟应当包括哪些具体内容?如何发挥“德”这种软实力之作用?这在汉代是有不同认识的。《盐铁论·崇礼篇》反映了这方面的争论情况。

大夫曰:“饰几杖,修樽俎,为宾,非为主也。炫燿奇怪,所以

① 《汉书》卷九十六下《西域传下》,第 3910 页。
② 《汉书》卷九十四下《匈奴传下》,第 3832 页。
③ 《史记》卷一百二十三《大宛列传》,第 3179 页。
④ 《史记》卷一百一十六《西南夷列传》,第 2994 页。
⑤ 《后汉书》卷四十七《班梁列传》,第 1591 页。

陈四夷，非为民也。夫家人有客，尚有倡优奇变之乐，而况县官乎？故列羽旄，陈戎马，以示威武，奇虫珍怪，所以示怀广远、明德，远国莫不至也。”

贤良曰：“王者崇礼施德，上仁义而贱怪力，故圣人绝而不言。孔子曰：‘言忠信，行笃敬，虽蛮、貊之邦，不可弃也。’今万方绝国之君奉贽献者，怀天子之盛德，而欲观中国之礼仪，故设明堂、辟雍以示之，扬干戚、昭雅颂以风之。今乃玩好不用之器，奇虫不畜之兽，角抵诸戏，炫耀之物陈夸之，殆与周公之待远方殊。昔周公处谦以卑士，执礼以治天下，辞越裳之贽，见恭让之礼；既，与入文王之庙，是见大孝之礼也。目睹威仪干戚之容，耳听清歌雅、颂之声，心充至德，欣然以归，此四夷所以慕义内附，非重译狄鞮来观猛兽熊罴也。夫犀象兕虎，南夷之所多也；骡驴馲驼，北狄之常畜也。中国所鲜，外国贱之，南越以孔雀珥门户，昆山之旁，以玉璞抵乌鹊。今贵人之所贱，珍人之所饶，非所以厚中国，明盛德也。隋、和之名宝也，而不能安危存亡。故喻德示威，惟贤臣良相，不在犬马珍怪。是以圣王以贤为宝，不以珠玉为宝。昔晏子修之樽俎之间，而折冲乎千里；不能者，虽隋、和满箧，无益于存亡。”①

这里以御史大夫桑弘羊为一方，以贤良文学为代表的士大夫为另一方。首先应该指出，大夫和贤良双方都认为对于四夷应以“德”来之，但是对于“德”包括哪些内容？如何发挥“德”在外交中的作用，双方意见是有分歧的。桑弘羊认为向四夷“炫耀奇怪”，一方面“列羽旄，陈戎马”以示“威武”，另一方面则展示“奇虫珍怪”，以示“怀广远、明

① 《盐铁论·崇礼》，《诸子集成》（七），第40—41页。

德”，可使“远国莫不至”；而贤良则认为以“玩好不用之器，奇虫不畜之兽，角抵诸戏，炫耀之物陈夸之”，不符合以“德”来远之义，主张“设明堂、辟雍以示之，扬干戚、昭雅颂以风之。”让他们“观中国之礼仪”，“目睹威仪干戚之容，耳听清歌雅、颂之声”，方能令其“心充至德，欣然以归。”前者在“明德”的同时加以“示威武”的方面，故主张“炫耀奇怪”，这里包括“倡优奇变之乐”，“角抵诸戏”，以及“奇虫珍怪”等；后者强调以纯粹的汉王朝庙堂文化为代表的礼乐文明以示之，展示明堂、辟雍之礼仪，以及以雅、颂为代表的音乐舞蹈。实际上两者在根本上是一致的，均主张以汉文化为吸引力，具体的文化事项也有共同之处，如前者之“列羽旄”与后者之“扬干戚”即是。《礼记·乐记》在论音乐之本时说：“比音而乐之，及干戚、羽旄，谓之乐。”郑玄注曰：“干，盾也；戚，斧也，武舞所执也。羽，翟羽也；旄，旄牛尾也，文舞所执。”①可知“羽旄”与“干戚”均为舞蹈之道具，前者为文舞所执，后者为武舞所执。它们都是庙堂歌舞的组成部分，《史记正义》解释其义曰：“比音鼻，次也。音，五音也。言五音虽杂，犹未足为乐，复须次比器之音及《文》《武》所执之物，共相谐会，乃是由音得名。为乐《武》阴《文》阳，故所执有轻重异。”②音响需要与不同的乐器和舞蹈道具配合才能够形成完整和谐的乐舞。所以，这方面他们两者实际上是没有根本性分歧的。但是对于“角抵诸戏”、“奇虫珍怪”等是否属于“明德”的范畴，双方是有分歧的。以桑弘羊为代表的一方之所以认为这些也属于“怀广远、明德”之组成部分，很大程度上是因为桑弘羊作为执政者，他维护的是当时已经在施行的政策，汉武帝时，“是时上方数巡狩海上，乃悉从外国客，大都多人则过之，散财帛以赏赐，厚具

① 《礼记正义》卷三十七《乐记》，第1527页。

② 《史记》卷二十四《乐书》正义，第1180页。

以饶给之，以览示汉富厚焉。于是大觳抵，出奇戏诸怪物，多聚观者，行赏赐，酒池肉林，令外国客遍观各仓库府藏之积，见汉之广大，倾骇之。及加其眩者之工，而觳抵奇戏岁增变，甚盛益兴，自此始。”①在这里除了展示汉王朝的经济成就以及广土众民等方面的硬实力的同时，也将“大觳抵”等“奇戏诸怪物”作为软实力而向四方国、族来使展示，以达到“倾骇之”的效果。此即“德”“威”并用，相辅相成。故班固盛赞：“尔乃盛娱游之壮观，奋泰武乎上囿。因兹以威戎夸狄，耀威灵而讲武事。”②扬雄亦称：“于兹虖鸿生钜儒，俄轩冕，杂衣裳，修唐典，匡雅颂，揖让于前。昭光振耀，蠁曶如神，仁声惠于北狄，武义动于南邻。是以旃裘之王，胡貉之长，移珍来享，抗手称臣。”③均强调在展示文德的同时显耀威武。不过，这些角抵、奇戏为汉文化之组成，以之展示于四方国、族来宾，其为软实力并无疑义。至于展示“奇虫珍怪”等实际上本身也是在展示汉王朝软实力之成就，当时汉都长安“西郊则有上囿禁苑，林麓薮泽，陂池连乎蜀汉，缭以周墙，四百余里，离宫别馆，三十六所，神池、灵沼，往往而在。其中乃有九真之麟，大宛之马，黄支之犀，条支之鸟。逾昆仑，越巨海，殊方异类，至于三万里。”④一方面这种苑囿已经由自然界的动植物转化为园林文化，另一方面这里收藏的珍禽异兽就是汉王朝外交成就之体现。例如得大宛马之后，歌诗曰：“天马来兮从西极，经万里兮归有德。承灵威兮降外国，涉流沙兮四夷服。”⑤最终归结为有德所致，威服四夷的体现。贤良文学在这方面的非议，实际上是对当时现行政策不满之表现，并非

① 《史记》卷一百二十三《大宛列传》，第3173页。

② ［汉］班固：《西都赋》，《文选》卷一，第28页。

③ 《汉书》卷八十七上《扬雄传上》，第3552页。

④ 《西都赋》，《文选》卷一，第24页。

⑤ 《史记》卷二十四《乐书》，第1178页。

这些事项不属于软实力之范畴。

（二）汉代外交软实力作用之类型

以黄河流域为中心发展起来的华夏文化博大精深，源远流长，在公元前后四个世纪的汉代，这种古老的文化传承、递嬗为汉文化，这是当时世界上最为发达和先进的文化之一，是为汉代发展外交关系中可资利用的“软实力”。“软实力”在汉王朝与四方国、族外交实践中之作用及其表现虽然多种多样，但大略而言主要为如下两种类型。

1. 从敌视到仰慕

汉代外交实践中，“软实力”之运用和发挥作用的突出特点之一是，四方国、族之中有些经历了从敌视到仰慕的长期的磨合过程。这方面以匈奴为典型。

汉匈之间在文化上之从敌视到仰慕，经历了一个漫长的磨合过程。汉匈是境土相邻的两个民族，其空间距离并不遥远，但是由于双方文化上的差异比较巨大，加以政治上、军事上的长期敌对，因而两者之间在文化上的矛盾冲突就显得相当尖锐。

在公元前3世纪以来，匈奴“居于北蛮，随畜牧而转移。其畜之所多则马、牛、羊，其奇畜则橐驼、驴、骡、駃騠、騊駼、驒騱。逐水草迁徙，毋城郭常处耕田之业，然亦各有分地。毋文书，以言语为约束。儿能骑羊，引弓射鸟鼠；少长则射狐兔，用为食。士力能毌弓，尽为甲骑。其俗，宽则随畜，因射猎禽兽为生业，急则人习战攻以侵伐，其天性也。其长兵则弓矢，短兵则刀鋋。利则进，不利则退，不羞遁走。苟利所在，不知礼义。自君王以下，咸食畜肉，衣其皮革，被旃裘。壮者食肥美，老者食其余。贵壮健，贱老弱。父死，妻其后母；兄弟死，皆取其妻妻之。其俗有名不讳，而无姓字。”[①]由此可见匈奴文化是一种建立在游牧经济基础上的草原文化，其与建立在农耕文明基础上的汉文化，有着巨大的差异。

因此，在汉匈外交过程中，双方在文化上的矛盾冲突就是不可避免的。下面这个记载反映了汉匈外交中的文化冲突：

> 汉使或言曰：“匈奴俗贱老。”中行说穷汉使曰：“而汉俗屯戍从军当发者，其老亲岂有不自脱温厚肥美以赍送饮食行戍乎？”汉使曰：“然。”中行说曰：“匈奴明以战攻为事，其老弱不能斗，故以其肥美饮食壮健者，盖以自为守卫，如此父子各得久相保，何以言匈奴轻老也？”汉使曰：“匈奴父子乃同穹庐而卧。父死，妻其后母；兄弟死，尽取其妻妻之。无冠带之饰，阙庭之礼。”中行说曰：“匈奴之俗，人食畜肉，饮其汁，衣其皮；畜食草饮水，随时转移。故其急则人习骑射，宽则人乐无事，其约束轻，易行也。君臣简易，一国之政犹一身也。父子兄弟死，取其妻妻之，恶种姓之失也。故匈奴虽乱，必立宗种。今中国虽详不取其父兄之妻，亲属益疏则相杀，至乃易姓，皆从此类。且礼义之敝，上下交怨望，而室屋之极，生力必屈。夫力耕桑以求衣食，筑城郭以自备，故其民急则不习战功，缓则罢于作业。嗟土室之人，顾无多辞，令喋喋而占占，冠固何当？”[②]

这位中行说原来是汉宫中的宦官，汉文帝遣翁主出嫁匈奴单于时，派遣其为翁主之“傅”，但是他不肯行，故陪送翁主至匈奴后即投降匈

① 《史记》卷一百十《匈奴列传》，第 2879 页。

② 《史记》卷一百十《匈奴列传》，第 2899—2900 页。

奴，得到匈奴单于的亲幸和重用，从此他完全站在匈奴一方，极尽反汉之能事。因此，中行说实际上已经成为匈奴的一位代言人。他与汉使的上述辩论，全面地涉及匈奴文化和汉文化的差异，包括双方的衣食住行、婚丧嫁娶乃至政治制度等方面的礼仪和风俗。从中可见双方在文化上是一种相互敌视的态度。在这种情况下，冀望以汉文化促进和加强双方的外交关系，是十分困难的。因此，我们可以说，在西汉前中期汉匈之间的矛盾斗争，不仅是政治上、军事上的，而且也是文化上的矛盾斗争。

汉匈之间在政治上、军事上进行斗争的同时，和平友好的交往也一直在进行，汉文化之吸引力通过这种交往自然会对于匈奴产生作用。对此匈奴方面则保持警惕、防范的态度。“初，匈奴好汉缯絮食物，中行说曰：‘匈奴人众不能当汉之一郡，然所以强者，以衣食异，无仰于汉也。今单于变俗好汉物，汉物不过什二，则匈奴尽归于汉矣。其得汉缯絮，以驰草棘中，衣裤皆裂敝，以示不如旃裘之完善也。得汉食物皆去之，以示不如湩酪之便美也。’于是（中行）说教单于左右疏记，以计课其人众畜物。”①这个记载表明汉方的衣食文化对于匈奴产生了影响，中行说担心这种影响的增强将最终导致政治上的亲汉，故其极力阻止这一趋势之发展，他规劝单于“汉物不过什二，则匈奴尽归于汉矣。”一语道破匈奴隐忧所在，韦昭解释这句话说：“言汉物什中之二入匈奴，匈奴则动心归汉矣。”②由此可见汉文化作用之巨大，故匈奴方面极力加以防范和抵制，坚持匈奴固有的衣食文化在内的生活方式。

虽然如此，但是实际上汉方在与匈奴的外交中，以物质财富为外

① 《史记》卷一百十《匈奴列传》，第2899页。

② 《史记》卷一百十《匈奴列传》集解引，第2899页。

交手段的同时，也一直不断以文化上的“软实力”为手段，促进和加强双方的关系。在西汉前中期汉匈双方在进行军事斗争的同时，文化上的较量也一直在进行。下面这个事件比较典型地反映了这方面的问题：

> 孝惠、高后时，冒顿寖骄，乃为书，使使遗高后曰：“孤偾之君，生于沮泽之中，长于平野牛马之域，数至边境，愿游中国。陛下独立，孤偾独居。两主不乐，无以自虞，愿以所有，易其所无。”高后大怒，召丞相(陈)平及樊哙、季布等，议斩其使者，发兵而击之。樊哙曰：“臣愿得十万众，横行匈奴中。”问季布，布曰：“哙可斩也！前陈豨反于代，汉兵三十二万，哙为上将军，时匈奴围高帝于平城，哙不能解围……今歌唫之声未绝，伤痍者甫起，而哙欲摇动天下，妄言以十万众横行，是面谩也。且夷狄譬如禽兽，得其善言不足喜，恶言不足怒也。”高后曰：“善。”令大谒者张泽报书曰：“单于不忘弊邑，赐之以书，弊邑恐惧。退日自图，年老气衰，发齿堕落，行步失度，单于过听，不足以自污。弊邑无罪，宜在见赦。窃有御车二乘，马二驷，以奉常驾。”冒顿得书，复使使来谢曰：“未尝闻中国礼义，陛下幸而赦之。”因献马，遂和亲。①

这是西汉前期汉匈之间一次著名的矛盾冲突事件。论者对此历来仅从政治、军事角度而没有从外交和礼俗文化角度加以评论，故多斥责匈奴方面为轻薄、下流，汉方为卑躬屈膝、不顾尊严云云。这个事件除了主要是政治上、军事上的性质之外，其实质也是汉文化与匈奴文化的矛盾冲突，亦即以汉文化的先进性克制匈奴落后文化的一次博

① 《汉书》卷九十四上《匈奴传上》，第3754—3755页。

弈。其时的大背景是匈奴处于军事上的强势地位，虽然双方存在“和亲”关系，但是背约侵边者常在匈奴。这封文书所反映的主要当然是匈奴在军事上对汉王朝的挑衅，但是同时也是以匈奴文化向汉文化发起的挑战，何以言之？冒顿单于之向高后提出这种挑衅性的问题，当然主要是匈奴军事上处于强势地位下的骄横之举，但对于“父死，妻其后母；兄弟死，皆取其妻妻之”的匈奴文化来说，这个问题也是其文化习俗的一个表现。由于汉匈双方文化差异很大，对汉方来说，这不仅属于双方政治上的冲突，也是对汉文化的亵渎。故此事在汉方朝廷掀起了轩然大波，或战或和，严峻地摆在汉王朝面前。经过朝廷集议，最后冷静和理智占了上风，决定弃战言和，于是汉方不仅以委婉的言辞，而且顺水推舟从匈奴文化的角度，对此作了回应，所谓“退日自图，年老气衰，发齿堕落，行步失度，单于过听，不足以自污。”就是这种情况的反映。故颜师古注曰：“以权道为书，顺辞以答之。”与此同时，汉方还以御车和驷马相赠，以“礼”回敬无“礼”。总之，汉方采取的是汉文化中以礼相待的一种和平外交手段。这种做法果然奏效，双方终于弃战言和。冒顿单于在回信中强调：“未尝闻中国礼义，陛下幸而赦之。”汉方以“中国礼义”而抵挡了匈奴的无礼，使匈奴从“不知礼义”①开始认识“中国礼义”。通过这一轮外交博弈，使匈奴单于不得不对于“中国礼义”加以肯定，而所谓“中国礼义”乃汉文化之核心。可以说这一次汉匈之间的外交斗争，也是两种礼俗文化的矛盾冲突。一定意义上也是汉文化对于匈奴文化的克服，两种文化之高下、文野立见，终于化干戈为玉帛，双方达成继续“和亲”的共识，取得了以柔克刚之效。“柔”即软实力之谓，“刚”即硬实力之谓。外交的终极目的是维护国家的利益，故在其运用过程中的刚柔权变不

① 《史记》卷一百十《匈奴列传》，第2879页。

可一概而论。外交就是刚柔权变之不断调整、运用过程。扬雄评论此事曰:“于是大臣权书遗之,然后匈奴之结解,中国之忧平。”[①]这个事件可以说是汉方以“软实力”作为手段而取得的外交上的成功。

匈奴方面当然不可能通过这样一次事件就完全接受以“礼义”为代表的汉文化,实际上围绕这个问题双方的角力一直在进行,而汉文化核心之一的“礼义”经常成为双方斗争的焦点。汉匈文化差异和矛盾突出体现于“礼”方面,或谓匈奴“上无义法,下无文理,君臣嫚易,上下无礼。”[②]征和四年(前89)匈奴单于“遣使遗汉书云:‘南有大汉,北有强胡。胡者,天之骄子也,不为小礼以自烦。今欲与汉闿大关,取汉女为妻,岁给遗我蘖酒万石,稷米五千斛,杂缯万匹,它如故约,则边不相盗矣。’汉遣使者报送其使,单于使左右难汉使者,曰:‘汉,礼义国也。贰师道前太子发兵反,何也?’使者曰:‘然。乃丞相私与太子争斗,太子发兵欲诛丞相,丞相诬之,故诛丞相。此子弄父兵,罪当笞,小过耳。孰与冒顿单于身杀其父代立,常妻后母,禽兽行也!’单于留使者,三岁乃得还。”[③]首先,匈奴方面在文书中即对汉文化中的“礼”表示了不屑的态度,在提出开放边境互市、娶汉女、无偿赠送大量物资等一系列要求的同时,傲慢地声称“不为小礼以自烦”,所谓“小礼”就是对汉文化的一种贬称,这实际上就是对于汉文化的拒绝和蔑视。其次,在接待汉使时,更公然对于汉文化提出挑衅,借用征和二年(前91)发生的巫蛊之乱,皇太子刘据被江充诬陷,惧祸而起兵讨江充,丞相刘屈氂奉武帝命发兵击败太子,太子兵败自杀一事,诘难汉使,挑战汉文化之核心——“礼义”。汉使则一方面澄清事实,另

① 《汉书》卷九十四下《匈奴传下》,第3813页。
② 《盐铁论·论功》,《诸子集成》(七),第53页。
③ 《汉书》卷九十四上《匈奴传上》,第3780页。

一方面指出汉方之“小过”，与匈奴之“禽兽行”不可同日而语，进行了强硬的反击。为此，匈奴方面扣留了汉使三年之久。可见双方围绕两种文化的斗争是多么尖锐激烈。

萧望之可谓深谙以柔克刚之术者。汉宣帝五凤（前57—前54）年间“匈奴大乱，议者多曰匈奴为害日久，可因其坏乱举兵灭之。”萧望之反对曰：“前单于慕化乡善称弟，遣使请求和亲，海内欣然，夷狄莫不闻。未终奉约，不幸为贼臣所杀，今而伐之，是乘乱而幸灾也，彼必奔走远遁。不以义动兵，恐劳而无功。宜遣使者吊问，辅其微弱，救其灾患，四夷闻之，咸贵中国之仁义。如遂蒙恩得复其位，必称臣服从，此德之盛也。”在匈奴虚弱、有隙可乘的情况下，萧望之仍然坚持以汉文化中的“德”和“仁义”之道以待之，充分发挥“软实力”的作用，这一方面是争取匈奴之向心，另一方面则可由此而将其影响扩及四夷。汉宣帝接受了他的主张，“后竟遣兵护辅呼韩邪单于定其国。”①从此，汉匈关系进入了一个空前的友好的新阶段。

随着外交过程中汉文化的不断浸润，匈奴对于汉文化的接纳亦与日俱增，到了西汉后期，这种长期的“软实力”攻势终于取得了成效，这时的匈奴单于已经转化为“乡慕礼义”②了。史称“匈奴谓孝曰‘若鞮’。自呼韩邪后，与汉亲密，见汉谥帝为‘孝’，慕之，故皆为‘若鞮’。”③“孝”是传统汉文化的一个核心，它既是“德”的重要组成部分，也是“礼”的重要体现。这是匈奴对于汉文化由敌视而变为仰慕的一个具有标志性意义的事件，也是汉方“软实力”在与匈奴长期交往中发挥作用并取得重要胜利的一个标志性事件。此后，汉文化对

① 《汉书》卷七十八《萧望之传》，第3279—3280页。

② 《汉书》卷九十四下《匈奴传下》，第3805页。

③ 《汉书》卷九十四下《匈奴传下》，第3828—3829页。

于匈奴的吸引力日益加强，例如汉方的音乐已经成为匈奴统治者的喜好，呼韩邪单于曾经得到汉方所赐乐器，到了东汉时期，匈奴单于遣使向汉方请求乐器，“言先帝时所赐呼韩邪竽、瑟、空侯皆败，愿复裁赐。”[①]汉方的习俗也为匈奴所引进，“匈奴俗，岁有三龙祠，常以正月、五月、九月戊日祭天神。南单于既内附，兼祠汉帝，因会诸部，议国事，走马及骆驼为乐。”[②]在保持其原来风俗的基础上，加入了诸如“兼祠汉帝”这样的内容。东汉时于京师大力兴学，汉王朝的教育“化自圣躬，流及蛮荒”[③]，其中以匈奴所受影响为甚，“匈奴亦遣子入学”[④]，南匈奴单于“遣伊秩訾王大车且渠来入就学。”[⑤]派遣其王公贵族来汉留学，直接学习汉文化。对于汉方的政治制度亦多所接纳，时汉方“驰中郎之使，尽法度以临之。制衣裳，备文物，加玺绂之绶，正单于之名。”[⑥]汉匈文化上的博弈进入了又一个新的阶段。

汉匈之间“软实力”方面的竞争和博弈在政治上也有明显的体现。双方在政治上的竞争和博弈当然是十分广泛而多方面的，其中内政是否清明安定，君臣是否贤明等就是突出的方面。征和四年（前89）田千秋[⑦]被拜为丞相，“汉使者至匈奴，单于问曰：‘闻汉新拜丞相，何用得之？’使者曰：‘以上书言事故。’单于曰：‘苟如是，汉置丞相，非用贤也，妄一男子上书即得之矣。’使者还，道单于语。武帝以

---

① 《后汉书》卷八十九《南匈奴传》，第2947页。

② 《后汉书》卷八十九《南匈奴传》，第2944页。

③ 《后汉书》卷三十二《樊准传》，第1126页。

④ 《后汉书》卷七十九上《儒林传上》，第2546页。

⑤ 《后汉书》卷三十二《樊准传》，第1126页。

⑥ 《后汉书》卷八十九《南匈奴传》，第2966—2967页。

⑦ 田千秋年老，“上优之，朝见，得乘小车入宫殿中，故因号曰‘车丞相’。”（《汉书》卷六十六《田千秋传》，第2886—2887页）因以为氏。

为辱命，欲下之吏。良久，乃贳之。”[①]这个记载表明，一方面匈奴方对于汉方的政治动态十分关注，此前的征和二年(前91)汉廷发生巫蛊之乱，“会卫太子为江充所谮败”，后田千秋“上急变讼太子冤，曰：‘子弄父兵，罪当笞；天子之子过误杀人，当何罪哉！臣尝梦见一白头翁教臣言。’是时，上颇知太子惶恐无他意，乃大感寤，召见千秋。至前，千秋长八尺余，体貌甚丽，武帝见而说之，谓曰：‘父子之间，人所难言也，公独明其不然。此高庙神灵使公教我，公当遂为吾辅佐。’立拜千秋为大鸿胪。数月，遂代刘屈氂为丞相，封富民侯。”[②]田千秋上书讼太子冤之时为“高寝郎”，亦即高庙卫寝之郎，为给事外朝太常卿之郎官，当为地位较低之郎官[③]，故史称“千秋无他材能术学，又无伐阅功劳，特以一言寤意，旬月取宰相封侯，世未尝有也。”[④]故匈奴方面抓住这个问题向汉方发难。另一方面表明匈奴方面在与汉方进行军事斗争的同时，也十分注意以汉方政治上的动乱或疏失加以利用，以图在外交上贬损乃至凌辱汉方。而匈奴对于汉方的政治动态，不仅关注朝廷方面，也关注地方政府和官员方面。赵广汉历任守京兆尹、颍川太守等职，所在“壹切治理”，又曾参与废昌邑王而尊立宣帝，因功赐爵关内侯，“威名流闻，及匈奴降者言匈奴中皆闻(赵)广汉。”[⑤]章帝建初(76—84)年间傅育为武威太守，“威声闻于匈奴”[⑥]。地方长官之政绩、才能、威信等均在其关注范围之内。

更始二年(24)冬，汉遣中郎将归德侯刘飒、大司马护军陈遵出使

① 《汉书》卷六十六《田千秋传》，第2884页。

② 《汉书》卷六十六《田千秋传》，第2883—2884页。

③ 王克奇：《论秦汉郎官制度》谓外郎“在郎官中地位最低”(文载《秦汉官制史稿》上册，第350页)，高寝郎殆亦此类郎官。

④ 《汉书》卷六十六《田千秋传》，第2884页。

⑤ 《汉书》卷七十六《赵广汉传》，第3200—3201页。

⑥ 《后汉书》卷八十七《西羌传》，第2882页。

匈奴，“授单于汉旧制玺绶，王侯以下印绶，因送云、当余亲属贵人从者。”但是单于舆骄踞，谓汉使曰：“匈奴本与汉为兄弟，匈奴中乱，孝宣皇帝辅立呼韩邪单于，故称臣以尊汉。今汉亦大乱，为王莽所篡，匈奴亦出兵击莽，空其边境，令天下骚动思汉，莽卒以败而汉复兴，亦我力也，当复尊我！”汉使陈遵等“与相牚距，单于终持此言。”使团在匈奴呆了半年之久，始终不能说服匈奴，直至“其明年夏，还。会赤眉入长安，更始败。”①匈奴单于之所以敢于抛弃西汉后期确立的“尊汉”传统，反而要求汉方“尊匈奴”，其主要理据就是原来匈奴“乱”故“尊汉”，现在汉亦“大乱”，故应“尊我”。这种情况延续至东汉初期，建武六年(30)，“始令归德侯刘飒使匈奴……赂遗金币，以通旧好。而单于骄踞，自比冒顿，对使者辞语悖慢……数与卢芳共侵北边。”②所谓“自比冒顿”就是认为这个时期的匈奴与冒顿单于时期的匈奴一样强大，汉方应当卑下而尊之。东汉承两汉之际战乱之余，内政外交均有待整顿和加强，故匈奴有恃无恐，坚持须汉方“尊我”的姿态。

不久汉匈之间的治乱情形发生了逆转，匈奴剧烈的内争加以连年旱蝗，建武二十四年(48)分裂为南北匈奴；汉方则经过光武帝的整顿和治理，逐渐呈现了政治安定、经济恢复的中兴气象，在南匈奴附汉的同时，北匈奴也不断向汉方求和亲，要求恢复呼韩邪单于时期的汉匈关系，在遣使贡献的同时还向汉方“请音乐”③，对汉文化的态度亦随之而改变。其对于汉方政治的态度亦相应作了调整和改变，例如北匈奴使者在贡献的同时，特别提出要求拜见汉方的朝臣承宫。何以然？承宫于“永平中，征诣公车。车驾临辟雍，召(承)宫拜博士，迁

① 《汉书》卷九十四下《匈奴传下》，第3829页。

② 《后汉书》卷八十九《南匈奴传》，第2940页。

③ 《后汉书》卷八十九《南匈奴传》，第2946页。

左中郎将。数纳忠言,陈政,论议切慤,朝臣惮其节,名播匈奴。"这种无形的"软实力"影响及于匈奴,汉方臣僚中的突出人物也成为匈奴朝拜的对象。于是汉明帝命令承宫"自整饰"以接见匈奴使者。承宫对曰:"夷狄眩名,非识实者也。臣状丑,不可以示远,宜选有威容者。"于是明帝"乃以大鸿胪魏应代之"①,以满足匈奴使者的要求。匈奴之所以"眩名"求见汉方朝臣,其实质就是对于汉方政治形势和臣僚素质与威望等"软实力"的慑服与仰慕。

当然,匈奴方面的这种转变,也不完全是"软实力"作用的结果,主要还是"硬实力",即汉方军事上、经济上压倒并超越匈奴而取得的。由此可见,在外交关系中,"硬实力"是第一位的,起决定作用的,"软实力"之发挥作用一般来说是在"硬实力"基础之上方才奏效的。

2. 从隔膜到亲近

四方国、族中有因为地理上距离汉地遥远或山川阻隔,而对于汉文化十分隔膜,通过外交关系的发展,伴随着对于汉文化的接触或影响的扩大而逐渐亲近乃至仰慕者。匈奴以外之四方国、族多属于此类,其中以西域诸国和西南夷较为典型。

西域地区自大宛以西,"皆自以远,尚骄恣晏然,未可诎以礼羁縻而使也。"②所谓"未可诎以礼",实质上就是汉方还不能以汉文化影响对方,是他们对于汉文化尚甚隔膜的一种表现。例如,汉武帝派遣张骞出使乌孙时,乌孙"昆莫见(张)骞如单于礼,骞大惭,谓曰:'天子致赐,王不拜,则还赐。'昆莫起拜,其他如故。"③颜师古注曰"昆莫自比于单于。"表明乌孙对于汉文化中最重要的礼仪还很隔膜。而乌孙

① 《后汉书》卷二十七《承宫传》,第945页。

② 《史记》卷一百二十三《大宛列传》,第3173页。

③ 《汉书》卷九十六下《西域传下》,第3902页。

以西的康居直至西汉后期的成帝时，虽然“遣子侍汉，贡献，然自以绝远，独骄嫚，不肯与诸国相望……而康居骄黠，讫不肯拜使者。都护吏至其国，坐之乌孙诸使下，王及贵人先饮食已，乃饮啖都护吏，故为无所省以夸旁国。以此度之，何故遣子入侍？其欲贾市为好，辞之诈也。”[①]表明其通汉之目的主要在于商贸，对于汉文化既不了解也没有兴趣。

面对这种情况，汉王朝十分注意在外交中对于四方国、族展开文化攻势。这种攻势首先从加强接触开始。张骞回国时，“乌孙发导译送骞还，骞与乌孙遣使数十人，马数十匹报谢，因令窥汉，知其广大。”通过接触，“乌孙使既见汉人众富厚，归报其国，其国乃益重汉。”[②]再如，“汉使至安息……汉使还，而后发使随汉使来观汉广大。”[③]这些来使至汉地之后，不仅直接感受到了汉王朝的财富等硬实力，同时也感受到了汉家之政治和礼乐文化等属于软实力方面的文明。汉武帝“数巡狩海上，乃悉从外国客，大都多人则过之，散财帛以赏赐，厚具以饶给之，以览示汉富厚焉。于是大觳抵，出奇戏诸怪物，多聚观者，行赏赐，酒池肉林，令外国客遍观各仓库府藏之积，见汉之广大，倾骇之。及加其眩者之工，而觳抵奇戏岁增变，甚盛益兴，自此始。”[④]汉王朝之“广大”，除了物质财富之外，还体现于文化上，汉方款待他们感受各种汉文化事项，如音乐歌舞、杂技演出等文艺节目。史称汉王朝“设酒池肉林以飨四夷之客，作巴俞都卢、海中砀极、漫衍鱼龙、角抵之戏以观视之。”这里列举了许多接待外交使节的演出内容，《汉书》注引李奇曰：“都卢，体轻善缘者也。砀极，乐名也。”颜师古曰：“巴

① 《汉书》卷九十六上《西域传上》，第3892—3893页。
② 《史记》卷一百二十三《大宛列传》，第3169页。
③ 《史记》卷一百二十三《大宛列传》，第3172—3173页。
④ 《史记》卷一百二十三《大宛列传》，第3173页。

人,巴州人也。俞,水名,今渝州也。巴俞之人,所谓賨人也,劲锐善舞,本从高祖定三秦有功,高祖喜观其舞,因令乐人习之,故有巴俞之乐。漫衍者,即张衡西京赋所云'巨兽百寻,是为漫延'者也。鱼龙者,为舍利之兽,先戏于庭极,毕乃入殿前激水,化成比目鱼,跳跃漱水。作雾障日,毕,化成黄龙八丈,出水敖戏于庭,炫燿日光。西京赋云'海鳞变而成龙',即为此色也。"[①]由此可见演出品种和节目十分丰富多彩,包括各种杂技、音乐、舞蹈等。

各种盛大的典礼、集会更是集中展示汉文化的最佳舞台。祭祀辟雍、明堂、灵台"三雍"之礼是汉王朝盛大、隆重的礼仪性集会,四方国、族来宾往往被邀请参加,何以然?"天子立辟雍何?所以行礼乐、宣德化也。"[②]张衡《七辩》有云:"建明堂而班辟雍,和邦国而悦远人。"[③]其目的之一在于以汉方礼乐文明以"悦远人"。正旦朝更是汉王朝最为盛大、隆重的礼仪性集会,匈奴呼韩邪单于来朝时,"正月朝天子于甘泉宫,汉宠以殊礼。"在极其盛大的典礼中,匈奴"左右当户之群臣皆得列观,及诸蛮夷君长王侯数万,咸迎于渭桥下,夹道陈。上登渭桥,咸称万岁。"此外还"赐以冠带衣裳,黄金玺盭绶",以及其他许多仪仗、文物。汉宣帝时为了遣送翁主和亲乌孙,"天子自临平乐观,会匈奴使者、外国君长大角抵,设乐而遣之。"[④]东汉顺帝时,在京师举行立匈奴呼兰若尸逐就单于的典礼,"天子临轩,大鸿胪持节拜授玺绶,引上殿。赐青盖驾驷、鼓车、安车、驸马骑、玉具刀剑、什物,给綵布二千匹。赐单于阏氏以下金锦错杂具,軿车马二乘。遣行中郎将持节护送单于归南庭。诏太常、大鸿胪与诸国侍子于广阳城

① 《汉书》卷九十六下《西域传下》,第3928—3930页。
② 《白虎通疏证》卷六《辟雍》,第259页。
③ 《艺文类聚》卷五十七《杂文部三》引[汉]张衡《七辩》,第1027页。
④ 《汉书》卷九十六下《西域传下》,第3905页。

门外祖会，飨赐作乐，角抵百戏。顺帝幸胡桃宫临观之。"[1]这些典礼和聚会，实际上就是在四方国、族面前展示汉王朝的政治文化和礼乐文明。

长期贯穿、渗透于外交过程中的文化攻势，取得了效果。龟兹王绛宾娶解忧公主女为妻之后，夫妇联袂入朝，绛宾王及夫人"皆赐印绶。夫人号称公主，赐以车骑旗鼓，歌吹数十人，绮绣杂缯琦珍凡数千万。留且一年，厚赠送之。后数来朝贺。"通过这种外交往还，龟兹王"乐汉衣服制度"，对于汉文化产生了浓厚的兴趣，于是"归其国，治宫室，作徼道周卫，出入传呼，撞钟鼓，如汉家仪。外国胡人皆曰：'驴非驴，马非马，若龟兹王，所谓骡也。'"[2]将汉文化模仿、移植于其国。绛宾模仿汉制而"治宫室"，故其都城深受汉王朝城市建设之影响，今库车东郊发现的皮朗旧城，城作方形，周长七公里，即龟兹国都延城之遗址。城中有土台多处，均用内地夯筑法筑成[3]。史称延城"城有三重，外城与长安城等。宫室壮丽。"[4]此虽为十六国时期延城状况，但与汉代延城不能没有继承关系。不仅如此，这种汉文化的感染力还延及后世，"绛宾死，其子丞德自谓汉外孙，成、哀帝时往来尤数，汉遇之亦甚亲密。"[5]

汉代外交中以四方国、族质子入侍于京师的做法也是一种以柔克刚之术，这种"质侍"制度不仅具有其在原始意义上的抵押、控制对方的作用，而且"质侍"比较长期生活于汉方京师和宫廷之中，接触、学

① 《后汉书》卷八十九《南匈奴传》，第2962—2963页。

② 《汉书》卷九十六下《西域传下》，第3916—3917页。

③ 参见黄文弼：《略述龟兹都城问题》，文物1962年第7—8期；《塔里木盆地考古记》，科学出版社1957年版，第30—31页。

④ 《梁书》卷五十四《诸夷传》，第813页。

⑤ 《汉书》卷九十六下《西域传下》，第3917页。

习汉王朝的典章制度、礼乐文明，从而使“质侍”受到汉文化的浸润，对于“质侍”回国继承君位或进入统治集团之后，采取与汉方友好态度种下根源，这是以汉文化这一“软实力”去克服彼此隔膜、敌对关系的良方。如莎车王延在汉元帝时，“尝为侍子，长于京师，慕乐中国，亦复参其典法。”汉文化对他产生了强烈的吸引力，他极力将汉王朝之典章制度引入莎车，而且“常敕诸子，当世奉汉家，不可负也。”后来其子康继位，于东汉初年“率傍国拒匈奴，拥卫故都护吏士妻子千余口，檄书河西，问中国动静，自陈思慕汉家。”[①]汉文化的魅力影响了他们的政治态度，而且这种影响力绵延久远。史称两汉之际匈奴趁汉王朝内乱而重新控制西域，但是西域诸国“虽属匈奴，不相亲附。匈奴能得其马畜旃罽，而不能统率与之进退。”而“自建武以来，西域思汉威德，咸乐内属。”[②]这种情况所反映出来的历史实质是，汉文化的亲和力、吸引力要大大超过匈奴文化。汉文化与匈奴文化在西域的较量中亦取得胜利。这与汉王朝在外交中长期进行的“软实力”投资不是没有关系的。

西南夷在今天的云贵川一带，虽然从地理上说较西域距离中原地区近得多，但是由于地形险峻，交通困难，故导致其对于中原文化亦相当隔膜。“西南夷君长以什数”[③]，其中以滇和夜郎最大。汉武帝遣使通西南夷时，“滇王与汉使者言曰：‘汉孰与我大?’及夜郎侯亦然。以道不通故，各自以为一州主，不知汉广大。”[④]可知其对于汉文化相当隔膜。经过长期的努力，西南夷地区各族、国先后逐渐接受并向往汉文化。东汉永平(58—75)年间，朱辅任益州刺史时，“在州数岁，宣

① 《后汉书》卷八十八《西域传》，第2923页。

② 《汉书》卷九十六下《西域传下》，第3930页。

③ 《史记》卷一百一十六《西南夷列传》，第2991页。

④ 《史记》卷一百一十六《西南夷列传》，第2996页。

示汉德，威怀远夷。自汶山以西，前世所不至，正朔所未加。白狼、槃木、唐菆等百余国，户百三十余万，口六百万以上，举种奉贡，称为臣仆。”当时白狼王唐菆等“慕化归义，作诗三章。”表达对于汉德之仰慕，朱辅令其辖下之犍为郡掾田恭将其从“夷语”翻译成汉语，献上朝廷。诗歌共有三首，分别为《远夷乐德歌》、《远夷慕德歌》、《远夷怀德歌》，是为著名的《白狼王歌》。诗歌中表达了“闻风向化”、“慕义向化”①的强烈愿望。

有许多四方国、族与汉王朝边界并不相邻，也没有直接的利害关系，并非兵威所征服，但是也主动前来交往，除了汉王朝硬实力的作用之外，还与汉文化的亲和力、吸引力有关。建武十二年(36)，“九真徼外蛮里张游，率种人慕化内属，封为归汉里君。”②永元六年(94)，永昌郡“徼外敦忍乙王莫延慕义，遣使译献犀牛、大象。”顺帝永建六年(131)，“日南徼外叶调王便遣使贡献，帝赐调便金印紫绶。”③熹平二年(173)，“日南徼外国重译贡献。”熹平六年(177)，“日南徼外国复来贡献。”④永元九年(97)，“徼外蛮及掸国王雍由调遣重译奉国珍宝，和帝赐金印紫绶，小君长皆加印绶、钱帛。”⑤永宁元年(120)，“掸国王雍由调复遣使者诣阙朝贺，献乐及幻人，能变化吐火，自支解，易牛马头。又善跳丸，数乃至千。自言我海西人。海西即大秦也，掸国西南通大秦。明年元会，安帝作乐于庭，封雍由调为汉大都尉，赐印绶、金银、綵缯各有差也。”⑥诸如此例，不烦枚举。这些“徼外”国、族

① 《后汉书》卷八十六《南蛮西南夷传》，第2854—2856页。
② 《后汉书》卷八十六《南蛮西南夷传》，第2836页。
③ 《后汉书》卷八十六《南蛮西南夷传》，第2837页。
④ 《后汉书》卷八十六《南蛮西南夷传》，第2839页。
⑤ 《后汉书》卷八十六《南蛮西南夷传》，第2851页。
⑥ 《后汉书》卷八十六《南蛮西南夷传》，第2851页。

与汉王朝的交往，有的双方并没有直接的利害关系，他们之所以不远而来汉，与其“慕化”、“慕义”有关，其中即包含汉文化的吸引力。特别是其中有的是多次前来，如果不是对于汉文化的强烈的向往，是不可想象的。这种吸引力甚至远及西瀛的大秦，“其王常欲通使于汉，而安息欲以汉缯綵与之交市，故遮阂不得自达。”大秦之希望与汉建立外交关系，除了商贸方面的原因之外，与其对于汉文化的好奇心、吸引力不能说没有一定关系。只是由于安息的阻拦而难于实现。及至桓帝延熹九年(166)，“大秦王安敦遣使自日南徼外献象牙、犀角、瑇瑁，始乃一通焉。”他们不得不绕过安息而从日南来汉，不过因为“其所表贡，并无珍异，疑传者过焉。”①有的学者对于大秦这次遣使来汉提出诸多怀疑，认为罗马文献中没有关于此事的记载，而且所献之物非大秦所产，故认为此使者是大秦商人所冒充。实际上古代以商人为使并不少见，要之，无论如何这也反映了大秦对于汉文化的向往之情。史称“其条支、安息诸国至于海濒四万里外，皆重译贡献。”“于是远国蒙奇、兜勒皆来归服，遣使贡献。”②并非虚语，这些远国之主动前来外交，即属此类。

史家在评论汉王朝的外交时说：汉氏“卒能开四夷之境，款殊俗之附。若乃文约之所沾渐，风声之所周流，几将日所出入处也。著自山经、水志者，亦略及焉。虽服叛难常，威泽时旷，及其化行，则缓耳雕脚之伦，兽居鸟语之类，莫不举种尽落，回面而请吏，陵海越障，累译以内属焉。故其录名中郎、校尉之署，编数都护、部守之曹，动以数百万计。若乃藏山隐海之灵物，沈沙棲陆之玮宝，莫不呈表怪丽，雕被宫幄焉。又其賨幏火毳驯禽封兽之赋，軨积于内府；夷歌巴舞殊音

① 《后汉书》卷八十八《西域传》，第2919—2920页。

② 《后汉书》卷八十八《西域传》，第2910页。

异节之技,列倡于外门。岂柔服之道,必足于斯?然亦云致远者矣。"[①]所谓"文约之所沾渐,风声之所周流",以及"及其化行"、"柔服之道",莫不与汉王朝的"软实力"有关,而所谓"致远"实际上就是包含"软实力"在内的整体吸引力。

总之,汉代外交的发展,是"硬实力"基础上的"软实力"与"硬实力"交互运用的结果,而这一结果的实现,除了政治、经济、军事、文化等客观条件之外,人的主观能动性也是十分重要的,毕竟历史的主人是人,历史的创造者也是人。

① 《后汉书》卷八十六《南蛮西南夷传》,第2860页。

附录：中国古代外交史研究若干概念辨析

当前学术界对于中国古代外交史的研究可谓方兴未艾，各种断代的、通代的不同研究课题或成果纷纷涌现，令人欣喜和鼓舞。但是到目前为止，学术界对于这个问题的研究仍然存在一些争议和分歧。在这诸多争议和分歧问题中，主要还是集中于中国古代这方面的政治和国家职能是否可以用"外交"这一概念来加以概括？"外交"是否中国古代国家中的客观存在？

学术界用以概括这一历史问题的概念，除了"外交"之外，主要者尚有"朝贡"、"册封"、"羁縻"、"交聘"等，从而有了"朝贡体制"、"册封体制"、"羁縻体制"、"交聘体制"、"外交体制"（或"朝贡制度"、"册封制度"、"羁縻制度"、"交聘制度"、"外交制度"）等不同研究课题和研究体系。那么，这些概念和提法之长短如何呢？

"朝贡"和"朝贡体制"是目前使用较多的一种。美国汉学家费正清1941年发表《论清代的朝贡制度》①提倡此说。此说并非全然无据，西周分封制下的周天子与诸侯关系可以视为曾经具有这种制度的实际形态，但是随着诸侯的发展坐大，至东周这种制度就日益式微，已经名存实亡了。中国历代皇朝承袭周代传统观念，往往自视为天下共主，视四方国、族来使、来访为"来朝"。于是"朝贡"一词历数千年而不易，这是一个脱离现实的化石性词语，实际上它已经是来

① 〔美〕费正清：《论清代的朝贡制度》，《哈佛亚洲研究杂志》1941年第2期。

使、来访之具有中国古代特色的一种包装或代名词，故务必循名责实，方能探求其真正的意涵。被有的研究者视为“朝贡”制度开创时代的汉代虽然距先秦未远，然而其时的所谓“朝贡”已基本上转换为外交方式的一种形态了，这在本书第三章第一节“朝”及其他有关章节中已经有所论述，兹不赘。这里只需指出，直至清朝仍然将外国来使、来访称为“朝贡”就可以看清所谓“朝贡”的真正意涵了。民国初年纂修的《清史稿》论清代宾礼称：“清初藩服有二类，分隶理藩院、主客司。隶院者，蒙古喀尔喀，西藏、青海、廓尔喀是也；隶司者，曰朝鲜，曰越南，曰南掌，曰缅甸，曰苏禄，曰荷兰，曰暹罗，曰琉球。亲疏略判，于礼同为属也。西洋诸国，始亦属于藩部，逮咸、同以降，欧风亚雨，咄咄逼人，觐聘往来，缔结齐等，而于礼则又为敌。夫《诗》歌‘有客’，《传》载‘交邻’，无论属国、与国，要之，来者皆宾也。我为主人，凡所以将事，皆宾礼也。”①清王朝一直将西洋诸国视为“藩服”，直到鸦片战争被西洋“藩服”的炮舰击碎千年迷梦，才将他们从自己虚构的“天国”中回到现实世界，而以对等之礼相待之。因此，乾隆五十八年(1793)英使马戛尔尼来华，被称为“英国王雅治遣使臣马戛尔尼等来朝贡”②，于是马戛尔尼被称为“贡使”，其所乘船只被称为“贡船”③，将英国与清王朝之藩属等同视之，谕令“西洋英吉利国遣使进贡由海道至天津赴京叩祝，约计夏秋间亦可到京，适与缅甸贡使同时并集，正可偕外藩蒙古王公等共与筵宴，以昭重译梯航之盛。”④一并加以宴请，就不足为奇了。

---

① 《清史稿》卷九十一《志》六十六《礼十·宾礼》，第02673页。

② 《清史稿》卷一百五十四《志》一百二十九《邦交二·英吉利》，第04516页。

③ 《清史稿》卷十五《本纪》十五《高宗本纪六》，第00556页。

④ 《皇朝续文献通考》卷六十二《土贡考一·土贡》，商务印书馆1936年版，第8177页。

“朝贡体制”还有将其称之为“贡纳体制”者,则走得更远了。余英时在《汉朝的对外关系》中写道:“汉代对世界秩序的认识在制度上的主要表现是有名的贡纳制度的发展……贡纳制度务必不能只在狭隘的意义上来理解,而把它看成是用来调节中国对外关系的一种标准模式。就其广义而言,‘贡’的概念是汉帝国的一项普遍施行的政策,同样适用于中国人本身。例如,各个地区的地方物产都要作为贡品献给朝廷。在理论上,有理由这样说,中国人与非中国人之间在贡赋体系下的不同是一种程度的问题。”①换言之,汉代的对外关系是将国内的贡赋体系施行于外部世界和对外关系。这里将作为国内民众的赋税负担与来使所携礼物——“贡”混为一谈,这是两种性质不同的事物,前者是国民应尽的法定义务,后者则属于礼尚往来而“非上威服致其贡物也”②。作者十分强调贸易与对外关系的联系,在本文的基础上又撰写了《汉代贸易与扩张》一书,进一步申述其观点:“作为对外关系领域中的支配性因素,贡纳体系无处不在……不但贡品和礼物的交换是其内部所有的,而且汉胡之间的民间贸易也是其不可分割的一部分……甚至汉帝国边境之外的胡族人之间的非通贡贸易也发现可能源自中国的通贡活动。”③贸易与汉代的对外关系虽然有一定关系,但是将中国古代的对外关系归因于商业和经济,这一立论的出发点和基础就是值得商榷的,起码是片面的,实际上中国古代国家与重商主义的西方国家是不同的,故其对外关系并不以商业利

① 〔英〕崔瑞德,〔美〕费正清主编:《剑桥中国史》,〔英〕崔瑞德,〔英〕鲁惟一编,杨品泉等译:《剑桥中国秦汉史——公元前221—公元220》第6章《汉朝的对外关系》,中国社会科学出版社1992年版,第410—411页。

② 《汉书》卷九十六下《西域传下》,第3929页。

③ 余英时:《汉代贸易与扩张》,邬文玲等译,上海古籍出版社2005年版,第155页。

益为出发点和重要追求目标。

"册封体制"是日本学者西嶋定生提出的，1962年他发表《六一八世纪の東アジア》首先使用这一提法，1989年发表《册封体制と東アジア世界》[①]对这一提法进一步加以概括、提炼。所谓"册封体制"就是将起源于周代的封建制延伸于周边国家，通过册封而将他们纳入册封体制之中，形成以中国王朝为中心的国际秩序。实际上册封不过是汉代以降中国古代王朝外交方式和手段之一，通过册封而发展与四方国、族的关系，提高自己在国际上的影响和权威，而受封国、族则以此获得处境之安宁或亦以之提高自身在本国、族内外的影响和权威，故西嶋也承认册封体制的第一个特色就是：虽然通过册封关系，中国王朝的皇帝与周边诸国的君主之间被视为君臣关系，"但是并没有中国王朝领有周边诸国的意义"[②]。何况这种所谓册封关系也并没有覆盖所有与中国王朝交往的国、族，而只是其中的部分国、族，他本人也承认在6—8世纪册封体制主要施行于东亚诸国，而不施行于突厥、吐蕃、回鹘等。因此以这种概念来概括中国古代的对外关系也起码是不全面的。册封作为一种外交方式或手段并非仅在中国古代出现，在东西方外交圈中同样存在，例如在欧洲，"拜占庭外交的主要任务，是强迫野蛮人为帝国服务，使它不威胁帝国……每年拜占庭向边疆上的各民族支付巨额的款项，就是要他们负担保护帝国边境的责任。拜占庭赐与他们领袖各种动听的官衔、勋章、金银的王冠、服饰和手杖。阿提拉本人被赐封为'帝国的将帅'。"[③]显然，我们不能据此就将拜占庭外交概括为册封体制。

---

① 〔日〕西嶋定生：《六一八世纪の東アジア》、《册封体制と東アジア世界》，两文均收入《西嶋先生東アジア史论集》第三卷，日本东京岩波书店出版，2002年7月。

② 《册封体制と東アジア世界》，《西嶋先生東アジア史论集》第三卷，第97页。

③ 《世界外交史》第一分册，五十年代出版社1950年版，第87页。

“羁縻体制”是日本学者堀敏一在批判西嶋定生“册封体制”论基础上提出的，他认为在东亚国际关系中确实存在册封体制，但是认为中国王朝与周边诸国家关系中不仅存在册封，还存在着从朝贡到羁縻州等种种形态①。他引用《汉书·司马相如传》：“盖闻天子之于夷狄也，其义羁縻勿绝而已。”认为这种羁縻政策为汉代及其以后中国王朝对异民族政策的基本原则②。他批判了“册封体制”论的缺陷，但是以“羁縻体制”来概括中国古代对外关系，不免有收之桑榆，失之东隅之憾。作为“体制”应当是由诸多硬性构件组成的一个整体，而“羁縻”作为一种软性的策略或追求目标，不过是中国古代对外关系“体制”所要达致的一种愿景或成效。

以上诸说均为国外或外籍华人所倡，似并非偶然；有的已为国人所接受，其中以“朝贡”和“朝贡体制”为甚。这一说法还波及学术领域之外，以致今天国际上一些政治界、新闻界、外交界人士也有将中国古代的外交视为是对“中央王朝”的“朝贡”云云。

与以上诸说不同者有“交聘”或“外交”，这两者是十分接近的说法。窃意这两种说法均胜于上述诸说，但又各有所长短。

“交聘”即相互遣使聘问之谓。这里的“聘”虽然渊源于周代的“朝觐聘问”，但是它所强调的是双向性而非上述“朝贡”、“册封”、“羁縻”等词之单向性及片面性，因此它突破了“朝贡”、“册封”、“羁縻”等的局限，比较能够客观、真实、全面地反映古代诸国、族之间的交往关系，其内涵与“外交”大体相同。以“交聘”为题的研究亦可谓其来有自，二十四史已有《金史》设《交聘表》，清代学者赵翼评述道：

① 参见〔日〕堀敏一：《東アジアのなかの古代日本》，研文出版，1998年，第125页。

② 参见〔日〕堀敏一：《東アジア世界の形成》，日本东京汲古书院，2006年，第35页。

“《金史》有《交聘表》，凡与宋、夏、高丽和战庆吊之事，开卷了如。然宋之与为邻者，比金较多，则《宋史》益宜有《交聘表》，乃反无之，此修史者之疏也。”①他虽然是从史书体裁着眼而言，但他认为其他王朝与相邻国、族之间的交往均应设置《交聘表》以明之，也多少反映了他已经认识到“交聘”是中国古代王朝与四方国、族展开交往的具有普遍性的一种政治行为。其实，二十四史所立诸外国与边族列传，虽不以交聘为名，实际上也属于交聘的史料记载，从《史记》做《匈奴列传》、《南越列传》、《东越列传》、《朝鲜列传》、《西南夷列传》、《大宛列传》等诸列传开始以降皆然。宋人《册府元龟》有《外臣部》、《奉使部》等，虽不以“交聘”为篇名，然其内容实以“交聘”为主。其《外臣部》之《总序》历述上古至隋唐五代与边族、外国交往之沿革，其篇目涉及封册、朝贡、和亲、纳质、盟誓、通好、责让、请求、互市等多方面内容。其《奉使部》对于历代遣使制度有详细的介绍，其中涉及对外遣使内容甚丰。这可视为第一次对于中国古代交聘问题所进行的系统论述和资料总汇，尽管只是粗线条的勾画，其开创之功不可没。这些虽然基本上属于资料或资料排列，但其编撰体例、资料取舍实际上也体现了著者的史学研究思考。

及至20世纪始有了系统的专题性研究，不论在广度和深度上都迈上了新的台阶。1940年6月发表于《燕京学报》第27期的聂崇岐《宋辽交聘考》②是第一篇关于中国古代交聘制度的研究论文。对于宋辽之邦交、使节之选派、国书之体制、礼物之名色、使节之接送、待遇、仪注、辱命等问题作了详细考察，其体例是迄今为止最为完备的，具有开创发凡、建构体系之功。与此同时原武汉大学研究生周春元

① 《廿二史劄记校证》卷二十五，第544页。

② 聂崇岐：《宋辽交聘考》，《燕京学报》第二十七期，1940年6月。

在导师贺昌群指导下完成了《南北朝交聘考》[①]毕业论文，约十二万余字。论文对于南北朝交聘过程有详细的叙述，分析了南北交聘的军事、政治、经济、沟通南北文化等目的。对于聘使的选拔、官衔、使团构成以及交聘礼仪等问题也有所讨论。特别是作者指出"交聘实为'混同'之主动力"，诚为真知灼见。这是第一部关于魏晋南北朝时期交聘问题的系统性著作。虽然由于时在抗日战争困难条件下，所据资料有限，涉及问题也比较狭窄，但其筚路蓝缕之功亦不可没。2006年台湾大学历史学研究所蔡宗宪的《中古前期的交聘与南北互动》[②]，深入研究了南北对峙下的交聘关系、交聘人员的遴选与交聘流程、聘使与主客等问题，尤于南北聘使行程路线有极其细致的考索。是近年来关于南北朝交聘问题的力作。外国学者在这方面也有一些研究，近年如韩国学者金钟完《中国南北朝史研究——以朝贡、交聘关系为中心》[③]。该书分为"朝贡关系的特质"、"中外间的使行"、"册封关系"、"南朝与北朝的交聘关系"等四章，论述了朝贡所具有的政治的、经济的、仪礼的、文化与军事的等方面的性质，中外间使节派遣的频度变化、国书形式和内容的变化与各国国力之盛衰强弱变化之关系，册封的方式、类型及南北对立政权利用册封以调整、限制中外关系的问题，南北政权交聘的目的、聘使的选拔、聘使的活动等。该书对于这些问题都有深入细致的分析，并作了详尽的统计，颇具参考价值。可惜所论仅限于南北朝时期，故而在制度层面上不能与汉唐作承上启下之比较研究，所论问题虽较上述著述有所扩大，但仍然不够

---

① 周春元：《南北朝交聘考》，未曾公开出版，原件藏武汉大学图书馆，《贵州师大学报》1989年铅印内部发行。

② 蔡宗宪：《中古前期的交聘与南北互动》，台湾稻香出版社2008年版。

③ 〔韩〕金钟完：《中国南北朝史研究——以朝贡、交聘关系为中心》，一潮阁，1995年版。

完备。

以上有关交聘方面的论著，有一个共同特征，即均从交聘的狭义而非广义概念出发，以致所论有所局限：一是局限于分裂政权之间的交往，而不及统一王朝时期，鲜及与外国的交往；二是局限于使节及相关礼仪方面，而鲜及交聘的相关内容，如朝贡、册封、赏赐、质侍、和亲、互市等方面的制度及其相互关系（金钟完氏所涉方面略广）；三是局限于某一断代，而没有从比较长的时段以考察其发展演变，更没有从当时世界格局来观察中国古代交聘制度的影响和意义。

“交聘”的内涵虽然与“外交”大体近似，但是两者相较，又以“外交”为长。首先，上述有关交聘的论著均以分裂时期为限，即这一概念局限性的反映，容易从狭义角度看待交聘，从而影响了将统一时期，特别是与古今意义上均属于外国的交往关系的论述。外交一词则没有这方面的局限性。其次，交聘从词义言之，有偏重于相互遣使之意，而国与国之间的外交远不仅是相互遣使的问题，故外交一词相对来说可以容纳更为丰富的内涵。第三，两者毕竟有文、白之别，作为现代汉语的外交语意更为明确，也更便于广大读者所理解。因此，以“交聘”一词论述先秦时期的外交尚可，汉代以后则以“外交”一词为长，故本书以“外交”而不以“交聘”名之。

在这里我们还有必要再讨论一下关于中国古代有没有外交以及能否使用“外交”这个词汇进行研究的问题。虽然我们在上文已经谈到，现在较之十几年前使用这个词汇并以古代外交为内容的论著已经有了很大发展，中国自古以来即有外交已经成为多数人的共识，但是在学术界仍有不同的意见，这个问题在认识上并没有完全解决。有的认为中国古代“外交”一词与近代产生于欧洲的“外交”一词不同，中国古代外交的性质与近现代的外交性质也不同，如果论述古代这方面的问题而使用“外交”这个词就容易与近代以来国际关系意义上的外交混淆；有的径直认为外交是近代才有的，古代没有外交，虽然中国古代诸侯或国与国之间的交往与今天的外交有相似之处，但是两者有着本质的差别，因此，做外交史主要是近现代史范围内的事情，或者说如果要做古代外交史最早只能从明代开始，云云。

首先是研究古代国与国之间的交往问题时能否使用“外交”一词。中国古代“外交”一词的含义的确与近现代的“外交”一词不同[①]，作为现代汉语的“外交”一词的确来自源于欧洲的“外交”一词，但是因此而认为不能使用“外交”这个词来论述古代这方面的问题，并不恰当。与中国的情形相似，欧洲在18世纪末出现“外交”一词之前和之后用以概括外交的词汇也是不同的，“现代英语‘外交’一词，源于希腊语，其罗马字为diploma，这是古代希腊公使出使时由君主所授予的折叠式证书。但是直到十八世纪末年英语diplomacy才有今天的‘外交’的含义。”[②]这种词汇的差异并没有妨碍人们使用近现代英语“外交”一词对于欧洲古代外交的研究，何以在中国就因为这个词汇的古今差异而不能使用现代汉语的“外交”一词去研究古代外交呢？如果因为古今和中西“外交”词汇有所不同就不能以这个词汇去研究古代外交这个原则可以成立的话，那么现在很多词汇都可以面临这样的质疑。例如，“经济”这个词在中国古代是经国济民、经世济用的意思，与我们今天用以概括社会生产、分配、消费等问题的“经济”一词是大相径庭的，而且现在这个意义上的“经济”一词是日本学者从希腊文oikonomia移译而成，再传入中国的。又如“文化”，虽然我国古代有这个词，但是它在古代是指文治与教化，与今天用以囊括人类所创造的物质文明和精神文明总和的“文化”一词的含义也是不

① 详见《汉唐外交制度史·前言》，第1—3页。

② 《汉唐外交制度史·前言》，第2页。

同的。再如“哲学”,中国古代并没有这个词,也是从希腊文 philosophia 意译而来的。王国维认为中国古代的“理学”一词大抵与“哲学”相当①。诸如此类,不一而足。我们今天用这些词汇以研究自古及今之中外“经济”、“文化”、“哲学”的历史,并无不适,并未产生将近现代的经济、文化、哲学与古代的经济、文化、哲学相混淆的情形,何以独“外交”则有此禁忌与疑虑?

其次,关于古代是否有外交以及外交史是否应当从古代研究起的问题。中国古代有着源远流长的、丰富的外交历史,这在拙著《汉唐外交制度史》中已有所论述,兹不赘述。现在的问题是由于古代外交与近现代外交的性质有所不同,就认为古代没有外交或外交史顶多只能从明代开始研究,是否合适?这与上一个问题同样也并不妥当。任何事物都有发生发展的过程和阶段,任何历史问题亦然。以上述经济史、文化史、哲学史来说,哪一门类的性质不是从古至今均在不断发展变化之中而有着性质方面的不同或差异?哪一门类的历史可以因为其古代的性质与近现代的性质有所不同而认为其在古代并不存在,或者因此而不能自古及今而论述之?经济史、文化史毋庸赘述,以哲学史而言,王国维认为中国古代“无纯粹之哲学”,此即与西洋哲学相比较而言,但亦有道德哲学、政治哲学以及自《周易》、《中庸》所始之哲学②。故中国古代哲学不论与西洋哲学或近现代哲学相比均有巨大差异,但是这并不妨碍我们研究中国古代的哲学史,因为

① 王国维:《教育偶感四则》,《王国维遗书》第五册《静庵文集》,上海古籍出版社1983年版,第106页。

② 王国维:《论哲学家与美术家之天职》,《王国维遗书》第五册《静庵文集》,第102页;《书辜氏汤生英译中庸后》,《王国维遗书》第五册《静庵文集续编》,第9页。

"无论古今东西,其国民之文化苟达一定之程度者,无不有一种之哲学。"①何以独外交史则不然?

为什么人们不把外交史与文化史、经济史、哲学史等学科等同视之,而将其视为另类的、与众不同的一个问题呢?这个问题产生的原因是复杂的,除了学术上的原因之外还有政治上的诸多原因,如外交问题的政治现实性、敏感性等。或以为中国古代是统一的多民族国家,如果将某一王朝与周边地区或民族之间的关系视为外交,那就有分裂之嫌,就不利于统一,将民族关系和外交关系对立、分割开来,非此即彼,有此则无彼,两者水火不容,中原王朝与周边地区或民族之间的关系只能有民族关系而不能有外交关系。这与中国古代历史实际不相符合,事实是历史上有的边族不仅与中原王朝存在民族关系,同时也存在外交关系,如汉代的匈奴为然,这与今天这个地区的少数民族是统一的中国不可分割的组成部分是不同性质的两个问题。因此在他们看来与这类地区或民族之间的交往只能视为中央与地方或中央王朝与边疆民族的关系,而不能是外交关系。这个逻辑和推论是否恰当呢?如果按照这个逻辑和推论,那么世界所有地区的古代外交也都是不存在的,古代外交史也是不能进行研究的。以西方外交及国际法的策源地希腊、罗马而言,1830 年独立的希腊是古希腊发展的结果,而古希腊的外交就是在林立的城邦之间产生的,"在这些不求人助的小世界之间,产生着最复杂的国际关系方式。""优待客卿是希腊最古老的国际关系和国际法方式……它成了古代世界以后一切国际关系的基础。"②今天的意大利在 1870 年统一之前,也曾经有

① 王国维:《奏定经学科大学文学科大学章程书后》,《王国维遗书》第五册《静庵文集续编》,第 38 页。

② 《世界外交史》第一分册,第 22 页。

过统一与分裂一再演出的历史，也有过被异族统治和城邦林立的时期，也是在这样的环境中产生了国际法的雏形——万民法。这些并没有妨碍人们对于古希腊、古罗马外交的研究，并没有因为研究古代外交历史而影响今日希腊、意大利的独立和统一。何以在中国古代则不然呢？

与此相关，更有甚者不仅不承认历史上有的周边民族曾经与中原王朝存在过外交关系，进而也不承认中国古代与四方远国之间存在的外交关系，而将这种关系说成仅仅是一种“经济文化交流”关系，其对于“外交”一词避之惟恐不及之心态于此可见。

从学术史来说，则与梁启超对这个问题的认识不无关系。他在20世纪20年代所著《中国历史研究法补编》中认为专史有五种，即人的专史、事的专史、文物的专史、地方的专史、时代的专史。所谓文物的专史，是“包括政教典章、社会生活、学术文化”等，他将外交史归属于此。其中谈到研究文物的专史的第二项“公共原则”——“文物专史的时代不必具备”时说：“普通史上下千古，文物专史则专看这种文物某时代最发达，某时代有变迁，其他时代或没有或无足重轻，可以不叙。例如做外交史，应从很晚的时代起，从前的外交与近代的外交不同。如欲做上下千古的外交史，把春秋的朝聘、汉以后的蛮夷朝服都叙上去，则失去了外交的本质了……不可把性质不同的事实都叙在里边。外交史最早只可从明代起。”①其基本观点是中国古代外交史只可从明代做起，何以然？因为在他看来外交在明代以前“或没有或无足重轻”；即使有，两者的性质是不同的，因此“不可把性质不同的事实都叙在里边”，否则就“失去了外交的本质了”。姑不论这个公共原则之是非得失，单就外交史问题来说就有商榷之余地。当梁启

① 梁启超：《中国历史研究法》，上海古籍出版社1998年版，第172、267、319页。

超以欧洲外交史作为衡量东方外交史的准绳时忘记了欧洲古代外交也是在诸如“春秋的朝聘、汉以后的蛮夷朝服”这种状态下发展起来的,不仅古代希腊、罗马之外交往往是在城邦之间展开,而且中世纪的外交也是“由欧洲封建割据过程中所形成的特殊化的政治小单位间的相互关系来决定。最后,在大规模的封建专制君主政体产生以后,中世纪外交就变成它的统一政策的工具。”①欧洲古代及中世纪的外交与近现代外交的性质也是不同的,并非只有中国古代外交与近现代外交性质是不同的。他在论述做经济史、文化史、政治史问题时却说:“做文化史、政治史多由古及今,做经济史当由今及古。近代一、二百年的经济变迁,用心访问,还能整理成一个系统。将现代所见和近代衔接,再一样一样的追寻根源,追到何时就讲到何时。”②总之,文化史、政治史或经济史,不论由古及今还是由今及古,均需“追寻根源”,亦即古代部分均属于研究范围之内。为什么唯独外交史则不能从古代而只能从近代做起呢?原来在他的心目中“外交”只是欧洲的外交,只有跟欧洲国家发生交往关系才有外交。且看他在论及文物史不能以王朝分段的问题时所说的一段话:“近代外交史,不能以明清分,要看外来势力做标准。葡萄牙人、荷兰人到中国在明嘉靖以前,为一时代。嘉靖以后到清道光南京条约另为一时代,道光到中日战争另为一时代,往后到今日再一时代。”③他强调外交史只可从明代做起,是因为欧洲人这时开始与中国发生关系,从而有了外交,可见其外交的含义是以是否与欧洲发生交往为准则的。而这个时期也正是近代欧洲外交发展的时期,从15—16世纪之际欧洲进入资本主

① 《世界外交史》第一分册,第79页。
② 梁启超:《中国历史研究法》,第273—274页。
③ 梁启超:《中国历史研究法》,第319页。

义原始积累时期，于是有了发展海外贸易的迫切需要，从而有了新航路之开辟，欧洲国家开始叩响了中国的大门。与此同时，欧洲列国之间的交往也有所发展，在此基础上交往制度亦得到相应的发展，以1648年《威斯特伐利亚条约》为标志的近代外交形成。此后，欧洲列强以炮舰政策为后盾逐渐将欧洲形成的近代外交制度随之输入古老的中华帝国。梁启超作为19世纪与20世纪之交的先知先觉者，在中西文化激烈冲突的变革时代，怀着救中国莫急于以新学说变其思想的宏愿，大力引进西方的学术，从而在引进许多先进的学术思想的同时，也将“西欧中心论”引入。他关于外交史的认识，就是“西欧中心论”的反映。“西欧中心论”之所以能够长期支配中国古代外交史研究，唯欧洲外交史马首是瞻，将中国古代外交史研究视为禁区，其实质就是没有看到在古代世界存在着东西方并峙的两个外交圈的事实，认为只有西方外交是正宗，而将东亚外交视为另类，从而无视东亚外交圈的存在及其特点的“历史合法性”。于是，欧洲城邦之间及其与诸多城市殖民地之间的交往，以及不同地区和民族之间的交往可以是外交，而中国古代诸侯之间，以及不同地区或民族之间的交往就不是外交。其实，中国古代外交与西方外交的不同特点，正是东西方两个外交圈的不同而造成的，只有将其置于两个各具特色的古代外交圈中，才能够理解。以希腊、罗马为中心形成的西方外交圈与以中国为中心形成的东亚外交圈是在不同国家形态、不同国情和不同外交环境中形成的，因而是有同有异，各具特色的外交类型。即使已经进入世界性外交的当代，东西方外交的差异还仍然存在，尤其是今天具有中国特色的外交与西方外交的差异仍然存在，何况在交通、通讯与今天无法比拟的古代，其存在诸多差异是不足为奇的。今天这种差异实际上也是古代西方外交圈与东亚外交圈差异的继续。“西欧中心论”之偏颇，今天已为学术界所共识，但其遗毒并未彻底清除，故研究中国古代外交史时应当首先摒弃“西欧中心论”,然后根据中国古代的历史实际进行研究,以期获得符合中国历史实际的认识。中国古代外交史应当根据中国古代的历史事实进行研究,揭示具有东方特色的东亚外交圈的内涵并总结、概括、提炼其特点,从而升华为相关理论。这在实际上也是在外交史研究领域中打破西方话语权的垄断,获得东方世界所应有的话语权。

此外有的学者则是因史料的解读所致,例如有的认为古代来使多为商人,其目的在于商贸,故对于古代是否存在外交持怀疑态度。

首先,古代世界的确存在以商贾充任外交使节的情形,例如汉代的康居、罽宾等国的来使即多为商贾,但是这种情况多发生于来自西域外交圈的一些国家,那里有不少国家自古即有经商传统,以商贾为使或在外交中以商贸为目的不足为奇。在马其顿希腊时代“建立大规模的国家合同体的要求,是地中海沿岸生产力的增长,工商业主动性的发展,雇佣工人数量的增加和侵略情绪的提高所引起的”,其著名演说家伊索克拉特(Isokratus)鼓吹“把希腊变为东方——世界贸易中心——的无尽的宝库主人翁。”①古代“罗马和意大利之处于地中海沿岸的中央地位,自始就促成国际经济关系的发展。《国际法》(Jus-gentium)之所以在罗马境内得到最完全的体现,其原因就在于此。”②但是作为主国的汉王朝对于以商贾为使或在外交中以商贸为目的的情况并不以为然,斥之为“行贾贱人”③,“其欲贾市为好,辞之诈也。”④因而有的大臣建议与这类国家断绝外交关系,认为“今遣使者承至尊之命,送蛮夷之贾,劳吏士之众,涉危难之路,罢弊所恃以事无

① 《世界外交史》第一分册,第58页。
② 《世界外交史》第一分册,第47页。
③ 《汉书》卷九十六上《西域传上》,第3886页。
④ 《汉书》卷九十六上《西域传上》,第3893页。

用,非久长计也。"颜师古注曰:"所恃,谓中国之人也。无用,谓远方蛮夷之国。"[①]这恰恰反过来证明汉王朝所追求的并非商贸利益而是政治性的外交。汉王朝之所以在知道这些国家来使的实情之后仍然与他们保持通使关系,是因为汉王朝奉行"欲朝者不距,不欲者不强"[②]的方针政策。虽然我们说古典外交是与近现代的纯外交不同的广义的外交,但是它也同样是以政治性的外交为主的。况且从汉王朝来说,即使对于如康居等以商贸为目的的国家,汉王朝与其交往也主要是为了自身的政治性利益,当时的情形是康居与匈奴、乌孙相互勾结,"汉虽皆受其质子,然三国内相输遗,交通如故,亦相候司,见便则发;合不能相亲信,离不能相臣役。"而在这三国中康居对汉的态度最为骄慢,这对于其他两国对汉的态度将会产生影响,因此汉王朝不得不与之维持外交关系,以牵制三国之间进一步勾结,和稳住与匈奴、乌孙的关系。故汉王朝最终没有批准与康居等国断绝外交关系的建议,"汉为其新通,重致远人,终羁縻而未绝。"所谓"重致远人",颜师古谓"以此声名为重也。"[③]这里的所谓"声名"即国际影响。一般来说"大国或强国的外交有两重任务:一是尽量保护自己的利益;二是尽可能地扩大自己的影响。"[④]汉代外交亦然,汉王朝在与康居的外交中,正是从这两个方面维护自己的国家利益。西方对于东方的这一外交传统,直至近现代犹然,"有清盛时,诸国朝聘,皆与以礼。自海道大通而后,局势乃一变。其始葡萄牙、和兰诸国,假一席之地,迁居贸易,来往粤东;英、法、美、德诸大国连袂偕来,鳞萃羽集,其意

① 《汉书》卷九十六上《西域传上》,第3887页。

② 《汉书》卷九十四下《匈奴传下》,第3814页。

③ 《汉书》卷九十六上《西域传上》,第3892—3893页。

④ 陈乐民主编、周荣耀副主编:《西方外交思想史》,中国社会科学出版社1995年版,第6页。

亦仅求通市而已。洎乎道光己亥,禁烟衅起,仓猝受盟,于是畀英以香港,开五口通商。嗣后法兰西、美利坚、瑞典、那威相继立约,而德意志、和兰、日斯巴尼亚、义大里、奥斯马加、葡萄牙、比利时均援英、法之例,订约通商,海疆自此多事矣。"①近现代外交仍然以商贾开路,何况古代? 近现代的外交仍然与商贸不能完全分开,故不少国家的外交部与商贸部是合而为一的。

其次,外交中的政治性是中国古典外交的主要成分。中国古典外交虽然包括政治的、军事的、经济的、文化的等方面诸多内容,但是政治的、军事的内容是其主要成分。以汉代外交而言,其外交主要服务于守土保民,安定四方边境。故曰:"凡中国所以为通厚蛮夷,惬快其求者,为壤比而为寇也。"②防止四邻之入侵是为汉王朝外交之首要任务。事实也正是如此,汉王朝与匈奴的外交主要就是为了防范其入侵,终两汉皆然。双方有时开展边境互市也不过是服务于这一主要外交目的的手段而已。这与西方不少国家带有商贸目的之外交可谓大相径庭。即使是与西域诸国的外交,也是围绕这一外交总目的而开展的,"汉兴至于孝武,事征四夷,广威德,而张骞始开西域之迹。"③"孝武之世,图制匈奴,患其兼从西国,结党南羌,乃表河西,列四郡,开玉门,通西域,以断匈奴右臂,隔绝南羌、月氏。"④其外交目的有二,一是从西翼争取与国,排除匈奴势力,拆散匈奴与西域诸国乃至羌人的关系,达到"断匈奴右臂"的战略目的;二是提高自己在国际上的影响,此即"广威德"之谓。这两者都体现了汉代外交的基本属性——政治性的国家行为。当然通过外交往还,互赠礼品,一方面汉地物质

① 《清史稿》卷十五3《志》128《邦交一》,第4481页。

② 《汉书》卷九十六上《西域传上》,第3886页。

③ 《汉书》卷九十六上《西域传上》,第3873页。

④ 《汉书》卷九十六下《西域传下》,第3928页。

财富得以西传,西域及四方特产亦源源入汉,所谓“殊方异物,四面而至。”[①]这是外交必然带来的结果。须知汉王朝并非完全从商贸的角度,而主要是从政治上、国际影响上来看待并追求之。故曰“得之不为益,弃之不为损。盛德在我,无取于彼。”[②]因此,外交往还中的赠物是礼品而非商品,这种礼品被称为“币”[③],从先秦交聘中即已有之,汉代亦然。其在本质上主要不是属于对外贸易的商品交换,而是外交关系所带来的物资和文化的交流,虽然其中带有一定的物品互换的贸易性质,但是两者毕竟不能等量齐观。正因为是从国家政治、军事目的而发展这种对外关系,故汉王朝为此不惜倾国力而从事之,其付出是非常巨大的,“至于用度不足,乃榷酒酤,筦盐铁,铸白金,造皮币,算至车船,租及六畜。民力屈,财用竭,因之以凶年,寇盗并起,道路不通,直指之使始出,衣绣杖斧,断斩于郡国,然后胜之。”[④]为此几乎动摇了国本。如此倒赔血本的“买卖”,完全违反经商牟利的常情常理和一般规律。只有从为了政治上、军事上的目的看待之,方能做出合理的解释。古代外交往还中的礼品交换虽有物品交换之意义,但不宜与商品交换、对外贸易等量齐观。

2011 年 10 月 12 日第一稿于北京师范大学历史学院
2012 年 12 月 12 日第二稿于北京师范大学历史学院
2013 年 8 月 18 日第三稿于渤海之滨的山海同湾

① 《汉书》卷九十六下《西域传下》,第 3928 页。

② 《汉书》卷九十六下《西域传下》,第 3930 页。

③ 参见《史记》卷一百二十三《大宛列传》第 3168 页、《史记》卷九十九《刘敬列传》第 2719 页,等。

④ 《汉书》卷九十六下《西域传下》,第 3928—3929 页。

参考文献

(一)传统文献

《十三经注疏》,中华书局 1980 年版。

《诸子集成》,中华书局 1954 年版。

徐元诰撰,王树民、沈长云点校:《国语集解》,中华书局 2002 年版。

缪文远:《战国策新校注》,巴蜀书社 1987 年版。

周生春:《吴越春秋辑校汇考》,上海古籍出版社 1997 年版。

吴则虞:《晏子春秋集释》,中华书局 1962 年版。

黎翔凤撰,梁运华整理:《管子校注》,中华书局 2004 年版。

无名氏撰,吴毅中点校:《燕丹子》,中华书局,1985 年版。

[汉]刘向编著,石光瑛校释,陈新整理:《新序校释》,中华书局 2001 年版。

[汉]刘向编集,王逸章句:《楚辞》,《丛书集成初编》本,中华书局 1985 年版。

[汉]刘向编撰,顾凯之图画:《古列女传》,《丛书集成初编》本,中华书局 1985 年版。

[汉]刘向撰,向宗鲁校证:《说苑校证》,中华书局 1987 年版。

[汉]贾谊撰,阎振益、钟夏校注:《新书校注》,中华书局 2000

年版。

[汉]董仲舒撰,[清]凌曙注:《春秋繁露》,中华书局1975年版。

[汉]应劭撰,王利器校注:《风俗通义》,中华书局1981年版。

[汉]司马迁撰,[南朝宋]裴骃集解,[唐]司马贞索隐,[唐]张守节正义:《史记》,中华书局1982年版。

[汉]宋衷注,[清]秦嘉谟等辑:《世本八种》,商务印书馆1957年版。

[汉]韩婴撰,许维遹校释:《韩诗外传》,中华书局1980年版。

[汉]班固撰,[唐]颜师古注:《汉书》,中华书局1962年版。

[汉]刘珍等撰,吴树平校注:《东观汉纪校注》,中州古籍出版社1987年版。

[汉]许慎撰,[清]段玉裁注:《说文解字注》,上海古籍出版社1981年版。

[晋]陈寿撰,[南朝宋]裴松之注:《三国志》,中华书局1959年版。

[晋]袁宏撰,张烈点校:《两汉纪》,中华书局2002年版。

[晋]葛洪:《西京杂记》,中华书局1985年版。

[南朝宋]范晔撰,[唐]李贤等注:《后汉书》,中华书局1965年版。

[梁]沈约:《宋书》,中华书局1974年版。

[梁]萧子显:《南齐书》,中华书局1972年版。

[梁]萧统编,[唐]李善注:《文选》,中华书局1977年版。

[梁]刘勰撰,范文澜注:《文心雕龙》,人民文学出版社1958年版。

[梁]释慧皎撰,汤用彤校注,汤一玄整理:《高僧传》卷六,中华书局1992年版。

［北魏］杨衒之撰，范祥雍校注：《洛阳伽蓝记校注》，上海古籍出版社1978年版。

［北齐］魏收：《魏书》，中华书局1974年版。

［唐］虞世南编撰：《北堂书钞》（据光绪十四年南海孔氏刊本影印），北京中国书店1989年版。

［唐］刘知几撰，程千帆笺记：《史通》，中华书局1980年版。

［唐］徐坚等：《初学记》，中华书局1962年版。

［唐］欧阳询撰，汪绍楹校：《艺文类聚》，上海古籍出版社1965年版。

［唐］房玄龄等：《晋书》，中华书局1974年版。

［唐］李延寿：《北史》，中华书局1974年版。

［唐］姚思廉：《梁书》，中华书局1973年版。

［唐］魏征等：《隋书》，中华书局1973年版。

［唐］玄奘、辩机撰，季羡林等校注：《大唐西域记校注》，中华书局2000年版。

［唐］李林甫等撰，陈仲夫点校：《唐六典》，中华书局1992年版。

［唐］杜佑：《通典》，中华书局1984年版。

［唐］长孙无忌等撰：《唐律疏议》，中华书局1983年版。

［后晋］刘昫等：《旧唐书》，中华书局1975年版。

［宋］李昉等：《太平御览》，中华书局1960年版。

［宋］王钦若等：《册府元龟》，中华书局1960年版。

［宋］洪适：《隶释》，中华书局1986年版。

［宋］司马光主编，［元］胡三省注：《资治通鉴》，中华书局1956年版。

［宋］郑樵：《通志》，中华书局1987年版。

［宋］李如圭：《仪礼集释》，《丛书集成初编》本，中华书局

1985 版。

［元］敖继公:《仪礼集说》,元大德刻明修本版。

［明］陶宗仪编:《说郛》,北京市中国书店(据涵芬楼 1927 年 11 月版影印)1986 年版。

［韩］金富轼:《三国史记》,韩国景仁文化社出版 1995 年版。

［清］赵翼撰,王树民校证:《廿二史劄记校证》,中华书局 1984 年版。

［清］孙星衍等辑,周天游点校:《汉官六种》,中华书局 1990 年版。

［清］张尔岐:《仪礼郑注句读》,乾隆八年刻本,湖南图书馆藏,全国图书馆文献缩微复制中心,2004 年版。

［清］盛世佐:《仪礼集编》,清嘉庆九年□云居刻本。

［清］凌廷堪:《礼经释例》,《丛书集成初编》本,中华书局 1985 年版。

［清］胡培翚:《仪礼正义》,《四部备要》经部,中华书局 1936 年版。

［清］蔡德晋:《礼经本义》,《四库全书珍本初集》,商务印书馆 1934—1935 年版。

［清］褚寅亮:《仪礼管见》,《丛书集成初编》本,中华书局 1985 年版。

［清］陈立撰,吴则虞点校:《白虎通疏证》,中华书局 1994 年版。

［清］王聘珍撰,王文锦点校:《大戴礼记解诂》,中华书局 1983 年版。

［清］王鸣盛:《十七史商榷》,据上海文瑞楼版影印,中国书店 1987 年版。

［清］《影印文渊阁四库全书》,台湾商务印书馆 1986 年版。

［清］严可钧辑:《全上古三代秦汉三国六朝文》,中华书局 1958 年版。

王先谦:《汉书补注》,中华书局影印本 1983 年版。

王先谦:《后汉书集解》,中华书局影印本 1984 年版。

周天游:《八家后汉书辑注》,上海古籍出版社 1986 年版。

任乃强:《华阳国志校补图注》,上海古籍出版社 1987 年版。

赵尔巽等撰:《清史稿》,中华书局 1977 年版。

《皇朝续文献通考》,商务印书馆 1936 年版。

中国宗教文化研究所点校:《增壹阿含经》,宗教文化出版社 1993 年版。

北京大学古文献研究所编:《全宋诗》,北京大学出版社 1998 年版。

(二)考古资料

郭沫若:《两周金文辞大系图录考释》,《郭沫若全集·考古编》第八卷,科学出版社 2002 年版。

荆门市博物馆:《郭店楚墓竹简》,文物出版社 1998 年版。

马王堆汉墓帛书整理小组编:《战国纵横家书》,文物出版社 1976 年版。

张家山 247 号汉墓竹简整理小组:《张家山汉墓竹简》,文物出版社 2001 年版。

谢桂华、李均明、朱国炤:《居延汉简释文合校》(上、下册),文物出版社 1987 年版。

甘肃省文物考古研究所:《居延新简释粹》,兰州大学出版社 1988 年版。

吴礽骧、李永良、马建华释校,甘肃省文物考古研究所编:《敦煌汉简释文》,甘肃人民出版社 1991 年版。

胡平生、张德芳编撰:《敦煌悬泉汉简释粹》,上海古籍出版社 2001 年版。

林梅村、李均明编:《疏勒河流域出土汉简》,文物出版社 1984 年版。

陈直:《居延汉简研究》,天津古籍出版社 1986 年版。

彭浩:《湖北江陵出土西汉简牍概说》,载于〔日〕大庭修主编《汉简研究国际シンポジウム92 报告书——汉简研究の现状と展望》,关西大学出版部 1993 年版。

胡平生:《中国湖北江陵张家山汉墓出土竹简概述》,载于〔日〕大庭修主编《汉简研究国际シンポジウム92 报告书——汉简研究の现状と展望》,关西大学出版部 1993 年版。

内蒙文物工作组:《包头市西郊汉墓清理简报》,《文物参考资料》1955 年第 10 期。

内蒙古文物工作队、内蒙古博物馆:《和林格尔发现一座重要的东汉壁画墓》,《文物》1974 年第 1 期。

(三)史料汇编、工具书

张星烺编著,朱杰勤校订:《中西交通史料汇编》,中华书局 1977 年版。

吉林师范大学、北京师范大学历史系世界古代及中世纪史教研组编:《世界古代史史料选集》(上),北京师范大学 1959 年版(内部发行)。

于省吾:《甲骨文字释林》,中华书局 1979 年版。

冯承钧编、陆峻岭增订:《西域地名》(增订本),中华书局 1982 年版。

国家计量总局、中国历史博物馆、故宫博物院主编:《中国古代度量衡图集》,文物出版社 1984 年版。

《辞源》,台湾商务印书馆 1984 年增修第七版。

林幹编:《匈奴历史年表》,中华书局 1984 年版。

日本国际法学会编:《国际法辞典》,世界知识出版社 1985 年版。

《中国大百科全书 · 考古学》,中国大百科全书出版社 1986 年版。

陈佳荣、谢方、陆峻岭:《古代南海地名汇释》,中华书局 1986 年版。

《辞源(修订本)》(1—4 合订本),商务印书馆 1988 年版,2001 年版。

复旦大学历史地理研究所,《中国历史地名词典》编委会:《中国历史地名词典》,江西教育出版社 1988 年版。

吕宗力主编:《中国历代官制大词典》,北京出版社 1994 年版。

黄时鉴主编:《插图解说中西关系史年表》,浙江人民出版社 1994 年版。

中国社会科学院语言研究所词典编辑室编:《现代汉语词典(修订本)》,商务印书馆 1996 年版。

二十五史刊行委员会编:《二十五史补编》,第一册,中华书局 1955 年版。

陈垣:《二十史朔闰表》,中华书局 1962 年版。

(四)现代论著

安作璋、熊铁基:《秦汉官制史稿》上、下册,齐鲁书社 1984、1985 年版。

杨鸿年:《汉魏制度丛考》,武汉大学出版社 2005 年版。

陈直:《三辅黄图校证》,陕西人民出版社 1980 年版。

何清谷:《三辅黄图校释》,中华书局 2005 年版。

陈梦家:《汉简缀述》,中华书局 1980 年版。

梁启超:《饮冰室合集》第二册,中华书局 1989 年版。

梁启超:《中国历史研究法》,上海古籍出版社 1998 年版。

王国维:《殷周制度论》,《观堂集林(附别集)》,中华书局 1959 年版。

王国维:《王国维遗书》,上海古籍书店 1983 年版。

李无未:《周代朝聘制度研究》,吉林人民出版社 2005 年版。

田继周:《秦汉民族史》,四川民族出版社 1996 年版。

林幹:《匈奴通史》,人民出版社 1986 年版。

严耕望:《中国地方行政制度史》甲部《秦汉地方行政制度》,中研院历史语言研究所专刊之 45A,1997 年影印四版。

黎虎:《汉唐外交制度史》,兰州大学出版社 1998 年版。

张金龙:《魏晋南北朝禁卫武官制度研究》,中华书局 2004 年版。

蔡宗宪:《中古前期的交聘与南北互动》,台湾稻香出版社 2008 年版。

岑仲勉:《汉书西域地里校释》,中华书局 1981 年版。

陈世辉、汤余惠:《古文字学概要》,吉林大学出版社 1998 年版。

彭林:《仪礼译注》,贵州人民出版社 1997 年版。

谢德莹:《仪礼聘礼仪节研究》,台湾文史出版社1983年版。

陈直:《汉书新证》,天津人民出版社1979年二版。

赵伯雄:《周代国家形态研究》,湖南教育出版社1990年版。

胡守为:《岭南古史》,广东人民出版社1999年版。

吴慧:《中国古代商业史》第二册,中国商业出版社1982年版。

余英时:《汉代贸易与扩张》,邬文玲等译,上海古籍出版社2005年版。

陈乐民主编、周荣耀副主编:《西方外交思想史》,中国社会科学出版社1995年版。

韩雪松:《北魏外交制度研究》,吉林大学历史学博士论文(2009年6月)。

吴晓萍:《宋代外交制度研究》,安徽人民出版社2006年版。

李云泉:《朝贡制度史论——中国古代对外关系体制研究》,新华出版社2004年版。

余太山主编:《西域通史》,中州古籍出版社1996年版。

培伦主编、董本建副主编:《印度通史》,黑龙江人民出版社1990年版。

朱寰主编:《世界中古史》,吉林文史出版社1986年版。

陶希圣、沈巨尘:《秦汉政治制度》,商务印书馆影印本。

廖伯源:《秦汉史论丛》(增订本),中华书局2008年版。

王仪:《古代中韩关系与日本》,台湾中华书局1973年版。

黄文弼:《塔里木盆地考古记》,科学出版社1957年版。

李学勤:《论应国墓地出土的匍盉》,《平顶山师专学报》1999年第2期。

李学勤:《论遂公盨及其重要意义》,《中国历史文物》2002年第6期。

王龙正、姜涛、娄金山:《匍鸭铜盉与頫聘礼》,《文物》1998 年第 4 期。

冯家昇:《匈奴民族及其文化》,《禹贡》第 7 卷第 5 期(1937 年 5 月)。

黎虎:《殷代外交制度初探》,《历史研究》1988 年第 5 期。

黎虎:《解忧公主出塞的历史贡献》,《北京师范大学学报》1979 年第 4 期。

黎虎:《汉唐时期的"军吏"》,原载日本《唐代史研究》9 号,2006 年;转载于《阴山学刊》2006 年第 6 期。

黎虎:《说"真吏"——从长沙走马楼吴简谈起》,《史学月刊》2009 年第 5 期。

王海利:《古埃及'只娶不嫁'的外交婚姻》,《历史研究》2002 年第 6 期。

孟池:《从新疆历史文物看汉代在西域的政治措施和经济建设》,《文物》1979 年 7 期。

沈文倬:《略论礼典的实行和〈仪礼〉书本的撰作》,《文史》第 15、16 辑,中华书局 1982 年版。

汪桂海:《敦煌汉简所见汉朝与西域的关系》,武汉大学简帛研究中心《简帛》第一辑,上海古籍出版社 2006 年版。

蔡坤伦:《汉代'关'职官体系初探》,(台湾)《中正历史学刊》2009 年第 12 期。

朱绍侯:《浅议司隶校尉初设之谜》,《学术研究》1994 年第 1 期。

王克奇:《论秦汉郎官制度》,文载《秦汉官制史稿》。

陈金生、王希隆:《两汉边政中的质子述评》,《中国边疆史地研究》2008 年 6 月第 18 卷第 2 期。

卢清林:《两汉外交实践初探》,河南大学硕士研究生(2006 年 6

月)。

张德芳:《简论悬泉汉简的学术价值》,文载《敦煌悬泉汉简释粹》附录版。

张德芳:《〈长罗侯费用簿〉及长罗侯与乌孙关系考略》,文载《敦煌悬泉汉简释粹》附录版。

黄文弼:《略述龟兹都城问题》,《文物》1962 年 7—8 期。

石彦陶:《西汉闽越王城地望之新见》,《湖南城市学院学报(人文社会科学)》第 24 卷第 5 期。

〔德〕恩格斯:《家庭、私有制和国家的起源》,中共中央马克思恩格斯列宁斯大林著作编译局译,人民出版社 1999 年版。

〔苏联〕弗·鲍爵姆金主编:《世界外交史》第一分册,叶文雄译,五十年代出版社 1950 年版。

〔日〕木宫泰彦:《日中文化交流史》,商务印书馆 1980 年版。

〔美〕约瑟夫·奈:《美国定能领导世界吗》,何小东、盖玉云等译,军事译文出版社 1992 年版。

〔英〕杰夫·贝里奇(G. R. Berridge)、莫里斯·基恩斯—索珀(Maurice Keens-Soper)、奥特(T. G. Otte):《外交理论——从马基雅弗利到基辛格》,陆悦璘、高飞译,北京大学出版社,2006 年版。

William L. Moran, *The Amarna Letters*, Baltimore 1992

〔英〕戈尔—布思主编,杨立义等译《萨道义外交实践指南》第五版,上海译文出版社 1984 年版。

〔美〕杨联陞:《中国制度史研究》,彭刚、程钢译,江苏人民出版社 2007 年版。

〔美〕费正清:《论清代的朝贡制度》,《哈佛亚洲研究杂志》1941 年第 2 期。

〔英〕崔瑞德、〔美〕费正清主编:《剑桥中国史》,〔英〕崔瑞德、

〔英〕鲁惟一编:《剑桥中国秦汉史——公元前221—公元220》,杨品泉等译,中国社会科学出版社1992年版。

〔日〕西嶋定生:《西嶋先生東アジア史论集》第三卷,日本东京岩波书店2002年版。

〔日〕堀敏一:《東アジアのなかの古代日本》,研文出版1998年版。

〔日〕堀敏一:《東アジア世界の形成》,东京汲古书院2006年版。

后　记

我在1998年出版的《汉唐外交制度史》的《后记》中写道："呈现在读者面前的这本《汉唐外交制度史》，是我所确定的'汉唐外交制度研究'课题的一部分，还有另一部分尚未完成，待其完成之后，庶几勾勒出汉唐外交制度之全貌。"在是书《前言》中写道："本书作为著者'汉唐外交制度研究'系列的前编，其主要内容为外交决策与管理机构两个部分，亦即这一历史时期的外交管理制度。"当时"后编"的基本框架和相关基本资料是与"前编"同时拟定并基本搜集完毕的，《汉唐外交制度史》出版之后我曾经相继发表了《汉代外交使节的选拔》①、《汉代外交使节的人选》②、《汉代外交使团的组成》③等一些关于汉代外交使节制度研究的论文，就是这种研究计划实施的体现。作为与"前编"相对应的"后编"即现在的这本《汉代外交体制研究》。这里有了两个变化，一是将"制度"改为"体制"；二是将"汉唐"缩短为汉。前者是因为考虑"制度"不如"体制"能更好地反映和概括古代外交诸方面构成的体系性，后者则是由于自己的怠惰和愚拙，作为"后编"的《汉代外交体制研究》不仅拖延十五年之久方才面世，而且本来还应当将魏晋南北朝隋唐部分也一并写出，俾成为完整的《汉唐

① 《汉代外交使节的选拔》，《兰州大学学报》2002年第6期。

② 《汉代外交使节的人选》，《人文杂志》2003年第6期。人大复印资料《先秦、秦汉史》2004年第1期转载。

③ 《汉代外交使团的组成》，《中国文化研究》2004年春之卷。

外交体制研究》,可惜现在只是完成了汉代部分,未能完全实现上述计划,实在是惭愧。尽管汉代这部分已经基本上将自己对于汉唐时期外交体制方面的想法写出来了,汉唐外交体制的框架也可以说基本构建形成,但是未能对于汉唐间的发展变化作出交待,故不免有意犹未尽之憾。

值此即将付梓之际,对于这些年来众多学术界朋友以及有关领导的热情关怀和大力帮助,不禁油然而生感激之情,正是有了这些关怀和帮助,才使本书得以最终完成。

这里首先要衷心感谢原包头师范学院党委书记、现任内蒙古工业大学党委书记、内蒙古自治区党委委员刘振洪教授,他邀聘我到该校进行研究工作,从而促成这一迁延岁月的研究计划终于付诸实施。他的领导魄力和远见卓识深孚众望,全校师生员工无不交口称赞,我亦因之有幸得霑润泽,这体现于他对我的科研工作给予了强有力的支持,使我得以专心致志、全力以赴进行这一研究课题,得到了平生最为难得而珍贵的一段研究工作的黄金时期和优越条件;历史文化学院王炜民院长多年来一直给予无微不至的关怀和许多具体的帮助,解决了在我完成这个研究课题过程中遇到的各种困难,从而保证了研究工作的善始善终、顺利完成。

北京市特聘教授、首都师范大学教授、博士生导师张金龙一贯对于本课题的研究十分关注,以其浑厚的治史功力,不仅在宏观方面提供了许多十分中肯、有益的意见,而且在许多具体问题上也不吝所见。历史学博士、博士后、东北大学社会科学研究院董劭伟副教授,对于本书的撰写自始至终给予无微不至的热诚帮助,从全书立意到具体编排、体例格式,事无巨细,无不参与,同于己出。或搜集、核对资料,或提供信息,或协助整理文稿,有求必应,不厌其烦。更为难能可贵的是对于本书所涉及的许多大小问题,我们三人经常进行讨论,交流意见，莫不推心置腹、直抒己见，如切如磋，訚訚如也！由于现在网上交流便捷，虽然有的相隔关山，但如在目前，畅通无阻。学术上得此知己，实人生之幸事也！

历史学博士、民族研究所彭丰文副研究员，多年来如一日，为我的研究工作作出了许多帮助，或查找、翻译资料，或搜集信息，或解决各种具体困难，无不召之即来，不厌其烦。历史学博士、团结出版社刘则永编审，于百忙中拨冗审读了书稿，发挥他耐心细致的特长，指出了书稿存在的一些漏洞和瑕疵。历史学博士李椿浩、历史学博士金成淑先后为我翻译了一些韩国学者的有关论著，金成淑博士还帮助我从韩国购置了一些相关古籍。历史学博士、神户大学讲师村井恭子为我翻译了一些日本学者的有关论著，由于她对外交史问题研究有素，故而对于本书稿的撰写格外关注，并提出了一些有益的意见。历史学博士、扬州大学李文才教授，历史学博士、宜春学院杨永俊教授，历史学博士、北京市文物研究所董坤玉副研究员，历史学博士、河北社会科学院冯金忠研究员，历史学博士、聊城大学徐美莉教授，历史学博士、东北大学王莲英副教授等也从不同角度为本书撰写提供了有益的帮助。北京师范大学古籍文献学研究生薄文婷帮助核对了相当部分引用古籍，以其耐心、细致把工作做得很好。在我的研究工作期间，使用电脑方面的一些问题，则承蒙历史学院 2009 届李美娜同学悉心帮助解决。

我在研究先秦交聘制度时，承蒙历史学博士、先秦史专家、清华大学彭林教授多所赐教。遇到有关资料等困难和问题时，历史学博士李凯慷慨相助，不吝所有，以其扎实的先秦史功底和甲骨金文素养，助益尤多，其"优秀研究生"之称号，洵非虚誉。中国社科院刘恭煌博士也曾积极帮助查对、搜集资料。当我需要有关古埃及外交史的资料时，北京师范大学历史学院的古埃及史专家周启迪教授、王海利教授热情伸出援手，为我提供了外文及中文资料。北京师范大学历史学院院长、罗马史专家杨共乐教授亦曾对有关罗马史问题不吝赐教。我曾经不止一次与日本山口大学马彪教授讨论、请教此书中遇到的一些学术问题，他以秦汉史的深厚学养和投入，每每给人以启迪。此外，尚有不少曾经提供过帮助者，恕不一一列举，谨此一并致以衷心的谢意。

包头师范学院王炜民教授、郝建平教授、刘春玲教授虽然教学、科研工作十分繁忙，仍然拨冗认真审读书稿，提出了许多宝贵的修改意见。

最后我要特别感谢历史学博士、商务印书馆总经理于殿利教授，他慷慨允诺出版本书，使拙著得以厕身此第一流出版社，荣莫大焉！这是他作为学者兼出版家，别具扶持学术、关爱学者的仁心使然。

商务印书馆编审、历史学博士郑殿华先生为本书的编辑付出了巨大的精力，使本书得以高质量出版印行。

可以说本书是学术界、出版界各方人士和友人通力协作的结果，故略叙一二，聊表寸心云尔。

本书为国家社会科学基金项目研究成果。值此“重大项目”风行之时，这一课题实属“轻小项目”，即此尚感力有不逮，水平与能力如此，亦属无可如何之事。虽然结项时忝列“优秀”，自知难副其实。由于学涉所限，错讹之处，敬祈博雅君子有以正焉。

于时俯瞰碣石，沧海风帆，鸥薄云天，其无津涯，油然而兴出瀛海更有瀛海之叹！是为记。

黎虎

谨识于北京师范大学，2012年12月12日

再识于山海同湾，2013年8月18日